학살,
그 이후의
삶과 정치

사랑하는 수(지윤)에게

학살,
그 이후의
삶과 정치

한성훈 지음

산처럼

학살, 그 이후의 삶과 정치

차 례

제5부 학살, 그 이후의 삶과 정치

일러두기

* 제1장 「근대 이성과 계몽」, 제10장 「인권정치와 증언(국민국가와 시민권리의 보편화, 인권정치: 권리를 가질 권리)」은 한국문화사회학회가 발행하는 학술지 『문화와사회』 제19권(2015년 가을/겨울)에 실린 논문 「제노사이드와 근대 이성에 대한 성찰」을 보완한 글입니다.

* 제8장 「신원조사(감시와 사찰)」와 제9장 「사찰의 일반화」는 역사문제연구소가 발행하는 계간지 『역사비평』 제100호(2012년 가을)에 실린 「'사찰국가'의 인권 침해와 생활세계의 식민화」를 고쳐 쓴 것입니다.

* 제13장 「이행기 정의」와 제14장 「정부기관의 개혁과 유해 발굴」은 『역사비평』 제93호(2010년 겨울)의 「과거청산과 민주주의 실현: 진실화해위원회 활동과 권고 사항의 이행기 정의를 중심으로」를 새로 썼습니다.

* '진실화해를위한과거사정리위원회'는 법적 줄임말 '진실화해위원회', 2000년 9월 7일 설립한 '한국전쟁전후 민간인 학살 진상규명과 명예회복을 위한 범국민위원회'는 '민간인 학살 진상규명 범국민위원회'로 표기합니다.

* 구술과 증언, 인터뷰의 표시는 증언자(증언한 년 월 일), 면담한 사람(단체), 장소순으로 표기합니다. 위 항목이 명확하지 않은 경우는 가능한 대로 증언 상황을 기록합니다.

* 각종 자료에서 익명으로 처리한 증언자의 경우 진실화해위원회 사건 기록을 소장하고 있는 국가기록원 서울기록관에서 실명을 확인합니다. 도움을 주신 담당자에게 감사드립니다. 가능한 대로 증언자의 신원을 밝혀두었지만 부득이하게 가해자와 피해자 몇 분은 익명으로 남겼습니다.

서 문

'근대'라는 이성의 시대

죽음은 삶에서 일어나는 그저 그런 일이 아니다. 우리는 죽음을 경험하지 못한다. 만일 우리가 영원히 계속되는 시간이 아니라 시간이 존재하지 않는 곳에 들어선다면 삶은 현재를 살아가는 사람들에게만 속한 것이다. 제한 없이 펼쳐진 이 길에서 우리의 삶에 끝은 없다.

· 루트비히 비트겐슈타인, 『논리-철학 논고』, 1922.

2012년 11월 독일 슈투트가르트에 있는 헤겔하우스Hegel haus를 다녀온 적이 있다. 헤겔이 태어난 조그마한 생가를 박물관으로 만든 평범한 3층 건물에는 층마다 그가 남긴 자료와 원고, 책, 서신, 물건이 전시되어 있다. 프랑스혁명 정신을 해명하는 데 일생을 보낸 그는 인간 중심의 세계, 인간 해방을 목표로 하는 관념론을 완성한다. 이성의 사고가 철학의 기본 정신으로 발전하고, 한 인간이 자신의 사유로 존재할 수 있다는 믿음은 근대라는 새로운 시대를 열었다. 우리가 이성이라고 할 때 이것은 인간이 가진 합리적 사고양식의 근원을 말한다. 저마다 방식은 조금씩 다르지만 우리는 계몽과 이성이 창조하는 근대 세계를 살고 있다.

근대는 자신의 존재를 통해서 자기를 완성하는 이성의 시대다. 계몽의 기획으로부터 이성은 주권의 자기 완결성을 끊임없이 추구하고, 이 결과로서 근대 국민국가가 탄생한다. 주체를 대상에서 분리해 사유할 수밖에 없는 이유는 이성이 인류가 봉착한 문제를 해결해줄 것이라는 믿음 때문이다. 하지만 이성의 도구적 합리성이 쇄신을 거듭할수록 인류 문명은 인간을 정치의 수단으로 전락시켰고, 이성으로부터 공동체의 도덕과 윤리를 빼앗아갔다. 인류가 대량학살과 같이 자기 자신을 파괴하는 일을 수없이 겪은 것은 그런 실례가 될 것이다.

우리나라에서는 1945년 이후부터 1950년 한국전쟁 전후에 많은 대량학살이 일어난다. 제주4·3과 여순, 11사단 토벌작전에서 희생된 사람들, 국민보도연맹원과 형무소 재소자, 부역혐의자, 거창, 노근리 사건와 같은 민간인 살상이 발생했다. 희생자의 성격과 가해 집단에 따라 다양하게 이름 붙여진 사건들은 모두 민간인 학살로 묶을 수 있다. 여러 형태의 유대인 학살을 홀로코스트라고 통칭하는 것과 마찬가지로, 개별 사건을 포괄하는 의미에서 이 문제를 들여다보자.

가해자와 피해자의 지위, 사건이 발생한 시기와 전개 과정은 각각 다르지만 사건은 공통의 이해를 필요로 한다. 학살에 대한 기본 설명은 첫째, 남북한의 분단 정부 수립이라는 정치 과정과 서로 다른 사회체계 그리고 이념을 배경으로 한다. 둘째, 눈여겨보아야 할 것은 70여 년 가까이 이어져온 사건의 전개 과정이다. 이 과정은 희생자와 그 가족의 삶, 정치적 반대자와 사상의 지배, 사찰과 감시, 진실화해위원회 활동과 소송, 유해 발굴을 포함한다. 셋째, 한반도에서 일어난 학살은 전쟁을 도외시하고는 설명할 수 없다. 원인과 결과의 관계에서 보면 전쟁이 반드시 대량학살을 가져오는 것은 아니지만 제노사이드가 일어날 가능성을 매우 폭넓게 제공하는 것임에 틀림없다. 왜 그럴까. 군인이든 민간인이든 잠재적으로 전투력을 갖출 수 있는 사람을 죽이는 것이 전쟁을 수행하는 본질이기 때문이다.

국제관계의 중요한 주제인 전쟁은 정치의 고유한 성질을 보여준다. 그렇다고 국제정치를 강조하려는 것이 이 책을 서술한 목적은 아니다. 민간인을 쉽게 죽이는 범죄가 수없이 발생하고 있지만, 유엔과 주권국가는 외교 무대에서 다양한 이해관계 때문에 여기에 섣불리 개입할 수 없었다. 그동안의 사례를 보면 '개입하지 않았다'라고 하는 것이 훨씬 정확한 표현일 게다. 사람들의 삶을 보존하고 유지하는 것은 어떤 정치 과정에서 결정한다. 일국 내의 정치든 국제정치든 상관없이 전쟁을 결정하는 것은 정치사회의 지도자들이다. 민주주의 정치체제에서 그들은 시민으로부터 선출된 권력이기는 하지만 전쟁은 시민의 의사와 상관없이 일어나는 경우가 대부분이다.

강대국일수록 자국의 이익을 내세우며 다른 나라의 시민들이 학살당하는 것을 묵인한 채 방치해두었다. 어떤 국가는 학살이 벌어지는 중인데도 사람을 죽이는 무기를 가해 집단에 제공한다. 프랑스는 르완다에서 투치족이 대규모 살해를 당하는 동안 후투족에게 무기를 건네고, 학살자들이 유엔 난민촌을 거쳐 도망치는 것을 도왔다. 돈벌이가 된다면 무기만큼 이익을 가져다주는 상품도 없다. 국제사회에서 경찰 노릇을 하는 미국은 어떤가. 보스니아 내전에서 대량학살을 인지한 미국 국무부 중간 관리들은 고위층에게 자신들이 알게 된 사실을 제노사이드 범죄로서 판단할 것을 수차례 요구한다. 하지만 국무부와 백악관은 이를 받아들이지 않는다. 주저하고 머뭇거리며, 때로 애써 학살을 부정하는 고위층에 대항해 그들은 사임을 결정한다.

> 명백한 양심에 따라 나는 더 이상 정부의 비효과적이고 비생산적인 유고 정책을 지지할 수 없다. 그러므로 나는 미국이 즉시 그 제노사이드를 중지시키기 위해 행동해야만 한다는 것을 더 강력한 대중적 합의로 이끌어내기 위해 사임한다.
> • 조지 케니, 미 국무부 유고슬라비아 담당 사무관, 1992. 8. 25.

자신의 자리에서 지켜야 할 윤리가 있는 것이 공익에 복무하는 사람의 책임성이다. 인간의 존엄을 훼손하고 있다면 국가의 이익보다 인간의 권리를 옹호하는 것이 국제인권의 보편성이다. 근대국가도 사회제도의 한 형태이며 국가 그 자체를 신화로 여길 필요는 없다. 자율성을 가진 국가라도 국가 그 자체의 이익이란 존재하지 않는다. 누군가의 이해관계이며 또한 어떤 정치 세력의 편에서 정책이 결정될 뿐이다. 이 책이 근대국가의 정치권력과 대량학살이라는 비극에서 출발해 그 이면에 존재하는 인권을 향하는 것은 궁극적으로 인간의 운명과 존엄성에 물음을 던지기 때문이다. 인간들 사이의 관계와 이

관계를 규정하는 공동체의 정치 제도와 윤리에 집착할 수밖에 없는 이유이기도 하다.

학살, 그 이후의 지식

이 책은 학살, 그 이후의 정치와 삶에 대해 질문한다. 개인과 공동체의 삶을 파괴하는 전쟁과 대규모 참상으로부터 인류는 스스로를 돌아보게 되었는데, 근대 이성과 계몽의 정신을 성찰하는 계기는 제노사이드 범죄였다. 정치권력이 행사하는 무력 행위로서 대량살상은 인간의 권리를 박탈하는 중대한 인권침해다. 이 책은 근대 이성의 도구적 합리성으로 빚어진 학살과 전쟁의 보편적인 특성을 다루면서 우리나라의 사례를 짚어본다. 한 국가의 정치공동체와 그 구성원의 관계는 여러 가지 형식으로 설명할 수 있다. 학살은 사상의 지배와 사찰, 감시와 같은 좀 더 연성적인 권력 작용으로 시민들을 옥죄는데, 그 뿌리 깊은 근원에 한국전쟁이 있음을 밝힌다.

사람이 사람을 죽일 수 있는 이성은 무엇인가. 제1부는 사람을 참혹하게 죽이게끔 하는 이성의 도구적 합리성을 검토하고, 근대 이성의 뿌리에는 상상과 허구, 감성까지 포함한 계몽의 다차원성이 있음을 주목한다. 계몽의 다차원성으로부터 비판 이성을 성찰하는 것은 윤리와 도덕질서에 대한 사회이론의 출발점이기 때문이다. 유엔의 제노사이드 방지와 처벌에 관한 협약 제정과 'G-단어 G-word(Genocide)'가 주권국가들 사이에서 어떻게 정치적으로 왜곡되었는지, 그 사례와 미국의 책임을 살펴본다. 1990년대 이후 르완다와 유고 국제형사재판에서 확립된 최초의 제노사이드 판결과 강간, 미디어 케이스 그리고 증오 범죄에 대한 정의는 인류 역사에서 진일보한 사건이라고 할 수 있다. 국민국가 형성과 국가의 정책과 후원으로 실행되는 학살을 또한 살펴보고, 제노사이드 범죄를 가해자의 동기와 의도성뿐만 아니라 피해 결과를 놓고 판단할 것을 주장한다.

전쟁과 민주주의에 주목한 제2부는 대량학살이 쉽게 발생하는 전투 수행의 본질에 대해 서술한다. 사람을 죽임으로써 승리를 쟁취하는 전쟁의 난폭함은 인류의 역사와 함께해왔다. 원론적으로는 전쟁 그 자체가 이미 민주주의 원칙에 반하는 인권침해의 구조적 조건을 안은 채 수행된다. 무력의 사용을 전제로 하는 전쟁은 상대방으로 하여금 전투 의지를 갖지 못하게 그 의지를 꺾으려고 한다. 전투 의지와 함께 전투력을 발휘할 수 있는 자원의 파괴는 군인과 민간인을 가리지 않고 사람을 죽여야 하는 전쟁 수행의 목표에 해당한다. 살해에 대한 파괴적 욕망은 여기에만 있지 않다. 우리나라 사례가 보여주듯이, '이름 없는 아기'들의 죽음과 사람을 죽이기 위해 쏘는 숱한 총격, 죽은 시체의 일부를 훼손해 전투성과를 입증하는 행태 속에 가려진 인간의 공격 본능과 살해 욕망을 들춘다. 학살을 법 집행이나 전시 상황 또는 불가피한 작전으로 여기는 정부와 국방부의 관점을 비판하고, 전쟁을 기념하는 근대국가의 보편 현상과 피해자의 표상이 되는 위령비와 추모비가 어떻게 구성되는지 서술한다.

다음으로 제3부는 학살이 사상의 지배와 정치적 의도를 근간으로 하고 있고, 한국전쟁 때 정치권력의 이런 행태는 일제 강점기부터 정부 수립과 최근까지 시민에 대한 사찰과, 감시, 검속으로 지속되고 있음을 밝힌다. 시민을 사찰하는 것은 신원조사와 함께 정치적 반대자를 통제하는 것이며, 공안사범은 정부가 각종 '정치사상범'을 관리하는 또 다른 감시체계의 한 유형이자 사상을 통제하는 차별의 한 방식임을 폭로한다. 이 부분은 사찰이 일반화되는 형태로서 2008년 이명박 정부의 국무총리실 민간인 사찰과 2014년 4월 세월호 참사 이후 확대된 감시가 시민의 정치적 견해를 문제 삼아 일상을 통제하는 현상으로 발전한 것임을 비판한다. 이명박·박근혜 정부의 블랙리스트에서 밝혀지고 있듯이, 정보수사기관이 시민을 사찰하는 것은 특정한 사람들에게만 해당하는 것이 아니다.

피해자의 귀환을 다룬 제4부는 희생자와 그 친족, 공동체의 복원에 초점을 둔 글이다. '권리를 가질 권리'로서 공동체 성원이 될 권리와 시민권리의 보편화 그리고 말할 수 있는 자유로서 증언이 갖는 정치 행위의 의미를 묻는다. 증언은 누군가를 대신하는 한 사람의 기억이고 피해자들은 자신들의 몸에 기억을 새긴 사람들이다. '총알 자국을 몸에 새긴' 생존자들의 서사를 중심으로 증언과 기억, 정체성을 다룬다. 진실화해위원회의 활동 이후에도 지속되고 있는 갈등과 비극의 삶, 피해자 배·보상을 조명하고 '사회적 죽음'의 의미와 공동체에서 최고의 관계란 어떤 것인지 제시한다. 피해자의 죽음 이후 그 친족의 정체성 복원을 죽음의 기록을 바로 잡은 제적부 정정에서 찾아본다.

학살, 그 이후를 묻는 제5부는 1987년 민주주의 이행 이후 진행된 민간인 학살과 같은 중대한 인권침해를 밝히는 이행기 정의 transitional justice를 먼저 서술한다. 민주 정부의 정치적 기회 구조 속에서 포괄적으로 이루어진 과거청산의 성과는 무엇이었고 아쉬운 점은 어떤 것이었는지, 정부기관이 자신들의 잘못을 개혁하기 위해 권고 사항을 어느 정도 이행하는지, 또 실효성은 있었는지 그 과정을 복기한다. 정부기관의 개혁과 시민사회의 활동 과제를 제시하고, 학살 현장으로서 유해 발굴이 갖는 의미와 그 장소성의 정치적·역사적 맥락을 되짚어본다. 민주 정부에서 정보수사기관을 올바르게 개혁하지 못했기 때문에 이명박 정부에서 국가정보원이 서울시 공무원을 간첩으로 조작하고 국무총리실은 민간인을 사찰했으며, 2012년 12월 제18대 대통령 선거에 군대를 비롯한 각 정보기관이 개입할 수 있었음을 비판한다. 끝으로 인간 존재의 비극성을 공동체 구성원의 존재와 행위의 관계에서 탐구하고, 정치권력의 잔혹함을 돌아보는 것은 계몽과 광기의 차이를 발견하고 이성의 성찰과 학문의 공공성을 정립하는 것임을 서술한다.

한 사람의 기억과 한 사람의 증언

국가로부터 사상을 의심받으면 어떠한 결백도 중요하지 않다. 정책에 반대하고 정권의 반대편에 서면 수사기관이 나서서 그들을 범죄자로 만들어왔다. 사상을 문제 삼는 나라에서 인간의 존엄은 찾아볼 수 없고, 이 사상 때문에 공동체에서 '낯선 타자'로 설정되면 그에게는 '죽음의 권리'마저 박탈당한다. 문제는 죽음도 삶도 인간의 존엄성에 있을 것이다. 일말의 존엄이라도 지킬 수 있는 죽음이라면 인간은 그 죽음을 마다하지 않을 수 있다. 이 책의 시작은 이렇게 죽어가지 못한 사람들로부터 비롯했다.

주권과 정치 폭력에 대한 연구는 고전인 것처럼 느껴지지만 실제로는 근대의 현상이다. 대량학살과 사찰, 감시, 사상의 지배라는 주제를 이야기할 때 피할 수 없는 것이 국가와 공동체 성원 사이의 관계, 다시 말해 근대성의 한 형식이다. 이 책은 정치공동체에서 인간의 존재와 권리의 형식을 끊임없이 질문하고, 주권과 권리의 작동 방식에 대한 고민을 여러 군데에서 제기한다. 어떤 제도와 규범이 인간 그 자체를 온전히 설명하고 스스로를 자신답게 만들 수 있는지 확신할 수 없다. 하지만 인간의 존엄성이 그 어떤 정치체제나 사상보다 우위에 있는 것은 확실하고, 인류는 아직 실험 중에 있다.

문학은 '일어나지 않은 사실'을 다루는 것이라고 한다. '일어나지 않은 사실'이란 형용모순이지만 사회학은 그런 경우가 거의 없다. 그럼에도 끊임없는 상상력을 요구하는 것이 또한 사회학이다. 학살과 같은 인권침해를 접했을 때의 당혹감이 그렇다. 수많은 사람들의 죽음과 이로부터 빚어진 유족의 운명 같은 삶을 상상해야 하기 때문이다. 아마도 이런 원리이지 않나 싶다. 상상할 수 있으면 현실이 되기 때문이다. 반대로 상상할 수 없으면 그것은 현실이 될 수 없다. 현실은 상상의 산물이기도 하다. 마치 꿈을 이룬다는 것이 이와 같은 이치이지 않을까 싶다.

사건을 하나의 시공간視空間에서 추상화된 과거와 구체적인 현실로서 동시에 마주한다면, 상상이 비극을 설명하고 사회현상을 밝히는 데 큰 도움이 될 것이라고 믿는다. 마치 공감각synesthesia처럼 합리적인 이성의 한계 너머에 감성과 허구, 직관, 상상의 세계가 같이 존재해야 한다. 이 책의 부분 부분이 호메로스Homeros의 『일리아스』와 그리스 비극을 좇아간 이유이기도 하다. 문학과 예술의 도움 없이 희생자들과 그들의 친족이 겪은 삶의 비극을 해부하는 것은 불가능할지 모른다.

아리스토텔레스가 『니코마코스 윤리학』 첫머리에서 최상의 좋음과 행복에 대해 숙고했지만, 최고의 삶에 대한 행복과 그렇지 못한 불행에 대해서 쉽게 말할 수는 없을 것 같다. 삶 이면의 죽음이 필연이고 이를 동시에 사유한다면 단순히 죽는다고 해서 불행한 것은 아니다. 왜? 인간은 긍지를 갖고 스스로 품위를 잃지 않으면 죽음 앞에서도 무분별하지 않을 수 있기 때문이다. 총구 앞에서 두려움에 떠는 것은 생각의 끝에 있다. 더 이상 존재할 수 없는 두려움은 더 이상 어떤 생각도 할 수 없는 존재다. 인간은 누구나 자신이 이 세상에 존재하지 않음을 인식할 수 없다. 인식하려는 바로 그 순간 죽음에 이르기 때문이다.

피해자와 그 가족을 바라보는 우리 사회의 인식이 조금이나마 나아졌다면, 그것은 산 사람이 죽은 사람을 대하는 공동체의 윤리와 태도가 조금씩 위엄 있게 변하고 있기 때문일 것이다. 공동체에서 숫된 타자와 이방인의 지위를 고려하면, 낯선 일을 당했을 때 자신의 두려움을 그들에게 전가해서는 안 된다. 자신의 입장을 정당화하기 위해서 타자에게 책임을 덮어씌우는 것은 그의 존재를 부정하는 것이다. 이런 일이 결국에는 자기 자신의 존재도 부정하게 만든다.

때로 한 사람의 기억은 누군가의 기억이 되고, 한 사람의 증언은 모든 사람의 증언이 된다. 피해자에게 의미 있는 행위는 인간의 내면에 존재하는 존엄성 그 자체를 엿보이도록 하는 데 있다. 증언은 타인의 삶을 위해 자신의 삶을 희생한 분들에게 전하는 안부와 같다. 2000년부터 주섬주섬 들은 증언을 내놓는다. 봉인된 사연들이 더 많을지도 모른다. 그들을 이해하는 것은 한순간이라도 그와 같은 사람이 되는 수밖에는 다른 도리가 없을 것 같다. 재현할 수 있다면 사건이 일어난 그때나 증언에서 나타난 바로 그 순간을 이해하는 것이다. 인간의 삶은 또 다른 누군가가 반드시 대신 살게 될 것이다.

잔혹한 죽음을 다루는 의미에서 학살은 고통과 비극의 문제이지만 한편으로는 삶 그 자체이기도 하다. 루트비히 비트겐슈타인Ludwig Wittgenstein은 전쟁의 참호 속에서 죽음을 목격하고 삶을 예찬했다. 삶은 시간이 멈춘 곳에서만 존재하는지도 모른다. 우리의 삶은 어디에 도달하려고 하는 행보가 아니다. 삶이란 삶 그 자체로서 이미 최상의 것이다. 이 책이 근대의 뒤안길에 선 이들에게 생각이 깃들어 쉴 수 있는 둥지가 되기를 소망한다.

제 1 부

근대 이성과 제노사이드

정신이 전적으로 다른 사람의 통제 아래
있는 것은 불가능하다.
자유롭게 추론하고 그것이 무엇이든 어떤
문제에 대해 스스로 판단하기 위해서는
누구도 그의 자연적 권리나 능력을 다른
사람에게 양도할 수 없으며,
그렇게 하도록 강요될 수도 없기 때문이다.

· 바뤼흐 드 스피노자, 『신학정치론』, 1670. 1.

제 1 장

근대 이성과 계몽

계몽의 기획과 근대 이성

우리가 알고 있는 이성은 이 세상을 어떻게 변화시켰는가. 계몽주의 구상은 이성과 자유의 진보를 가져왔지만 이성의 발전은 또한 사회통제와 지배를 동행시켰다. 위대한 계몽주의자 임마누엘 칸트 Immanuel Kant가 설파하듯이 계몽은 "우리가 마땅히 스스로 책임져야 할 미성년 상태로부터 벗어나는 것이다." 그는 '도덕적 자율'을 제시하며 자신의 지성을 사용할 용기를 가지는 것이 계몽의 핵심임을 힘주어 강조한다.[1] 계몽주의 사고는 공적 분별력을 변화시켰고 이것을 일상생활 속에 스며들게 했다. "누구나 자신의 의견을 말할 자격이 있다"거나, "사람들 모두 똑같이 생각하는 세상은 이상한 곳이다"와 같이 "선술집에서 배우는 지혜"는 일상에서 계몽주의의 영향을 증명하는 사례다.[2]

계몽과 이성을 바탕으로 하는 근대의 특징은 법과 학문, 이데올로기 통제를 포함하는 다차원적인 체계에 있다. 지그문트 바우만 Zygmunt Bauman은 "사회와 자연환경에 대한 통제와 규율, 질서의 임무를 지닌 국가는 근대성의 본질적 정신을 나타내"는 것으로 보았다. 자원이 중앙에 집중되어 있고, 폭력을 사용하는 권한을 독점하고 있으며, 공무원과 경찰, 군대 권력을 가지는 중앙집권적 관료국가가 근대성의 기초라고 그는 요약한다. 계몽의 진정한 정신은 통제와 확실성의 탐색을 둘러싸고 일어나며, 계몽주의의 승리는 곧 합법적 이성이라고 부르는 것의 승리를 의미한다. 이와 같은 이성은 개인성과 다원주의의 진정한 형태에 적대적이고, 애매함과 불확실성을 허용하지 않는다.[3] 바우만은 근대화가 자유와 관용, 사회진보를 향한 거대한 전진을 보여주고 있는 것으로 가정하는 계몽주의의 전통적인 시각을 비판한다.

카를 마르크스Karl Marx에게 근대성은 자본주의 경제체제로 이행하는 생산수단의 변화였다. 이에 비해 막스 베버Max Weber는 근대성을 합리화와 세속화로 설명하고, 노르베르트 엘리아스Norbert Elias에게는 문명화 과정이 근대로의 이행이었다. 베버는 근대 자본주의의 발달 요인으로 예측이 가능한 합리적인 법률 체계와 전문적인 행정 관료의 형성을 들었다. 자의적으로 모든 것이 알아서 해결되는 상황이나, 어떤 합리적인 처벌 체계 또는 규칙이 없는 상황에서는 모든 것이 예측 불가능하다. 서양에서는 로마법의 전통에 따른 합리적인 법률 체계를 마련한 이후, 이 체계 내에서 훈련받은 전문적인 관료들을 길러냄으로써 기술적인 행정이 가능해졌다. 법률 안에서 어떤 제의-종교적이고 마술적인 요소들이 걸러지고, 과정의 합리성을 보장해주는 제도로서 법이 기능하게 되었다.[4] 근대성으로서 합리화의 증대 과정은 자본주의 시장과 관료제를 넘어서 전 영역으로 보편화되었다.

근대(성)는 가치와 제도, 생활 방식의 변화와 같은 여러 가지 개념으로 설명할 수 있다. 근대의 삶에 대한 사상과 문화의 전환을 가리키는 어원, 르네상스renaissance는 고대의 재탄생rebirth이다. 근대성을 특징짓는 여러 가지 요소 중에서 어떤 것은 고대 문명 속에서도 발견할 수 있는데, 이처럼 근대적 의식을 규정지은 그리스와 로마의 고전은 충분히 상기해볼 가치가 있다.[5] 엄밀히 따져보면 근대는 고대와 대립하는 것만은 아니고 전통을 부정하는 것도 아니다.

주체로서 근대의 인간은 자기 자신을 고수하면서 또 자기를 확산시킨다. 무한한 자율성을 지향하는 개별 인간의 자기 주권성은 계몽과 이를 토대로 하는 근대 이성의 정신이기도 하다. 새로운 시대의 관념을 정식화한 계몽주의는 스스로 자신의 정당성을 공식화한다. 위르겐 하버마스Jürgen Habermas의 말대로, 근대성은 다른 시대가 제시하는 모델을 가져온 것이 아니라 자신으로부터 스스로의 규범을 창출해왔다.[6] 정치 주권자로서 근대국가의 공동체 구성원은 역사적인 시간 속에서 끊임없이 변화해왔다. 이 성원을 규정하는 개별 국가의 역사적 배경과 정치적 조건은 주권의 형성과 동시에 정치권력의 지배를 둘러싼 갈등 과정이었다. 보편적으로 공동체의 범위와 개인의 권리를 결정하는 단계는 근대국가 건설 과정 초기에 발생하는 정치 현상이다.

근대국가의 구성원 형성과 관련한 권력, 국가를 운영하는 지배체제의 정치권력은 군대와 경찰, 법이라고 하는 주요 제도나 물리력을 가진 국가 고유의 영역을 훨씬 넘어서서 확대된다. 지배계급의 권력은 언론, 교회, 학교와 같은 제도와 집단적인 행위의 실천을 주도하는 사회단체와 함께 시민사회로 확장됨으로써 정치사회의 한계를 넘어선다.[7] 지배적인 집단이 현상태를 유지하면서 국가장치를 강제적으로 사용하는 방식은 시민사회와 정치사회 모두와 연관되며, 정치문화의 일차적인 생산보다는 이것을 특정한 방향으로 재생산하고 확산시키는 데 그 목적이 있다. 국가의 폭력 행위라는 측면에서 보면, 이는 권력에 내재한 폭력의 제도화 과정이라고 할 수 있다. 폭력을 담지한 권력은 사람을 다루는 기술로 발전한다.

권력과 폭력의 관계에서 주목할 부분은 형식적인 법의 적용과 불법의 경계에 있다. 법과 폭력이 결합하고 이것들이 서로 구별되지 않는 지점에 주권자가 존재하는 것은 법이 폭력으로 이행하고 폭력이 법으로 이행하는 경계에 있음을 의미한다.[8] 어떤 이유에서건 국가권력이 자행하는 살상은 권리의 근원적인 박탈 과정이자 폭력을 법률의 형식으로 집행하는 행위다. 이 결과는 현재까지 진행 중인 우리 사회의 민간인 학살에 관한 담론과 형사재판이 이뤄지고 있는 캄보디아, 르완다의 사례에서 충분히 알 수 있다.[9] 대규모 학살은 정치사회와 시민사회 구성원들 사이의 개별 관계를 규정하고 공동체에 지속적인 영향을 끼친다.

관료제의 기술 합리성은 이성의 도구적 사용을 바탕으로 한다. 바우만은 적에 대한 증오와 살해 행위만으로는 지속적인 대량학살을 설명할 수 없고, 체계적이고 포괄적이며 또한 보다 철저한 살해는 관료제의 합리성에 의해 가능한 것이라고 보았다.[10] 이 논지는 다음과 같이 확장해서 물을 수 있다. '근대의 기획을 가능하게 한 계몽이 어떻게 홀로코스트와 같은 집단학살을 가져왔는가?' 우리는 이를 진지하게 검토할 필요가 있다. 왜냐하면 이는 비단 유대인 학살에만 해당하는 것이 아니라, 오늘날 세계의 보편적인 현상이기 때문이다. 그렇다면 '아우슈비츠는 과연 모더니티 그 자체의 결과인가.' 근대성의 주요 이론가들, 테오도르 아도르노Theodor W. Adorno와 막스 호르크하이머Max Horkheimer, 한나 아렌트Hannah Arendt, 바우만, 미셸 푸코 Michel Focault 등 이들은 조금씩 차이가 있긴 하지만 폭력적인 정치의 가장 악명 높은 몇몇 사건들에 대해서 대규모 추방과 살상이 근대성과 강하게 연관되어 있음을 밝힌다.[11]

아도르노와 호르크하이머는 『계몽의 변증법』에서 근대문명에 대한 비판적 성찰로부터 인류와 인간성에 대한 본질적인 물음에 답한다. 인간은 "미지의 것이 없을 때" "공포로부터 면제되었다고 상상" 하고 이것이 "탈신화화와 계몽의 궤도를 결정"한다. 그들은 계몽의 마지막 산물인 실증주의의 내재적 의미를 "보편적이 되어버린 터부 이외에 아무것도 아니"라고 비판한다.[12] 계몽주의 기획은 인간이 알지 못함으로써 겪는 공포로부터 온 힘을 다해 벗어나려는 시도였다.

아도르노와 호르크하이머는 계몽주의 자체에 모순이 내재되어 있는 것을 발견하고, 이것이 야만으로 나타날 수밖에 없었던 이유를 밝힌다. 계몽의 기획이란 인간이 신화의 세계로부터 탈피하는 작업임과 동시에 이 세계를 하나의 통일체로 묶어내는 구상이다. 계몽은 "계산 가능성과 유용성의 척도에 들어맞지 않는 것은 의심스러운 것으로" 여기고, "통일적으로 파악할 수 없는 것은 아예 존재나 사건으로 인정하지 않"는다. 계몽의 이상은 "세부에 이르기까지 모든 것을 도출해낼 수 있는 '체계'"에 있다.[13] 인간을 미지의 공포로부터 해방시키기 위한 계몽의 목표는 세계의 탈마법화였고, 신화를 해체함으로써 인간 그 자체를 주인으로 내세우는 기획이었다.

계몽주의는 '이성logos'으로 존재하는 모든 것을 밝히고 이를 합리적으로 설명하는 것이다. 이 과정에서 이성은 세계를 계획과 합리성으로 측정할 수 있는 체계로 조직해낸다. 결정적으로, 만약 인간이 이 새로운 체계에서 벗어나면 그것은 곧 존재하지 않는 것이 되어버린다는 사실이다. 아도르노와 호르크하이머는 보편과 특수, 개념과 개별 사례의 관계를 '도식화 작업Schematismus'이 지니는 산업사회의 이해관계임을 지적하고, 이성이 사회 과정을 분류하는 것 이외에는 다른 어떤 규정도 허용하지 않는 점을 지적한다.[14] 이때 "이성은 강압적이기보다 패권적"이다.[15] 과학주의적 이성에 대한 비판은 이성이 스스로를 의식하는 성찰에 있다.

이성의 왜곡은 경제관계의 실제에서뿐만 아니라 사회과학의 실증주의 합리성에도 드러난다. 이성은 개별 사실 속에 나타나는 "일반적이고 추상적인 개념"으로 생각되는데, 이것은 사실을 존중하는 과학적 태도를 나타내는 것 같지만 실제로는 사실의 "역사적 구성을 포함하는 전체적 과정에 대한 선험적 반성을 등한시함으로써 현상을 초역사적 실재로서 긍정하는 것이 된다." 이런 이성은 특수한 이해관계가 설정한 "목적에 봉사하는 '도구적 이성'이 되어 이성 스스로의 이념인 보편성을 상실하"고, 인간의 해방과는 관계없이 오히려 이것을 억제하는 탄압의 수단으로 쓰인다.[16]

계몽이 합리주의 형태를 갖든 경험주의 형태를 갖든 이 체계에서는 구별되지 않고, 계몽을 토대로 한 근대의 학문이 기본적인 '공리axiom'를 어떻게 해석하든 통일성을 추구하는 학문의 구조는 동일한 것이라는 데 중요한 문제가 있다. 개별적인 것을 모두 굴복시키는 계몽은 무엇인지도 모르는 '전체'가 인간의 존재와 의식까지 지배하게 했다. 이 의미는 계몽이 어떤 '체계' 못지않게 '전체주의totalitär'라는 뜻이다.[17] 이런 의미에서 "계몽주의가 도래하면서 과학과 이성은 종교"와 비슷한 "권위"를 계승하려고 한 것이 된다.[18] 아도르노와 호르크하이머는 계몽된 문명이 현실 세계에서 어떻게 야만으로 회귀했는지, 그 사례로서 반유대주의와 홀로코스트를 제시한다.

계몽에 담겨진 역설은 이성을 존중한 계몽주의가 '추상적 개념'에 집착하게 된 것에 있다. 근대성 비판자들이 지적하듯이 계몽에 내재해 있는 "분류하고 구분"하려는 강박관념이 "이성과 합리성의 개념에 중요한 관점"을 제시한다. 계몽주의의 원동력은 세상을 변화시키고 개선하려는 순간까지 "완전한 최종 합리성"과 "절대 진리를 탐구"하는 것이다. 이는 필연적으로 "근대가 영원히 끝나지 않는다"라는 사유를 동반하면서 마지막 목표에 대한 유토피아적 이상을 "상상"하는 데까지 나아간다.[19] 로버트 제이 리프턴Robert Jay Lifton이 나치 의사들을 분석하면서 제시하듯이, 과학의 합리성은 "다시 과학의 이름으로, 죽음에 이르는 이데올로기"가 되어 돌아왔다.[20] 도구적 이성에 대한 과학기술의 합리성은 사회과학에서도 강력한 기반이 되고 있다.

바우만은 아도르노와 호르크하이머가 비판한 계몽의 도구적 합리성과 아렌트의 전체주의 비판을 계승하고, 이를 강조해서 반복한다. 이들의 논지를 요약하면 홀로코스트는 "인간의 문명이 원칙을 포기해서가 아니라 원칙을 준수함으로써 완전히 야만적으로 변모"한 것이라는 데 있다.[21] 인류의 문명에 잠재한 허구성을 드러내는 프랑크푸르트학파의 논의를 보면, 계몽과 근대는 "진정으로 인간적인 조건을 창조하기보다는 새로운 종류의 야만a new kind of barbarism에 빠져"든 것이다. 이삼성은 근대의 이성이 기술 이성이자 도구적 이성에 한정되었고, 과학기술에 근거한 계몽주의의 비판적 합리성이 인간 중심의 철학과 행복을 빼앗아간 것이라고 비판한다.22

현대 관료주의의 도구적 합리화 양식은 효율성에 대한 추구가 얼마나 형식적이고 윤리적으로 맹목적인가를 상기시켜준다. 우리는 아도르노가 『부정변증법』에서 밝힌 대로, 냉정하게 잔인한 "관료제 살인administrative murder"의 심각성을 과소평가해서는 안 된다.23 임철규는 현대 문명의 특징인 기술 합리성과 효율적인 분업이 홀로코스트의 직접적인 원인은 아니더라도 이런 비극을 가져온 충분한 조건이었음을 지적한다. 그는 전체주의 제도가 인간 존재의 무한한 복수성과 차별성을 무시하고 "하나의 개인, 하나의 대문자 인간One Man"으로 조직하려 했던 관료제 사회의 '성취'임을 비판한다.24 여기에서 계몽은 신화로 퇴보하고 퇴행하는 계기가 된다. 계몽의 개념 자체가 현재 도처에서 일어나고 있는 퇴보의 싹을 내포하고 있다. 계몽의 퇴행적 계기를 자각하지 못한다면 계몽 스스로가 자신의 운명을 돌이킬 수 없는 것으로 만들게 될 것이다. 이것이야말로 "계몽의 자기 파괴" 과정이다.25

근대 이성이 정밀성과 측정, 비교, 분류를 중요시한 것은 자명하다. 현대 문명이 홀로코스트의 필요조건이라는 것은 이 문명 없이는 홀로코스트를 상상할 수 없고 이를 상상할 수 있게 만든 것이 또한 현대 문명의 합리적 세계라는 점이다. 인정하고 싶지 않지만, 역설적이게도 합리·계획·과학·전문가·효율로 관리되거나 조정된 방식의 홀로코스트는 모든 면에서 근대의 뛰어난 성취였다.[26] 홀로코스트는 문명의 실패라기보다는 현대 문명의 산물이고, 이 문명은 유대인 학살을 비롯해 숱한 대량학살이 자행되는 데 능동적인 역할을 수행한다. 홀로코스트에서 '최종해결final solution'이라는 목적의 수행은 관료 조직의 형식과 목표에서 매우 합리적인 고려에 따라 집행되었다.

계몽은 탈마법화가 아니라 새로운 신화 체계를 구축함으로써 계몽이 진행되는 과정에서 단계마다 더욱더 깊이 신화 속으로 빠져 들어간다. 이 신화의 세계에 근대국가에서 자행하는 대량학살이 있으며, 이는 계몽되어 있는 현대 문명이 현실 세계에서 어떻게 야만 상태로 회귀하는지 보여준다. 홀로코스트는 계몽된 문명이 인간성을 파괴하는 정점에서 근대성의 또 다른 산물로 등장했다. 아도르노와 호르크하이머는 이런 야만을 극복하기 위해서 근대의 사유를 구축한 계몽 속에 내재해 있는 이성의 퇴행적 계기를 인식하면서도, 진보에 대한 반성을 추구하는 비판적 이성을 신뢰하고자 한다.

계몽의 다차원성: 상상, 허구, 감성

근대성과 제노사이드의 관계에서 쟁점은 계몽(주의)에 내재해 있는 이성에 대한 인식의 차이에 있다. 계몽의 다차원성은 계몽의 변증법을 바탕으로 하면서 좀 더 다른 방식으로 이성을 해석하려고 시도한다. 도구적이고 합리적인 이성에 대한, 또 다른 신화에 대한 비판이 계몽의 변증법이었다면, 계몽의 다차원성은 계몽 자체에 내재한 인간의 또 다른 인식에 주목한다. 근대의 이성뿐만이 아니라 고대 이후로 계몽주의의 근간이 되어온 다양한 정신을 탐구해보자.

앞서 살펴본 바우만의 근대성에 대한 비판에 반해서 로버트 워클러Robert Wokler는 계몽주의의 통합성과 보편적인 해석에 초점을 둔다. 그는 바우만의 주장과 상반되게 "계몽주의가 홀로코스트의 가능성을 배제했을 뿐만 아니라", 온갖 종류의 "전 근대적 인종 청소" 행태에 맞서 싸운 것이라고 주장한다. 워클러의 해석에 따르면 계몽의 기획은 야만에 맞서는 문명이자 제노사이드에 대한 저항이라고 할 수 있다.[27] 그가 제노사이드와 근대성의 비판에서 계몽을 옹호하는 것은 인간의 보편적인 권리를 지지하기 때문이다. 그는 국가를 세운 민족만이 권리를 누릴 수 있는 근대 민족국가의 형태, 다시 말해 권리의 범위와 그 타당성을 결정짓는 권위가 민족국가의 근대성이 갖는 특징처럼 되어버렸기 때문이라고 비판한다. 워클러는 계몽주의 기획을 종교적 소수자에게 관용을 베풀고 편견을 혐오하며, 이단자 박해를 반대하는 이상과 담론을 실천하는 문명사회의 원칙을 상징하는 것으로 본다.

존 도커John Docker는 바우만과 워클러의 주장에서 "오늘날 근대성이 하나의 통합된 계몽 기획에 따라 존재해왔는가"라고 질문한다. 쉽게 말해서 유럽의 계몽에 관한 기획과 근대성은 다양한 내용을 포함하는 것이 아닌가 하는 점이다. 그는 이성을 바탕으로 하는 계몽주의 기획에 바뤼흐 드 스피노자Baruch de Spinoza가 『윤리학』에서 강조하는 인식론을 끌어들인다. 스피노자에게 있어서 최고의 인식이란 "이성만으로는 이해하기 쉽지 않으며 직관, 상상, 감정(사랑)"과 "허구"를 받아들이고 심지어 '오류 가정의 인정'과 함께 기능하는 이성을 통해서 가능해진다. 그는 "이성으로 세상을 지배하거나 통치할 수 있다는 이성의 자만"을 믿지 않았다. 스피노자가 인식의 한계에 대한 태도를 매우 강하게 주장한 것은 "불확실성의 필요성과 해석의 위험성" 때문이다. 그는 불가지성을 인정하는 것이 중요하다고 보았는데 본질적으로 육체, 상상, 애정이 이성과 인식에 대한 한계를 의미하는 것이 아니라고 여겼다. 오히려 그는 이와 같은 것들이 이성의 힘을 개발하고 증가시키는 것으로 보았고, 이 중에서 특별히 '상상'을 강조했다. 상상은 "고차원적인 형태의 지적 생활에서 긍정적인 역할을 담당"하기 때문이다.[28]

스피노자는 『신학정치론』과 『윤리학』에서 인간의 지적인 상태에 완전함을 제공하는 가장 높은 종류의 인식에 대해 논한다. "이성적인 존재에게 가장 유리한 것은 그 존재의 타당하고 '더 좋은' 부분의 완전함, 즉 이성적 능력이나 지성"이다. "지성을 완전하게 하는 것, 즉 지성의 이상적인 상태에 다다르게 하는 것이 인식이다." 이런 "인식은 실재들에 대해 완전한 오성을 제공한다."[29] 물론 최고의 인식은 추상적이며 형이상학적이다.

여기서 우리는 상상에 대해 더 생각해볼 수 있다. 상상(력)이 반드시 긍정의 힘으로만 작용하는 것은 아니다. "상상력은 혁명의 힘이 될 수 있지만 실패한 혁명을 위한 정신적 위안을 지속적으로 제공하기도 한다." 상상력이 "현실을 대상으로 변화"를 이루려면 이 현실과 거리를 둬야 하는데, 이 거리는 쉽게 단절될 수 있다. "우리를 세상과 묶는 힘이 오히려 세상으로부터 소외시킬 수도 있다." 테리 이글턴Terry Eagleton에 따르면 요한 볼프강 괴테Johann Wolfgang von Goethe는 "상상력을 분열된 능력, 창조적 에너지의 원천인 동시에 공포와 망상의 근원으로 간주했다." "상상력에는 뭔가 자의적이고 혼돈스러운 성질이 있"으며 "제멋대로이고 자아도취적이며 다루기 힘든 면이 있다." 괴테는 상상력의 특성에서 놀랍도록 가늠하기 어려운 힘을 발견하고, "상상하기의 무서운 행위와 온건한 행위를 구분하는 것, 난처할 정도로 해체하기 쉬운 차이점을 구분할 필요성을 느꼈다." 이글턴은 "상상력이 구원과 더불어 속임수도 창조할 수 있다면 그 이유는 상상력 안에 오류를 저지를 수 있는 능력이 내재하기 때문"이라고 결론 내린다.[30]

'상상'에 관한 인식에 있어서 또 하나 주목할 것은 질 들뢰즈Gilles Deleuze의 '차이의 철학'이다. 도커는 들뢰즈의 '차이의 철학'에서 경험과 주체의 구성을 탐미한다. 들뢰즈에 따르면 경험주의는 '상상의 철학'이다. 주체를 주체로 만드는 것은 믿음과 창안이며 추측과 독창성에 있다. 인간의 인식은 구성력과 창의력이 있는 상상을 붙좇아 따르므로 세계는 결국 상상의 이데아라고 할 수 있다. 시간과 공간이 인간의 정신 안에 있고 기억, 감각, 오성은 상상에 기반을 둔다. 따라서 이성 자체에 공상, 상상, 허구가 반드시 필요하게 된다.[31]

계몽의 여러 가지 인식은 기독교 정신의 형성 과정에서도 발견할 수 있다. 도커는 초기 기독교의 다양성에 주목한 존 톨런드John Toland의 연구에서 계몽의 다차원성을 발견한다. '자유사상가free thiker'라는 용어를 만든 것으로 추정되는 톨런드는 기독교의 다원성을 몰아낸 바울Paul과 콘스탄티누스Constantinus를 비판하고, 초기 기독교가 통일성이 없었던 것에 반해 이후 유럽의 기독교 역사는 배제와 탄압, 추방으로 변해갔음을 지적한다. 이에 대해 도커는 톨런드가 제시한 17세기 후반과 18세기 초반의 제도권 기독교에 대한 비평과 신과 우주에 대한 탈중심적 개념 그리고 타 종교에 대한 개방성

등을 계몽의 다차원적 성격이라고 제시한다.

단락을 지어보면, 바우만은 부정의 방식으로 워클러는 긍정의 방식으로 계몽의 기획을 바라보고 있음을 알 수 있다. 바우만의 방식에 따르면 계몽주의는 근대성을 위해 이성을 창조했는데, 이 이성은 "확실성, 철저한 지식, 범주화, 분류화에 집착"하는 도구다. 인간이 이성으로 "미래를 창조할 수 있다고 믿으며 세계를 지식에 대한 의지 앞에 복종"시켰다. 이와 다르게 워클러는 계몽주의 기획이 세계적이고 국제적이며 반식민주의라고 주장하고 이성의 반도구적 관점을 수용한다. 도커는 '감성과 인식'의 측면에서 워클러의 견해를 지지하고 인간의 정신이 육체와 상상, 직관, 애정, 심지어 가상과 허구와도 관련되어 있음을 새삼 되새긴다.[32] 계몽주의에 대한 바우만과 워클러의 주장 그리고 이에 대한 도커의 논의를 종합하면 계몽은 도구적 이성만으로 구성된 것이 아니며, 또한 근대성은 반드시 현대의 과학기술과 물질문명을 바탕으로 한 것도 아니다.

근대 과학의 기술 합리성과 효율, 분업과 같은 특징을 가장 중요하게 여기는 현대 문명은 홀로코스트와 같은 대량학살을 충분히 가능하게 한 조건이었음이 분명하다. 그렇지만 과학기술이 대량학살을 일으키는 데 반드시 필요한 조건은 아니다. 살인을 저지른 행위자는 기계나 기술 그 자체가 아니라 인간이기 때문이다. 르완다의 후투족과 투치족 사이에 벌어진 학살은 커다란 칼인 마체테machete만 휘두를 줄 아는 사람이라면 아무리 기술이 뒤처져도 상대방을 박멸하는 데 전혀 문제가 될 게 없었다. "사람들이 곧 무기였다."[33] 전면적인 국내 집단학살 형태를 띠는 이와 같은 르완다의 학살을 유엔은 '부분으로서의 제노사이드'가 아닌 '전체로서의 제노사이드genocide-inwhole'이자 홀로코스트의 아프리카판이라고 불렀다.[34]

르완다에서 일어난 제노사이드는 근대의 효율적인 관료제와 군대, 경찰과 같은 무장집단의 폭력 행태와는 또 다른 성격을 띠고 있다. 후투족 민간인들이 폭력 과정에서 장애물을 설치하거나 투치족을 가려내고 그들에 대한 정보를 제공하면서 학살을 도왔다. 이럴 경우 학살에 가담한 것으로 추정하는 후투족은 약 20만 명에 이르는 것으로 알려져 있다.[35] 이웃이 이웃을 살해하고 모두가 모두를 살해하는 3개월 동안 르완다의 전체 인구 800만 명 중에서 80만 명에서 100만여 명이 죽었다. 일부 지역에서는 여자들도 살해에 가담했고 살해자들 중에는 여덟 살 난 어린아이도 있었다. 이것은 현대 문명의 소산이면서 동시에 자연 상태의 투쟁을 방불케 한다.

르완다 학살은 단순히 가해자는 후투족이고 피해자는 투치족이라는 것을 의미하지 않는다.[36] 미국의 후원에 힘입은 폴 카가메Paul Kagame와 르완다애국전선Rwandan Patriotic Front은 자신들이 통제하는 지역에서 후투족을 대량학살했다. 유엔난민고등판무관실이 지원한 후투족의 투치족 학살 진상조사단의 로버트 거소니Robert Gersony는 르완다애국전선이 후투족을 상대로 살인과 처형을 자행한 분명한 증거가 있음을 결론지었다. 『뉴욕타임스』가 이 보고서를 보도했을 때, 유엔사무총장 코피 아난Kofi Atta Annan은 직원들에게 이 내용을 언급하는 것을 자제하라고 지시했다. 유엔에서 이 보고서는 공식적으로 존재하지 않으며 거소니는 "자신이 알아낸 사실을 절대로 언급하지 말라는 지시를 받았다."[37]

또 다르게 눈여겨볼 것은 유토피아 건설과 대량학살의 연관성이다. 나치의 유대인 없는 유럽 건설이라는 국가 이상과 마찬가지로 20

세기 전반기에 등장한 사회주의 체제에서 자행한 학살도 무시할 수 없다. 소련에서는 강제 이주와 농업집단화, 정적들에 대한 숙청 과정에서 대량살해가 일어났다. 테러와 강제 노동으로 사망한 사람은 농민과 노동자 등 거의 모든 계층의 사람들이 포함되어 있었다. 1930년대 380만여 명이 체포되어 270만여 명이 유죄 선고를 받았는데, 이 중 70만여 명이 총살된 것으로 밝혀졌다.[38] 또 다른 연구에 따르면 1936년부터 1939년까지 스탈린이 주도한 정치적 숙청과 테러에서 적어도 500만 명의 인민이 체포되어 100만 명이 처형되었는데, 체포된 사람들 중 일부는 훗날 강제수용소에서 사망했다. 혁명의 이름으로 자행한 농민과 우크라이나인 학살, 인민의 적에 대한 숙청, 소수민족의 강제 이주는 인종이나 계급에 상관없이 희생자가 발생한 매우 폭넓은 제노사이드라고 하겠다.[39]

중국은 정부 수립 초기 반혁명분자들을 상대로 한 계급투쟁 과정 중에 100만 명에서 400만 명이 죽고, 문화대혁명 전후로는 40만 명에서 100만여 명이 숙청과 폭력으로 수용소에서 사망한 것으로 알려졌다.[40] 계급 해방과 집단주의 기획으로 실현하려 했던 '사회주의 혁명'의 유토피아는 너무 멀리 있었고 정치 폭력은 숙청과 집단 이주, 학살로 나타났다. 생산수단과 생산관계의 국유화와 집단화 그리고 계급투쟁의 결과는 근대성의 또 다른 변이였다.

계몽을 바탕으로 하는 근대성에 대해 살펴보면, 다중의 근대성이 유럽 이외의 각지에서 출현한 것이 20세기 세계사라고 할 수 있다. 근대는 세계의 모든 사람들에게 동일한 삶과 사유 양식은 아니고, 이는 서구 이외의 근대성modernities of outside the West이라는 측면에서 보면 더욱 명확해진다.[41] 근대는 각 정치체제의 기획과 설정에 따라 얼마든지 다양하게 나타날 수 있다. 근대성을 구성하는 개별 국가의 역사와 정치, 사회 환경에 따라 여러 가지 모습으로 출현하기도 한다. 그러므로 계몽주의 기획이 근대 사회에 미친 영향을 다원주의 방식으로 이해할 필요가 있다.

찰스 테일러Charles Taylor는 '경제'와 '공론장', '주권을 가진 인민'을 근대성의 본질로 여긴다. 서구의 근대성을 '사회적 상상social imaginary'이라는 개념으로 설명한 그는 근대성을 '다원적 근대성 multiple modernities'으로 파악한다. 서구 근대성의 특수성에 주목한 테일러는 이 사회의 핵심이 되는 특성으로서 사회의 '도덕질서moral order'에 대한 새로운 개념화를 시도한다. 새로운 도덕질서는 몇몇 사상가들의 마음속에 있었던 것이 점차 더 넓은 층의 사회적 상상을 형성하고, 마침내 사회 전체로 확산되었다. 사회적 상상 속에서 도덕질서관이 변화하면서 서구의 근대성을 특정짓는 사회적 형식들이 등장했다.[42] 서구 근대성에는 자유의 권리를 중시하고 행위자들의 주체성이라는 관념에 부응하는 다양한 방식의 사회적 상상이 존재한다.

앞서 살펴본 대로 계몽주의를 둘러싼 논의에서 중요한 점은 계몽에 내재한 정신이 이성의 도구적 합리성만은 아니라는 데 있다. 계몽주의 철학은 "차이와 다양성에 대한 관용과 관심, 세계주의, 사해동포주의, 반체제적인 종교사상" 그리고 식민주의와 제국, 통치권과 관련된 인종주의와 팽팽한 긴장관계에 있다.[43] 모든 민족이 평등하지 않다는 개념이 제기될 때마다, 또한 어떤 사회에서 이런 개념을 품을 때마다 제노사이드가 자행되었다. 계몽주의는 때로 대단히 모순적이어서 서구 문명사와 야만사의 관계를 탐구하는 데에 언제나 개방된 사상으로 인식하는 것이 중요하다.

이성의 원칙 중 하나는 '계획'이다. 인식론적으로 확실성의 바탕이기도 한 이것에 대해 마이클 오크숏Michael Oakeshott은 '계획'을 선호하는 관점, "지식이 현실에 아무 문제없이 적용 가능한 명제로 환원될 수 있다"는 논리를 반박한다. 그는 이것을 '합리주의'라 부르고 계몽주의가 "이성에 의해 직접 정당화될 수 없는 것은 무엇이든 의심하는" 결과를 낳은 것이라고 비판한다. 자유주의와 보수주의 연구로 알려져 있는 오크숏은 근대성에 대한 독특한 해석으로 주목받고 있다. 그는 근대성으로서 다원주의적 개인주의가 '전통'에서 비롯된 것으로 보았는데, 전통적인 삶의 방식에서 자유와 창의성을 그 근거로 제시했다.[44]

아우슈비츠의 생존자 프리모 레비Primo Levi는 "박해자들 중 한 명을, 아는 얼굴을, 그 오래전 거짓말을" 마주쳤다면 "증오와 폭력의 유혹에 굴복했을지 모른다"고 고백했다. 하지만 그는 파시스트가 아니었다. 그는 "이성과 토론이 진보를 위한 최선의 도구라고 생각"했다.[45] 아도르노와 호르크하이머가 제시하듯이, 이성이 갖고 있는 성찰의 정신은 다양한 계몽의 일단을 보여준다. 퇴행의 계기가 되었던 이성의 자기 합리화로부터 다원주의에 바탕을 둔 비판적 정신을 회복하는 것이 무엇보다 필요하다.

지식뿐만 아니라 어떤 사유와 감정까지 이성에 의해 정당화되지 않더라도 얼마든지 계몽의 기획에 포섭될 수 있는 것이 근대성이다. 이 논의에서 놓치지 말아야 할 점은 계몽주의에 도구적 이성이라고 하는 유일한 정신만이 만연한 것은 아니라는 데 있다. 근대를 떠받치는 계몽주의에는 이성뿐만 아니라 다양한 감성과 상상, 직관, 허구와 같은 비이성적 인식이 포함되어 있다. 중요한 것은 이성이 계몽을 구성하는 중요한 방식이긴 하지만, 이에 적합한 단 하나의 방식은 아니라는 데 있다. 숱한 학살이 인간의 합리적 이성으로 말미암았지만 다시 이성을 성찰할 수밖에 없는 것이 인간 존재의 조건이다.

제 2 장

G-단어의 정치학

G-단어의 국제정치

서구 사회과학은 한동안 제노사이드라고 하는 매우 중요한 정치적 함의를 지닌 역사적 사실을 연구 대상에서 제외시켜왔다. 이는 제노사이드가 새로운 현상이거나 경험적 사실이 아니라는 것을 의미하는 것은 아니었다. 20세기에 제노사이드 범죄는 주로 국민국가의 행위였고, 대부분의 정치권력은 저마다 어느 정도씩은 자국의 구성원을 대상으로 집단학살을 저질렀다. 그렇기 때문에 사회인문학자가 제노사이드를 연구하는 것은 국민국가와 정치권력 일반의 본질에 대해 그리고 정치공동체와 구성원의 관계에 대해 비판적인 질문을 던지는 것이라고 해야 할 것이다.[1]

전쟁의 공포와 수많은 죽음으로부터 인류가 자기 성찰을 하는 과정에서 대량학살이 범죄로서 확립되었다. 근대의 한 축인 민족(국민)

국가의 건설과 발전은 내전과 전쟁, 그에 따른 대량의 살상을 가져왔다. 1900년대 들어 대량학살은 터키가 아르메니아인을 학살한 것에서부터 홀로코스트와 난징대학살, 르완다, 유고 내전 등에서 보듯이 특정한 사람들이 정치, 경제, 사상, 인종, 종교의 차이 등을 이유로 죽임을 당했다. 아돌프 히틀러Adolf Hitler의 제3제국은 인종적으로 동일한 국가공동체Volksgemeinschaft로서 게르만 민족이 지배하는 유럽을 건설하기 위해 유대인을 학살했고 다른 나라를 침공했다. 이는 나치의 국가적 이상이었다.[2]

국제사회에서 쟁점이 되어온 제노사이드의 발생 배경은 무엇인가. 제노사이드와 같은 중대한 인권침해 행위는 인간의 사회조직 형태와 국제질서의 양식 그리고 정치적·역사적 과정으로 이해해볼 수 있다. 20세기 국제질서의 주요 특징은 첫째, 일본과 구미 열강을 비롯한 제국주의 국가들의 식민지 쟁탈을 들 수 있다. 제국들의 행위는 식민주의였으며 제국주의와 식민주의의 본질은 인종주의로서 국제정치의 조건이 되는 민족 간의 차별을 핵심으로 한다. 두 번째 특징은 유럽과 동아시아의 세력 균형이 무너지면서 세계 정치의 역학 관계가 혼란한 시기였다는 사실이다. 국제질서의 혼란은 무력 충돌과 거대한 규모의 전쟁으로 전개되었으며 제국주의와 인종주의, 그에 따른 열강 간의 헤게모니 쟁탈전이 제노사이드가 발생하는 중요한 배경이 되었다.[3]

21세기 세계화된 공간에서 벌어지고 있는 수많은 민간인 살상은 이전 세기의 경로와 별반 다르지 않다. 국제질서의 세력 균형은 달라졌지만 중국과 러시아, 유럽연합의 다극 체제는 미국의 패권을 확실히 견제하지 못하고 있다. 미국이 중동에서 일으킨 두 차례 대규모

전쟁은 여전히 진행 중이고 시민들은 학살당한다. 중동의 체제 이행에서 발생한 학살과 난민은 불안정한 국제정세를 그대로 반영하고 있다. 미얀마의 사태에서 보듯이, 미국과 중국이 외면하고 있는 로힝야족 무슬림에 대한 인종 청소처럼 국가 단위의 국지적 분쟁은 근대 국가가 여전히 국민국가를 지향하고 있음을 보여준다. 이런 사태에 맞서 2017년 9월 13일 유엔은 규탄 성명을 낭독할 뿐 개입하는 데 여전히 한계를 보였다. 대량살상 문제에서만큼은 주권국가의 신화가 국제정치에서 지속되고 있으며, 중국과 미국을 비롯한 강대국은 자신들의 정치경제적 이익을 저울질하고 있다.

국제 학계는 제노사이드가 발생할 수 있는 사회 조건과 상황을 찾으려는 데 많은 노력을 기울인다. 제노사이드의 적절한 변수를 찾는 것은 장래에 이것이 일어날 것을 예방하기 위한 첫 단계에 해당한다. 유엔의 「세계인권선언」 초안 작성에 참여한 스테판 에셀Stéphane Hessel은 인권보호와 국가주권 사이의 고민을 밝힌다. 유엔 회원국은 개별 국가(정부)이지만 유엔 헌장은 그 개별 국가의 시민을 먼저 보호할 것을 규정한다. 유엔은 개별 국가로부터 그 구성원을 보호해야 할 임무가 있기 때문이다.

유엔이 개별 인간의 권리를 보호하고 차별 없는 자유를 장려하는 것은, 주권국가를 원칙으로 삼고 국가의 권한과 관련이 있는 정치공동체 구성원의 문제에 대해 유엔이 개입할 수 없는 국민국가의 원리와 상충한다. 에셀은 시민의 자유를 보장하고 모든 계층의 사람들에게 자원을 균등하게 분배하기 위해 국가주권이라는 벽에 틈을 내고 싶어 했다.[4] 개별 인간의 권리를 보장하기 위한 유엔과 주권국가 사이의 '이중 경계선'은 국제관계에서 지속적인 갈등을 빚어왔다.

제노사이드 범죄는 주권국가들 사이에서 정치적 논란이 되고 있다. 국제사회에서 미국은 집단학살이 진행 중일 때 그 성격을 제노사이드로 규정하는 것에 대해 의도적으로 망설이고 반대했다. 1994년 5월 1일 미국 국방부는 르완다 문제에 대비해 작성한 토론 문서에서 "인권 학대 행위와 제노사이드 협약의 위반 가능성에 대한 국제조사를 요구하는 언어"에 "주의하라"며, "제노사이드 인정은 미국 정부에게 실제로 '무언가를 하도록' 만들 수도 있다"라고 언급했다. 클린턴 행정부는 결국 이 용어의 사용을 반대한다.[5] 그해 6월 초 유엔 사무총장과 프랑스 외무장관은 르완다에서 일어나고 있는 살육을 제노사이드라고 규정한다.

르완다 사태에 대한 국제사회의 대응은 아프리카와 같은 주변부 사회에 대한 서방세계의 인식과 국제 정보의 생산과 유통 메커니즘, 유엔의 '예방외교preventive diplomacy' 부재가 낳은 죄악이다. 사실이 확인된 이후에도 미국과 유엔은 학살을 두 달 이상 방관했다.[6] 유엔 인권위원회는 초기 르완다에서 벌어진 대량살상을 "제노사이드의 가능성이" 있는 것이라고 표현했다. 미 국무부 대변인 크리스틴 셸리는 이에 대해 "제노사이드와 같은 행위act of genocide"라고 바꾸어 말했다. 미국 행정부는 르완다 학살에서 끝내 제노사이드 용어를 사용하지 못하도록 금지했다.[7] 미국은 "용어 사용과 관련해 발생하는 의무"를 두려워했다.[8] 1948년 유엔협약에 따른 'G-단어'의 사용은 무력 개입을 포함해 즉시 후속 조치를 취해야 할 의무를 부과한다. 만약 미국이 어떤 잔혹한 범죄를 제노사이드라고 규정하고도 아무런 행동을 하지 않는다면, 이것은 범죄를 방치하는 것이므로 국제사회에서 비판받을 것이 자명하기 때문이다.

국제정치의 역학은 G-단어를 사용하지 않는 사후적인 논란에 그치지 않는다. 세계 문제에 대한 보다 근본적인 관점에서 볼 때 대량학살은 서구의 이해관계가 원인을 제공하고 있다. 르완다가 겪은 대재앙의 경우, 이 참극은 서구의 아프리카 식민지 역사 속에서 잉태한 것이다.[9] 부족 간의 전쟁이나 오랜 증오심의 문제라고만 할 수 없다. 과거 식민지 침략국인 중심부 국가의 지원을 받은 지도자가 중심부 국가에서 시작된 경제 붕괴와 자국 내외의 분쟁으로 위협을 받는 상황에서, 저항 세력인 투치족과 후투족 온건파를 제거하기 위해 학살을 벌인 것이다.[10]

국제 법률 용어로서 제노사이드를 창안한 라파엘 렘킨Raphael Lem-kin은 이를 역사적 범주로서 유형화하고 세분화했다. 제노사이드는 근대의 중요한 현상이긴 하지만 인류 역사의 보편적인 흐름 속에서 발생해왔다. 렘킨은 국가가 주도하는 모든 형태의 살인을 반대했다. 그가 집요하게 되새긴 법적 노력은 가장 일반적이며 가장 많은 죽음을 유발하고 희생자뿐만 아니라 나머지 사람들에게도 장기간 피해를 남기는 국가의 폭력 행위에 초점을 맞추는 것이었다.[11]

1948년 12월 9일 유엔은 '제노사이드 범죄 예방과 처벌에 관한 협약Convention on the Prevention and Punishment of the Crime of Genocide(이하 유엔협약)'을 총회에서 채택한다. 대량학살이 평시에 일어났건 전시에 일어났건 불문하고 이것을 국제법상 방지하고 처벌할 것을 약속하는 범죄임을 선언했다. 유엔협약은 제노사이드를 국민·인종·민족·종교집단의 전부나 또는 그 일부를 파괴할 의도를 가진 행위라고 정의하고 다섯 가지 유형으로 구분한다. 그것은 집단 구성원을 살해하고 구성원에 대해 심각한 육체적·정신적 위해를 가하며, 집단의 전부나 일부를 파괴할 목적으로 그들의 생활 조건을 고의로 강제하고, 집단 내의 출생을 방지하기 위해 의도된 조치를 취하며, 그리고 집단의 아동을 강제적으로 다른 집단에 이동시키는 것이다. 제노사이드는 국제법에서 정한 범죄의 한 유형이고 유엔협약은 1951년 1월 12일 발효되었다.

유엔협약의 정의에 따라 국제사회는 제노사이드와 이를 실행하기 위한 공동 모의나 교사敎唆, 미수 행위, 공범을 범죄로 다룬다. 국제사회에서 편의상 'G-단어'라고 부르는 이 범죄의 성립 과정을 보면, 살해당하는 대상이 특정한 종족만을 일컫는 것은 아니다. 제노사이드는 특정한 집단 자체를 말살시킬 목적으로 민족(국가)공동체의 삶에서 가장 중요한 토대를 파괴하는 행위와 이것을 조정하는 계획을 포함한다. 제노사이드의 대상은 그들의 개인적인 상태가 아니라 특정한 집단의 구성원이라는 이유 때문에 자신들의 의사에 반해 규정된 것이다.

1950년대 중반부터 유엔협약의 문제점은 국제사회에서 비판받기 시작한다. 레오 쿠퍼Leo Kuper는 유엔협약에서 정하고 있는 집단의 범주에 대해서 가장 비판적으로 지적했다. 그의 요점은 정치적 갈등에서 비롯된 집단에 대한 제노사이드 범죄에서 '정치집단'을 제외한 것에 있었다.[12] 유엔협약의 초안을 작성할 때부터 논란이 되었던 이 내용은 국민·인종·민족·종교라고 하는 집단의 범주 외에 '정치집단'이 대량살상의 대상이 되는 것을 포함하지 않은 데 있었다. '정치집단'을 제외한 유엔협약의 제정 결과는 주권국가들 사이의 정치적 타협이었다.

근대 국민국가는 주권의 핵심 요소로서 자신의 통치하에 있는 사람들에 대해 제노사이드를 저지르거나 제노사이드와 같은 학살에 관여할 권리가 있음을 주장한다. 주권국가를 회원국으로 두고 있는 유엔은 사실상 이 권리를 옹호했다.[13] 제노사이드 범죄의 대상에서 '정치집단'을 제외한 것은 유엔협약 제정 과정에서 회원국들의 완강한 반대로 받아들여지지 않았기 때문이다. 소련을 포함한 주요 국가의 대표들은 '정치집단'뿐만 아니라 '사회경제적 집단' 역시 법률적 정의의 어려움 때문에 제노사이드 범죄에서 제외할 것을 요구했다.[14] 이러한 국제정치의 결과 국가가 저지르는 대량학살은 제노사이드 범죄에 해당하지 않는 경우가 대다수였다.[15]

국제정치에서 유엔협약이 갖는 제약은 특정한 '정치집단'이라는 대상에만 그치지 않는다.[16] 또 다른 비판은 '집단의 일부'라는 것이 도대체 얼마의 수 또는 얼마의 비율이 되어야 그 정의상 목적에 부합하는지 애매한 점에 있다. 구체적이지는 않지만 쿠퍼는 제노사이드 범죄를 당하는 전체에 비해서 "상당한 수가 되어야 할 것"이라고 주장했다.[17] '상당한 수'라는 서술 역시 모호하기는 마찬가지다. 보통 2명 이상을 집단으로 정의할 때, 어느 정도 규모의 살해가 일어나야 제노사이드에 해당하는지 쉽게 가늠할 수 없다.

국제규범으로서 유엔협약은 1990년대에 이르러서야 실효성을 조금씩 확보해간다. 지역적으로 동아시아를 제외하면 동유럽 사회주의 체제가 무너지는 즈음 이 협약은 렘킨의 의도를 따르기 시작한 것이라고 볼 수 있다. 그 이전 시기에 유엔은 사회주의 국가인 중국의 문화대혁명에 대해 침묵했고, 캄보디아 크메르 루주Khmers Rouges 정권이 자행한 킬링필드Killing Fields에 대해서도 역시 아무런 조치를 취하지 않았다. 캄보디아는 1951년 유엔협약을 비준했지만 유엔은 1975년부터 그곳에서 학살이 진행되는 동안 이를 제지하지 않았다.[18] 이스라엘과 영국에서 문제를 제기하고 학살을 비판하는 보고서를 폴 포트Pol Pot 정권에 전달했지만 효력을 발휘할 수 없었다. 킬링필드를 끝낸 것은 소련과 반反크메르 전선을 구축해 프놈펜을 함락시킨 베트남이었다.[19] 유엔과 주권국가, 특히 미국의 대외정책과 국제정치의 한계는 킬링필드 이후에 발생한 대량학살에서 계속 불거졌다.

국제사회의 이와 같은 허술한 대응에는 미국의 책임이 크다. 미국은 유럽에서 '냉전'이 종식된 이후 1990년대 중반까지 대량학살을 그 나라의 '자국 문제'로 간주했다. 미국의 이런 태도는 이미 제2차 세계대전의 유대인 학살에서 나타났다. 1942년 8월부터 미국은 스위스에 있는 세계유대인협회 대표 게르하르트 리그너Gerhart M. Riegner가 보낸 전보에서 대량학살이 진행되고 있음을 알았다.[20] 수용소를 탈출한 유대인의 증언도 알려졌지만 미국과 연합국은 아우슈비츠 폭격을 끝내 미루었다. 유엔 전쟁범죄위원회United Nations War Crimes Commission 문건은 1942년 12월 미국과 영국, 소련 정부가 나치의 유대인 200만 명 학살과 500만 명의 목숨이 위태로운 사실을 알고도 그들을 구출하려고 하지 않은 것을 기록하고 있다.[21]

국제사회가 유고슬라비아 내전과 르완다에서 일어난 대규모 학살을 제노사이드로 명명하는 데에도 불구하고 미국은 이 용어를 사용하는 것에 끝내 반대했다. 유고슬라비아연방이 해체되는 과정에서 발발한 내전에서 세르비아는 독립을 요구하는 보스니아 내 무슬림과 크로아티아계를 상대로 '인종 청소'를 자행했다. 1992년 명백한 '인종 청소'가 진행되자 클린턴 행정부에서 국무부 간부와 직원들은 이 사건을 제노사이드 범죄로서 판단할 것을 주장했지만 'G-단어'는 결국 채택되지 않았다. 다수의 직원들이 여기에 반발해 국무부를 떠났다.[22]

유엔협약 제정 이후 제노사이드 범죄로 명명한 사건으로는 1994년 르완다 학살과 보스니아 내전 중에 일어난 스레브레니차 학살 그리고 과테말라 사례가 있다. 대량학살을 범죄로서 규정하는 것은 개별 국가의 상황과 국제관계에서 자국의 이해관계에 따라 매우 정치적인 문제로 취급되었다. 미국의 경우 국방부 내부 자료와 증언에서 밝혀졌듯이, 국제정치에서 'G-단어'의 사용을 꺼린 것은 이 사안을 보편적인 인권 문제로 보지 않았기 때문이다. 미국은 다른 나라에서 일어난 제노사이드가 자신들의 이해관계를 해치지 않았기 때문에 개입하기를 꺼렸다.

2006년 유엔과 캄보디아 정부는 공동으로 재판소를 설치해 크메르 루주의 인권유린 행위에 가담한 범죄자를 처벌하고 있다. 유엔캄보디아특별재판부Extraordinary Chambers in the Courts of Cambodia(이하 ECCC)는 국제법상의 제노사이드 범죄와 인도에 반한 죄, 1949년 제네바협약의 중대한 위반 범죄와 캄보디아 형법상의 범죄를 동시에 다룬다. ECCC는 크메르 루주의 집권 기간에 해당하는 1975년 4월 17일부터 1979년 1월 6일 사이에 발생한 범죄 행위를 관할 대상으로 한다.[23]

'G-단어'의 사용은 유엔과 주권국가 사이의 국제정치에만 한정할 수 없다. 국제사회에서 쟁점이 된 잔혹 행위는 패권국가 미국이나 유엔, 유럽연합이 필요에 따라 건설적이거나 자비로운 행위로 포장한 경우도 부지기수다. 놓치지 말아야 할 것은 국제정치에서 만연한 '승자의 정의'에 있다. 유고국제형사법정International Criminal Tribunal for the Former Yugoslavia(이하 ICTY)은 나토군의 공격으로 사망한 세르비아인 희생자 495명을 **"필수적인 범죄 요건의 증거"**가 없다며 조사하지 않은 데 반해, 알바니아계 코소보인 희생자 344명은 슬로보단 밀로셰비치Slobodan Milosevi를 기소하는 데 충분한 범죄 요건이라고 결정한 것에서 알 수 있다. ICTY는 코소보 희생자 중 나토의 공격이 시작하기 전에 사망한 사람은 45명밖에 되지 않는다는 조사 결과를 가지고도 범죄로 받아들였다.[24] 이처럼 범죄를 판단하는 기준이 서구 강대국의 정치적 부산물로 전락하는 경우는 허다하다.

서구 세계의 주류 정치 세력은 르완다, 코소보, 다르푸르 학살을 비난하고 가해자를 처벌하기 위한 법정을 구성했지만 그들 자신이나 그들이 지원하는 정권이 동남아시아(인도네시아), 중미(엘살바도르, 과테말라), 중동(이라크, 아프가니스탄), 사하라 이남 아프리카의 시민을 상대로 저지른 범죄에 대해서는 침묵하고 있다. 북반구의 백인 세력은 자신들이 보았을 때, 중요도가 낮은 유색인을 상대로 그들이 저지른 범죄를 단 한 건도 찾아내지 않았다. 그 범죄가 아무리 잔혹할지라도 '보호책임'이나 '불처벌의 종식'은 희생자들에게 적용되지 않았다.[25]

우리나라는 1951년 12월 12일부터 유엔협약을 적용했다. 이 협약에 따라 국내법에서 관련 사항을 이행할 의무가 정부에 있는데, 법률로서 명문화한 것이 1995년에 제정한 「헌정질서 파괴범죄의 공소시효 등에 관한 특례법」이다.[26] 전두환 신군부의 12·12 쿠데타와 5·17 내란을 처벌하기 위해 제정한 이 법은 '헌정질서 파괴범죄'와 유엔협약에 근거한 '제노사이드 범죄'를 규정한다. 특례법 제3조 제2항은

"형법 제250조의 죄로서 「집단살해죄의 방지와 처벌에 관한 협약」에 규정된 살해죄에 해당하는 범죄"를 공소시효 적용에서 배제하고 있다. 1980년 전후에 신군부가 저지른 행위를 처벌하기 위한 특별법이긴 하지만 이와 같은 법 제정은 국제인권법의 요청을 국내법에 최초로 반영한 데 그 의미가 있다.[27] 제노사이드 범죄 이외에 다른 범죄에 대해서도 국제인권법의 공소시효 정지나 배제 요청을 국내법에서 수용할 수 있는 근거를 마련한 것으로 평가할 수 있다.

렘킨은 제노사이드를 역사적으로 분석할 수 있게 범주를 세분화해 목록을 만들었고, 오늘날 이를 발전시킨 새로운 차원의 연구가 이뤄지고 있다.[28] 1990년대 후반부터 등장한 '새로운 제노사이드 연구'는 렘킨의 의견에 주목해 비교연구를 추구하고, 식민주의 현상과 제노사이드 관계를 탐구하는 접근 방법을 받아들인다. 제노사이드 정의에서 '정치집단'을 배제한 것이 유엔협약의 가장 큰 결점으로 지적된 이후 국제사회는 꾸준히 이를 포함시켜 논의해왔다. 구체적으로 살펴보겠지만 무엇보다도 미디어의 역할과 강간에 대한 개념을 확대하고 범죄로서 적용한 것을 가장 큰 기여라고 할 수 있다. 유엔협약의 제한에도 불구하고 제노사이드 연구는 이 정의를 협소하거나 배타적인 의미로 한정하지 않는다.

주권국가의 연합체인 유엔은 대량학살의 정의와 발생 원인, 범위를 폭넓게 범죄로 정하지 않았고 이는 또 다른 형태의 정치적 학살을 예방하지 못했다. 이삼성의 지적대로, 인도주의 원칙에 반하는 주권국가의 행위에 대한 미국과 유엔의 갈등이나 미국의 침략 행위에 '시녀' 역할을 하는 유엔의 문제점은 많은 한계를 갖고 있다.[29] 대다수의 대량살상에서 제노사이드 협약이 국가의 개입을 의도적으로

부정하는 데서 알 수 있듯이, 대규모 잔혹 행위를 제노사이드라고 규정하는 것은 유엔과 주권국가 또는 국가와 국가들 사이에서 매우 제한적으로 작동해온 원리다.

유고와 르완다국제형사법정

1948년 유엔협약이 제정되었지만 1990년대에 이르기까지 제노사이드로 규명된 사건은 없었다. 이 협약이 국제사회에서 나름대로 실효를 거두기 시작한 것은 유엔안전보장이사회가 유고슬라비아 내전에서 발생한 잔혹 행위를 다루는 ICTY를 설립하면서부터였다.[30] 1991년 이후 유엔은 유고슬라비아 내전, 보스니아헤르체고비나의 영토 분쟁을 둘러싼 민족 대립에서 세르비아인이 저지른 인종 청소와 반인도적 행위에 책임이 있는 개인을 처벌하기 위해 노력한다. 1993년 2월 9일 유엔전문위원회는 유고슬라비아 인종 청소 행위가 '인도에 반한 죄crimes against humanity'이자 제노사이드 범죄라고 결론지었다. 그해 5월 유엔안전보장이사회는 유엔헌장 제7장에서 정한 국제평화와 안전을 유지하기 위한 비상권한에 근거해 재판소를 설치할 것을 결정한다. 이는 뉘른베르크 법정 이후 최초의 국제전범재판소다.

ICTY는 제네바협약 위반과 전쟁범죄, 인종학살, 인도에 반한 죄등을 다루고 궐석재판과 사형선고를 금지하고 있다.[31] 그동안 이 법정은 두샨 타디치Dušan Tadić와 라디슬라프 크르스티치Radislav Krstić, 라도반 카라지치Radovan Karadžić, 밀란 밀루티노비치Milan Milutinović

등 80여 명의 범죄혐의자를 다루고 있다. 1997년 7월 ICTY는 학살과 고문을 저지른 혐의로 기소된 타디치에게 전쟁범죄와 인도에 반한 죄를 적용해 20년형을 선고했다. 이 법정에서 세르비아 지도자 밀로셰비치는 서른아홉 번째 전쟁범죄 용의자로 기소되었지만, 재판이 진행 중이던 2006년 3월 헤이그에 소재한 유엔 교도소에서 사망했다. 의미 있는 결정은 2001년 8월 ICTY가 유럽에서 최초로 제노사이드 범죄를 판결한 것이다. 스레브레니차에서 자행된 학살사건의 책임자인 세르비아계 장군 크리스티치는 재판에서 제노사이드에 대해 유죄를 선고받고 46년형을 언도받았다.[32] 2016년 ICTY는 기소된 지 21년이 된 카라지치에게 대량학살과 인권침해 등 10개 혐의에 대해 유죄를 인정해 40년형을 선고한다.

ICTY의 활동에도 불구하고 세르비아 국내 정치는 과거 밀로셰비치의 측근들이 정부의 고위 지도자로 복귀하면서 논란이 일고 있다. 현재도 진행 중인 재판에서 스레브레니차 학살을 지원하고 부추긴 혐의로 기소된 요비카 스타니시치와 몸칠로 페리시치는 1심에서 유죄 선고를 받았지만 항소심 재판부는 무죄를 선고한 후 이들을 석방한다.[33] 스타니시치는 1998년 밀로셰비치가 해고할 때까지 세르비아 국가보안기관장을 맡았고 프랑코 시마토비치는 이 기관의 차장으로 특별작전팀을 지휘했다. 이 판결은 세르비아 정부가 지속적으로 주장하는 '보스니아와 크로아티아에서 세르비아계 반군의 학살을 고의적으로 지원하지 않았다'는 내용을 법정이 받아들인 것이었다. 2009년 2월 ICTY는 내전 당시 알바니아계 시민을 강제로 퇴거시키고 살해한 혐의로 기소된 밀루티노비치 전 세르비아 대통령에게 무죄를 선고한다.

1994년 르완다에서 벌어진 참극을 보자. 유엔은 이 사태를 다루기 위해 르완다국제형사법정International Criminal Tribunal for Rwanda(이하 ICTR)을 설치한다.[34] 1994년 11월 유엔안전보장이사회는 결의 제955호에서 '르완다에서 자행된 심각한 인도법 위반에 대응하기 위해' 국제형사법정을 조직하기로 의결한다. 재판의 대상이 되는 범죄의 물적 관할권ratione materiae은 제노사이드 범죄와 인도에 반한 죄, 제네바협약의 공통 제3조 및 제2추가부속의정서 위반이다. 재판소의 법정 명칭에 명시되어 있듯이 시간 관할권ratione tempore은 1994년 1월 1일부터 1994년 12월 31일 사이에 일어난 범죄 행위를 다루며, 인적·장소 관할권ratione personae & ratione loci은 르완다와 르완다 인접 국가에서 르완다인이 저지른 범죄와 르완다 시민이 아닌 자에 의해 일어난 범죄를 포함한다.

유엔안전보장이사회의 결정이 중요한 이유는 한 국가의 내정에 관여하는 것을 금지하고 있는 유엔헌장보다 르완다 학살이 국제평화와 안전에 위협이 되는 것을 입증하고, 국가주권의 침해를 금지한 유엔헌장보다 한 국가 내의 잔혹 행위를 우위에 두는 데에 있다.[35] 1997년에 열린 첫 재판에서 ICTR은 학살이 발생할 무렵 르완다 총리였던 장 캄반다Jean Kambanda에게 종신형을 선고한다. 1998년 10월 2일 법정은 장 폴 아카예수Jean Paul Akayesu에게 제노사이드 범죄를 선고한 첫 사례를 기록한다. ICTR은 투치족 여성들에 대한 조직적인 강간이 '집단의 구성원들에게 심각한 신체적·정신적 위해'를 가하는 제노사이드 범죄 행위에 해당한다고 판결한다.[36]

ICTR은 강제로 피해자를 나체로 만드는 행위로서 성폭력을 인도에 반한 죄라고 정의한다.[37] 이는 성폭력이 성 접촉이나 성 관련 침해에 제한된 것이 아니라는 새로운 기준을 확립한 것이다. 렘킨이 제노사이드 용어를 국제법에서 사용한 이래 역사상 처음으로 제노사이드 범죄 판결이 강간죄에서 이루어졌다. '심각한 성폭력'을 무자비한 행동의 인도에 반한 죄로 규정한 것은 이후에 있은 ICTY의 안토 푸룬드지자Anto Furundžija 판결에서 더욱 확고해진다. 계속된 재판에서 ICTR은 2011년 6월 폴린 니라마수후코Pauline Nyiramashuko 전 가족여성부 장관에게 종신형을 선고한다.

르완다국제형사법정에 한국인 재판관으로 참여한 박선기는 국제사회에서 이 법정이 갖는 역사적 의미를 다음과 같이 요약한다. 그는 아프리카에서 독재자들이 향유해온 '국가수반의 면책권'이라는 개념을 불식시킨 것을 첫 번째 성과로 꼽았다. 재판정은 "국가수반, 폭군, 독재자 지망생들에게 시민을 상대로 잔학한 범죄를 저지르고도 주권이라는 고상한 방패막 뒤에 몸을 숨길 수 없다"는 메시지를 명확히 보냈다.[38] 주권국가의 최고 지도자가 제노사이드 범죄에 있어서만큼은 더 이상 국제사회의 인권 규범을 무시할 수 없게 되었다.

두 번째, 보다 구체적인 법정의 성과는 1998년 ICTR이 강간을 제노사이드 범죄로 공식 인정한 데 있다. 기념비적인 이 재판에서 타바시의 전 시장 장 폴 아카예수는 강간 혐의에 대해 제노사이드 범죄로 기소되었고 ICTR은 무기징역을 선고한다. ICTR 재판관들은 1948년 유엔이 정의한 제노사이드 범죄의 대상에 강간을 최초로 적용했고, 특정한 방식으로 자행된 강간은 광범위한 제노사이드 범죄 행위에 해당한다고 명시함으로써 유엔협약의 정의를 확장했다. 이 판결은 강간과 성폭력이 특정 집단을 말살하려는 의도로 자행되었다면 다른 심각한 신체적·정신적 위해 행위와 마찬가지로 제노사이드 범죄가 성립할 수 있음을 명시한 데 큰 의의가 있다.

ICTR의 또 다른 중요한 성과는 제노사이드에서 미디어의 역할에 대한 판결이다. 르완다 학살에서 미디어는 매우 중요한 구실을 했다.[39] 투치족에 대한 학살이 벌어지고 있던 도중 라디오 텔레비전 밀 콜린스Radio Télévision Libre des Mille Collines(이하 RTLM)는 제노사이드 범죄를 교사했다. 학살이 일어난 초기 후투족과 헌병대, 민병대는 살해할 사람의 명단을 미리 준비해두었고, RTLM은 이 내용을 방송에서 내보냈다. 어떤 생존자는 방송에서 누군가의 이름이 언급되면 이것은 곧 후투족 암살부대인 인텔라함웨Interhamwe에 끌려가 죽는 것이라고 증언한다. RTLM이 투치족과 후투족 온건파의 이름과 주소, 자동차번호 등을 상세히 보도하면 가해자는 확성기에서 흘러나오는 정보를 듣고 희생자를 찾아 공격했다.[40]

대규모 살상이 일어나기 이전부터 폭력을 매개하는 일들이 후투족 극단주의자들 사이에서 벌어지고 있었다. 아프리카에서 영향력을 계속 유지하기를 원한 프랑스는 무기와 물자를 쥐베날 하비아리마나 Juvénal Habyarimana 정권에 지원했다. 프랑스군 장교가 대반란 작전을 지휘하고 1994년 이전부터 투치족을 학살하기 시작했다. 하비아리마나는 군대 내에 투치족을 증오하는 적개심으로 훈련된 무장 암살부대인 인테라함웨와 임푸자무감비Impuzamugambi의 창설을 승인한다.[41] 이후에 전개된 대부분의 학살은 이들이 수행했다. 하비아리마나의 측근 세력이 라디오 방송국을 곳곳에 신설한 것도 증오심을 부추겼다. 문맹률이 60퍼센트에 이르는 르완다에서 라디오 방송은 국민들의 눈이자 귀였다.[42]

1994년 4월 6일 학살이 시작된 첫날과 그 이후의 방송을 비교 분석한 ICTR은 이후의 방송이 후투족이 투치족을 학살하는 제노사이드 범행을 지원하고 부추긴 것으로 판단했다. 이에 추가해서 법정은 범행을 공개적으로 선동public incitement하는 행위 역시 범죄로 명시했다. 구체적으로 ICTR은 단순한 증오 발언과 제노사이드 범행을 부추기는 직접 선동을 구분하고, "특정한 맥락에서 사용된 말의 의미"와 "어떤 메시지가 다른 청중을 대상으로 하거나 다른 맥락을 취했을 때 뜻이 모호해지는 것"은 문제 삼지 않았다. 실제로 암묵적인 선동, 예를 들면 "바퀴벌레Inyenzi를 죽이자"라는 말은 명확히 투치족을 죽이자는 선동은 아니다. 그렇지만 1994년 르완다에서 이 말이 '투치족을 죽이자'라는 메시지가 아니라고 할 사람은 단 한 명도 없었다.

ICTR은 공화국수호연합Coalition pour la Défense de la République (CDR) 당원들이 대중 집회와 시위에서 '그들을 말살하자'라는 뜻의 '투바쳄바쳄베tubatsembatsembe'를 외친 것은 투치족에 대한 학살을 부추기고, 제노사이드 범죄를 직접적이고 공개적으로 선동한 것이라고 판결했다. 학살 행위가 일어나기 전에는 의식을 고취하는 정치 집회가 열리듯이 투치족이 살해되기 전인 1990년에 이미 언론들은 증오를 부추기고 있었다. RTLM이 설립되기 3년 전부터 격주간지 『캉구라Kangura』를 비롯한 언론은 투치족과 후투족 사이의 갈등을 조장하고 반목을 부추겼다.[43]

데이브 그로스먼Dave Grossman이 살인을 저지르는 인간의 심리를 분석하면서 주장하듯이, '폭력적인 미디어가 사회의 폭력 발생을 부추'기는 결과는 단순히 미디어가 전쟁의 광기와 인간의 폭력을 문화적으로 용인하는 것만은 아니다.[44] 하지만 1994년 르완다에서 발생한 제노사이드처럼 갈등과 증오를 극한으로 대립시켜 학살을 불러일으키는 미디어의 역할은 결코 과소평가할 수 없다.[45] 후투족이 라디오를 활용해 선전한 투치족에 대한 증오와 선동 그리고 '이웃을 사냥하라'는 명령은 평범한 사람들을 아주 쉽게 살인자로 만들었다.

임시로 설치된 ICTY와 ICTR이 활동하면서 한계에 직면한 것은 '침략 범죄'의 미적용에 있다. 서구 세계의 강대국이 벌인 학살은 국제적 정의의 원칙에는 적용되지 않는 현실을 반영한다. 국제범죄를 형사처벌하기 위해 설립된 재판소의 관할권을 인정하기 위한 다자 조약인 로마규정Rome Statute of the International Criminal Court에 따른 국제형사법정Inernational Crime Court과 유사하게 ICTY와 ICTR의 규정은 '침략 범죄'를 판결 대상에서 제외하고 있다. 미국을 비롯한 강대국의 잔혹 행위를 처리하지 못한 한계는 주권국가를 침공한 그들의 행위를 범죄에서 제외한 데 있다. 주권국가 침략은 제2차 세계대전 이후 뉘른베르크 전범재판에서 처단된 '국제적 범죄'에 해당할 뿐만 아니라, "그 자체가 모든 악의 집합체로서 다른 전쟁범죄와 구분되는 최고의 국제" 범죄다. 인권단체인 국제사면위원회Amnesty International나 휴먼라이츠워치Human Rights Watch 역시 '전쟁과 평화의 문제에 대해서는 중립이라는 입장'으로 '침략 범죄'를 감시 대상에서 제외하고 있다.[46]

유고와 르완다의 국제형사법정은 제노사이드 범죄를 판결했다는데 역사적 의의가 있다. 국제적으로 아카예수에 대한 유죄판결 이전까지 제노사이드의 강간 범죄에 대한 정의는 존재하지 않았다. ICTR은 강간의 정의를 확립함과 동시에 이것이 제노사이드 행위의 일부이자 인도에 반한 죄임을 판결한 역사적 선례를 남겼다. 유엔협약의 정의를 확장하고 국제사회에 새로운 인권 규범을 정립한 이 법정은 주권국가와 유엔의 갈등을 줄이는 의미를 또한 갖고 있다.

제노사이드 범죄의 확대: 강간

최초의 제노사이드 범죄로 확정되었고 그 개념이 정립된 강간죄에 대해서 알아보자. ICTR 판결문에서 정의하는 강간은 "유방을 절단하거나 성기를 창으로 꿰뚫는 등의 신체 훼손 같은 시신에 대한 성폭력"을 포함한다. 완력이 강간의 필수요소는 아니다. "완력이나 완력을 쓰겠다는 위협은 피해자가 동의하지 않았다는 명확한 증거로 간주"되지만, "완력 이외의 요소 때문에 피해자가 동의하지 않거나 자발적이지 않은 성적 삽입sexual penetration 행위가 성립"할 수도 있다. "전쟁이나 무력 분쟁의 전반적인 환경은 대부분 강압적"이며 "공포스럽고 절망적인 상황에서의 위협, 협박, 강요 등도 강압적이며, 어떠한 형태로든 상대를 속박하는 경우 상대의 동의가 있다 하더라도 그 동의는 무효"에 해당한다.[47] 강간 범죄에 대한 정의는 아카예수의 유죄를 판결하는 과정에서 성립되었고, ICTR은 제노사이드 범죄로서 강간을 포함하기에 이르렀다.

제2차 세계대전에서 소련군이 독일을 점령해서 벌인 강간은 수백만 건에 이르렀고, 강간으로 태어난 신생아는 베를린에서만도 무려 10만여 명이었다.[48] 눈여겨보아야 할 점은 전쟁이나 이와 유사한 사태에서 벌어지는 강간은 오랜 역사를 갖고 있고, 전투와 무기의 하나이자 '인종 청소'의 수단으로 쓰이는 점이다. 전쟁에서 군인들이 '무기로서 강간'을 조직적으로 자행한 것은 1990년대 보스니아 내전이었다. '인종 청소'의 정책으로 세르비아인의 아이를 낳도록 하기 위해 군인들은 무슬림 여성들에게 체계적인 강간을 자행한다.**49** 이런 행위는 강간이 전쟁의 무기일 뿐만 아니라 정치 지도자들이 택한 정책으로 사용된 치명적인 사례다. 세르비아인이 이슬람 여성들에게 저지른 너무나 공포스러운 사례들은 계획과 체계의 조직적인 행태였다.**50**

　보스니아 정부는 약 5만 명에서 6만 명의 여성이 피해를 당한 것으로 보고했다. 문서로 제출된 보고서에 따르면 강간은 3세 아이와 84세 할머니에게까지 저질러졌고, 수용소의 한 여성은 세르비아인이 6세에서 8세의 소녀들을 강간하는 것을 목격했다.**51** 1998년 12월 10일 ICTY는 푸룬드지자 재판에서 전시 강간을 금지한 국제 법규를 적용해 그에게 유죄를 선고한다.**52** 크로아티아 수비국 헌병대의 비테스Vitez 지역 사령관 푸룬드지자는 재판 과정에서 보스니아인 무슬림 여성을 강간한 공동 가해자로서 고문 행위와 강간을 교사한 혐의로 유죄를 선고받았다. 전시에 여성에게 자행되는 강간 범죄에 대해서는 19세기 중엽부터 국제관습법으로 발달하기 시작했다. 전시 민간인을 보호하기 위한 다양한 협약이 제2차 세계대전 이후부터 꾸준히 성립되어왔다.**53**

　강간은 부대 지휘 책임자의 범죄에도 적용되었다. '말레이 호랑이'라는 별명으로 악명이 높은 야마시타 도모유키山下奉文는 일본 육군 제25군 사령관으로서 태평양전쟁이 끝난 후 포로로 붙잡혀 필리핀의 마닐라에서 전범으로 군사재판을 받았다. 그는 자신의 부하 쓰지 마사노부辻政信와 이와부치 산지岩淵三次가 저지른 숙청과 마닐라 대학살의 책임으로 사형을 언도받았다. 군사재판은 상급자에게 전쟁범죄의 책임을 물었다.[54] 범죄 혐의 중에는 일본군 병사들이 필리핀에서 자행한 전시 강간에 대한 지휘 책임이 포함되어 있었다. 사형 판결이 난 이후 야마시타의 변호인은 필리핀 최고재판소에 이의를 제기했으나 받아들여지지 않았다. 그들은 미국 전범위원회와 연방대법원에 사형 집행을 금지하는 인신보호령을 청원했지만 이 또한 기각당한다. 미국 연방대법원은 야마시타에게 전쟁범죄를 예방하지 못한 책임과 자신의 부대를 지휘·감독하는 데 실패한 책임을 물었다.[55]

이 재판에서 주목할 것은 하급자에 대한 상급자의 지휘·감독 책임이다.[56] 야마시타는 부하들에게 학살을 지시하지 않았고 범죄 행위에 대한 명령을 내리지 않은 것으로 알려졌다. 하지만 상급자가 대규모 범죄를 지시하지 않았다 하더라도, 또한 상급자의 지시에 불응한 하급자가 독단으로 범죄를 저질렀을 경우에도 이에 대한 책임이 상급자에게 있음이 명백하다. 지휘 책임은 제노사이드 범죄 여부와 별도로 제국주의 일본 육군 내부의 또 다른 측면에서 살펴봐야 할 부분이 있다.

종전 후 A급 전범자로 일본 본토로 이송된 무토 아키라武藤章 참모장이 야마시타 재판의 증인으로 필리핀에 소환되었다. 전범 용의자 수용소에서 무토 아키라가 내리는 명령은 사령관의 권한이나 마찬가지였다. 하극상이라고 말할 수 있지만 야마모토 시치헤이山本七平는 이를 하극상이 아니라 '상의존하上依存下'의 세계라고 보았다.[57] 전후 일본제국의 육군을 가리켜 "하극상의 세계"였다고 하지만, 내부에 있었던 군인의 입장에서 군대는 "'아래가 위를 이기다'라기보다는 '위에서 아래에 의존'하는 세계에 가까웠다."

군부대 안에서 실질적으로 결단을 내리고 실행할 수 있는 능력을 가진 이를 '숨은 실력자'라고 한다. 여기서 말하는 실력은 그가 소령이든 어떤 계급이든 상관없이 상급자가 하급자에게 의존하게 되면, 그 하급자가 소령 참모일지라도 일개 사단을 움직일 수 있게 되는 것을 말한다. 무토 참모장이 그런 실력자였다. 일본제국의 육군에서 실제로 많은 군사령관은 대독하는 역할에 불과했다. 이 사례는 군사령관이라는 지휘 책임에 가려진 '숨은 실력자'의 책임을 가리는 것이 중요한 것임을 암시한다.

일반에게 알려져 있지 않지만 한국전쟁 때에 벌어진 집단학살에도 여성을 강간하고 성폭력하는 일이 없지 않았다. 1950년 12월 초순부터 이듬해 1월 초순까지 11사단 20연대 2대대 5중대(중대장 권준옥)는 함평군 월야면과 해보면, 나산면 마을에 주둔하면서 수차례 학살을 저질렀다.[58] 해보면 쌍구룡 학살 현장의 생존자인 이금남은 동네에 소문으로 만 나돌던 성폭력을 증언했다.[59] 진실화해위원회 조사에서도 중대장과 일부 사병들이 부녀자를 성폭행한 뒤 총살한 사실이 밝혀졌다.

월야면 남산뫼에서 정귀례의 언니는 5중대장이 그를 중대본부로 끌고 가는 도중에 이를 가로막고 항의한 아버지와 함께 총살당했다.[60] 해보면 대한청년단원이었던 김석주는 권준옥 중대장이 조직한 청년방위대원이었는데, 학살이 일어난 12월 7일 월야면 용두리에서 병사들이 결혼을 앞둔 여성을 성폭행한 후 총살한 것을 증언했다.[61] 마을의 어떤 주민은 5중대 군인들의 요구로 "여성을 조달하는 역할을" 매일 해야 했고, 병사들은 낯선 집에 들어가서 어머니와 며느리, 딸을 차례대로 강간하기도 했다.[62] 강간당한 사람들이 갖는 정신적·심리적 상처는 몸이 입은 상해를 훨씬 능가한다. 진실화해위원회 활동뿐만 아니라 지난 시기 이들에 대한 국가 차원의 조치는 단 한번도 시행된 적이 없다.

전북 고창군 무장면 월림마을 학살사건에서 전북경찰국 제18전투경찰대대 김용식이 이끄는 3중대가 살해한 희생자 89명 중에는 여성이 절반 정도이고 13세 이하의 어린이도 18명이나 있었다. 김용식은 천씨 마을의 거의 모든 민간인을 보복 대상으로 삼았다. 김용식의 사법 처리 과정에서 1951년 5월 14일 자 현장검증 때 촬영한 사진은 여성에게 가해진 참혹함을 보여준다. 사건 현장 생존자 정○○은 3중대 부대원들이 사건 현장에서 천○○ 외 3명의 여자를 성추행한 것으로 진술했다. 사건과 관련하여 김용식을 구속해 수사 중임을 보고한 「중요 돌발사건 중간보고」(1951. 5. 21) 문건에는 국무총리실에서 이 사건을 이승만 대통령에게 보고한 것으로 되어 있다. 이승만 정부는 사건이 언론에 보도되는 것을 통제했을 뿐만 아니라, 김용식은 사건을 저지른 후에도 3일간 작전을 계속 수행했다.[63]

군인들이 소수민족을 말살하기 위한 전쟁 도구로서 여성들을 강간하는 것은 일반적인 행태다. 소수민족 갈등이 있는 미얀마에서는 군대 내부에서 체계적이고 구조적인 행태를 보이는 사례들이 밝혀지고 있다. 신몬주당NMSP이 휴전을 선언한 이후, 미얀마 군대는 몬 지역에 병력을 증가해 배치시킬 기회를 포착했다. 1998년 이후 미얀마군은 경보병 10개 연대와 포병 10개 연대 병력을 몬주 남부 탄뷰자얏Thanbyuzayat과 예Ye 지역에 배치해왔다. 미얀마군은 '외국의 침입 가능성'을 들먹이면서 자국의 주권을 방어하는 측면에서 타이와 미얀마 국경의 전략적 지점에 주둔한다는 이유를 댔다. 주둔한 군인들

은 몬 지역에서 10대 어린이를 포함해 많은 여성들을 강간했다.[64]

ICTR이 여성에 대한 강간을 제노사이드 범죄에 포함한 것은 '여성차별철폐협약'과 '무력 분쟁 중 여성과 아동보호에 관한 유엔결의안' 그리고 '고마선언'과 더불어 여성에게 시민권이 부여된 것만큼이나 중요한 인류 역사의 큰 진전이라고 할 수 있다. 유엔은 2008년 6월 강간을 전쟁 무기로 분류하는 결의안 UN1820을 채택한다.[65] 이 결의안은 강간을 전쟁 작전이나 국제안보에 대한 위협으로서 의도적으로 활용하는 사례를 기술하고, 성폭력이 무력 분쟁 상황을 악화시키고 국제평화와 안녕을 회복하는 데 방해가 될 수 있음을 명시했다.

제노사이드 범죄를 다루는 국제형사법정 외에도 시에라리온특별재판소the Special Court for Sierra Leone(이하 SCSL)는 전쟁범죄와 인도에 반한 죄를 다루고 있다. 이 재판소는 2002년 시에라리온 정부가 내전 과정에서 발생한 각종 범죄를 처벌해달라고 유엔에 요청한 후 유엔안전보장이사회가 결의 제1315호에 따라 법정을 설치했다. 2012년 5월 SCSL은 전 라이베리아 대통령 찰스 테일러Charles Taylor를 시에라리온 내전에서 민간인 학살과 강간, 소년병 징집, 성노예를 교사하고 이를 방조한 혐의로 법정에 세웠다. 테일러는 다이아몬드를 받고 시에라리온 반군에게 무기를 제공했으며, 반군이 저지른 인도에 반한 죄와 전쟁범죄를 교사하고 선동한 혐의로 유죄를 선고받았다.

국제관습법은 강간을 금지하고 있다. 강간이 개별 범죄로서 규정되어 있는 것과 제노사이드 범죄에 해당하는 것에 대해서는 일반적인 원칙으로 자리 잡고 있음을 보았다. 여기서 한걸음 더 나아가

ECCC는 강간 행위가 고문의 구성 요건을 충족시키는 경우 이것을 고문에 해당하는 것으로 판단한다.[66] 강간 행위는 전쟁범죄와 인도에 반한 죄로서 확립되었는데, 쟁점은 강간 행위가 고문을 성립할 수 있는지 여부였다. ECCC는 강간 행위가 1975년 유엔총회선언과 1984년 고문방지협약에 따라 국제관습법으로 확립된 것으로 여겼다. ICTY의 드라골루브 쿠나라크Dragoljub Kunarac 판결과 ICTR의 아카예수 판결은 고문의 정의에 규정한 대로 강간이 심각한 고통과 괴로움을 유발하는 행위이자 위협이나 처벌의 목적으로 자행되는 것으로 판단했다. 이런 근거와 판례를 바탕으로 ECCC는 S-21 수용소에서 발생한 강간 행위가 고문의 한 종류로서 인도에 반한 죄에 해당한다고 결론지었다.[67]

유엔과 국제사회의 노력에도 불구하고 무력 갈등에서 발생하는 여성에 대한 강간은 군사작전의 일부로서 계속 자행되고 있다. 20년 가까이 내전을 겪고 있는 콩고에서는 여성들을 대상으로 한 강간이 전쟁 무기로 쓰여왔다. 2009년 유엔은 콩고에서 여성 8천 명 이상이 강간당한 것으로 추산했고 국제사면위원회는 매시간 한 건의 성폭행이 그곳에서 일어나는 것으로 집계했다. 인류에게 일어났던 여러 건의 제노사이드 범죄는 전쟁이나 무력 분쟁 속에서도 보장되어야 하는 인권을 예외적인 형식으로 탈바꿈시키고 있다.

강간이 정복자의 무기가 된 것은 비극의 역사에서 오래된 행위다. 호메로스의 『일리아스』에 보면 트로이아를 정복한 아가멤논Agamemnon은 그리스 군인들에게 "어머니 자궁 속에 있는 아이들조차도 모조리 죽이라"고 명령한다. 온화했던 네스토르Nestor 역시 정복한 "트로이아 아내들 모두를 강간하라"고 지시한다. 그리스군은 그들의 지시대로 이 모든 일을 감행했다.[68] 무력에 굴복해 정복당한 사람들이 겪는 고통은 끝이 없다. 생명체의 근원을 도려내는 강간은 목숨을 잃는 죽음보다 더 처참하기 이를 데 없기 때문이다. 어떤 경우에는 죽음으로써 고통을 끝낼 수 있다. 하지만 강간은 끝이 아니고 비극을 잉태하는 시작이기에 인간의 또 다른 비극이라고밖에 말할 수 없다.

중대한 인권침해 범죄를 처벌하고 예방하려는 노력들이 국제사회에서 꾸준히 증가해왔다. 유엔협약 제정 이후 제노사이드 범죄의 개념이 확대·발전되어온 것은 어떤 조건과 환경에서 중대한 인권침해가 발생하는지 그리고 이것을 어떻게 예방할 수 있을지 성찰하는 것이다. 단순히 유엔협약의 법리 해석과 적용을 넘어서서 잔혹한 죽음을 당하지 않을 인간과 시민의 보편적 권리를 국제인권은 옹호한다. 일이 일어난 뒤의 수습이긴 하지만 유고와 르완다, 캄보디아 국제형사법정은 제노사이드 범죄를 확대했고 인권침해의 교훈을 지속적으로 남기고 있다.

제 3 장

국가 이성과 학살

제노사이드: 의도와 결과

한 사회의 체제를 바꾸고 정치사회에 큰 변동을 가져오는 게 전쟁이나 혁명과 같은 사건이다. 로버트 멜슨Robert Melson은 20세기 혁명을 추구한 국가들이 제노사이드의 최고 가해자인 것에 주목한다.[1] 그는 전쟁을 통해 이룬 혁명의 맥락 속에서 발생한 제노사이드로서 캄보디아와 에티오피아, 르완다 사례를 제시한다. 하지만 그는 20세기 모든 혁명이 제노사이드를 불러일으키고 모든 제노사이드가 혁명의 결과로 빚어진 것은 아니라는 데 주의한다. 1970년대 에티오피아와 르완다인들은 그들 사회에서 발생한 혁명이 자신들의 경제적 조건을 개선해줄 것이라고 생각했다.

근대국가의 행위에 주목할 경우 제노사이드는 국가 테러리즘state terrorism이라고 할 수 있다. 제노사이드가 국가의 발전과 국제체제의 특별한 환경에서 일어날 때, 국가 내부의 사회 발전은 전쟁에 패하거나 혁명의 후발체제post-revolutionary regimes로부터 발생한 정치사회 변동의 결과다.[2] 제노사이드를 유발하는 가해자의 동기는 결국 폭력을 독점하고 있는 국가의 행위에 있다. 이 경우 국가의 의도적인 행위는 어떻게 촉진되는지, 가해자의 도구적 합리성과 그들에게 주어진 목적이 무엇인지가 중요하다.[3]

렘킨은 가해자의 의도에 따라 제노사이드를 세 가지로 유형화했다.[4] 희생자 집단이나 국가의 전면적인 말살을 목적으로 하는 고대와 중세 시대의 전쟁과 관련된 제노사이드, 사람에 대한 물리적인 파괴를 시도하지 않는 문화의 파괴 그리고 나치 유형으로서 즉각적인 절멸과 특정한 민족 집단의 학살이 그 유형이다. 그는 초기의 제노사이드를 국제적인 사건으로 파악했으나, 20세기에는 국가가 자국민을 집단으로 죽이는 문제로 되어가고 있음에 더욱 주목했다. 유엔 협약이 제정된 이후 발생한 제노사이드는 거의 대부분 국가가 범죄 행위자였다.

제노사이드 정의에서 '집단의 전부 또는 일부를 의도적으로 말살시키는 행위'를 어떻게 해석할 것인지는 논란이 되었다. 유엔협약에 대한 초기 논의에서 우선시된 것은 '의도성' 부분이다. 특정한 집단이 파멸을 겪었는데 만약 의도성 여부를 확인할 수 없다면, 이 경우는 제노사이드에 해당하지 않을 수 있기 때문이다.[5] 의도성은 외부로 알려지지 않는 경우가 많은데, 겉으로 드러나지 않았을 경우 이를 입증하기는 매우 어렵거나 불가능하다.[6] 집단적인 파괴와 살해를 자행하는 행위에 대해 그 의도 못지않게 결과를 놓고 제노사이드라고 판단할 수 있을지 여부는 쟁점이 될 수 있다.

그토록 많은 사람들을 '왜 죽이는가' 하는 질문은 어느 사건에서나 의도를 밝히는 데 중요하다. 대량학살에 있어서 누구나 의심을 품는 것은 '의도'와 관련한 가해자의 동기다. 일반적으로 종교·인종·민족적인 차이를 해결하거나, 식민지 제국이 정복한 주민들에게 공포를 주기 위해서나, 정치적 이데올로기를 강요하고 또 이를 실시하려고 할 때 제노사이드는 쉽게 발생한다.[7] 이와 같은 동기는 근대 국가 내부의 수준이나 국가들 사이의 국제정치 환경에서 동일하게 적용할 수 있다. 가해자가 반드시 국가라는 정치공동체일 필요는 없다. 내전이나 무력 갈등을 겪는 국가에서 사회 집단들은 종종 위와 같은 이유로 학살을 자행한다.

유엔협약에서 가해자의 행위를 설명하는 범죄의 구성 요소로서 '의도성'은 줄곧 논란이 되어왔다. 이 기준으로 보면 쿠퍼가 미군이 베트남에서 저지른 미라이 학살thảm sát Mỹ Lai을 제노사이드라고 규정한 것은 비판받을 여지가 있다. 프랭크 초크Frank Chalk와 커트 조너슨Kurt Jonassohn은 쿠퍼가 터키나 나치의 학살을 원폭이나 베트남 전쟁과 함께 취급한 것은 미국이 일본인이나 베트남인을 절멸시킬 의도가 없었다는 점에서 잘못된 적용이라고 지적한다.[8] 하지만 반드시 특정한 민족 전부나 일부를 절멸시키려는 '의도'가 없었다 하더라도, 결과는 가해자의 동기 못지않게 제노사이드를 판단하는 기준이 될 수 있다.

초크와 조너슨처럼 미라이 학살만 떼어놓고 본다면 제노사이드가 아니라고 주장할 수 있다. 그러나 생존자의 진술과 현장을 본다면 기준은 달라질 것이다. 현재 미라이 국가유적지National Grade Vestige(박물관) 관장을 맡고 있는 팜 타인 꽁Phạm Thành Công의 가족 다섯 명은 1968년 3월 16일 모두 학살당한다. 시체에 깔렸다가 혼자 살아난 열한 살 소년은 부모와 가족, 집을 잃고 어디로 가야 할지 모른 채 시골을 돌아다니면서 연명한다. 참혹하기 이를 데 없는 사태가 벌어졌다.[9] 504명이 죽은 이 사건만 미군이 저지른 것이 아니었다. 그가 밝히고 있듯이 미라이 학살은 증거가 충분하기 때문에 미국 정부가 인정하는 것일 뿐 그 외에도 많은 사건이 있었다. 미국 정부가 그 모든 학살을 의도하지 않았다 하더라도 말이다.

우리나라의 사례를 보자. 누가 되었건 의도의 결과를 상상해볼 수 있다. 열두 군데 파편과 총탄을 맞은 황점순은 아기가 죽은 줄도 모르고 아이를 품에 안은 채 밭으로 뛰었다. 정각(재실) 근처에 포탄을 맞은 시체들이 깔려 있었고 다친 사람들은 물을 먹고 싶어 "환장" 했다. 그는 "처음에 아를 보듬고 앉아 있었는데" 포탄이 떨어져서 목에 파편을 맞아 피가 절절 흐르니 시어머니가 애를 받아서 정각 뒤로 갔다. "대번에 팍 소리가 나더니 가슴에 맞아서" "쓰러지는기라." "그래 아를 받아서 밭 가운데 갔다가 거서 온몸에" 총탄을 맞고 "쓰러져서 저물도록 누워 있는 게", "시할매가 저 밭고랑에서 밭에 콩이 이리 자라 있었는데 그리 오셨던기라." 그는 "할머니가 아를 땅에 놔라 카는데 전에 우리 친정어머니한테 들은 얘기가 머슴아는 죽으면 고추가 위로 올라간다고 캐서 내가 싹 들쳐보니께 위로 올라간 기라. 그래서 땅에 놓고 덮어놓고" 콩밭에서 나왔다.[10]

황점순이 당한 일은 이렇다. 1950년 7월 말부터 마산시 진전면 곡안리 진전초등학교와 그 주변 마을에 미군 폭격이 시작되어 사람들이 부상을 입거나 죽었다.[11] 마을에 폭격이 계속되자 사람들은 동네에서 200미터 정도 떨어져 있는 성주이씨 재실로 모이거나 동네 뒤

편의 산으로 피했다. 재실은 큰 기와집이었는데 마을 사람들 150여 명이 모여 있었다. 8월 4일경 미군이 재실 근처에 있는 진전초등학교에 진주해왔다. 미군 부대는 학교 운동장에 대포를 설치해두고 주둔했으며 마을 옆 능선에도 병력이 배치되어 있었다. 부대는 중대(또는 1개 대대) 규모였는데 화염방사기로 마을에 불을 지르고 사람이 지나간다 싶으면 사격을 했다. 8월 10일 저녁 무렵 미군 병사 서너 명과 통역관이 재실로 찾아와 이곳에 있는 사람들이 피난민이라는 것을 확인한 후, 작전지역인 이곳을 떠나라고 명령했다. 나이가 많은 사람들과 몸이 안 좋은 사람들도 함께 있어 밤중에 떠나지 못한다고 주민들이 항의하자, 미군은 다음 날 아침 일찍 떠나라고 한 후 재실을 빠져나갔다.

8월 11일 새벽에 사람들이 피난 준비를 하는데 재실과 마을 사이의 산자락 대밭 쪽에서 총소리가 나더니 당산 쪽에서도 총소리가 들려왔다. 사방에서 총탄이 날아오기 시작했고 지붕의 기와에 맞는 소리가 마치 굵은 소나기가 내리는 것처럼 들렸다. 총격이 가장 심할 때는 귀가 멍하고 아무것도 들리지 않을 정도였다. 재실 마당과 마루에 모여 있던 사람들이 총에 맞아 비명을 지르며 쓰러졌다. 다른 이들은 재실 대문간 방에 쌓아두었던 보따리 속이며 구들과 마루 아래, 부엌 아궁이로 정신없이 몸을 숨겼다. 심지어 화장실 똥통이나 우물 속으로 뛰어들었다. 진전초등학교와 인근 능선에 주둔하고 있던 미군은 총격과 박격포뿐만 아니라 마을에서 3킬로미터 정도 떨어진 바다의 함포에서 포탄을 쏘았고 공중에서는 폭격과 기총사격이 있었다. 이른 아침부터 시작한 공격은 점심 무렵에 가장 심했고 오후 4시경까지 계속되었다. 지상과 바다, 공중에서 무차별로 전개된 공격으로 재실은 아수라장이 되었다. 이날 동네 사람 150여 명 중에서 약 86명이 목숨을 잃었다. 생존자 일부는 재실 내부나 방구들, 아궁이에 숨어 있었다.

누군가에게 지옥을 보여준다면 아마 이런 풍경으로 펼쳐졌을 것이다.[12] 재실 온 사방에 시신이 쌓였는데 다리가 잘린 채 담 밑에 쓰러져 두 시간 가까이 물을 달라고 고함을 질러대다 어느 할머니가 논에서 떠다준 물을 퍼먹고 얼굴이 하얘져서 죽은 열세 살 된 여자아이, 급한 김에 마당의 우물에 뛰어들었다가 빠져나오지 못해 죽고 우물가에 묶어두었던 돼지가 옆에 쓰러져 죽은 노인의 머리에서 흘러나온 골을 먹었고, 구들과 마루 밑에 숨었다가 다리에 총탄을 맞았으며 재실 방 안으로 뛰어들어가 이불을 뒤집어썼지만 이불 밖으로 삐져나온 왼쪽 발에 총알이 관통했고, 방 안에 놓여 있던 가마 안으로 숨었으나 좁아서 들어오지 못하고 웅크리고 있다 죽고 총탄이 장딴지와 다리, 어깨뼈와 젖가슴을 꿰뚫었고, 아이들이라도 살린다고 부엌 아궁이로 도망가다 손가락이 절반 이상 잘렸으며, 어느 집은 3대가 죽었는데 할머니 품에 안긴 세 살 아기는 엉덩이에 총알이 박혔고 아홉 살짜리 아이는 방광을 다쳤으며 등에 업은 딸과 엄마가 모두 팔에 총탄을 맞았고, 총알을 맞아 목이 너무 마른 나머지 논물을 한참 들이켰지만 파편을 맞은 목의 상처로 물이 다 빠져나가 목구멍으로 넘어가질 않았고, 해가 질 무렵 재실에서 나와 산으로 도망치면서 비로소 자신이 다리를 다쳤다는 것을 깨달았으며, 얼마나 정신이 없었는지 다친 세 살짜리 여동생을 그냥 내버리고 달아났고, 무더운 날씨와 비바람을 맞은 시체는 뼈와 가죽이 말라붙었는데 유골은 손상된 채 나뒹굴었고, 마당과 마루 밑 온 사방에 널린 시신은 가마니만 덮어놓아 발에 밟혔으며 돼지가 재실 안에서 시신을 물고 돌아다니고, 일가족이 한꺼번에 사망한 어느 부부의 부인은 만삭으로 죽은 상태에서 태아를 자연 출산했고 현장으로 돌아온 생존자들은 이 광경을 보고 몸서리를 쳤다.[13]

자신을 위해서 눈물을 흘리는 이는 자기 자신뿐이다. 황점순의 남편 이용순은 보도연맹원이었는데 1950년 7월 15일 소집되어 마산형무소에 수감되어 있던 중 행방불명되었다. 진실화해위원회의 조사결과 그해 8월 18일 마산 계엄고등군법회의에서 그는 사형을 선고받았다.[14] 자신의 품에서 죽은 한 살짜리 아기와 보도연맹원으로 끌려가 죽은 남편을 떠올리며 황점순은 애도의 눈물을 끝없이 흘린다. 아기를 땅바닥에 "버리고" 온 날 밤새 울었듯이. 폭력과 파괴의 극한을 겪은 사람이 황점순처럼 자신의 품 안에서 자식을 죽인 사람들이다. 어떻게 해야 가슴에 품은 자식을 묻을 수 있는가. 미라이처럼 곡안리처럼, 한 사람의 인생과 마을 사람 모두가 또 한 마을의 터전이 파괴된 이런 결과를 미군과 남한의 군경이 의도하지 않았다고 해서 제노사이드가 아니라고 할 수 있는가.

국가의 정책에 의해서만 제노사이드가 발생하는 것은 아니다. 크리스토퍼 브라우닝Christopher R. Browning은 현대의 대량학살이 국가의 정책 외에 권력으로 통제되지 않은 증오와 광기에 의해서도 일어나고 있음을 주시한다.[15] 홀로코스트처럼 많은 경우 학살은 국가 정책의 산물이지만 베트남의 미라이 학살처럼 작전지역 현장에서 참혹하게 일어나기도 한다. 한국군은 베트남 하미마을에서 학살을 저지르고 얼마 후 중장비를 동원해 시체를 수습한 무덤을 다시 뭉개고 파헤쳤다. 사건을 은폐하려고 했을까, 팔다리가 잘려나간 시신을 형체가 알 수 없도록 그 현장을 깔아뭉갰다.[16] 무슨 연유든 상대방을 증오하는 감정은 살해와 그 이후에 시체를 처리하는 과정에서 잔혹함을 가중시킨다. 학살 과정에서 벌어지는 참상의 정도는 현장 지휘관의 성향과 가해자에 따라 달라진다.[17] 공권력의 경계를 넘어서 권한을 남용함으로써 자행되는 살상과 사적 감정이 개입된 보복은 피해를 부추긴다.

집성촌 사이의 학살은 보복이라는 명백한 의도를 가진 악순환이다. 1951년 5월 10일 전북 고창군 무장면 월림리에서 2킬로미터 정도 떨어진 도곡리 시목동 옆 계곡과 봉암산 계곡에서 학살이 일어났다. 전북경찰국 제18전투대대 제3중대장 김용식 대위는 월림리 사람 89명을 이곳에서 총살한다. 6명이 현장에서 살아남았는데 희생자 중에는 여성과 어린이, 청소년이 상당수 포함되어 있었다. 월림리 죽림마을에는 천씨들이 대대로 살아왔고 용전마을에는 김씨들이 집성촌을 이루고 살았다.

전쟁이 발생하기 이전 용전마을 김씨 측에서 죽림마을 천씨들이 좌익 활동을 한다고 경찰에 밀고했다. 이 일로 천씨 측 사람들이 경찰서에 끌려가 고초를 당했고, 전쟁이 발발하자 인민군이 이 지역을 점령한 1950년 10월 20일경 죽림마을 천씨들과 좌익들이 용전마을에서 김용식 일가 53명을 살해한다.[18] 이것이 발단이 되어 김용식은 "사적 원한을 갚기 위해 공권력을 이용하여 천씨 일가 등을 집단살해"했다. 진실화해위원회는 이 사건을 씨족 집성촌 마을 간의 "갈등이 이념 대립과 결합해 상호 보복 살해의 양상으로 발전된 사건"으로 결론지었다.[19]

김용식은 제8사단장의 명령에 따라 소속 부대원들과 작전을 수행하러 이동하는 도중에 자신의 친족 김씨 가족의 피해를 알게 되자 월림리 주민 95명을 한군데로 모이게 했다. 그는 인근에서 작전 중이던 대대장에게 이 사실을 보고하고, 그의 '지침'에 따라 집결시킨 사람들을 살해했다. 이유는 명확했다. "천씨 측이 자기 가족들을 몰살시킨 것에 대한 원한 때문에 복수한 것이라고" 그는 법정에서 진술했다. 억울하게 죽은 친족의 정의를 자신의 분노와 보복으로 이룰 수 있을 것이라고 여겼던 것 같다.[20] 죽고 죽이는 대상만 다를 뿐이지 무참한 살육이 정의를 실현하는 방법이 될 수는 없다.

이 사건으로 구속·기소된 김용식은 1955년 12월 26일 대구고등법원에서 무기징역형이 확정된 후 15년을 감옥에서 보내고 1970년에 출소했다. 사건이 발생할 때 살해 사실을 보고받고 '지침'을 내린 것으로 알려진 차일혁 대대장과 현장에서 직접 총을 쏜 전투경찰들은 어떤 처벌도 받지 않았다. 사건을 검찰에 신고한 것은 정읍에 거주하던 교사 천기호였다. 재판 기록에 있는 김용식의 진술 조서에 따르면, 차일혁은 사건 경위를 모두 파악하고 있었고 사살 명령까지 내린 것으로 밝혀졌다. 그가 이 사건으로 어떤 조치를 받았는지 어떤 책임을 졌는지에 대해서는 알려진 것이 없다.

가해자와 그 의도를 숨기는 학살의 행태를 찾아보자. 군과 경찰이 직접적인 의도는 숨긴 채 그들이 지원하는 무장조직이 학살을 실행하는 경우가 있다. 1950년 겨울 남북한의 전세가 또다시 뒤바뀌어 국군이 후퇴할 즈음, 경기도 경찰국장 한경록은 도내 각 경찰서에 인민군이 활용할 물자를 파괴하고 부역혐의자들을 '서장 재량으로 처단'할 것을 지시한다. 명령을 받은 강화경찰서장 김병구는 사찰계 형사에게 지시해 우익청년단체를 조직하게 한 후 무기와 통신시설, 유치장에 감금된 부역혐의자 10여 명을 후퇴하기 직전 강화향토방위 특공대에 넘겼다. 김병구는 특공대장 최준석에게 부역혐의자 중에서 "우익 진영의 말을 듣지 않는 사람들은 처단해도 좋다"는 지시를 하고 후퇴한다.[21]

강화향토방위특공대 감찰대원 김동환은 경찰의 지시를 받아 조직한 특공대와 경찰의 협력 관계, 부역혐의자 살해에 대해 자세히 증언한다. 1950년 11월 초에 강화도 우익청년들은 치안대를 조직해 부역혐의자를 경찰에 인계하기도 했다. 그해 12월 강화경찰서 사찰과의 이북 출신 박선호 형사는 치안대 측에 "너희들 신변보호를 해준 테니 보도연맹에 들었던 놈들, 그러다가 다시 빨갱이 짓 한 놈들을 좀 처치해달라"고 '제안'한다. 경찰관의 입장에서는 그 사람들을 직접 '처단'하는 것이 부담스러웠을 것이다. 12월 18일 20대 초반의 청년 24명이 강화향토방위특공대를 비밀리에 결성했다. 그들은 강화경찰서에서 100미터 정도 떨어진 양조장 건물에 본부를 두고 사람들을 데려다 고문하고 200~300여 명을 갯벌에 끌고 가 총살했다.[22]

김용식은 명백한 살해 의도를 숨기지 않았다. 마산 진전면 곡안리에서 벌어진 일은 미군이나 한국군이 그런 결과를 예상하지 못한 것일 수도 있다. 그러나 미군과 이승만 정부가 자신들만의 군사적·정치적인 필요에 따라 보도연맹원과 후퇴하지 못한 민간인을 죽이려는 의도를 가진 것은 분명했다. 결국 '의도성'은 가해 행위자의 기준이 아니라 집단의 일부가 되는 공동체의 손상과 파괴의 결과에 중점을 두고 논의할 수 있어야 한다. 이것은 비단 학살이 공동체에 미치는 결과를 볼 때, 사태가 벌어진 그 당시와 그 사회에만 국한하지 않는다.

살해 행위의 결과가 잔혹하고 공동체의 일부나 전체가 파괴되어 삶의 터전을 빼앗긴 것이라면, 이것은 가해자의 의도와 상관없이 제노사이드라고 할 수 있다. 중요한 것은 군대와 경찰, 준군사조직, 우익청년단과 같은 가해 집단의 동기를 설명하는 것보다 피해자에게 초점을 맞추는 것이 제노사이드를 더욱 올바르게 설명하고 예방하는 방식이라는 것이다. 더구나 오늘날과 같은 국제관계에서 특정한 '정치집단'이나 사회계급으로 제노사이드의 피해 대상을 한정하는 것은 비현실적이다. 전쟁이나 혁명을 수행하는 과정에서 제노사이드를 의도했든 그렇지 않든, 대량살상 이후 비참한 결과를 가져온 해당 국가 내의 공동체와 주변에 지속되는 영향까지 포함해 제노사이드 범죄를 규정하려는 국제사회의 노력이 필요하다.

정치공동체 형성과 학살

우리 사회가 민간인 학살의 의미를 제대로 파악할 수 없거나 연구할 수 없었던 이유 중의 하나는 국가가 시민의 목숨을 빼앗은 사실에 함부로 맞설 수 없었기 때문일 것이다. 또 다른 이유는 사상의 이름, '빨갱이'라는 수사로 희생자들이 죽었기 때문이다. 누구나 받아들이듯이 자신의 죽음을 포함해서 죽음은 사실이긴 하지만 경험은 아니다. 경험하지 못함으로써 다가오는 죽음의 인식에 대한 공포에서부터 그리고 반공주의로부터 대한민국 공동체의 도덕과 윤리는 민간인 학살 문제를 외면해왔다.

유엔협약에서 밝히고 있는 가해자의 의도와 대상을 놓고 보면, 우리나라에서 일어난 학살 역시 통제할 수 있는 범위 내에서 매우 체계적으로 실행되었다. 시민사회에서 그동안 이루어진 실태 조사와 학계의 연구 성과, 진실화해위원회에서 밝힌 개별 사건을 종합해보면 이를 논증하는 데 아무런 어려움이 없다.[23] 국민보도연맹원이나 형무소 재소자, 부역혐의자, 11사단의 작전지역 내 사람들은 집단학살의 가장 일반적인 대상이었다.

조병권의 아버지 조용안은 1949년 7월 전주형무소에 수감되었는데, 그의 어머니는 1950년 4월까지 면회를 가서 남편을 만났다.[24] 전쟁이 발발한 이후 조용안은 전주형무소에서 행방불명자로 처리되어 사망신고가 되어버렸다. 조병권은 1970년대 후반부터 아버지의 죽음에 대해 영문을 찾아나서기 시작한다. 1990년 초, 수소문 끝에 전쟁 때 전주형무소 교도관이었던 박태준을 만난 그는 학살에 대한 이야기를 듣게 되었다. 교도관의 말에 따르면, "전주시 효자동 부근에서 재소자 2천여 명이 피살당했다"는 것이다.[25] 담담해 보이지만 2000년 조병권의 증언이 처음으로 알려졌을 때, '이런 일이 사실일까?'라고 의문을 가질 수 있었다. 하지만 피해자들이 스스로 국가가 저지른 범죄의 대상이라고 과장할 필요가 없다는 점에서, 이것은 부정해야 할 이유가 없었다.

조병권의 증언 이후 관계자와 시민사회, 언론이 주목했다. 2003년 전주형무소 교도관 이순기는 수감 중이던 사상범 1,400여 명을 효자동 공원묘지와 황방산, 건지산, 솔개재 일대에서 살해한 후 매장한 사실을 공개한다. 그해 4월 17일 유가족은 이순기의 현장 증언을 근거로 발굴 작업을 벌여 유해 수백 점을 수습한다.[26] 10여 년이 지난 후에야 정부는 조병권의 증언을 확인할 수 있었다. 조병권과 교도관들의 증언 내용은 희생자 수에서만 조금 차이가 날 뿐 진실화해위원회 조사와 거의 일치했다.[27] 정책을 집행하는 관료제의 분절화된 체계 속에서 은폐되었던 학살을 희생자의 친족들은 쉽게 알 수 없었다.

국가의 정책에 따라 학살이 실행될 때, 유엔과 주권국가 사이에서 제노사이드를 둘러싼 갈등은 이미 유엔협약 헌장에 내포한 것이었다. 앞서 살펴본 제노사이드 범죄를 규정한 정의에는 주권국가 내부의 학살과 주권국가들 사이에서 벌어지는 현상을 다 함께 포함하고 있다. 제노사이드의 개념 적용을 놓고 많은 학자들이 이견을 보인 것은 의도와 대상, 피해 규모, 살상의 잔혹함에 대한 상이한 접근 때문이다. 다양한 방식의 제노사이드 범주와 정의가 발달해왔는데, 국내 수준과 국제 수준에서 일어나는 대량학살의 층위를 어떤 방식으로 설명하는 것이 적당한지, 국가의 정책과 행위자 관점에서 살펴보자.

쿠퍼는 제노사이드가 국내에서 발생하는지, 국제관계에서 발생하는지에 따라 몇 가지 형태로 나누었다. 국내 형태는 원주민과 홀로코스트와 같은 인종집단을 없애거나, 지배의 이중구조를 가진 사회의 탈식민화 과정 그리고 권력과 분립, 자율, 평등을 원하는 민족이나 인종, 종교집단의 투쟁 과정으로 나누어진다. 국제관계의 제노사이드는 미국이 히로시마와 나가사키에 사용한 원자폭탄 공격과 중국의 티베트 공격, 인도네시아의 동티모르 침공 그리고 미국의 베트남전쟁이 해당한다.[28] 그에게 학살은 비인간화 없이도 가능하며 비인간화는 학살 없이도 가능하게 된다.[29]

쿠퍼는 앞의 사례들을 국제관계에서 발생한 제노사이드로 간주하지만 실제 국가 간의 행위로 보면 이것들은 앞서 살펴본 대로 '침략 범죄'의 유형에 해당한다. 베트남에서 벌어진 학살의 근본 원인 역시 침략 행위에 따른 것이다. 1975년 12월 인도네시아가 동티모르를 침공했을 때 자카르타의 미국 CIA 작전 책임자 필립 리치티C. Philip Liechty가 밝힌 대로 미국은 이 침략을 승인하고 군사적으로 지원했다.30 1965년부터 1966년 사이에 인도네시아의 화교와 공산주의자, 좌익으로 간주된 50만 명 이상의 살상은 CIA의 치밀한 전략과 지원을 입은 하지 모하마드 수하르토Haji Mohammad Soeharto 정권이 자행한 학살이다.31 CIA는 이 학살을 "1930년대 소련의 대숙청, 제2차 세계대전 나치의 대량학살, 1950년대 초 마오주의자Maoist의 피의 바다와 함께 20세기 최악의 대량살상"이라고 일급 비밀보고서에 기록했다.32 반反수카르노 공작이 학살의 배후였다.33 미국은 자신들이 사주한 학살을 이미 범죄로 인식하고 있었다. 이와 같은 미국의 대외정책에 기반을 둔 학살처럼 대량살상이 일어난 현상 못지않게 전쟁과 국제정치의 원래 동기를 제노사이드 범죄에서 중요하게 다룰 필요가 있다.

비교역사적인 방법으로 제노사이드를 고찰하는 것은 이것이 발생하는 사회적 조건과 상황을 찾으려는 데 초점을 둔다. 이 경우에도 가해의 동기에 따라 제노사이드는 현실적이거나 잠재적인 위협을 제거하기 위해서나, 적들에게 테러를 확산시키고 경제적 부를 획득하기 위해 그리고 신념이나 이론, 이데올로기를 실행하기 위한 유형으로 나누어볼 수 있다. 이런 관점에서 보면 근대에 들어서 제노사이드는 렘킨이 예의 주시했듯이, 외부의 위협에 대응하는 것보다는 내부의 위협을 다루는 하나의 수단으로 되어가고 있음을 알 수 있다.34

내부의 위협이라는 관점은 국가의 학살 행위가 권력의 남용뿐만 아니라 국가를 건설하는 과정에서 발생하는 원인임을 암시한다. 국민국가의 신화는 자국민을 대상으로 정치·경제·문화적 통합을 최우선으로 하는 강력한 이데올로기를 구사한다. 이 통합 과정에서 필연적으로 발생하는 것이 민족주의를 근간으로 하는 학살이다. 피에르 반 덴 베르허Pierre L. van den Berghe의 표현대로라면, 민족주의는 "좋게 말해 문화 말살이고 나쁘게 말하면 대량학살의 청사진"일 뿐이다.[35]

제노사이드에 대해서 좀 더 눈여겨보아야 할 것은 구체적인 살해 과정을 세분화해서 개별 사례를 설명하려는 시도다. 이런 방식은 학살이 발생하는 배경과 과정, 그 이후의 상황을 각 단계별로 그 특징을 보여준다. 1980년대 내내 크메르 루주의 잔학 행위를 수집해왔고 국제형사재판소에 그들을 제노사이드 범죄 혐의로 기소하기 위해 노력한 그레고리 스탠턴Gregory H. Stanton은 살해 과정을 세분화해서 설명한다.[36] 그는 제노사이드 발생 배경과 경과, 그 이후의 과정을 여덟 단계로 나누었다.[37] 국민보도연맹 사건을 이 연구에 적용한 사례에 따르면 전향자 단체 조직과 요시찰인要視察人 명부 작성은 분류와 상징화, 비인간화 단계에 해당하고, '예비검속'과 학살은 조직과 절멸, 부인 단계로 구분할 수 있다.[38]

대부분의 학살에서 방어력이 없더라도 희생자는 비인간화된다. 주목할 점은 비인간화에 대한 '악의 상징'이다. 실제 그들이 악한 행위를 했는지 여부와는 상관없이 상대방을 죄나 도덕 같은 정신의 잣대로 덮어씌워 살해 대상으로 삼는 방식은 인간성을 파괴하는 악의 본질에 있다. 악의 본질은 인간의 파괴에 있다. 그렇기 때문에 죄가

있는 인간, 비도적적 인간 곧 악한 것은 제거의 대상으로 변질되기 마련이다.[39]

새로운 정치공동체 형성과 학살의 관계는 일국 차원에만 머무르지 않는다. 1994년 르완다 사태의 여파는 콩고를 비롯한 중앙아프리카 여러 나라의 극심한 혼란과 권력 공백을 가져왔다. 제라르 프루니에Gérard Prunier가 생생하게 묘사하듯이 르완다의 학살은 1998년 이후 아프리카 대륙 전체가 피 묻은 갈등에 빠져들게 된 대변동의 근본 원인 중 하나였다. 르완다 인구의 3분의 1에 해당하는 200만 명의 난민이 자이르(현재 콩고민주공화국)로 망명하기 위해 도망쳤다. 르완다의 카가메 정권은 콩고의 난민을 공격해 40만 명 넘게 학살했다.[40] 르완다 사태 이후 전개된 아프리카 중부의 새로운 체제 형성과 나라 사이의 관계는 또 다른 제국주의 경향을 보여준다.

우간다, 부룬디, 앙골라, 르완다의 군대가 가담해 일으킨 반란군은 콩고의 동부지역 상당 부분을 차지했고, 짐바브웨와 수단을 비롯한 다른 아프리카 국가를 전쟁으로 몰아넣은 혼란을 조성했다. 1998년부터 2003년까지 400만 명 이상이 콩고에서 사망했다. 프루니에는 1996년과 1998년 르완다와 우간다가 두 번 침략해 형성된 콩고를 아프리카 르네상스와 아프리카 제국주의 사이의 '새로운 콩고'라고 부른다. 우간다의 요웨리 무세베니Yoweri Museveni의 권력 장악과 르완다에서 카가메의 승리로 형성된 지역 문제의 새로운 팽창은 아프리카에서 아프리카 국가가 일으킨 포스트식민주의 제국의 최초 정복 사례라고 할 수 있다.[41]

근대국가 형성기의 제노사이드 사례로 보면, 제주4·3과 여순사건이 여기에 해당한다. 김동춘은 한국전쟁을 포함해 보다 지속적인 국가 형성 과정으로서 사회 세력들 간에 발생하는 내전의 성격으로 학살을 이해한다.[42] 한반도의 서로 다른 체제 수립이라는 남북한의 구조적 정치사회 변동은 공동체 구성원을 형성하는 과정과 동일하게 진행되었다. 쉽게 이해하자면, 정치체제의 분단을 반대하는 사람들은 남한의 단독정부 수립 과정에서 선거를 보이콧하거나 무장투쟁에 나서는 것이다. 정도의 차이가 있지만 북한에서도 이와 유사하게 반공청년들의 투쟁이 한동안 일어났다.[43]

제주4·3에 대한 정부 보고서가 말해주고 있듯이, 1947년 3·1절에 발생한 발포 사건과 편향적인 행정 집행, 경찰과 서북청년단의 테러로 남로당과 좌익 세력이 수세에 몰려 제주 사회의 긴장이 고조되어 있었다. 1948년 5·10 단독선거를 반대하는 남로당 제주도당의 투쟁이 4·3의 분기점이었다.[44] 서로 다른 정치 세력들 사이에서 분단정부와 통일정부라고 하는 근대국가의 체제 수립은 당시로서는 무력투쟁의 수준에까지 다다른 치열한 대립이었다. 이승만이 1946년 6월 '정읍 발언'에서부터 단독정부 수립을 공공연하게 제도화시키려고 했을 때, 이에 반대하는 세력을 끝내 학살로 제압한 것이 제주 4·3이다.

여순사건은 아직 확립되지 않은 군 내부의 지휘체계 틈새에서 정부의 정책에 반대한 군인들이 반란을 일으킨 것으로 시작했다. 제주에서 일어난 봉기를 진압하라는 명령을 받은 14연대 군인 일부가 출동을 거부했고, 부대를 벗어나 여수와 순천에서 '좌익'이나 반정부 세력과 결합해 또 다른 봉기를 일으켰다.[45] 진압 과정 중에 학살은 빈번하게 발생했는데, 정부는 범죄자를 검거하려는 법 집행 수준이 아니라 작전지역 내의 국민을 토벌하는 방식으로 사건을 마무리 지

었다.[46]

  정치공동체 내부의 잠재적인 위협을 제거하는 것은 체제 형성기나 전시, 심각한 무력 분쟁에서 더욱 가중된다. 제노사이드는 새로운 이념에 바탕을 둔 국가나 체제가 등장할 때 발생할 가능성이 높다. 전통 사회와 새로운 체제 사이의 긴장이 상승하거나 체제의 성격을 두고 서로 다른 집단들의 신념이 충돌하기 때문이다. 정치사상을 두드러지게 하는 방식의 대량살상은 우리나라의 경우를 쉽게 상정할 수 있다. 한반도에서 '좌익'과 '우익' 세력이라는 정반대의 정치집단이 서로에게 저지른 학살은 근대국가의 정치체제가 추구하는 서로 다른 가치와 정책, 이념 갈등의 연장선에 있다.

  근대국가의 출현 과정에서 발생하는 제노사이드의 경우 박명림은 이것을 새로운 정치체제의 등장에 따른 주권 형성과 공동체의 통합과 배제 과정으로 본다.[47] 국가가 행사하는 폭력은 국민국가를 건설하고 유지하는 역할을 수행한다. 따라서 국가 폭력의 목적은 그 대상에게 고통을 가하는 것이 아니라는 것을 상기시켜준다. 캐럴 내겐게스트Carole Nagengast는 국가 폭력의 목적이 '처벌받아야 할 사람들의 범주punishable categories of people'를 만들고, 그들 사이의 경계를 위조하고 유지하며 행동 규범을 규정하고 시행함으로써 특정한 집단을 합법화하거나 불법화하는 사회적 프로젝트라고 설명한다.[48] 보편적으로 대량학살은 근대국가의 근대성과 정책 도구로서 국가가 후원하는 방식을 띤다. 한반도에서 전개된 상황도 마찬가지다. 남북한 정부 수립 과정과 전시에 일어난 민간인 학살은 가해 동기와 구조적 배경으로 볼 때, 근대국가의 수립과 공동체 구성원 형성의 경로와 일치한다. 매우 다양한 형태의 사례는 가해 주체로서 주권국가의 행위와 그 후견으로 볼 수 있다.

남북한이라고 하는 두 개의 국가가 긴장과 대결관계에 있을 때 정치공동체는 이데올로기적으로 강력한 국가를 건설한다. 학살의 집행은 남한의 '국가 이성raison d'état'을 실현하는 통치 수단이라고 볼 수 있다. '국가 이성'은 다른 모든 사회적 요구와 이익에 대해 우월성을 가져야만 하는데, 그 이유는 이것이 없이는 새롭게 창출된 정치적 실체가 생존할 수 없기 때문이다.**49** 이런 경우 가해 동기는 사상을 기반으로 하는 정치적 반대자나 잠재적인 위협을 제거하고, 공포를 확산시키기 위해 특정한 '정치집단'으로 규정한 사람들을 죽이는 것이 된다. 상대방을 효율적으로 통제하기 위한 하나의 방편으로서 학살은 이를 지켜본 사람들에게 자기들도 언제든지 이 죽음의 대상자가 될 수 있음을 끊임없이 상기시킨다. 대규모 학살이 가져오는 통치의 효과는 지배집단의 가치를 국가 이상으로 격상시키고 공동체 구성원들에게 새로운 정치체제를 각인시키는 데 있다.

1945년 해방 이후부터 한국전쟁까지 사회주의와 자본주의 체제를 수립하는 과정에서 일어난 학살은 공동체 구성원의 인간성을 이데올로기로 치환해서 벌어진 것이다. 이승만 정부가 전시에 자국의 국민을 상대로 자행한 학살—국민보도연맹, 형무소 재소자, 부역혐의자, 11사단 등—과 북한이 남한을 점령한 기간 동안 그리고 후퇴하면서 벌인 학살은 피해자의 법적·정치사회적 지위에서 차이가 있을 뿐이지 본질적으로 '사상'의 문제가 근원에 있는 것은 동일하다.

증오의 정치와 증오 범죄

주권국가 내부나 국가와 국가 사이에서 발생하는 학살에서 중요한 문제는 상대방에 대한 증오를 부추기는 정치 과정이다. 증오의 저변에 흐르는 가장 강력한 무기는 이데올로기다. 이를 기반으로 하는 정치 행위는 극단적인 상황을 초래한다. 이데올로기의 속성이 상대방에 대한 사상의 판단에 있듯이, 이것이 특정한 집단을 향한 정치 행위의 실천으로 옮아오면 적의는 단순한 감정을 넘어서서 그 자체가 하나의 목표가 된다. 어떤 주의주장을 토대로 하는 가해자의 동기에서 보듯이, 정체성으로 무장한 종교나 이념을 추종해서 나타나는 갈등은 상대방을 쉽게 학살로 마무리 짓는다. 근본주의 입장에서 볼 때, 증오심은 상대방을 '절대적인 악'으로 바라보게 하는 추상성이 매우 높은 관념이다.

개별 사례를 보았을 때 주목할 만한 현상으로는 증오를 반복적으로 세뇌하는 미디어의 역할이다. 제노사이드 범죄와 미디어의 관계는 앞서 언급한 르완다 학살에서 상세히 드러났다. 르완다 국제형사법정 재판관이었던 박선기는 이 법정에서 가장 새롭게 다뤄진 사례로 '선동 행위자'에 대한 처벌을 들었다. 미디어 케이스media cases라고 불린 이 사건에서 ICTR은 제노사이드 범죄뿐만 아니라 선동적인 언어를 전파한 방송사 사장과 주요 논설자, 정당 지도자 등을 기소해서 유죄를 선고한다. 1994년 4월 6일 르완다에서 제노사이드가 발생하기 1~2년 전부터 라디오와 신문, 대중집회 등에서 후투족은 상대 부족인 투치족을 향해 극심한 언어 테러를 감행해왔다.

박선기는 르완다에서 나타난 사례를 증오 범죄hate crime라고 규정한다.**50** 구체적으로 그는 고위 정치 지도자와 정당 지도자, 언론까지 부족에 따라 나뉘어 "너희들이 한번만 우리를 건드리면 부족의 씨를 남기지 않겠다"라고 말하는 것을 예로 제시한다. 국민들의 감정에 '증오의 씨'를 심어놓은 것이 어떤 계기가 되면 이 "증오의 마귀가 발끝에서 머리끝까지 감싸"게 된다. 르완다 감옥에 있는 많은 젊은 이들, 후투족 자신들은 제노사이드가 벌어진 3개월 동안 지하드(성전)를 하는 것 같았다고 증언한다. 그들은 "사람을 죽이는 것, 그것도 잔인하게 죽이는 것"을 "마치 성스러운 의무"인 것으로 받아들였다. ICTR은 '헤이트 스피치hate speech'를 증오 범죄의 중요한 원인 가운데 하나로 지목하고, "종교·종족·국적·인종·사상·이념·지역·성별, 최근에는 게이와 같은 성적 그룹 등을 대상으로 특정 개인이 아니라 불특정 다수에 대한 증오와 폭력을 조장하는 말과 글, 또는 영상물"이라고 정의한다.

표현의 자유와 언론출판의 자유에도 불구하고 박선기는 우리나라에서 '증오 연설죄'의 입법을 주장하고 있다. 이는 언론의 자유를 고문 금지와 같은 '절대적 자유'와 구별해서 '상대적 자유'라고 보는 관점이다. 우리 사회에서도 극심한 언어 폭력이 쌓여 갈등 구조가 생기면 큰 사태로 이어질 것이라고 그는 경고한다. 증오 범죄의 징조는 "지금 좌든 우든 쏟아내는 말들이 얼마나 험악"한지, "○○도 놈' '빨갱이' '보수꼴통' (…) 이런" 것이 헤이트 스피치에서 나타나고 있기 때문이다. 이와 같은 현상은 인간 개인을 보지 않고 "어떤 지역이나 그룹을 통틀어 묶어서 허위의 증오를 씌우거나 모욕적인 상표를 만들어 붙이는" 것과 같다.

역사를 부정하는 행위와 표현의 자유는 국제사회에서 쟁점이 되어 있다. 독일과 프랑스 등 많은 유럽 국가들은 홀로코스트를 부인 하는 것을 범죄로 다루고 있으며, 캐나다와 오스트레일리아 역시 홀 로코스트 부인 금지법을 제정했다. 역사에 대한 책임과 표현의 자유 에 대한 권리 인식, 유대인 학살의 부정과 역사수정주의로부터 비롯 된 증오 표현에 대해서는 폭력과의 연관성, 국제법 규범 등의 연구로 진행되고 있다.[51] 역사의 부정은 국가 공권력이 저지른 인권침해 사 건의 진실을 부정하거나 왜곡하는 행위라고 할 수 있다. 부정의 대상 이 되는 것은 전쟁범죄와 집단살인, 인도에 반한 죄 등 국제법상의 범죄로 한정해서 볼 수 있다.[52] 홀로코스트 부정을 규제하는 법률 체 계는 각 나라마다 다르고 이는 기억의 사회적 구성과 공동체 가치에 관한 담론 형성에 영향을 미친다.[53]

홀로코스트나 제노사이드와 같은 인도에 반한 죄를 부인하는 행 위 자체를 불법으로 규정하는 것은 법률을 수단으로 사람의 행동에 영향을 주는 법의 규범력과 강제력에 해당한다. 법의 강제에는 역사 적 사실의 '부인을 범죄로 지정'하고 '기억해야 할 의무'와 '도와야 할 의무', '알아야 할 의무'를 지는 네 가지 영역이 있다. 일반적인 형법에 서 파생한 이와 같은 법은 증오와 차별을 선동하는 증오 범죄를 금 지한다. 유럽 국가들의 입법은 의도나 선동이 없더라도 인권침해 사 실을 부인하는 행위 자체를 불법으로 보는 것에 가깝다. 프랑스의 경우는 인도에 반한 죄에 이의를 제기하는 사람은 누구나 처벌할 수 있다. 인도에 반한 죄를 부인하는 행위를 금지하는 특별법이 필요한 이유는 증오를 선동하고 허위사실을 유포하거나, 범죄를 찬양하는 것을 금지하고 명예를 보호할 목적으로 제정된 일반적인 규범만으로 는 위와 같은 의무를 이행하는 데 충분하지 못하기 때문이다.[54]

증오의 표현은 말ᇢ에서부터 시작한다. 일반적인 언어와 정치의 관계에서 관심을 기울일 것은 피에르 부르디외Pierre Bourdieu가 주장하는 정치적 차원의 공식 언어에 대한 규정이다. 언어는 정치 단위의 영토 경계 내에서 모든 거주자에게 유일하게 올바른 것으로 강요되는 바로 그 언어다. 이 언어는 "소리와 의미 사이에 등가성을 확립하게 해주는 부호라는 의미"와 "언어적 실천을 조율하는 규범의 체계라는 의미에서 하나의 코드code"에 해당한다. "공식적인 자리나 공무를 담당하는 장소(학교, 관공서 등)에서 의무적으로 사용되는" 국가 언어는 "모든 언어 실천을 객관적으로 평가하는 이론적 규범"이다. "모든 사람은 언어의 규칙을 안다"고 여겨진다.[55]

국가와 공용어의 관계에서 중요한 점은 말하는 사람들의 언어 수행이 권력에 종속되느냐 그렇지 않느냐 하는 데 있다. 공용어는 그 기원이나 사회적 사용에서 국가와 연결되어 있고, 국가의 성립 과정에서 표준어가 지배하는 통합된 언어 시장이 성립하기 위한 조건들이 만들어진다. 근대의 국민국가 형성 과정에서 빼놓을 수 없는 것은 일정한 영토 범위 내의 사람들이 사용하는 언어의 통일이다. 어떤 특정한 증오의 언어가 담론을 넘어서서 한 사회의 공식 언어가 되면 범죄는 걷잡을 수 없는 행위로 번질 가능성이 크다. 개인의 증오심이 학살을 부르는 것은 아니다. 국가, 적어도 일정한 형태의 정치 공동체가 특정한 집단에게 증오의 감정을 규범으로 변질시킬 때 폭력은 정당화한다.

증오 범죄는 증오의 정치politics of hate라고 하는 보다 구조적이고 체계적인 정치 과정에 대한 해명을 필요로 한다. 왜냐하면 보통 시민들은 정치적 반대자로서 증오의 대상을 선점하거나 스스로 범위를 제한하고 정하지 않는다. 상대방에 대한 증오는 대부분 정치 지도자들의 연설과 대중 매체를 통해서 시민들에게 전달되기 시작한다. 이것은 그 기원이나 심리적 과정이 무엇이든지 간에 외부의 연계된 목표를 향하는 과정에서 조정된다.[56] 또한 정치와 관습을 통해 동원되는 증오의 잠재성은 법의 지배에 의해 포함되거나 훈육될 수 있다. 공동체 성원을 어떤 이유에서든 차별하고 이에 대한 확장을 아주 손쉽게 하는 것이 상대방에 대한 증오다.

증오가 사회적으로 작동하고 조직되며 어떤 상황에서 정치적 행동주의로 발전하는지 그 과정에 주목해보자. 특정한 집단을 증오하는 (개인) 욕망이 정치적 경로를 통해 확산되어 사회적으로 유포되면 정치 담론으로 전환된다. 증오를 선동하는 것은 특별히 '그들'에 대한 두려움을 조장함으로써 이를 '적'에 대한 증오로 변형시키는 데 효과적이기 때문이다. 일반적으로 외부든 내부든 '적'에 대해서는 무서움을 느끼므로 증오의 대상으로서 '적'은 퇴화하고 더럽혀져 있으며, 또한 파괴적인 감정을 반영한다. 이와 같은 하나의 위협은 통제보다 더 완화될 수 없는 정치적 행동과 폭력에 의해 지원되는 성공적 개입이라고 볼 수 있다.

증오의 정치와 집단 폭력, 제노사이드의 심리적·문화적 기원을 밝히는 것은 장래에 발생할지도 모르는 유사한 사태를 방지하는 데 매우 중요한 과제다. 어빈 스타우브Ervin Staub는 불황과 전쟁, 사회적 분열과 같은 매우 어려운 생활 조건에 제노사이드의 기원을 둔다. 심리적·상징적으로 자신을 보호하거나 상대를 해치기 쉬운 전제 조건은 서열화되어 있는 권위와 외집단의 비가치화, 공격성을 포함한 문화적·개인적 조건에 의해 실행된다. 이와 같은 전제 조건은 사람들을 증오해 가치 없게 만들고 죄를 전가하며 다른 집단을 상처 주기 쉽게 만든다. 권위주의 지도자는 자신이 속한 집단을 이상화하고 나머지 다른 집단은 처벌하거나 제거하는 것으로 정당화한다.[57]

도커는 투키디데스Thoukydides의 『펠로폰네소스 전쟁사』에서 "대중의 위험한 복종과 비판적 사고력의 결핍"에 주목한다. 투키디데스는 "특정 집단이 우월하다는 개념에 기반을 둔 권위주의 체제가 확립되어 이를 유지하기 위해서는 필연적으로 정치폭력에 의존할 수밖에 없"음을 지적했다.[58] 증오와 선동으로 점철된 정치적 파장이 제노사이드와 연관되는 지점은 여기에 있다. 우리나라에서 증오를 부추기는 오랜 표현의 전통, '빨갱이'나 근래의 '종북' 역시 마찬가지다. '빨갱이를 죽이자'라고 선동해도 용인되는 게 마치 정치사회의 문화적 규범으로 비치는 경우가 종종 있다. 증오와 불결함의 상징처럼 되어가는 '종북'이라는 용어에서도 알 수 있듯이, 어떤 정부에서는 정책의 반대자를 '종북'이라고 딱지를 붙이고 그들을 보호해야 할 대상이 아니라 공동체 내의 '적'으로 간주하기까지 한다.

'조작과 정보'는 폭력을 쉽게 부추긴다. 아렌트가 '감추어진 설득자들hidden persuaders'이라고 이름 붙였듯이 인간은 신체적 강압과 고문, 궁핍에 의해 '조작'될 수 있고 사람의 소신은 고의적이고 그릇된 정보를 통해서 임의로 만들어질 수 있다. 뿐만 아니라 텔레비전과 광고, 심리적 수단처럼 드러나지 않은 설득 장치를 통해서도 이런 일들이 가능해진다.[59] 르완다 사례가 보여주듯이, 미디어와 폭력의 관계에서 가해자가 어떻게 학살을 행사하도록 설득되는지 알 수 있다.

증오의 정치 그 자체는 전사前史를 가지고 있다. 제2차 세계대전 중반 무솔리니 독재는 공산주의자, "그들"을 적으로서 악마화하고 비인간화하는 프로그램으로서 증오의 정치를 동원했다. 공산주의자에 대한 미움은 동부전선에서 베니토 무솔리니Benito Mussolini가 총력 전을 펼치기 위한 정당화의 한 부분이었다. 파시스트 이데올로기와 선전의 주요 역할은 공산주의에 대한 증오를 부추겨서 병사들로 하여금 전투에 임하도록 독려하는 것이었다.**60** 한 사회의 구조화된 정치 담론 속에서 특정 집단을 증오하는 것이 어떻게 작동하고 지속되는지 밝히는 것이 중요하다.

공동체 구성원의 정체성에 큰 영향을 끼치는 것이 또한 증오의 정치다. 증오가 깊은 복수의 욕망에서 탄생했건 민주적 이성에 반하는 작용에서 탄생했건 간에 이는 독특한 구조를 가지고 있으며, 구조화된 정치 담론 속에서 지속된다. 자신과 다른 그들에 대한 적의로서 증오는 매우 손쉽게 '우리'와 '그들' 사이에 있는 사람들을 구별하는 경계선이 된다. 중요한 것은 이 경계에서 '정치집단' 구성원의 존재가 결정되는 데 있다.

한반도의 남북한 단독정권 수립은 시민사회의 균열 구조를 반영하지 못하고 각각 좌우익을 배제해 나가는 과정, 사회주의와 자본주의 체제를 수립하는 길이었다. 분단체제의 형성으로부터 특정한 '정치집단'을 추방하는 과정은 남한의 국민, 북한의 인민이라는 정치공동체 성원의 정체성을 규정하는 것이다.**61** 이런 과정에서 증오가 작동한다. 서로 적대적인 이데올로기를 기반으로 하는 두 집단 사이의 감정 대립은 극단으로 치달을 가능성이 크다. 역사가 증명하듯이 이들 집단에 물리력이 뒷받침되었을 때, 증오는 폭력이나 학살과 같은 범죄 행위로 나아가기에 쉬웠다.

증오라는 감정 그 자체가 정치 행위의 출발점이 되었을 때, 상대방을 죽이는 것은 매우 손쉬운 사회화 과정으로 바뀐다. 하나의 언어 (말)가 정치공동체 안에서 사상이나 가치관이 다른 집단에 대해 적의를 품으면 그 말은 정치 언어로 둔갑한다. 증오가 단순히 개인의 감정이었다면, 학살은 보복이라고 하는 하나의 살인 행위에 그쳤을 것이다. 그러나 이 감정이 사회 내의 정치 담론이 되었을 때, 그 행위는 대량학살이라고 하는 정책 수단으로 이어진다. 비인간화는 상대방을 인간으로 바라보지 않는 시선에만 있는 것이 아니라 뿌리 깊은 감정 속에 녹아 있고, 말과 언어와 같은 문화적 과정 속에서 구현된다.

제 2 부

전쟁과 학살

"나는 선생님의 작문 시간이 무척 좋아요."

"응, 그럼. 류군, 작문 많이 썼나?"

"예, 선생님."

"그럼 교무실로 가지고 와."

"선생님, 그래도 지금은 못 가요."

"왜?"

"지금은 시를 쓰고 있거든요."

"어떤 시?"

"제가 전쟁 때 죽을 뻔했고 또 살아난 그런 시 말이에요."

· 류춘도, 「아침나절의 꿈」 중에서, 『잊히지 않는 사람들』, 1999.

제 4 장

전쟁과 민주주의

민주주의: 전쟁을 숙고한다

"민주주의 국가들 사이에는 전쟁을 하지 않는다"라는 경구가 있다. 칸트의 『영구평화론』에 기원을 둔 이 잠언은 자유주의를 바탕으로 하는 민주공화정에서 평화에 대한 전망을 제시한다. 공화정 아래에서는 전쟁을 할 것인지 하지 말아야 할 것인지 결정하려면 주권자의 동의를 거치는 절차가 필요하다. 국민은 자신들의 신상에 다가오는 전쟁의 재앙, 전쟁터에 나가고 전쟁 비용의 염출을 각오해야 하기 때문에 전쟁을 감행하는 데 신중해진다. 공화체제가 아니라면 전쟁 선포를 결정하는 것은 국가를 지배하는 한 사람만으로도 가능하다.[1] 민주주의 국가는 다른 나라와 갈등이 빚어질 때 이를 평화적으로 해결하려고 노력하기 때문에 전쟁을 억제하고, 사사로운 일로 전쟁을 결정하는 위험을 예방할 수 있다. 이런 원리로부터 민주정체에서 민주주의와 평화는 불가분의 관계를 맺는다.

전쟁을 결정하고 전투를 수행하는 군인들의 살인을 정당하게 만드는 것은 어떤 정치 과정에 있다. 정치는 단순히 국가공동체 내부의 주권만을 독점하지 않는다. 전쟁이라고 하는 수단을 통해서 타국의 영토와 자원을 탈취하고 궁극적으로 그 공동체 성원을 통치하려 한다. 통치에서 중요한 것은 그 대상의 범위와 방법에 있다. 구성원으로서 인정할 사람과 그렇지 않은 사람 사이의 차이는 결국 전쟁에서 '우리'와 '적'으로 나누어진다. 정치체로서 국가가 수행하는 전쟁은 불가피한 것으로 여겨지고, 전장에서 일어나는 숱한 폭력은 장려되기까지 한다. 전쟁에서 상대를 살해하는 행위는 합법적인 것으로 인정받으며, 평범한 젊은이들이 군대에서 이런 행위를 훈련받고 전장에서 이를 정당한 것으로 실행해왔다.

현대의 전쟁은 군인보다 오히려 수많은 민간인을 피해자로 만들었다. 국가의 살인 행위는 전쟁뿐만 아니라 권력을 유지하고 정치폭력을 사회질서의 수단으로 삼을 때 종종 발생한다. 루돌프 럼멜Rudolph J. Rummel의 표현대로라면 국가가 저지른 3억 6천만 명에 이르는 희생자는 권력이 일으킨 역병이다.[2] 제임스 터너 존슨James Turner Johnson이 묘사하듯이, 전 세계에서 벌어지고 있는 국제분쟁이나 내전에서 민간인들이 공격을 당하고 폭력의 희생자가 되는 지금의 모습은 '제3차 세계대전의 얼굴the face of world war III'이다. 무력 충돌은 유혈적이거나 때로는 제노사이드와 테러리즘이고 항상 비무장 민간인을 향한 폭력이라는 특징이 있다.[3]

한국전쟁 때에는 국가가 공동체 구성원 중의 일부를 특별한 '정치집단'으로 설정하고 살해하는 일이 벌어졌다. 제노사이드와 전쟁은 따로 분리할 수 없으며, 대부분의 대량학살은 국가 간 전쟁이나 내전 상황에서 쉽게 발생한다. 어느 한 사회의 특정한 집단이 '적'이 되는 것은 전쟁 상황에서 매우 흔한 일이다. 이 배경에는 사람을 죽이는 데 방해가 되는 도덕성이나 또는 죽이는 행위를 정당화하는 정치와 이를 뒷받침하는 체계가 있어야 한다.

병사들에게 살상을 자연스럽게 받아들이도록 하는 것은 죄의식을 없애거나 권위에 대한 복종이 가능할 때다. 위계화된 관료체제에서 병사들이 명령을 따르는 것은 다른 어떤 고려 사항보다도 복종을 우선시하는 데 있다.[4] 불법한 명령마저 따르게 되는 이런 현상은 개인의 자유를 제한하고 민주주의 원칙에 근본적으로 위배되는 것이라고 할 수 있다.

전쟁에서 상대는 죽여야 하는 대상이자 삶의 의지를 박탈해야 하는 존재다. 민주주의를 향한 정치 과정에 한계가 없듯이 전쟁에서 벌어지는 폭력 행위 역시 한계가 없다. 정치가 전쟁 수행 방식의 논리에 따라 진행되면 정치와 사회 갈등은 폭력화되고 상대방을 '적'으로 처리하는 전쟁의 논리가 뒤따른다.[5] 이 현상은 대중들에 대한 매우 강한 이데올로기 효과의 심리적 결과라고 할 수 있다. 우리 사회가 엄격한 반공·친미 보수사회로 굳어지는 결정적인 계기는 한국전쟁이었는데, "국민의 사고와 경향에" "냉전 의식이 강력하게 주입되어 진보주의를 공산주의와 동일시하는 결과를 가져왔"기 때문이다.[6] 이러한 행태의 논리적 근원에는 정치의 뒷받침뿐만 아니라 사회의 보수성도 매우 중요한 배경을 제공한다.

전쟁에서 국가공동체가 만들어지는데 정치체는 전쟁을 수행하면서 영토와 함께 그 구성원을 결정짓는다. 강력한 정치공동체의 출현은 그만큼 국민의 내적 통합성을 밀도 있게 달성하고자 한다. 구성원의 자기 완결성은 민족이나 인종, 종교, 지역(영토의 경계), 경제활동으로 구분되는데 여기서 외부로 규정된 사람들은 희생의 대상이 된다. 현재도 국제분쟁의 주요 의제는 대부분 위와 같은 경계의 대립 속에서 일어나고 있다. 전쟁이 민주정치의 통제에서 벗어날 때 이런 식의 파괴는 지속된다. 민주정체가 전쟁이라는 파괴적인 현상을 관리할 수 없다면, 그 체제는 구성원의 자기 결정권을 보장하는 민주주의 원리에 충실하다고 볼 수 없다.

근대국가의 정치적 통치권과 개인의 자유, 공론장을 보증하는 토대는 민주정 사회다. 현실적으로 피할 수 없는 전쟁이라 하더라도 민주적인 정치 과정에서 전쟁 여부를 결정할 수 있는 체계와 그 과정이 중요하다. 더구나 집단살해를 예방하는 것은 전쟁 수행을 민주주의에 복속시킴으로써 가능할 수 있다.[7] 이는 궁극적으로 정치적 대립과 경제적 이해, 사상적 갈등을 이유로 상대방을 말살하지 않는 원칙을 고수하는 것이다. 한 국가의 내부든 국가들 사이의 관계든 갈등과 대립을 자연스러운 정치 과정으로 이해하면서 이것을 타협하는 민주정체가 시민들을 제노사이드로부터 희생자가 되지 않게끔 할 가능성이 크다.

평화를 위한 노정에서 칸트는 상비군 제도를 없앨 것을 주장한다. 그는 상비군 자체가 공격적 전쟁의 유발 요인이 되고 "사람을 죽이"거나 "다른 사람에게 죽임을 당하도록 고용된다는 것은 인간을 다른 사람의(다른 나라의) 손에 놀아나는 단순한 기계나 도구로 간주하는 것과 같"은 것이라고 비판한다. 어떤 정치체제가 침략 전쟁을 근절할 수 있을 것인지는 마치 "임의로 사용할 수 있는 물건처럼" 소모

되는 군대를 어떻게 조직할 것인지에 달려 있다.8 만약 (정치) 대표자나 군인이 아니라 주권자인 시민이 전쟁을 수행하는 군대나 무력집단의 행위를 결정한다면 침략 전쟁은 달라질 수 있다. 전쟁 여부를 직접 결정하는 주권자가 시민이며 이러한 시민의 나라를 전쟁(직접)민주주의라고 할 수 있다. 대의제 민주주의에서 전쟁은 정치 영역의 산물이다.9 상대국과 전쟁을 할 것인지 말 것인지 그 여부를 판단하는 것은 공동체의 존폐와 개별 구성원의 생사를 가늠하는 매우 중요한 의사결정 과정이다. 따라서 이것이야말로 가장 근본적으로 민주적 통제의 대상이 되어야 한다.

미국은 수정헌법 제1조 제8절 제11항에 따라 의회가 전쟁선포권을 갖도록 범위를 제한해 정하고 있다. 대통령중심제의 외교정책을 견제하기 위해 연방의회는 대외적으로 전쟁을 선포할 수 있는 권한을 갖는다. 이런 조치는 행정부(대통령)가 함부로 무력 갈등을 일으키지 못 하도록 하는 측면과 함께 시민주권의 대변자로서 군대와 같은 무력의 사용을 의회가 민주적으로 통제하기 위해서다. 그렇지만 행정부는 의회가 상대국에 전쟁을 선포하지 않더라도 빈번히 이 권한을 무력화시키면서 전쟁을 벌여왔다. 2001년 9·11 테러 이후에 의회는 대통령에게 '무력 사용권'을 부여했다. 이것은 백악관이 의회의 승인 없이 테러 용의자를 상대로 무력을 사용할 수 있는 근거가 되고 있다. 전쟁이라고 선포하지 않았지만 공격적인 전투행위로 볼 수 있는 '사실상의 전쟁'을 백악관은 계속 수행하고 있다.

한국전쟁을 예로 들면, 1998년까지 미국 의회는 이것을 한국분쟁Korean conflict이라고 칭했으며, 군인의 전투행위는 선전포고 없이 이루어진 국지적인 군사 대응을 의미하는 경찰활동police action

이었다. 1998년 9월 22일 의회는 '1999회계연도 국방수권법Defence Authorization Act of 1999'을 의결하면서 한국전쟁Korean War이라는 표현을 처음 명시했다. 한국전참전용사전우회Korean War Veterans Association는 이때부터 한국전쟁이 미국에서 선전포고 권한을 가진 의회로부터 법적으로 전쟁이라는 지위를 갖게 된 것이라고 밝힌다.

대한민국은 전쟁을 선포할 수 있는 권한을 대통령에게 부여하고 있다. 헌법 제73조(대통령의 외교권)는 대통령에게 다른 나라와의 외교관계에서 선전포고와 강화講和를 할 수 있는 권한을 부여한다. 헌법 제5조 ①항에서 대한민국이 국제 평화유지에 노력하고 침략 전쟁을 부인하기는 하지만, 전쟁선포권은 대통령의 권한으로 주어져 있다. 이에 비해 국회는 선전포고에 대한 동의 권한을 갖는다. 헌법 제60조 ②항에는 국회가 "선전포고, 국군의 외국에의 파견 또는 외국 군대의 대한민국 영역 안에서의 주둔에 대한 동의권"을 갖게 했다. 민주정체의 원리는 권력의 분점과 상호 견제에 있다. 전쟁 선포와 그 동의를 어떻게 비교할 것인지는 논란이 되지만, 대외적으로 상대국과 벌이는 전쟁을 행정부와 국회가 권한을 나눠가지도록 한 것이다.

고대 아테네 민주주의는 전문가(장군)들이 전쟁에 참여할 것인지에 대해서 의견을 제시하면 시민들이 토론을 거쳐 그 여부를 결정하는 방식이었다. 전쟁에 대한 지식을 가진 장군은 전투에서 이길 수 있는 방안을 찾고 어떻게 전투를 해야 할지 알고 있었다. 그는 자신의 지식을 이용해 승리를 가져올 수 있다. 하지만 전쟁의 결과에 대해서, 그 결과가 이득을 가져올지 아니면 오히려 해를 입게 될지, 도시국가 공동체에 어떤 영향을 끼칠지는 전문지식을 가진 장군이라도 대답을 갖고 있지 못하다. 논쟁을 하기 위해 아테네는 사태를 더욱 넓고 깊게 볼 줄 아는 시민이 필요했다. 시민들의 논의는 전쟁의 결과에 대한 것이었으며 전쟁 전문가들이 볼 수 있는 것보다 더 많은 것을 볼 수 있어야 했다. 이런 종류의 논쟁이 비능률적이고 비전문가의 결정처럼 보이지만, 긍정적이든 부정적이든 전쟁에 대한 대가를 치르는 것은 결국 모든 시민이었다. 전투를 수행하는 병사들은 아테네 시민들 자신이었기 때문에 이런 결정이 가능했다.[10]

지식이 없는 상태에서 현명한 결정을 내리는 능력을 고대 그리스인들은 '에우불리아euboulia'라고 불렀는데, 우리말로는 숙고熟考라고 할 수 있다. 폴 우드러프Paul Woodruff는 숙고를 "불완전한 논변을 평가하는 능력, 반대 논쟁에 기꺼이 참여하려는 의도 그리고 평범한 사람들의 지혜에도 귀를 기울이는 마음"이라고 정의한다.[11] 가장 좋은 판단을 하는 능력과 함께 중요한 것은 합리적인 토론이다. 이것은 민주주의를 촉진시킨다. 아리스토텔레스는 올바름을 논의하는 토론의 장에서 인간의 능력이 본성적으로 발전하는 것으로 보았다. 누가 자신의 지도자나 장군이 될 것인지, 또 누가 자신의 생명을 지켜줄 것인지 결정하는 것이 아테네 민주주의였다.

전투행위의 본질에 해당하는 살인은 최상층부의 명령으로부터 시작해 결국은 개인의 행위로 종결된다. 살인을 가능하게 하는 과정은 구체적으로 어떻게 이루어질까. 권위자가 내린 명령이나 적군의 위협은 살해에 대한 거부감을 떨쳐낼 만큼 아주 강렬한 경우, 다시 말해 소총수는 살해로부터 자신이 만족감을 느꼈을 때 자신의 행위에 대해 수긍할 수 있다. 군인은 자신의 목표물을 맞혔고 동료를 살렸으며 또한 자기 목숨을 구했다. 그는 살해의 거부감에서 오는 갈등을 성공적으로 해결하고 이겼다. 이 과정에서 병사들은 심리적으로 '살아남았다!'라는 자의식을 갖는다. 병사들에게 이어지는 자연스럽고 보편적인 도취 감정은 양심의 가책과 죄책감으로 충격을 받은 후에 일어나는 반응이다.

개인이 명령에 복종하는 환경은 탈개인적인 방식으로 이루어지기는 하지만 그렇다고 해서 살해의 대상이 되는 사람들이 갖고 있는 본질을 그들이 알지 못하는 것은 아니다. 대량학살이 반드시 전쟁 과정에서 발생하는 것은 아니지만 전쟁과 제노사이드의 친화성은 논증되었다. 무력 갈등이라는 양태 속에서 특정한 집단을 살해하는 것이 보편적으로 훨씬 쉬워지는 것은 분명하다. 어떤 '정치집단'이나 인종, 민족, 종교가 다른 사람들은 전시가 아닌 평상시에도 대량살인을 당할 수 있다. 폭력을 오로지 전쟁의 산물이라고 할 수 없는 것은 제노사이드 범죄가 내전이나 국제전이 아닌 상황에서도 일어나기 때문이다. 그렇지만 인류 사회에서 전쟁이 난폭해지는 이유는 그 자체가 인간의 존엄성에 반하는 폭력을 필연적으로 동반하기 때문이다.

전쟁 상황이라 하더라도 사람에게 총을 쏘는 것은 결코 쉬운 행위가 아니다. 전장에서 사람을 죽이는 것이 군인에게도 쉽지 않은 행동이라는 의미다. 민간인이든 군인이든 상대를 대면한 상태에서 이루어지는 살해는 이것이 지휘관의 명령이라 해도, 사람을 향해 방아쇠를 당기거나 총탄에 조각난 시체를 목격하고 치우는 것은 잔혹한 비인간적인 행위이기 때문이다. 가해자들이 군대와 경찰에서 아무리 혹독하게 '사람을 죽이는 훈련'을 받았더라도 살해를 망설일 수밖에 없는 이유는 인간이 같은 인류로서 가지는 유類적 존재에 대한 인식이 있기 때문이다. 개인이 전쟁을 피하고 싶은 이유일 것이다. 어떤 정치체가 좀 더 나은 민주정체라면 민주주의를 파괴하는 전쟁을 피하려고 노력할 것이다. 민주적으로 전쟁을 결정할 수 있다면 많은 경우 시민들은 가해든 피해든 잔혹한 행위로부터 스스로를 보호하기 위해 노력하기 때문이다.

폭력이 일상화되는 전시는 갈등관계에 있는 반대자를 아주 쉽게 죽이도록 설정한다. 국제전이든 내전이든 죽여야 할 대상을 결정하고 명령하는 상관의 권위는 맹목적인 복종을 요구한다. 이것은 전투와 작전에서 상대방을 확실하게 제압하는 방식, 살해라고 하는 극단적인 형태로 일반화한다. 전쟁이 정치 과정의 일부라면 민주주의와 충돌을 일으키는 것은 불가피하다. 전쟁을 치르기 위해 민주주의를 희생시킬 수는 없다. 만약 우리가 끝나지 않을 전쟁을 겪더라도 우리는 민주주의를 지키는 법을 배워야 한다.

민주주의가 개인의 자유로운 선택을 근거로 하는 공동체의 통치 원리라면, 주목할 것은 민간인에 대한 병사들의 살인 행위가 '민주적' 영역의 바깥에서, 그렇지만 '정치적' 영역의 연장선에서 발생하는 범죄라는 데 있다. 정치 영역의 확장으로서 전쟁 여부를 결정하고 전투를 수행하는 것은 민주주의의 예외적 원칙이 아니며, 오히려 가장 민주주의 원칙에 부합하게 이뤄지는 공동체 구성원 전체의 선택이어야 할 것이다.

살인의 거부감

"전쟁은 난폭한 교사"다.[12] 이 경구는 전쟁을 정의한 수많은 글 중에서 가장 오래된 명언일 것이다. 그리스 역사가 투키디데스는 아테네와 스파르타의 펠로폰네소스 전쟁에서 인간이 어떻게 행동하는지, 짐승과도 같은 폭력 행위에 어떤 변명을 늘어놓는지 뛰어나게 묘사한다. 그가 언급한 대로 전쟁이 일어나면 인간의 상상력을 무너뜨리는 일들이 종종 벌어진다. 시민의 주권이 가장 널리 제한당하는 것이 전쟁이나 이와 유사한 상황인 비상사태다. 학살과 보복, 도덕의 상실뿐만 아니라 무엇보다도 민주주의 파괴와 같은 공화체제의 근본이 전시에는 무너지는 것이 일반적이다.[13] 2천 500여 년 전이나 지금이나 전쟁은 과연 '인간의 본성이 어디까지 악한가'라고 계속 되묻고 있다.

전쟁에 대한 정의와 해석은 인류의 과제라고 해도 지나치지 않다. 아렌트가 인용하듯이, 베르트랑 주브넬Bertrand de Jouvenel은 『권력』에서 전쟁을 "국가의 본질에 적합한 국가의 활동으로 나타"나는 것으로 보았다.[14] 주브넬에게 국가의 본질이란 정치권력을 폭력으로 조직하는 것으로 대변할 수 있다. 전쟁은 폭력을 가장 첨예하게 행사하는 과정이다. 그러면 전쟁을 수행하는 과정에서 그 본질은 과연 무엇인가. 사람을 죽이는 것, 무력을 행사할 자원과 그 의지를 완벽히 제압하는 것이 폭력의 본질이라고 할 수 있다. 이와 같은 것이 전쟁을 수행하는 근본적인 성질이라면, 전쟁에서 살인은 집단이나 개인이 다른 인간에게 가하는 필연적인 행위가 된다.

전쟁이 정치의 산물이고 국가 간 또는 사회 세력 간 무력 갈등을 빚을 때 인류 역사는 상대방을 죽이는 행위를 자연스럽게 받아들여온 측면이 있다. 전장에서 사람을 죽이는 것을 쉽게 여기는가, 아니 당연하게 생각하게 되었는가. '내가 상대방을 죽이지 않으면 상대방이 나를 죽이기 때문인가.' 이런 관점을 확대해보면, 전쟁의 정치적 목표는 상대가 자신의 의지에 따르도록 강제하는 데 있다. 전쟁은 물리적인 힘으로 상대방을 자신의 의지에 굴복시켜 제압함으로써 상대가 더 이상 저항할 수 없도록 만들려고 한다. 적에게 자신의 의지를 관철시키려는 폭력 행위이자 무력 행위가 곧 전쟁이다.[15] 이와 같은 강압적인 행위에는 아무런 논리적 제한이 없다.

대부분의 국가는 자신이 일으킨 전쟁을 '정의의 전쟁'이라고 부르고 상대방은 '부정의한 집단'으로 몰아간다. 한 국가 내의 특정한 정치사회 집단에 대한 파괴는 조직적인 공격의 일부로 일어나기도 하지만, 무관심과 방관에 의해서도 발생할 수 있다. 군인이나 민간인이나 적이나 적에 속한 사람은 죽여야 할 대상이다. 이는 사회집단이 적이 되는 전쟁의 형태라고 할 수 있다.[16] 대량학살과 같이 지속적으로 민간인을 살해하는 것은 체계적인 조직에 의해 가능하며, 위와 같은 전쟁의 형태 가운데에서 필연적으로 빚어진다.

군대나 경찰, 무장단체와 같은 물리력을 갖추지 못하면 조직적인 살해 행위는 계속해서 발생하기 어렵다. 사적인 보복 행위를 지속하는 것은 그리 쉬운 일이 아니다. 무엇보다 무력을 행사하는 조직과 장치가 뒷받침되지 않으면 의도를 가진 감정은 지속될 수 없다. 특정한 집단을 없애거나 참혹하게 죽이는 증오의 방식은 단순히 개인의 원한이나 보복으로 계속하기에는 한계가 있다.

학살을 수행하는 가해자의 이데올로기는 살해를 거부하는 도덕적 요구와 상식을 벗어나는 것으로서 이성의 도구적 합리성 형태를 띤다. 집단학살의 광기는 도구적 이성의 최고 형태라고 해도 지나치지 않을 것이다.[17] 우리나라에서 군인이나 경찰 등 가해자 개인의 입장에서 볼 때, 그들은 애국심이나 반공주의를 자아의 이상향으로 받아들여 살해 행위를 자신의 신념과 동일시할 수도 있다. 그렇게 되면 민간인을 죽이라는 명령은 아무런 거리낌 없이 받아들이게 되고, 자신의 행위를 의식적으로 정당하게 여기면서 학살을 수행한 것이라고 볼 수 있다.

현장의 가해자는 반공이나 애국심과 일체화되어 다른 사상을 가진 사람을 보호하거나 존중해야 할 사람으로 더 이상 생각하지 않는 관료체제의 부속품으로 전락한다. 이 상태에서는 극단적인 이념의 표출이 없이도 인권침해를 일삼을 수 있고 정치적으로 쉽게 동원될 수 있는 적당한 형태를 띤다. 이승만은 제주에서 4·3이 발생했을 때 서북청년회의 태생적인 조건과 정치적인 입장을 적극 써먹었다. 그들은 이북 출신이며 북한의 사회주의 체제 수립을 피해 남한으로 왔다. 이승만 정부는 공산주의에 대한 분노와 조직의 단결력을 십분 활용해 '좌익'투쟁을 진압하는 데 그들을 투입했다.

르완다 학살에서 후투족 관리들은 자신들이 저지른 폭력을 전쟁의 결과라고 주장했지만, 그곳에서 유엔평화유지군을 지휘한 로메오 달레어Romeo A. Dallaire 장군은 학살이 반군RPF과 정부군 사이의 내전과는 분리된 것이라는 사실을 눈치 챘다. 1994년 4월 10일 학살이 시작된 지 나흘째, 그는 후투족 반군이 한쪽 '배후에서 시민들을 제거하고 있다'는 것을 알았다. "전선에서 벌어지고 있는 것은 배후에서 일어나는 시민들의 살상과는 아무 관련이" 없었다.[18] 학살은 후방에서 진행된 비전투행위라고 할 수 있는데, 무력 갈등이 이것을 부추기고 가속시키는 것은 자명하다. 전쟁이 상대방을 멸절시키려는 데 필요충분조건은 아니다. 하지만 전쟁은 군인보다도 민간인의 생명을 빼앗는 데 중요한 배경을 제공하는 정치 과정임에 틀림없다.

전장에서 일어나는 살해 행위의 심리에 대해 알아보자. 그로스먼은 군인들에게 살해가 전투라고 하는 비정상적인 상황에 대한 자연스럽고 보편적인 반응이라는 점과 살해에 대한 만족감은 전투에서 비교적 흔하고 자연스럽게 일어난다는 것을 이해할 필요가 있음을 강조한다. 그는 살해 행위에서 발생하는 심리적 과정을 상세히 분석한다.[19] 인간이 불편한 감정을 느낀다고 해서 죽음과 살해에 대해 연구하기를 거부하고 부인하려고 한다면, 그 사회는 뒤틀리고 왜곡된 방식으로 이를 드러낸다. 전장에서 병사들은 상대방을 죽일 내적 동기가 거의 없는 상태에서 살해를 실행한다. 그로스먼이 주장하는 살해의 심리에서 중요한 논지 중 하나는 인간의 내면에는 같은 종種으로서 동료 인간을 죽이는 것에 대한 깊은 거부감이 존재한다는 사실이다.

제2차 세계대전 때 태평양지역 미국 육군 역사가였고 유럽지역 전사가인 사무엘 마셜Samuel L. A. Marshall 준장은 유럽과 태평양 전선에서 전투에 참가한 400개 이상의 보병중대에서 선발한 군인 수천 명을 대상으로 개별 면담과 집단 면담을 실시한다. 마셜의 연구 결과는 놀라운 것이었다. 전투를 수행한 육군 소총수 가운데 15~20퍼센트의 병사들만이 적군을 향해 총을 쏜 것으로 나타났다.[20] 전투가 하루 동안 벌어지든 이틀이나 사흘 동안 벌어지든 이 비율에는 변함이 없었다. 면접은 병사들이 독일군이나 일본군과 근접 전투를 벌인 바로 직후에 실시한 것이었다. 그는 다음과 같이 결론 내렸다. "군인은 결정적인 순간에 양심적 병역거부자가 된다."

마셜은 제2차 세계대전에서 수행한 것과 동일한 조사를 하기 위해 한국전쟁에 파견되었는데, 미군 보병 중 절반 정도인 55퍼센트만

이 자신이 지닌 무기를 사용하고 있는 것을 알았다.[21] 인류가 같은 종이라는 사실을 인지하면 전투 중에도 적군으로부터 느끼는 인간성은 살해 행위를 주저하게 만든다. 사람이 사람을 죽이는 것은 결코 자연스러운 행위가 아니며, 전쟁의 역사는 이 행위가 곤혹스럽다는 것을 보여준다. 살해의 거부감은 윤리적 딜레마에 있다. 불법한 명령이라고 해서 병사들은 쉽게 불복종할 수 없다. 개인별로 차이는 있겠지만 잔혹한 행위에서 도덕적으로 겪게 되는 곤란한 상황은 병사들을 복종과 의무 앞에서 주저하게 만든다.

베트남전쟁에 참전한 미군 중대장 윌리스는 북베트남 군인과 갑자기 맞닥뜨렸다. 윌리스는 상대방의 가슴에 M-16 소총을 겨눈 채 섰다. 북베트남 군인도 AK-47 소총을 윌리스에게 겨누고 있었다. 그들은 1.5미터도 되지 않은 거리를 두고 마주섰다. 윌리스 대위는 자신의 머리를 격렬하게 가로저었다. 북베트남 군인도 그만큼 격렬하게 머리를 가로저었다. 그 순간 두 사람만의 휴전, 적대 행위 중지, 신사협정, 거래가 이루어졌다. 잠시 후 북베트남 군인은 어둠 속으로 사라졌고 윌리스도 비틀거리며 걸어갔다. 상대방의 얼굴을 들여다보고 그의 눈과 두려움을 보고 있노라면 상대방의 인간성을 부인하는 것은 사라진다.[22]

전장에서 오는 살해의 거부감은 비단 군인들을 상대로 할 때에만 나타나는 것이 아니다. 오히려 희생자가 민간인일 때 병사들이 느끼는 '살인의 역겨움'은 더욱더 피할 수 없다. 브라우닝이 독일 101경찰예비대대가 폴란드 유제푸프에서 벌인 유대인 학살을 촘촘하게 추적하고 있듯이, 사살 임무를 감당하지 못하거나 살인을 회피하려는 이탈자와 거부자의 심리는 일반적이다. 더구나 처음 살해를 할 때 느껴

야 하는 두려움과 죄책감은 병사들을 밤새 악몽에 시달리게 했다.[23]

이런 현상은 대량학살이나 다른 잔혹 행위를 연구하는 학자들에 의해 뒷받침할 수 있다. 로버트 제이 리프턴과 에릭 마르쿠젠Eric Markusen은 제노사이드 심성에 대한 연구에서 인류의 심성을 논한다. 그들은 인간이 홀로코스트나 핵무기 위협과 같은 잔학 행위에 대한 심리적·도덕적 고찰을 함으로써 자신들이 지구상에서 불확실한 존재라는 것을 깨닫고 '종의 심성'에 이끌리게 될 것이라고 주장한다. '종의 심성'은 제노사이드의 심성에 도덕적으로 대응하는 것인데 이를 가진 사람은 인간을 파괴하는 행동을 명령받은 상황에서 그것을 거부하는 것이다. 대규모 살인 행위에 대한 거부감을 인식론적 감각으로 달리 표현하면 '인류 전체의 학살omnicide'을 감지한 것이라고 할 수 있다.[24] 이런 인식은 전체 인류와 동질감을 느끼는 자아와 인간의 존엄성에 기인한다.

마셜이 『사격을 거부한 병사들』에서 앞서 보았던 통계를 밝혔을 때 많은 논란을 불러일으켰고, 그로스먼이 이 결과를 근거로 살해를 머뭇거리는 병사들의 심리를 발표했을 때 미군 당국은 당혹해했다.[25] 마셜과 그로스먼의 연구에 충격을 받은 미군은 실전에서 병사들의 사격 비율을 높이기 위해 신병훈련소에서부터 둔감화desensitization, 조건 형성conditioning, 부인·방어denial defense 기제라는 훈련 기법을 고안해 활용했다. 이러한 훈련은 병사들이 사람을 죽이는 데 따르는 심리적 불안감을 극복하고 적을 겨냥해 제대로 사격하도록 하는 방식이다. 예를 들면, 표적지를 사람과 같은 형태로 만들어서 실제 근거리 전투에서 느끼는 살해의 심리적 방어기제를 훈련 과정에서 무력하게 만들고, 총격 행위에 대한 의식을 둔감하게 한다.

살인의 정당화와 합리화는 살인의 둔감화와 일상화를 강화하는 심리다. 각각의 살인은 이전의 살인으로부터 믿음과 가치관의 변화로 이어지기 때문에 다음 살인을 더욱 쉽게 만든다. 믿음과 가치관은 이렇다. "나는 살인을 하라는 명령을 받았다", "죽은 사람들은 뭔가 잘못하고 있다", "그들이 내 앞길에 서 있다", "그들은 살인을 당할 만하다", "그들은 우리에게 위협이 된다", "그들은 인간이 아니다", "그들은 오염되어 있다."[26] 살해 과정에서 발생하는 인간의 폭넓은 심리를 이해하면 살해의 거부감을 줄이거나 오히려 살인하지 않는 효과적인 방법을 찾을 수 있다.

살인의 둔감화와 일상화는 두 가지 방식으로 일어난다. 죽음과 관련된 충격적인 거부 반응에 대한 감정적인 영향이 줄어들고, 그 행위의 인지적이고 도덕적인 합리화가 증가하는 방식이다. 이 두 가지는 살인이 시작되면 서로 상승효과를 일으키면서 상호 보완적으로 서로를 강화한다. 살인자의 행동과 합리화는 첫 살해 상황에서부터 시작되어 필요한 다음 부분으로 진행되는 압력의 일부가 된다. 우리가 눈여겨보아야 할 점은 민간인 학살에 개입하는 사람들이 불필요하고 심지어 잘못하고 있다고 생각하는 경향이다. 적절한 상황을 감안할 때 상당 부분의 사람들을 대량 살인자로 바꾸는 것은 그리 어렵지 않다. 혐오감이 느껴지거나 희생자들과 동일시되고 불공정하게 느끼는 감각은 모두 극복할 수 있으며 일상의 훈련과 경험으로 이겨 낼 수 있다.[27]

전쟁이란 두 개의 조직된 무장력이 상대방 병력을 죽임으로써 서로의 힘, 특별히 그들의 저항의지를 파괴하려는 충돌이다.[28] 이런 정의는 조직적이고 체계적인 살상을 전쟁 수행의 가장 중요한 목표로 삼게 한다. 전쟁의 역사란 결국 사람을 죽이는 훈련을 증대시켜온 것임을 알 수 있다. 미군은 실전과 거의 유사한 환경에서 병사들이 사격할 수 있는 훈련 프로그램과 시설을 개발했다. 신병훈련은 전투에서 느끼게 될 살인에 대한 거부감을 줄이고, 보다 쉽게 상대방에게 총을 쏘게 하는 조건을 만들어준다. 변화된 기법을 바탕으로 군사훈련을 실시한 결과 제2차 세계대전 때보다 한국전쟁에서 적을 향한 병사들의 사격 비율이 높아졌고, 베트남전쟁에서 소총수가 적을 향해 쏜 비율은 90~95퍼센트까지 상승했다.[29]

군대는 병사들로 하여금 적군의 인격을 인지하지 못하도록 만들기 위해 엎드린 자세에서 원형 표적지를 향해 쏘는 사격 훈련 대신 갑자기 불특정 지점에서 튀어 오르는 사람 형상의 표적을 향해 쏘는 방식으로 바꾸었다. 국군에서는 이를 '자동화 사격장'이라는 용어로 사용하고 있다. 군사훈련은 병사들이 자신과 같은 인간을 쏴 죽인다는 사실을 부인하는 데 도움이 될 수 있는 온갖 방법을 고안해 놓았다. 제2차 세계대전 이후 현대전은 심리전으로 바뀌었는데 이 심리전에는 적군을 향한 것만이 아니라 아군을 위한 것도 포함되어 있다.

군인들의 살해 반응 단계에 관한 분석에 따르면 현대의 심리전이 왜 아군을 상대로 하는지 알 수 있다. 그로스먼은 군인이 살해 반응 단계에서 일어나는 감정의 변화를 '염려', '살해', '도취', '자책', '합리화'와 '수용' 등 5단계로 나누어 제시한다.[30] 살해에 대해 군인이 처음 드러내는 반응은 자신이 결정적인 순간에 적군을 죽이게 될지 아니면 얼어붙어서 동료에게 실망감을 줄지 걱정하는 '염려'다. '살해'는 의식적인 사고 없이 훈련을 받은 대로, 반사적으로 임무를 완수하는 단계다. '도취'는 살해 이후에 강력한 만족감을 느끼는 상태이며, '자책'은 살해와 관련해서 양심의 가책에 따르는 고통과 공포감이다. '합리화'와 '수용'은 자신의 살해 행위를 무슨 수를 쓰더라도 설명하려는 평생의 과정에 해당한다.

병사들이 군인이 아닌 민간인을 죽이는 것에는 훨씬 더 많은 죄책감이 따른다. 바꾸어 말하면 그만큼 살인의 거부감이 크다고 할 수 있다. 살인을 명령하는 지휘관은 이런 병사들의 생리를 이미 잘 알고 있었다. 1948년 10월부터 14연대 반란과 여순 봉기를 진압하기 위해 작전에 들어간 국군 3연대는 1950년 1월까지 지리산지구에서 크고 작은 토벌을 전개한다. 1949년 7월 제3연대 2대대는 경남 산청군 시천면 덕산초등학교에 본부를 설치하고 작전을 벌이던 중, 이 지역 일대에서 대량학살을 벌인다. 조재미 대대장은 민간인 처형에 전 소대원을 가담시킨다. "총을 쏘지 않고 총검으로 죽였다. 총검으로 찌르지 못하면 뒤에서 지휘관이 소리를 질렀다"고 2대대 8중대원 박기환은 밝힌다.[31] "사람들을 잡아오면 상급자들이" 준비를 해두고 찌르라고 명령하고, 하사관 학교에서 새로 배치받은 병사들이 오면 "담력을 키우기 위해 돌아가면서 민간인을 처형"했다.[32] 민간인을 죽이는 것에 머뭇거리면 지휘관은 뒤에서 어김없이 소리를 지르고 총으로 위협했다. "진짜 군인이라면 사람을 직접 죽여봐야 한다"는 게 조재미 대대장의 명령이었다.[33] 역설이지만 그만큼 사람을 죽이는 행위는 전투를 수행하는 병사들에게도 쉬운 일이 아니다. 하물며 비무장 민간인을 눈앞에 세워두고 착검으로 죽이면서까지 '담력'을 키우고 '진짜 군인'이 되기에는 명령만으로는 극복할 없는 인간의 심성이 존재한다.

개인의 체험 때문에 전장에서 쉽게 살해 행위에 나서지 못하는 경우도 있다. 한국전쟁 초기에 합천의 보도연맹원이었던 강덕수는 경찰에 끌려가 산청군 생비량면의 방아재에서 학살당한다. 그의 아들 강진상은 어머니와 함께 아버지의 시신을 찾아서 매장하는데, 이 것 때문에 어머니가 경찰서로 불려가 행방불명된다. 강진상은 집으로 돌아오지 않은 임신 5개월 된 어머니마저 경찰이 죽였다는 것을 엿듣는다. 그때부터 고아가 된 다섯 형제는 뿔뿔이 흩어진다. 그는 사병으로 군에 입대해 우여곡절 끝에 장교가 되어, 베트남전쟁에 막내 동생 강진화와 함께 파병을 간다. 전선에 투입된 강진상은 살해당한 부모에 대한 기억으로 군인이든 민간인이든 살상을 주저하게 되었다.[34]

인간성을 느낌으로서 갖게 되는 살해 행위의 주저함이나 또는 계속된 살해 행위로부터 오는 둔감한 감정은 근본적인 정치·사회적 갈등과 모순에서 비롯된 요인을 강하게 부추기는 문화적 조건에 의해 충분히 뒤바뀔 수 있다. 전쟁터에서 살해 행위를 증가시키는 원인을 분석한 그로스먼은 인종적 차이와 도덕적 우월성에 대한 맹신이 민간인 살상 행위를 가속시키는 것으로 보았다. "모든 국가는 신이 항상 자신의 편이라고 생각하는 경향이 있다"며, 그는 이 같은 사고 방식, 살인의 심리에 대한 위험성을 경고했다.

전쟁을 난폭하게 만드는 것은 피해자가 겪은 잔인한 결과에만 있지 않다. 살해를 해야 하는 두려움과 실제 살해를 한 뒤에 뒤따르는 죄책감은 병사들이 정신질환을 일으키는 주된 원인이라고 할 수 있다. 살해 반응 단계에 따라 사람을 죽이는 훈련이 발달할 수도 있고 또한 이를 저지하는 훈련을 할 수도 있다. 오늘날 거의 모든 국가는 신병훈련소에서 사람을 죽이는 데 필요한 훈련을 시킨다.[35] 국가안보라는 현실태를 받아들이더라도 민주국가에서 사람을 죽이는 훈련을 어떻게 정당화하는지는 학문적인 논쟁으로 남는다.

학살은 정당한 법 집행인가

전쟁은 학살을 정당하게 만드는가. 인류 역사에서 전쟁은 가장 야만적이며 비인간적인 행위다. 인간의 생활과 자기 생존의 합리화가 인간의 행동을 결정하는 근본적인 출발점이라고 한다면 전쟁은 동물세계와 다를 바 없다. 전쟁은 국가들 사이나 자국 내의 상대방을 없애는 데 치중하는 것과 사회 세력들 사이의 권력 갈등을 반영하면서, 교전 당사자 간의 전쟁 규범과 규칙 위에서 전개된다. 근대 문명사회의 전쟁은 정치권력의 고려와 통제 여부에 좌우될 것이며 또한 정치권력의 정당성과 맞물려 있다. 어떤 정치권력도 자신의 정당성을 포기하면서까지 전쟁을 지속할 이유는 없기 때문에 전쟁은 정치적 행위로서 설명이 가능하게 된다.

전쟁의 과정은 인류가 만들어낸 산물이다. 전쟁은 인간의 의지에 따라 발생하는 폭력이고 특정한 개인의 잘못이 포함될 수 있는 행위임에 틀림없다. 선택의 여지가 있다는 측면에서 전쟁이나 대량학살은 반드시 필연적인 것이 아니다. 대량학살은 개인의 문제가 아닌 구조화된 정치체제의 문제이며, 근대국가가 자신이나 상대방의 구성원을 구분하는 정치 과정에서 빈번하게 발생하는 게 제노사이드 범죄다. 희생자들이 체제에 대항해 어떤 방해를 하거나 위험을 야기할 경우 여기에 대한 응답으로서 대량학살이 발생하기도 한다. 이 경우 제노사이드는 정부와 엘리트, 협조자나 군중 등 가해자가 아닌 외부 집단으로 정의된 이들의 일부나 전체를 계획적으로 살해하는 것이 된다.[36]

우리나라에서 일어난 학살 중에서 계속 논란이 되어온 사건이 제주4·3과 여수·순천에서 촉발된 무장봉기와 11사단의 작전 중에 벌어진 토벌이다. 이승만 정부가 이들 사건의 전개 과정에서 토벌과 진압의 대상을 민간인에게 적용했을 때 대량살상은 걷잡을 수 없었다. 군대가 가지고 있는 야전교범의 전투 개념을 작전지역에서 수행할 때 민간인은 쉽게 교전 상대로 바뀐다. 이들 사건에서 얼마나 많은 민간인들이 무장을 하지 않은 채 일방적으로 살해당했는지는 밝혀져 있다.[37] (준)군사조직을 사법기관으로 볼 것인지는 논란이 있지만, 중요한 것은 군사작전과 법 집행은 본질적으로 다른 개념이라는 데 유의할 필요가 있다.

가해 집단과 행위자 측면에서 학살을 살펴보자. 작전지역에서 벌이는 군인들의 전투행위를 법률의 집행으로 보는 것은 비상계엄령 선포 등 매우 제한적으로 적용되는 경우다. 일반적으로 법 집행은 개인의 범법 행위를 형사재판 절차에서 판단하기 위해 범죄의 증거를 수집하는 여러 가지 활동을 말한다. 민간인의 잘못한 행위에 대한 처벌이 군대나 경찰의 전투 수행과 같은 작전으로 다루어지면 법적 절차가 무시될 가능성이 크다.

개인에게 범죄의 혐의가 있거나 이에 대한 합리적인 의심이 있는 경우, 당사자를 기소하고 법정에서 죄를 입증하는 데 법 집행의 궁극적인 목적이 있다. 설사 전시라 하더라도 민간인에 대한 인도주의 원칙은 적대 행위에 가담하지 않은 사람을 보호하고 전쟁을 수행하는 방법을 제한한다. 적대 행위를 했더라도 총을 들고 있지 않았다면 또한 교전 상태가 아니라면, 그들은 1949년 제정되고 지속적으로 발전되어온 제네바협약에서 규정하고 있는 집단 구성원으로서 보호받을 대상자에 해당한다.

한국전쟁 때 국민보도연맹원이나 형무소 재소자는 이승만 정부에서 현실적이거나 잠재적인 위협이라고 간주할 수 없었다. 보통 사람들이 단서를 붙이긴 하지만, 그들이 공산주의자로 의심받고 또한 그럴 개연성이 충분하며 설사 전시에 위협이 되었다고 해도 학살은 법 집행이 아니다. 보도연맹원은 북한에 동조한 혐의를 받기 이전인 1950년 6월 25일부터 한강 이남에서 간부들부터 검속되었고, 연행된 사람들은 28일을 시작으로 살해당한다.[38] 형무소의 재소자들 역시 마찬가지였다. 갑작스런 인민군의 침공으로 수감자를 다른 곳으로 제때 이감할 수 없었던 정부는 정치범을 중심으로 전쟁 초기에 학살을 단행한다.[39]

민간인 살해는 군인이나 경찰 등 무장을 한 개인의 행위로 일어나는 비극이 아니다. 비전투원들에 대한 의도적인 살상과 행위는 "죽음이 민간인들의 행동을 바꾸도록 강요하거나 위협하기 위해 기획된 정책"에 기인한다. 더구나 "가해자들이 이들 정책으로 인해 광범위한 죽음이 초래되리라는 것을 이성적으로 예상할 수 있다면" 이건 매우 의도적인 행위가 된다.[40] 비전투원이 무장 세력을 옹호하거나 정치 활동에 가담해 전투원과 연계된다고 해서 무기를 든 상대로 전환되는 것은 아니며, 이것이 무시될 때 민간인은 쉽게 살해 대상으로 바뀐다.

군은 작전이라는 명목으로 개인의 자율성을 침범하고 인신을 제한하려고 한다. 재산과 목숨까지 쉽게 빼앗으려고 하는 경우는 전시의 일반적인 현상이다. 거창사건이 발생하고 한 달 뒤, 1951년 3월 10일 김준연 법무부 장관은 장면 국무총리에게 국군 제9연대 제3대대가 저지른 일을 보고한다. 1951년 2월 16일 부대는 경남 산청군 금서면 저막리 신림부락 외 4개 마을에서 군 작전에 필요하다는 이유로 집들을 방화하고 소각했다.[41] 주택 손실은 375호였고 양곡은 약 90석, 가재도구는 약 150만 원 상당의 피해를 끼쳤다. 직전에도 이 부대는 "1951년 2월 8일부터 2월 12일까지 산청군 오부면 일원 등에서 군 작전상이라 하여 가옥과 물품을 소각하고 가축을 강탈했"다. 인명 살상은 13명, 주택 손실은 122호, 양곡 200석, 소 16마리가 도살당했다. 삶의 터전이 되는 가옥과 식량, 가재도구 등을 없애는 것은 단순히 작전명령 때문이라고 할 수 없다. 마을 사람들이 살아가는 데 필요한 생활의 조건을 파괴하고 인명을 살해하는 군사 행위는 작전이라는 명목으로 무마될 수 없다. 법에 따른 공무를 집행한 것이 아니라 확연히 불법을 저지르는 것이다.

작전지역에서 빨치산이나 인민유격대를 도와준 경우라도 민간인을 죽일 수는 없다. 1948년 10월 여순사건이 일어난 이후 정부는 지리산지구에서 토벌작전을 전개한다. 1949년 7월 18일 경남 산청군 시천면과 삼장면 일대에서 국군 3연대 2대대 군인들은 동네 사람들을 신천초등학교에 정렬시킨 후 총살하고, 7월 22일에는 덕산초등학교에 주민 100여 명을 모은 후 뒷산으로 데려가 죽인다. "우매한 농민들을 통비분자通匪分子 내지는 부역자로 몰아 옥석의 구분 없이 무차별 학살"한다. 이 사건에서 마을 구장이었던 아버지 정태인을 잃

은 정맹근은 1998년 산청군 의회에 청원서를 제출한다.[42]

　　반란군의 강요에 못 이겨 등짐 한번 져다 주고 식사 한 끼 제공
했다고 한들 총칼 앞에서 생명을 구하기 위하여 행해졌던 이러한
일들이 어찌 통비분자이며 부역자란 이름으로 명을 다해야 했단
말입니까?

　　학살이 있기 직전 2대대 1개 소대 병력이 이동 중 시천면 신천리
설통바위에서 반란군에게 기습을 당해 큰 피해를 입는다. 이런 군인
들의 피해가 민간인 학살을 정당하게 해주지 않는다. 여수·순천에
서 군경의 진압을 피해 도망친 반란 세력이 지리산으로 숨어들었고,
동네 사람들 중에 누군가 그들을 도와주었다. 그렇다고 해도 그들은
무장한 군인들과는 전혀 다른 비무장 상태의 비대칭성을 띠고 있다.
「청원서」에서 정맹근은 법에 따른 통치를 요구하고 있다. 법에 근거
한 통치 그 자체가 민주적인 제도는 아니지만 법에 따른 통치는 적
어도 모든 시민에게 평등성을 부여한다. 어느 사회에 법의 보호를 거
의 받지 못하는 어떤 집단이 있다면, 그곳에는 민주주의가 구현되고
있다고 보기 어렵다.[43]

　　전시나 비상시에 계엄령이 선포되어 사법행정이 계엄사령관으로
귀속된다 하더라도, 인신을 제약하는 공무 집행은 전투행위와는 엄
격하게 구별되어야 한다. 법 집행은 절차에 따른 공권력 행사로서 전
투 중에 벌어지는 작전수행과 다르며, 군대나 경찰이 무력충돌 때 행
하는 수칙은 국제법의 기준에 따른다. 법을 집행하면서 무력이나 화
력을 사용하는 것은 '최소한'의 '필요한' 수준에 그쳐야 한다. 미국은

연방정부의 군대가 자국 내에서 법을 집행하는 것을 엄격히 금지하고 있다. 국가 안보와 관련된 경우는 이것을 논외로 하지만, 기본적으로 군대가 법을 집행하는 것은 작전이나 전투와는 본질적으로 다르기 때문이다.

정당하게 법을 집행하는 절차였다면 국민의 지지를 받았을 것이다. 그러나 피해자가 보기에도 애당초 군인들의 행동은 민간인을 보호하려고 한 것이 아니라 그 정반대였다. 신영술은 국가를 믿을 수 없고 군인의 행태를 받아들일 수 없다. 대한민국에서 자국민을 지켜주지 못했으니 학살이라고 단정한다.[44]

> 대한민국에서 우리를 못 지켜줘서 다 죽고 … 빨치산이나 공산당이 우리 죽인 게 아니다. 대한민국에서 학살한 거여. 이 땅에서 일흔다섯을 살았는데 애당초부터 대한민국에서 포섭을 했으면 모른다. 이 동네 앞에 따라 나갔지. 피난민 데리고 가다 쏴 죽여버렸지 군인이.

그는 빨치산보다도 "대한민국에서 온다 하면 도망가야지"라고 말한다. 병사들이 사람을 죽이는 행위는 누가 봐도 정당하게 받아들일 수 있는 법 집행이 아니었다.[45] 1950년 11월, 11사단의 토벌작전에서 죽은 희생자와 그 친족들은 대한민국이 버린 사람들이고 국가로부터 배신당한 사람들이었다.

그렇지 않은 경우를 거의 찾아볼 수 없지만 제주4·3과 여순사건, 한국전쟁에서 국군과 경찰은 민간인 학살을 의도했다. 진압이라고 하든 토벌이라고 하든 작전이라고 하든 상관없이, 결정적으로 민간인 살상을 의도한 것이 아니라고 해도 벌어진 일들의 결과는 대량학살과 잔혹한 행위였다. 앞서 살펴보았던 김용식의 보복 살해뿐만 아니라 보도연맹원과 형무소 재소자의 경우에도, 후방지역의 수복작전을 전담한 11사단과 8사단의 경우에도, 부역혐의자를 처리하는 경찰이나 이들의 후원을 받은 우익단체의 경우에도, 대부분의 학살은 전선의 전투와는 무관한 상황에서 벌어졌다. 심지어 인민유격대가 활동하는 작전지역도 살해는 일방적이고 그 대상은 민간인이었으며 법적 절차는 무시되었다.

대부분의 경우 학살은 '일방적'이다. 제노사이드는 이것이 실행되는 범위와 형태, 개념에 따라 종종 비교되어왔는데 내전에 의한 희생자와 공중폭격에 의한 희생자를 배제하면 제노사이드는 매우 극단적인 사례로 한정하게 된다. 이럴 경우 제노사이드는 '일방적 대량살상'이라는 의미를 적용해 그 대상을 명확히 구분한다. '일방적'이라는 의미는 가해 집단은 피해 집단을 멸절시킬 의도를 가진 반면에 피해 집단은 그런 계획을 갖고 있지 않은 것을 뜻한다. 피해자 집단은 가해자 집단에 저항할 만한 군사 조직을 갖추지 못했고 또한 그럴 의지를 가지고 있지 않은 상태에 있다.[46]

고양시 탄현동 황룡산에는 금정굴이 있다. 이곳은 고양지역 우익조직인 태극단이 부역혐의자를 임의로 끌고 가 총살한 현장이다.[47] 국방부는 '부역혐의자' 사건이라고 표기한 진실화해위원회 조사 결과에 대해서 '부역자'라고 단정해서 반론을 제기했다. 보도연맹원과 같은 좌익활동에 대한 부분도 마찬가지다. 인민군이 남한을 점령했을 때 그들을 도운 혐의가 명백한 것이라면, 이들에 대한 처벌은 정당한 법 집행으로 이어져야 한다. 군사작전에서 시민을 총으로 쏴 죽이는 '총살'이나 '처형'은 불법이다. 위헌적이고 공포 자체가 의심스러운 긴급명령이긴 하지만 「비상사태하의 범죄처벌에 관한 특별조치령」이 있었고, 제대로 적용된 사례는 매우 드물었지만 「부역행위 특별처리법」도 제정되어 있었다. 충분히 비판받아야 하기는 했지만, 재판 절차라고 하는 법 집행 과정이 전시에도 충분히 가능했다.

내전의 경우 대량학살은 상대방에 속한 사회 세력을 대상으로 발생한다. 한국전쟁 때 남북한이 저지른 학살은 쌍방 간의 정치적 보복이나 현실적이고 잠재적인 반대 세력을 제거하기 위한 목적 그리고 '악'으로 설정된 사상의 반대자를 포함한다. 북한이 남한에서 자행한 학살은 보복과 반체제, 반공산주의자를 대상으로 했다.**48** 이승만 정부가 통치와 보호 대상인 국민을 상대로 벌인 학살은 형무소 재소자와 같은 정치적 반대자, 부역혐의자처럼 법적인 보복과 처벌 그리고 국민보도연맹원과 같은 형식적인 위협 세력으로 그 대상이 조작된 경우다.

민간인 학살이라고 명명한 사건은 무장력을 갖춘 군인과 경찰이 비전투원을 상대로 하는 법 집행이 아니었다. 학살 과정에서 중요한 것은 특정한 집단을 살해하는 일방적인 형태의 토벌과 작전이지 적법한 절차에 따른 인신의 구금이 아니라는 것이다. 행정과 치안이 불안한 상황이라고 해서 또는 미수복지구거나 작전지역이라고 해서 무차별 살인이라는 형식으로 법을 집행할 수는 없다.

국군과 경찰이 이남으로 계속 후퇴하는 과정에서 벌인 학살은 체계적이었다. 대민관계에서 정치사상범을 전담하는 방첩대CIC는 정보 계통의 군과 경찰, 헌병, 우익청년단체를 지휘하면서 조직적으로 살해를 저질렀다. 관료조직 내의 명령 체계는 나름대로 합리적인 의

사 결정 구조를 갖고 위로부터 아래에 이르기까지 중앙의 권력이 작동한다. 상부의 명령을 거부하는 군인과 경찰의 예외적인 사례가 드물게 있긴 하지만, 분명한 살해 의도를 가진 집단학살은 이승만 정부의 관료조직을 바탕으로 하는 범죄 행위였다. 특정한 사상을 숭상하는 새로운 체제와 국가의 출현이라는 측면에서 해방 이후부터 한국전쟁 사이에 남북한이 상대방을 향해 벌인 학살은 법 집행의 또 다른 형식인 폭력이었다.

제 5 장

전쟁의 언어

살해에 대한 파괴적 욕망

군사작전에서 전투는 적을 극단적인 경우로 상정하는데, 이럴 때에 상대방을 죽이는 것이 전쟁 수행의 본질이 된다. 상대방은 민주적으로 해결해야 할 대상이 아니게 되고, 이 과정에서 정치는 명백히 한계를 드러낸다. 전시나 군의 작전 상황은 군경의 살인 행위를 마치 무력 갈등을 해결하는 합법적인 법 집행 방식으로 인식하게끔 한다. 하지만 무참하게 벌어진 일들은 인간의 원초적인 살해 욕망을 보는 듯하다.

이름이 없는 살인의 희생자들이 있다. 함평군 해보면 쌍구룡 장재수의 여동생은 총에 맞아 사망한다. 피해자로 기록된 그의 나이는 0세, 이름은 '장아기'다. 11사단 5중대 사건에서만 8명이 호적에 이름이 없는 갓난아이들이다.[1] 세상에 태어난 지 얼마 되지 않아서일까.

진실화해위원회가 함평군 내의 여러 사건을 조사한 내용만 봐도 세 살 이하의 영유아 중에 이름 없이 학살당한 그들은 '김아기', '한아기'이거나 막내인 겨우 '최막동', 그렇지 않으면 박○○, 심○○ 이런 식으로 존재한다. 죽은 아이들 중에는 이름이 있는 다섯 살 미만의 유아도 상당하다. 진실화해위원회가 진실규명결정서에서 '아기'라고 명기한 것은 출생신고를 하지 않아 제적부에 기록이 없는 사망자들이다.

신원이 없는 사망자를 '아기'라고 표기한 것은 민간인 학살사건에서 일반적인 현상이다. 문경 석달 사건에서 '아기'라는 이름으로 죽은 이가 5명, 이름은 있지만 두세 살인 아이도 5명이나 있다.[2] 학살 현장인 경북 문경군 산북면 석달마을의 언덕 어귀에는 '아기'들을 위령하는 별도의 추모비가 있다. 류춘도는 이곳을 방문한 뒤에 죽은 아기들을 애통해하며 「이름 없는 아기 혼들」이라는 시를 지었다.[3]

1949년 12월 24일 국군이 죽일 사람이 없어서 이런 일을 저질렀을까. 군에서 항상 주장하듯이 이것이 작전 중에 벌어진 불가피한 상황이고 '국가 위기'를 고려한 '부수적 피해'라고 할 수 있을까. 그때는 전시가 아니었다. 아이들을 '적'으로 가장할 수도 없고 '적'도 아니었다. 명령이라고 하든지 작전이라고 하든지, 잘못은 '그때 상황'에 있을 거라고 군은 강변할 것이다. 어떻게 표현하든 죽은 사람과 죽이는 사람 사이에서 만행의 책임은 자신의 행위를 정당화하는 군인들에게 있다.

아기들의 죽음을 친족들의 말 못하는 비극에 빗댄다면, 어쩌면 아기들은 태어나지 않은 것이 더 나았을지도 모른다. 그들이 태어나지 않았다면 죽음도 비극도 더는 없었을 것이다. 자식을 잃은 부모의 심정으로 감내해야 하는 고통은 자신들이 인식을 멈출 때, 죽을 때까지 계속될 것이기 때문이다. 이런 일들에서 우리가 이성과 감성에 따라 발견할 수 있는 것은 아무것도 없다. 다만 현대의 인간이 **"자기 밖의 존재를 '착취'의 대상으로 보는 '약탈자'에 지나지 않"**음을 확인할 뿐이다.[4] 이 사태는 모두 총을 한두 발 쏴서 사람을 죽이는 행위와는 전혀 다르게 "살인에 대한 파괴적 욕망"을 끝없이 내보이는 경우라고밖에는 말할 수 없다.[5]

강석마을에서 벌어진 학살에서 병사들은 끌고 온 사람들을 "천으로 눈을 가린 채" 일본도를 사용해 "목을 자르고 소금을 뿌렸"다. "소금을 뿌린 이유는 비린내가 나지 않게 하기 위해서였"다. 열두 살이던 조봉안은 자신의 집 마당에서 벌어진 장면을 또렷이 기억한다.[6] 1950년 11월 17일 새벽 5시께나 되었을까, 11사단 전차대대 소속 군인들이 전북 남원의 대강면 강석마을로 들이닥쳤다. 100여 가구 500여 명이 살던 70여 채의 집은 불에 탔고, 군인들은 마을 사람들을 모이라고 한 후 19명을 마을회관 앞 조봉안의 집 마당으로 끌고 가 한 명씩 일본도로 목을 내리쳤다. 김점동은 어느 장교가 세 번씩이나 그의 목 뒷부분을 내리쳐 목덜미의 일부가 떨어져 나갔지만 용케 살아남았다.[7] 이날 마을 사람 90여 명이 그럭재 아래 논과 순창으로 가는 골짜기에서 한마디 비명도 지르지 못한 채 살해당했다. '목을 치는' 잔인성은 공포감을 주기 위해서인지도 모른다. 총알이 몸에 박히는 것보다 "날이 선 무기"가 신체를 위해할 때 훨씬 더 큰 공포심을 불러일으킨다. 1857년 세포이항쟁Sepoy Mutiny에 가담해 붙잡힌 인도 병사들은 총검보다는 소총으로 처형당하기를 원하며 "총알을 구하러 다녔다." 1994년 르완다에서 후투족 병사들은 투치족 희생

자들에게 마체테에 "난도질당해 죽기 싫으면" 죽을 때 쓸 총알을 가져오라고 시켰다.[8]

일본도로 목을 내리치고 잘리지 못한 머리가 너덜너덜하게 붙어있는 도착적인 장면을 떠올릴 수 있다. 병사들은 이런 파괴적인 행위에서 묘한 흥분을 느꼈는지도 모른다. 박명림이 밝혀놓았듯이, 그들에게 가장 알맞은 표현은 **"기회주의"**자나 **"이중적인 인간들이 자주 그러하듯 강적에 대한 비겁"**함과 **"약자에 대한 잔인성"**을 함께 가진 데 있을 것이다.[9] 호메로스 시대 이후로 **"자신이 죽인 사람의 시신을 앞에 두고 자신의 행위를 자랑스러워하는 것은 부적절하고 오만한 행위인 것으로 간주되어왔다."** 설사 적이라고 해도 죽은 이후의 시신은 '연민'과 '공경'의 대상이지 자랑의 대상이 될 수는 없다.[10] 죽음은 누구에게나 **"죽은 자들을 차별 없이 똑같이 대접하기를 요구한다."** 죽음은 누구에게나 **"똑같은 법"**으로 대해줄 것을 원한다.[11] 불행하게도 우리나라에서 벌어진 민간인 학살에서 '망자에 대한 예'를 가해자에게서 찾아볼 수 있는 경우는 거의 없다.

김영환은 네 번의 총격에서 살아났다. 1951년 1월 5일 피난을 못 간 사람 500여 명이 고창군 공음면 선산마을 앞 밭에서 기관총 사격을 받고 쓰러졌다. 11사단 20연대 2대대 6중대 병사들이 처음 기관총을 쏠 때 그는 총탄을 맞고 쓰러진 사람들의 시체 밑에 깔렸다. 학도병이 시체들 사이를 돌아다니며 살아 있는 사람들을 창으로 찌르자 그는 일어났고 군인들이 다시 총을 쐈지만 총탄이 그를 비껴갔다. 잠시 후 현장을 지휘하던 장교가 "살려줄 테니까 안 죽었으면 일어나라"고 소리쳤고, 산 사람이 나오면 병사들은 또다시 총을 쐈다. 그 이후에도 군인들은 총격에 살아난 사람들을 느티나무 앞에 다섯 명씩 일렬로 세워놓고 학살했다. 김영환은 함께 서 있던 네 명이 총탄을 맞아 옆으로 동시에 쓰러지면서 자신을 덮쳐버리는 바람에 용케 죽지 않았다. 그날 정오경에 시작한 총살은 저녁까지 이어졌고 그는 아무 정신이 없었고 어떻게 살았는지조차 몰랐다. 밤이 되어서야 겨우 일어나 집으로 갔더니 어머니가 "어떻게 살아왔냐고, 다 죽었다고 그랬는데" 어떻게 살아왔냐고 혼잣말처럼 물었다.[12] 군인들은 부상을 당해 "신음하는 사람과 마지막으로 생존한 사람들을 떡메로 머리를 쳐서 죽였"다. 김영환은 증언하기를 현장에는 "피가 도랑을 이루었"고, 1994년 전라북도의회의 현장 조사 보고서에는 느티나무에 탄흔 자국이 남아 있었다.[13] 그의 아버지 김윤옥와 큰형 김영배는 현장에서 사망한다.

베트남에서 한국군이 자행한 학살을 보면 마을 사람들은 군인들의 임의적인 판단에 따라 적으로 바뀌었다. 상황이 달라진 것은 마을에 살고 있는 사람들이 아니라 군대였다. 퐁니퐁넛 마을의 현장 생존자인 쩐 지엡Trần Diệp은 "그때 한국 군인들이 어린아이, 여성, 노인 등 총을 들 수 없는 사람들을 왜 죽였는지, 왜 그렇게 했는지" 물었다.[14] 무기조차 들 수 없는 사람들을 왜 죽였는지, 도무지 그 이유를 알 수 없었기 때문에 그는 한국 사람들에게 되물었다. 퐁니퐁넛 마을은 베트남 공산주의자의 아지트이거나 미군과 한국군에게 적대적인 마을이 아니었다.[15]

인간의 공격 성향은 인간 안에 존재하는 원초적이고 독립적인 성향이다. 죽음 본능을 공격과 파괴의 근원이라고 한 지그문트 프로이트Sigmund Freud는 인간의 무의식 속에 깊이 자리하고 있는 타고난 공격성과 폭력성—죽음 본능—이 전쟁을 불가피하게 하는 것으로 보았다. 죽음 본능은 프로이트의 비관주의가 절정에 이른 것이긴 하지만, 인간이 밖으로 향하는 공격은 유기체의 생존에 필수인데 자신의 생존을 위해 공격을 밖으로 향하고 자기 보존을 위해 공격을 정당화한다.[16] 인간의 본능이 파괴적인 공격성을 가지고 있을 수도 있지만, 우리에게 벌어진 일들은 인간의 존엄성 그 자체가 존재하는지도 의문이 들게끔 한다.

인간의 공격 본능을 거의 완벽하게 실현시켜주는 것이 폭력을 소유한 권력일 것이다. 원시적인 공격과 감정의 분출은 인간 속에 내재해 있는 어떤 폭력성의 도발적인 발현이다. 부인하고 싶겠지만, 인간의 공격성은 때때로 **"우리 자신이 '폭력의 어두운 아름다움'에 매료"**될 수 있는 위험성에 있다.[17] 이와 같은 인간의 감정과 욕망을 이해하고 상상하는 것이 중요하다. 살해에 대한 매혹과 존엄성 사이에서 인간은 유동한다. 이성과 감성으로 둘러싸인 인간의 근본 심성을 매듭짓자면 **"창조적인 행위와 파괴적인 행위는 서로 뒤엉켜 연결되어 있다."[18]** 무력을 행사하는 인간은 자기 자신의 욕망을 채우면서 스스로를 난폭하게 만들고 결국은 자신을 포함한 공동체를 파괴한다. 폭력으로 상대방을 제압할 수 있는 힘은 그 자체로 권력이자 욕망을 실현하게 해주는 유혹이다.

국가가 범한 폭력이어서 그런가, 폭력 행사의 주체가 국가 공권력이기 때문에 그런가. 총을 든 병사들은 아마도 자신들의 눈앞에서 벌벌 떨며 엎드린 사람들을 보고 권위나 권력의 힘을 느꼈을 것이다. 생살여탈을 쥐고 있으니 이보다 더한 권력이 어디에 있겠는가. 그가 부녀자든 노인이든 이름조차 없는 아기든 아무 상관이 없다. 죽여도 살인이라고 생각지 않았을 것이다. 아무도 죄를 묻지 않았으니까, 작전 중에 죽였으니까 모든 것이 합리화되고 정당화된다. 그중에 어떤 병사들은 일말의 죄책감을 가지기도 했을지 모른다.

군의 변명 1: 전시 상황

군대에서 과거의 유산은 두드러진다. 일본 제국주의는 중앙집권적이고 지나치게 비대하지만 통제와 지배를 하는 데 있어서는 매우 능률적인 총독체제의 상하관계에 중점을 두었다.[19] 군대는 상명에 절대복종하는 것 자체가 조직의 질서와 기능을 유지하는 수단으로서 자기 목적으로 변하고 다른 것에 우선해갔다. 일본 군대의 사상과 훈련은 정신주의精神主義를 모든 측면에서 강조하는 특징을 갖고 있었다. 군사교범은 공격 정신을 우선으로 하고 상관에 복종하는 천성을 요구했으며, 교육 훈련은 이 목적을 위해 정신교육을 중시하도록 강조했다.[20]

해방 이후 군의 정치교육은 미군정기 때부터 논란이 되었다. 새로 창설하는 군대에서 일본식 훈련과 사상 주입은 내부의 갈등을 야기했다. 1946년 5월 25일 일제 강점기 학병 출신자들이 중심이 된 제1연대 1대대 사병들은 소요를 야기하고 5개항의 요구사항을 제시했다. 그중의 하나는 "일본 제국주의 군대식의 통솔에 반대한다"(제3항)는 것이었다.[21] 군인을 대상으로 실시하는 정신교육은 일종의 정치사상교육으로서 병사들의 정치성을 교정하려는 강한 의도를 가진 정책이다. 조선국방경비대 창설 초기 미군은 군의 비이념적 육성을 목표로 삼았기 때문에 경비대는 어떤 이념도 주체도 없이 탄생한다.[22]

정부 수립 후 1948년 11월 29일 국방부는 군인의 사상 훈련을 위한 전담 부서로 정치국政治局을 설치하려고 했으나 미 군사고문단은 "정치장교는 전제주의 국가에서나 있을 수 있는 제도로서 민주국가에서는 있을 수 없는 일"이라고 반대한다.[23] 그해 12월 7일 국방부는 정치국을 정훈국으로 바꾸어 조직을 발족했다. 미군의 반대에 따라 정훈교육은 군 정치교육이 아닌 공민교육Troop Education, 공보Public Information, 정훈교육Troop Information으로 구성되었다.

정신교육의 내용은 반공주의가 기준이었고, 교정의 일반적인 형식이 교육이었다면 극단적인 내용은 정신을 규율하는 것이었다. 국방부는 공산주의를 적으로 규정하는 이데올로기 교육을 적극 주입했다.[24] 군의 기본 정신은 투철한 애국사상과 반공정신으로 무장한 '사상 전사'를 기르는 데 있었다. 오늘날 국방부의 정훈교육은 정치 훈련에서 유래한 용어이고 군인의 정신 훈련을 실시하는 정치 훈련의 한 분야다.

일제 강점기 군대 교육은 군인들의 자주성을 빼앗아 억압하는 것이었다. 군의 계급 질서는 위계에 있고 병사들은 일본 제국주의가 심은 권위체제에 익숙해졌다. 군인들을 노예와 같은 군기로 묶어 강압과 맹목적인 복종을 더하는 정신주의 교육은 독선과 비합리성을 짙게 할 뿐이었다. 군대라는 억압적인 관료기구 내에서 반공 교육과 훈련은 권위에 대한 복종과 불법한 명령까지도 수행하는 것을 최대의 규율로 여기게끔 했다.

민간인 살상에서 눈여겨볼 것은 정부와 군 당국의 공식적인 기록과 발표 내용이다. 이는 정치군인들이 자신의 권력을 유지하기 위해 민간인 학살을 왜곡하고 조작한 데서 알 수 있다. 1998년 민주정부로 이행하기 이전까지 군인이 저지른 민간인 살상은 거의 은폐되어 왔다. 독재와 권위주의 정권은 진상규명을 요구한 가족들에게 도리어 학살의 정당성을 떠벌렸다. 1951년 이승만 정부 때 거창사건 재판은 국회와 여론에 떠밀려 마지못해 이루어진 것이었다. 살해에 가담한 지휘관과 장교들은 계엄하의 군법회의에서 일정한 형사처벌을 받았지만 그들은 채 1년이 되지 않아 모두 사면을 받은 후 현직에 돌아왔다.

전사戰史를 다룬 군사편찬서는 거창사건의 내용을 사실과 다르게 서술하고 군법회의 판결조차 제대로 기술하지 않았다.[25] 1987년 이후 간행된 국방부 공간사公刊史는 거창사건을 애써 축소하고 있다. 비정규전을 다룬 이 책에서 사건은 "1951년 2월 10~11일간에 거창군 신원면에서 (…) 신원 지서의 협조를 받아 공비들과 내통했다고 판단되는 주민들을 집단 처형"함으로써, "사회적인 큰 물의를 빚었으며 국회조사단의 현지 조사 후 관계자들은 의법 처리"되었다.[26] 피해자를 공비와 내통한 사람들로 판단하고 작전 상황을 설명하는 다른 부분에서는 오히려 학살 작전의 전과를 과장했다.[27] 위와 같은 서술 내용은 11사단의 부대 기록과도 다르다.[28] 육군본부의 작전 기록은 3대대가 2월 6일경 신원면 과정리에 준동하는 '잔비를 소탕하다' 거창사건이 발생해 여론이 분분한 것으로 기술했다.[29] 사건의 수사를 맡았던 헌병사령부의 기록 역시 1951년 국회 조사 내용을 크게 벗어나지 못했다.[30] 국방부, 헌병사령부, 육군본부, 11사단이 기록한 거창사건은 모두 사실관계가 올바르지 않았다.

이와 유사한 인식은 지리산 작전에 참전했던 군인의 1990년대 증언에서도 확인할 수 있다. 어떤 군인은 학살이 작전 중에 불가피하게 발생했고 그 원인은 빨치산의 신원면 공격 때문이라고 주장했다. 11사단 9연대 3대대에 근무하던 황기철은 1950년 11월 2일 현지에서 육군 소위로 임관한 후 지리산지구 전투에 참가했다. 그는 거창사건의 원인을 제공한 것이 빨치산이라고 주장한다.[31] 거창경찰서장 김갑용은 1951년 국회 조사에서 '적색분자'나 '이적 행위'를 한 '공안분자'를 쏘아 죽였으니까 이런 행위는 당연한 것이라고 말하기까지 했다.[32] 군의 기록과 전투에 참가한 군인의 진술은 9연대 3대대가 집단학살을 일으킨 작전과 피해 현황을 기술하지 않고, 사건을 애써 축소하거나 불가피한 전시 상황에서 발생했음을 담고 있다.

군의 위와 같은 인식은 현재도 별반 다르지 않다. 국방부는 노근리 사건이 시민사회의 의제가 된 이후 군이 일으킨 많은 학살이 여론과 정치권의 쟁점이 되자 2000년 9월 1일 군사편찬연구소를 국방부 직할 기관으로 승격시켜 민군 관련 사건의 조사 업무를 전담하는 '조사연구부'를 신설한다. 군사편찬연구소는 한미 정부 간 합동으로 이루어진 노근리 사건의 조사 과정을 표본으로 작성된 '조사업무지침서'를 다른 민간인 학살사건을 조사하는 업무의 기준으로 삼았다.

국방부가 '조사업무지침서'에서 제시한 조사 원칙은 두 가지다. 첫째, 민간인 학살의 사건 발생 원인과 전쟁 환경과의 연관성을 고려한다. 둘째, 조사 원칙과 '조사 행위가 참전 장병들의 명예를 훼손해서는 안 된다'는 점이다. 군사편찬연구소의 '조사업무지침서'는 2000년 12월에 제작되었고, 한미 정부의 노근리 사건 조사 결과 발표와 노근리 사건조사반의 「노근리 사건 조사 결과 보고서」는 2001년 1월 12일 이루어졌다. 한국과 미국 정부 사이에 이견이 있긴 했지만, 국방부는 노근리 사건을 조사하면서 이와 유사한 민간인 피해 사건의 조사 업무에 관한 기본 정책을 구체적으로 마련한 것이다.

조사 원칙이 개별 사건에서 어떻게 적용되는지 실무 지침을 들여다보자. 첫 번째 조사 원칙은 "군사작전 중에 일어난 민간인 피해사건은 대부분 긴박한 **군사작전 과정의 불가피한 상황**에서 일어나거나, **작전 수행 과정에서 전쟁 상황이나 주변 여건의 영향으로 인해 우발적으로 발생하게 된다**"는 세부 지침으로 이어진다. 국방부는 "사건의 원인을 규명하기 위해서는 당시의 **특수한 전쟁 상황이나 정치·사회적 환경이 고려**"되어야 함을 부연하고 있다. 두 번째 원칙의 적용은 사건에 관련된 군인들이 "**전쟁범죄를 구성하는 행위를 범했는지의 여부는 조사의 범위에서 제외**"해 "참전 장병 전부의 명예나 작전의 정당성을 훼손하여서는 안 된다"라고 하는 구체적인 기준이었다.[33] 전쟁범죄 여부까지 언급하기에 이른 국방부의 조사 원칙과 실무 지침은 민간인 학살사건이 안고 있는 사안의 심각성을 잘 보여준다.

위와 같은 국방부의 정책이 어떻게 반영되었는지 살펴보자. 진실화해위원회는 울산 국민보도연맹 사건을 진실규명하기로 결정하면서 1950년 7월 12일 계엄사령부의 '체포·구금특별조치령' 공포 이후 집행된 보도연맹원 검속이 계엄법에 명시된 '군사상 필요에 의한 조치'가 아니라고 결론지었다. 위 결정에 대한 반론에서 국방부는 국가 위기 상황을 도외시한 판단이라고 주장한다. 국방부는 당시가 "**국가 존망의 전쟁 상황**으로 전선이 남하하여 울산까지 위협받게 되었고, 서울·경인지역 등 북한군 점령 지역에서는 보도연맹원의 반국가적 행위가 자행되고 있었"다는 논리를 제시했다.[34] 전쟁이라는 상황을 계속 내세우고 있다. 보도연맹원의 행위와 학살이 인과관계가 명확하지 않음에도 불구하고, 국방부는 인민군 점령지의 부역혐의를 근거로 전선과 무관한 울산지역 보도연맹원을 불법으로 학살한 사실을 정당화한다.

국방부의 조사 원칙과 세부 실무지침은 노근리 사건조사 과정과 결과 발표에 그대로 적용되었다. 한국과 미국 양국 정부는 1년 3개월 동안 노근리 사건을 공동으로 조사한 후, **"절박한 한국전쟁 초기의 수세적인 전투 상황"**에서 "강요에 의해 극도의 혼란 속에서 철수 중이던 미군은 1950년 7월 25일부터 7월 29일 사이 노근리 철로 및 쌍굴 지역에서 피난민을 통제하던 중 수 미상의 피난민을 살상하거나 부상을 입힌" 것으로 결론지었다.[35] 조사 결과가 발표된 직후 빌 클린턴William Jefferson Bill Clinton은 사과apology 대신 법적 책임이 없는 깊은 유감deeply regret이라는 성명을 발표한다.

미국은 노근리 사건을 애매하게 인정한다. 클린턴의 사과에서 보듯이 "강요"는 미군이 피난민을 직접 사살한 사실을 흐리게 만든다. 조사 결과를 두고 백악관과 미 국방부가 내린 결론은 이렇게 해석할 수 있다. 미국 정부는 학살에 대한 '주도적인 행위와 의도를 부인하고 결국은 자기 방어의 필요성에 따라 책임을 부인하는 양상'을 띠었다.[36] 미국의 결론을 자세히 들여다보면, 클린턴은 피해자의 존재는 인정했지만 '전시 상황에서 사건이 정당화될 수 있다'는 함축적 부인, 다시 말해 부분적 시인의 형식을 취하고 있음을 알 수 있다.

미국 측의 조사 결과와 한국 측의 조사 결과에 대한 발표 내용은 언어 선택에 있어서 미묘한 차이가 있었다. 주한 미국대사관이 정치적 관점에서 바라보는 노근리 사건의 성격에서 이런 문제가 나타났다. 미국대사관의 정치과 과장으로 근무한 데이비드 스트라우브

David Straub는 1999년 9월 30일 AP통신이 노근리 사건을 전 세계에 타전한 다음 날부터 미 국방부와 대사관에서 이 사안을 어떻게 대응했는지 자세히 기록한다. 미국 조사보고서의 결론은 미국 측 조사단이 한국 측 조사단의 결과에 동의하지 않는 부분을 보여준다. 스트라우브는 한국의 고위 관계자들도 이 부분을 공개적으로 거론한 사실을 언급하면서 세 가지 사항을 제시한다.[37]

- 한국 조사단은 피난민을 사격한 것이 병사들이 받은 공식적인 명령에 의해 이루어졌다고 했으나 미국은 이에 대해 이의를 제기했으며 살해가 '고의적'이 아니었음을 단호하게 주장했다.
- 미국 조사단은 노근리에서 살해되거나 부상을 입은 사람들의 수에 대해 추정치를 제공하지 않고 단지 '숫자 미상'이라고만 언급한 반면 (이후 미국 관계자들은 종종 피해자의 수에 대해 '상당한 숫자'라고 표현하기는 했다), 한국 측은 최소 248명이 살해됐다고 추정했다.
- 미국 항공기가 자신들에게 기총 사격을 가했다는 피해자들의 주장에 대해 미국은 한국에 비해 훨씬 회의적이었다.

한국과 미국 조사단이 견해 차이를 드러낸 조사 결과의 주요 사항은 노근리 사건에서 가장 중요한 가해자의 의도성과 피해 규모, 총격 사실 여부에 대한 기초적인 사실관계다. 이런 문제들은 미국의 법적 책임과 매우 깊은 관련이 있고 이것은 다시 피해자에 대한 배·보상과도 연계되어 있는 내용이다. 이런 측면에서 미국은 정부의 책임이 뒤따르는 법적 조치를 취할 정도의 잘못을 노근리 사건에서 인정하지 않는다. 한국 측 진상조사단은 미국의 자료 열람 제한 조치에 손을 쓸 수가 없었다. 미국은 조사결과보고서에서 미군의 피난민 대응 방침과 발포 명령에 관한 내용을 누락시키고, 제1기갑사단의 통신 기록과 전쟁일지를 비공개했으며 지휘관의 각종 명령을 싣지 않았다. 결국 학살을 의도적으로 은폐했다.

AP통신은 노근리 사건을 첫 보도할 때 '학살massacre'이라고 하지 않고 '집단살해mass killing'라고 명명한다. 스트라우브는 미군의 의도적인 살인 명령과 책임 소재를 이 단어를 사용한 AP의 맥락을 되짚으며 찾으려고 한다. 학살의 의도와 책임을 그는 외면하고 싶었는지 모른다. 미군의 조사 결과에서도 그는 피난민 상황과 군사작전, 제1기병사단 재향군인회의 성명 그리고 클린턴의 유감 표명과 미 육군이 조사보고서에서 내린 노근리 사건의 성격에 관한 표현이 미국인의 '정서'를 반영한 것이라고 대변한다.[38] 그것은 바로 '미군이 의도적으로 노근리 사람들을 죽일 리가 없다'라는 '정서'다. 스트라우브는 한국 언론이 반미주의의 사례로서 노근리 사건을 다루고 있음을 강조한다. 그는 미국인의 '정서'라고 한 부분과 한국인이 미국에 대해 갖는 '반미 정서'가 노근리 사건의 조사 결과를 다르게 보게 된 것이라고 결론 내린다.

'집단살해'라고 하든 '학살'이라고 하든 미군이 저지른 행위는 전쟁범죄에 해당한다. 양국의 조사 결과가 범죄의 구성요소, 가해자 병사의 신원과 총격 사실, 지휘관의 살인 명령 등을 특정하지 못한 조사 내용의 부실함을 들어 전쟁범죄가 아니라고 강변할 수 있다. 그러나 노근리 사건에 대한 한미 정부의 조사 결과는 민간인 살상이라고 하는 사건의 본질과 성격을 해명하기보다는 전시상황론과 피해의 불가피성을 중시한 데 문제점이 있다. 양국 정부는 인민군 진주와 미군의 피난민에 대한 통제 지시를 무시해서 발생한 하나의 사건으로 민간인 학살을 취급한다. 양국 정부가 조사 결과를 바탕으로 공동 발표를 하긴 했지만 미국의 책임과 희생자 규모, 학살과 사건의 성격, 국제법 위반에 대한 비판이 여러 군데서 제기되었다.[39]

미군이 개입한 민간인 학살은 전쟁 중의 폭격을 비롯해 다양한 사례가 있다. 정도의 차이는 있지만 진실화해위원회에서 밝힌 사건들은 마산 진전면의 경우에서도 알 수 있듯이, 스트라우브가 주장하는 '반미 정서'이거나 참전 미국 군인들이 주장하는 '부수적 피해'가 아니다. 1950년 8월 중순경 낙동강 지류의 남강 일대 의령에서 부녀자와 어린이, 노인 등 69명이 미군 폭격으로 사망한다.[40] 폭격을 당한 곳은 인민군이 점령하거나 주둔한 지역이 아니었고, 군수 장비나 무기를 은폐하는 장소가 있었던 곳도 아니었다. 민간인이 살고 있는 상태에서 진행된 무차별 폭격이었다.

제주4·3에서 군경의 토벌이 성공한 것은 통제되지 않은 국가 테러리즘의 민간인 대량살상 작전 때문이었다.[41] 이 작전은 미군이 후원하는 방식으로 발생한 제노사이드라고 할 수 있다.[42] 한국 정부가 설치한 제주4·3사건 진상규명 및 희생자 명예회복위원회는 학살이 미군정기에 시작했고, 미군 대령이 제주지구사령관으로 진압 작전을 직접 지휘한 점을 명시했다. 국군에 대한 작전통제권을 가진 미군은 진압 작전에 무기와 정찰기 등을 투입했다.[43] '책임'이라는 용어를 사용하지는 않았지만 위원회의 조사보고서는 사실상 민간인 학살에 대한 미군의 '책임'을 명시한 것이라고 볼 수 있다.[44]

노근리 사건이 국제사회와 한미 정부에서 쟁점이 되기 이전부터 미군이 벌인 학살사건들이 피해 유가족을 중심으로 불거졌다. 주한 미국대사관은 미군이 개입해 민간인을 살상한 공중 폭격과 지상군이 저지른 학살을 어떻게 처리할 것인지 곤란했다. 2000년 1월 11일 이리역(익산역) 미군 폭격의 희생자 유족회는 대사관 앞에서 항의 시위를 벌인다. 이날 항의는 '불평등한 SOFA 개정'과 같이 한미 간의 논란이 되는 사안도 포함했다. 유족들은 '1950년 미공군기 이리역 폭격사건의 진상조사와 보상'을 요구한다. 유족들의 항의와 면담이 거세지고 주한 미국대사관은 임시방편으로 대응에 나서는데, 그날 이창근과 김대규 유족대표는 3등 서기관 제시 커티스를 만나 면담을 가진다. 이 자리에서 이리역 폭격 사건의 진실규명을 요구하는 유족들의 요구에 그는 '노근리 사건을 처리한 이후에 다른 사건들도 빠짐없이 조사'할 것이라고 약속하면서 이런 내용을 유족회에 공문으로 전달한다.[45] 눈앞의 유족을 달래기 위해서 그랬을 것이다. 커티스의 언급과는 다르게, 미국 국무부와 주한 미국대사관은 노근리 사건 이외에 한국전쟁에서 미군이 개입해 발생한 다른 민간인 학살사건을 조사할 계획이 없었다.

앞서 보았듯이 노근리 사건을 한미 양국 정부가 조사한 후 클린턴은 '유감'을 표명한다. 곧이어 피해자에 대한 보상 문제가 불거지자 미국은 '보상금'을 지급할 수 없고 유족의 자녀를 위한 장학사업과 추모사업을 위한 지원을 제의한다. 미국 측의 이 제안에는 쟁점이 되고 있는 다른 미군 관련 사건들의 희생자를 포함한다는 꼬리표가 붙었다. 75만 달러(약 9억 원)를 조성해 노근리 유족의 자녀 30여 명에게 장학금을 전달하기로 한다. 미국은 장학사업을 노근리 사건희생자와 그 유족만을 대상으로 하지 않고, 익산역과 산성동 폭격처럼 미군이 가해자였던 다른 사건까지 포함해서 해결하길 원했다. 우리나라 외교부는 미국 측의 의도에 따라 유족회에 이를 제안하지만 노근리 유족들은 이 제안을 거부한다.

노근리 사건에서 보듯이 미국 정부의 책임은 민간인 피해에 대한 성격을 어떻게 볼 것인지에 따라 한국과 미국, 시민사회와 유족, 참전 군인들 사이에서 인식의 간극이 컸다. 미국이 'G-단어'의 사용을 공식적으로 허용하지 않았듯이 노근리의 경우에도 유사한 논리가 적용되었다. 미국은 자국의 군인들이 본토 이외의 지역에서 저지른 살인을 전쟁범죄나 인도에 반한 죄로 다룬 적이 없다. 전시 상황에서 '적'이나 피난민 등 주변 여건이 민간인 살해를 정당하게 만들 수는 없다. 노근리에서 미군은 피난을 떠나는 마을 사람들을 통제하지 않고, 또 그들에게 총격을 가하지 않은 채 그냥 철수할 수 있었다. 피난민은 미군에게 전투에 불리한 상황이나 영향을 주고 있지 않았다. 민간인 살해에서 명령을 받은 군인들이 수행한 작전과 전투의 결과는 범죄일 뿐이다.

군의 변명 2: 불가피한 작전

군이 민간인 학살사건을 대하는 관점은 정치사회의 변동에 따라 조금씩 바뀌어왔지만 근본적으로는 크게 달라지지 않았다. 김대중 정부로 정권이 교체된 이듬해인 1999년 국방부는 한국전쟁 50주년 기념사업의 일부로 군이 자행한 민간인 피해를 조사하기 위한 정책을 수립한다.[46] 그해 7월 14일 국방부 산하 국방군사연구소(현 군사편

찬연구소)는 「주민희생사건 연구계획」을 작성해 장관에게 보고한다.[47]
국방부는 이 계획의 연구 목적을 "해방 후 군 관련 주민 희생 사건
에 관하여 당시 군의 작전 상황과 진상을 군이 주도적으로 규명, 민
군 관계의 아픈 매듭을 풀고 진정한 국민의 군대로 위상을 정립하는
데 기초 자료를 제공"하기 위한 것이라고 적시했다.

　「주민희생사건 연구계획」에서 정한 조사 대상은 거창사건을 비롯
한 10여 건이었는데 국방부는 정부와 국회에서 쟁점이 된 사건(거창,
제주4·3, 문경, 함평) 중의 하나인 거창(산청·함양사건 포함)은 종결된
것으로 간주했다. 군사편찬연구소는 거창사건을 검토한 결과 1951년
군법회의 재판에서 군의 잘못으로 판명되어 진상규명 작업이 끝난
것으로 보았다. 국방부는 1991년 산청·함양유족회가 요청한 11사
단 9연대 3대대의 작전지역과 시일을 확인하면서 "사안의 성격상 국
토방위의 임무를 수행하는 군이 40여 년 전의 사건을 조사하는 것
자체가 부적당하다"고 의견을 제시한 바 있었다. 그렇지만 실상은 국
방부의 주장과 다르게 정부가 거창사건을 제대로 조사한 적이 없고
다만 특별법을 근거로 희생자 유족을 인정하고 위령과 추모사업을
했을 뿐이다.

　군은 민간인 학살을 어떻게 보고 있는가. 2010년을 전후해 국방부
는 민간인 살상이 작전상 불가피했음을 항변하고 있다. 진실화해위
원회 조사 결과에 대해 군 당국은 여러 차례 이의를 제기했다. 국방
부는 진실화해위원회가 조사 결과를 발표한 "6·25 전후 민간인 집
단 희생사건" 중에서 국민보도연맹과 부역혐의자, 11사단 사건을 중
심으로 반론을 제시한다.[48]

　함평 11사단 사건에 대해서 국방부는 피해자들이 "빨치산 활동

에 적극적으로 협조했을 가능성"을 제기하며, 진실화해위원회 조사가 "전시와 평시 작전의 특성을 구분하지 못하는 오류를 범하고 있"다고 주장한다. 거창사건이 드러났을 때 군 지휘관들이 초기에 진술했던 '작전'이라는 살해 이유와 유사한 논리로 집단학살의 불가피성을 항변한다. 이뿐만이 아니다. 군이 토벌작전의 성과에 민간인 사살을 포함해서 전과로 보고했을 가능성도 크다. 11사단 20연대의 작전 기간(1950. 10. 7~1951. 3. 10)에 함평지역이 포함되어 있었고 부대사는 6,800명을 사살한 것으로 기록하고 있다.[49] 11사단 부대사는 해보면에서 5중대가 "부근에 준동 중인 공비들에게 공격을 가하여 섬멸하고 부근 일대를 확보했다"라고 기록해두었다.[50]

1960년 4·19 이후 11사단 사건을 취재한 언론은 이미 함평군에서 피살당한 민간인 수를 "공비토벌의 혁혁한 전과로 상부에 보고"한 것으로 보도했다. 군인들은 영광군과 함평군을 가로지르고 있는 불갑산의 공비토벌을 위해 해보면에 주둔하고 있었으며, 학살한 민간인의 수를 전과로 상부에 보고했다. 5중대 사병 한 사람과 친해지면서 어마어마한 사실을 알게 됐다는 월야리의 김용택(당시 45세)에 의하면 "5중대는 하루에 공비 30명과 건물 50동을 사살 또는 소각시키는 전과를 올리라고 상부에서 명령"을 받았다고 한다. 그들은 지시대로 부락민을 학살하고 집을 불살라 이를 전과로 상부에 보고했고, 밭에서 일하다 끌려왔던 농민들을 죽이고 그 손에 쥐어진 농구農具들을 사살한 공비에게 얻은 노획물로 압수해갔다.[51]

또 다른 사례를 보자. 1950년 10월부터 1951년 3월까지 전남 영암에서 해군과 해병대, 경찰의 토벌작전 과정에서 빨치산과 부역혐의자, 입산자 가족 수백 명이 살해된 사건이 밝혀졌다.[52] 여기에 대해 국방부는 진실화해위원회가 가해 주체로 군경을 지목한 조사 결과를 "현재에도 남과 북이 대치 중인 상태에서 친북 적대 세력의 선동에 부합할 수 있는 편향된 보고서"이고, "오도된 시각을 갖게 해줄 수 있"다는 주장을 폈다. 제한된 자료와 증언에서 사실을 판단하는 데 다툼이 있을 수 있고, 서로 다른 논점으로 사건의 성격을 파악할 수는 있다. 그러나 군사작전의 일부로 발생한 민간인 살상을 밝히는 것을 국방부는 사상과 이념의 문제로 연결 짓고 있다. 이런 것들이 2010년대 국방부의 시각이다.

전북 남원의 대강면 강석마을 사건에 대해 국방부는 "주민들 중에 누군가 빨치산 활동에 참여했기 때문에 사망한 사람들이 무고하지 않다"라고 주장한다. 1950년 11월부터 1951년 3월까지 남원군 일대에서 국군 제11사단과 경찰이 토벌작전과 빨치산의 거점을 제거한다는 이유로 다수의 민간인을 아무렇지도 않게 살해했다. 이 기간 중이던 11월 17일 11사단 전차공격대대가 대강면 강석마을에서 작전을 이유로 민간인 90여 명을 칼로 목을 베어 살해하거나 집단 총살했다.**53**

국방부는 2005년 9월 27일 지리산지구 전투경찰대 순경이었던 이재환이 군사편찬연구소 조사관과 면담을 하면서 "빨치산 회의 참석자도 있었"고, "빨치산들이 인근 고리봉에서 회의를 마치고 강석마을로 들어가는 것을 제11사단 군인이 뒤쫓아와서 젊은이들을 집합시켜 처형했"다고 밝힌 내용을 근거로 자신들의 주장을 뒷받침한다. 만약 이재환이 주장하는 대로 그런 사람이 있었다면, 법의 절차에 따라서 부역혐의자를 수색하는 작전을 실행했어야 할 것이다. 그렇지만 군인들은 대상자를 찾으려고 하지 않았고 일본도를 휘두르며

동네 사람들을 서슴지 않고 죽였다.

전시 상황이었고 작전 중이었지만 민간인을 무차별로 죽일 만큼 급박한 때는 아니었다. 수복하는 과정에서 부역혐의자를 찾는 후방이라면 더욱 민간인을 보호할 여지가 있었다. 몇몇 군인과 경찰은 민간인 학살을 시인하거나 살해가 있기 직전 소집한 사람들을 풀어주었다.[54] 11사단 20연대 2대대 5중대장 연락병 김일호는 월야면 월악리 남산뫼 학살 현장에서 학생이었던 정일웅을 살려주었다. 1997년 12월 22일 정일웅은 함평유족회의 주선으로 제주에서 김일호와 재회했고, 그다음 날 그때 상황에 대해 자필로 증언서를 썼다.[55] 1950년 12월 6일부터 1951년 1월 12일 사이에 전남 함평군에서 벌어진 이 사건에서 524명(월야면 350명, 해보면 128명, 나산면 46명)이 처참하게 죽었다.[56] 민간인 학살에서 중요한 것은 사람을 살릴 수 있고, 또 죽이지 않을 수 있는 상황이 있다는 것이다. 따라서 어느 경우든 학살은 불가피하게 벌어진 작전이나 상황으로 빚어진 결과가 아니었다.

군사작전의 불가피성과 전쟁상황론으로 민간인 살해를 은폐하려고 하는 것은 군의 근본적인 역사 해석에 문제가 있으며, 전투 수행에 있어서 인도주의 관점을 무시하는 처사라고밖에 볼 수 없다. 민간인 학살에 대해 국방부는 전시 작전의 편의를 위해 그들이 희생될 수 있다는 전제를 갖고 주장한다. 학살은 민간인을 작전의 대상으로 취급할 때 발생한다.[57] 전쟁 수행은 국가의 영토를 보전하는 동시에 자국민의 생명을 지키기 위한 것이다. 전시 중에도 민간인은 최대한 보호되어야 하며 이것이 적을 죽이는 것보다 앞선 작전 수행의 최고 목표여야 한다.

집단살해와 같은 범죄 행위를 군 작전의 불가피성으로 합리화하는 것은 군의 물리력 사용에 대한 정당성 때문이다. 군대를 권력 행사의 도구로 삼았던 정치 세력들은 군의 과오를 받아들일 수 없었다. 그들 자신이 군 출신이었듯이, 정권 유지의 가장 확실한 수단이 군대였고 효과적인 도구였으며 독재와 권위주의 정권을 유지하는 권력의 원천이었다. 극단적으로 보수화된 우익 세력일수록 물리적 폭력에 의존하고 이데올로기 효과를 정치적 도구로 쓰는 경향이 우세하다. 과거의 인권침해를 시인하는가 또는 어떤 형태로 시인하는가 하는 것은 이전 정권의 성격과 잔존하는 세력, 민주화 이행 정도, 새로운 사회의 특성에 좌우된다.[58]

관료제하의 국가 중심으로 사고를 하면, 공동체 내부에서 '적'으로 상상이 되는 사람들의 살해는 정당하게 취급받는다. 정부가 그들을 '공산주의자로 의심하기 때문에 죽였다'라는 주장은 한국전쟁 때의 일일 뿐만 아니라, 현재 우리 사회에서도 빚어질 수 있는 논리다. 학계와 시민사회 일부에서는 이승만 정부가 국민보도연맹원이나 형무소의 재소자, 부역혐의자를 살해한 것은 국가안보를 위해 불가피한 것이라고 정당화한다. 민주정부 이후 군은 사회의 통제와 감시를 받기보다 자신의 권력을 확대하기에 바빴다. 1987년 이후 30여 년 가까이 진행되어온 과거청산의 성과를 그들은 제대로 받아들이지 않고 있다.

제 6 장

기념과 표상

전쟁 기념물과 집합 의식

앞선 장에서 학살에 대한 부정확한 기록의 문제와 사실 왜곡을
살펴보았다. 여기서는 기념과 인식의 표상에 대해 알아보자. 표상은
인간의 인식 활동이다. 인간이 사물을 바라보지 않거나 대상과 격
리되어 있어도 그 사물과 대상을 재구성하는 인식 능력이 표상이다.
대상은 그에 대한 하나의 표상으로 이루어지지 않으며 여러 개의 표
상 또는 집합 표상으로 구성된다.[1] 하나의 의례로 나타나는 집합 표
상은 집합 행동의 확산에 주요 요소가 될 수 있다. 집합 표상에 의
해 형성되는 의식은 의례라는 형식을 통해 구성원들에게 소통하는
언어가 되고 교환되는 정신을 이룬다. 시민사회 영역에서 보면 이것
은 대중이 참여하는 특정한 운동조직이 갖는 집합 행동의 통일성을
표현해주는 것이기도 하다. 여러 가지 형태의 표상과 집합 행동은 어

떤 집단의 정체성을 형성하는 중요한 기제가 되어왔다.

에밀 뒤르켐Emile Durkheim은 원시종교를 분석하면서 종교의식이 란 결집된 집합체 속에서 생겨나는 행동양식으로서 집단의 심리 상 태를 불러일으키고 유지하며, 회복시키는 방식이라고 설명한다.[2] 원 시종교에서 토템totem은 그 사회의 상징으로서 체계가 되고, 집합 표 상은 집합 의식collective consciousness을 표현하는 의례가 된다. 뒤르 켐이 중요하게 생각하는 집합 의식은 사회심리의 한 유형인데 동일 한 사회 구성원의 의식은 사회 연대를 가져온다.[3] 사회 연대의 증가 는 분업의 결과이고 집합 의식은 개인의 가치관보다 우위에 설정되 어 있는 개념으로서 사회 연대에 대한 유형을 변화시킨다.

표상은 본질상 사회와 깊은 연관성을 가지는 사회 통합의 중요한 요인이다. 앞서 보았듯이 원시종교에서 토템은 상징체계이고 집합 표 상을 나타내는 집단의 의례는 그 구성원들에게 연대감을 높여서 공 통의 집합 의식과 행동을 갖게 한다. 공동체 구성원에게 전이되는 의 식은 동일한 집합 의식으로 발전해 정체성을 형성하고, 참여자의 의 식을 고취시키며 집합 행동과 같은 사회운동의 확산에 큰 영향을 끼 친다.

집합 표상의 일례로서 기념은 대상과 주체, 내용과 형식, 사회적 효과 등을 포함한다. 기념의 대상은 역사적 사건이나 인물 또는 공 동의 사회적 경험이며, 그 주체는 기억 공동체mnemonic community나 국가가 된다. 여기에는 영상이나 문학, 시각적 매체가 공간적 요소와 결합해 이루어지고 기념물과 기념 건축, 기념 공간 등을 포함한다.[4] 집합 표상의 구체적인 행위로 이루어지는 것이 기념이고, 형태로 재 현한 것이 기념물이다. 집합 의식은 기념 속에 포함된 의례와 상징물로 구체화한다.

민주주의 이행 이후 전쟁을 둘러싼 다양한 형태의 표상들이 나타나기 시작했다. 국가가 기념하는 전쟁은 매우 특정한 표상을 원한다. 전쟁은 휴전이나 종전이 되었다고 해서 그 자체로 끝나지 않는다. 국가가 수행한 전쟁은 군인이든 누구든 전장을 체험한 사람들에게 동일한 '집단 정신'을 갖게끔 한다. 전투를 기념하는 건축물이나 박물관이 중요한 것은 전쟁을 겪지 않은 후세 사람들에게 국가주의 상징을 전승하기 때문이다. 역사에서 중요한 의미를 가지는 사건에 대한 국가의 기념 시설은 전쟁뿐만 아니라 독립과 민주화운동 등 다양한 주제를 가지고 있다.[5]

한국전쟁 이후 정부가 주도하는 전쟁 기념은 참전 군인과 각종 전투에 초점을 맞추어왔다. 이런 종류는 전투의 승리나 군인들의 전사와 같은 내용을 추모하는 것이다. 여기에 사용되는 기념물은 참전과 공적을 중심으로 하는 군인과 이를 뒷받침하는 정치 세력의 의도에 따라 만들어진다. 기념물은 대체로 국가의 공식 기록 속에서 국민의 정체성을 만들기 위한 문화적 매개물로 활용된다. 용산에 있는 전쟁기념관은 정부가 일방적으로 결정한 전시물의 내용과 관람 방식을 채택했다. 이것은 국군과 유엔의 전쟁 행위를 정당한 것으로 만들고 있으며, 전장의 이면에서 벌어진 민간인들의 경험을 망각하는 기억을 초래한다. 결국 반공안보의 가치관을 주입하는 공간으로 집약되어 있다.[6] 전쟁기념관의 상징은 북한이 일으킨 침략 전쟁과 책임을 묻는 전시가 일반적이지만 이와 다르게 '냉전' 이후 남북한의 화해와 가족의 비극을 새롭게 다루는 부분도 있다. 외부에 설치된 '형제상'을 예로 들면, 이 조각상은 화해와 통합을 상징적으로 보여주기도

한다.[7]

전쟁과 죽음, 승리를 기념하는 방식은 이것을 받아들이는 그 사회의 문화에 따라 달라진다. 우크라이나의 키예프에는 제2차 세계대전의 승리를 기념하는 전승기념탑이 있다. 이 기념탑은 언덕 위에서 팔을 벌리고 서 있는 모상母像 형태다. 신영복은 이 기념물을 본 후 전쟁에서 승리한 것은 "전쟁터에서 아들이 죽지 않고 돌아"오는 것을 뜻하는 것이라고 해석한다. "돌아오는 아들을 맞으러 언덕에 서 있는 어머니의 상像"은 그 어떤 것보다도 전승의 의미를 보여주는 것이 된다.[8] 키예프의 전승기념탑은 흔히 상상할 수 있는 전승의 표상인 총을 높이 치켜든 병사나 힘차게 행진하는 모습이 아니다.

홀로코스트가 인류의 비극을 상징하는 대표적인 사례가 될 수 있었던 것은 그저 600만여 명에 이르는 유대인이 죽은 사실에만 있지 않다. 표상의 힘은 비극을 추념하는 방식의 탁월함과 문화적으로 재현해 예술로 승화시킬 수 있었던 형상화에 있다. 비극의 유일성만을 강조하는 부정적 형상에도 불구하고 개인과 가족, 한 민족의 슬픈 이야기를 구체적으로 담아내고 있는 홀로코스트의 각종 상징물은 유대인 정체성의 중요한 집합 의식을 형성한다.

폴란드 출신의 유대인 건축가 다니엘 리베스킨트Daniel Libeskind가 설계한 베를린의 유대인 박물관은 그 자체가 역사적 기념물이다. 이곳에 전시되어 있는 개별 작품들은 홀로코스트와 고통의 기억, 조화라는 세 가지 의미를 담아 설치되어 있다. 내부의 긴 통로를 지나 가스실을 상징하는 '침묵의 방'에 이르면 높은 천장에서 한 줄기 빛이 비쳐진다. 아마도 '생존'이나 삶에 대한 '희망'을 발견할 수 있을 것 같다. 설치된 작품 중에는 마치 아이의 얼굴을 한 수많은 철판을 깔아

놓은 곳이 있다. 이곳을 걸어가자면 어린아이의 비명처럼 쇠와 쇠가 부딪치는 소리가 들린다.[9] 온몸의 신경을 자극하고 아픔을 느끼는 퍼포먼스는 관람객의 몫이다.

공간이 담아내려고 하는 실질적인 원형―사건과 그 희생―을 가장 적절히 구상한 곳은 아마도 이스라엘의 야드 바셈Yad Vashem 홀로코스트 기념관일 것이다.[10] 홀로코스트를 소재로 한 작품과 기념물은 이스라엘과 유럽 현대예술의 한 분야이고 유대인 공동체의 중요한 정체성을 형성한다. 넓은 의미에서 학살과 죽음을 상징화한 예술 작품이나 이런 상징물이 전시된 곳은 단순한 건물이 아니라 하나의 역사적 건축물monument로 자리매김한다. 역사적 건축물은 재산적 가치가 있는 문화재뿐만 아니라 역사적인 사건이나 특별한 인물과 관련된 작품과 장소, 지역을 모두 아울러서 부를 수 있다. 기념물은 박물관 형태나 예술 작품, 수용소, 학살 장소와 같은 곳을 복원하거나 보존한 형태로 나누어볼 수 있다.

기념물은 누가 건립하느냐에 따라 그 성격이 달라진다. 기념물의 건립 주체가 어느 한 개인이나 단체가 될 것인지는 때로 논란이 되기도 한다. 기념물의 형태와 형상화의 의미는 건립 주체와 기념하려는 사건이나 인물을 표상하는 사람들의 의식에 따라 변한다. 미국 워싱턴 D. C.의 한국전쟁참전기념메모리얼 건립 과정에서 보듯이 정부와 기념물의 당사자, 유족들이 주체가 될 수 있다.[11] 동일한 기념 대상이라 하더라도 건립하는 주체에 따라 기념물이 표상하는 의미가 다양해진다. 기념물을 설치하는 주체의 변화는 건립 대상의 변화와 함께 과거의 역사에 대한 자신들의 해석을 공적으로 표방할 수 있는 사회 세력이 다양하게 등장하고 있음을 보여준다. 국가의 통제를 벗어나거

미라이 학살에서 불타버린 집과 그곳에서 사망한 가족들의 인적사항을 기록한 표지석.

(한성훈, 2017. 8. 6)

나 공식적인 기념과 다른 성격의 기념물은 새로운 표상의 매개체로 등장한다.

국가가 나서서 민간인 학살을 기념하는 사례는 또 다른 의미를 지닌다. 베트남의 미라이 국가유적지는 참상이 일어난 마을 현장을 그대로 보여준다. 불에 타버린 집과 군인과 마을 사람들이 다급하게 쫓아다닌 길 위의 어지러운 흔적이 그때를 표상한다.

기념물은 과거에 대한 해석이 형상화된 표상으로서 특수한 시공간 내의 역사 인식을 반영한다. 기록된 문서를 통해 확인하기 어려운 정서나 인식의 틀을 확인하는 매개체로서 기념물이 선택될 수 있는 이유도 여기에 있다. 사회적인 기념 행위는 지식의 형태로 쓰여지지 않지만 과거의 경험을 현재 속에서 적극적으로 재구성하는 과정이다.[12] 특정한 시대의 역사 인식을 드러내는 상징물은 기념하려는

마을길에 새겨놓은 군화 자국과 자전거, 어른, 어린아이의 어지러운 발자국.

(한성훈, 2017. 8. 6)

사건에 대한 한 사회의 변화 과정을 볼 수 있게 해준다. 중요한 것은 기념물 건립에 대한 투쟁과 형태, 대상 그리고 이것이 상징하는 의미다.[13]

　근대국가 형성 과정에서 기념물은 민족 정체성을 강화하는 데 매우 중요한 역할을 담당한다. 베네딕트 앤더슨Benedict Anderson은 민족주의 문화의 상징으로서 무명용사의 기념비나 무덤보다 더 인상적인 것이 없음을 주장한다.[14] 그에 따르면 실제 무덤 안에 누가 누워 있는지는 모르지만 무명용사들의 기념비가 지니는 민족적 상상물로서 갖는 의미가 중요하다. 기념비는 개인적 사건을 집단적인 것으로, 또한 필연적이고 의미 있는 것으로 바꾸어 놓는 힘을 발휘한다. 무덤은 기념물의 일종이다.[15] 국가는 죽은 자의 명성을 필요로 한다.

1987년 민주주의 이행 이후 유가족과 시민사회에서 국가의 기념과는 다른 형태의 위령제와 해원이 의례로써 꾸준히 시작했다. 민간인 학살의 공식적인 추모공간과 형상화된 조형물이 만들어진 것은 민주정부가 들어선 이후의 일이다. 대체로 1990년대 중반까지 한국전쟁은 국가의 전유물이었고, 그와 관련한 기념물은 오직 국가의 지배적인 가치에 부합해야만 했다. 정부가 용인하는 테두리 내에서 기념물은 형상화되고 형상화된 사건의 집합 의식만이 재생산되어왔다. 국가의 승인이 없는 민간인 학살에 관한 기념은 비공식으로 존재해왔을 뿐이다.

위령과 추모의 표상

전쟁기념물 건립에 있어서 국가가 주도하는 방식의 기념물과 성격이 다른 것이 등장하기 시작한 것은 우리 사회의 민주주의 이행과 같이한다. 기념의 대상은 '이 사건을 무엇 때문에 기념하는가' 하는 역사 해석과 관련되어 있고, 이 해석의 변화는 정치권력의 민주화와 시민사회의 성장, 새로운 사실의 조합과 인권의식에 연결된다. 기념물이 상징하는 의미 변화는 지배적인 지식 체계가 바뀌어온 과정을 돌아볼 수 있게 해준다.

민간인 학살에 있어서 피해자와 그 가족에게 매우 소극적인 형태로 출발한 의례는 위령(제)이다. 그다음 눈에 보이는 실제를 필요로 하는 표상으로 만들어지는 게 비석 형태의 위령비다. 1960년 4·19 이후 전국의 유족들이 공통으로 이룬 것은 위령비나 비문을 세우는 것이었다. 그들은 대구 가창골과 경남 진영, 거창, 울산, 부산 동래, 제주(백조일손) 등지에서 유해를 발굴한 후 봉분을 만들고 비석을 세웠다.[16] 기념물은 과거의 사건이나 그에 부수되는 의미 체계가 가시적인 물체로 형상화된 것으로서, 그 속에는 역사적 경험에 대한 집합적인 해석이 담겨 있게 마련이다. 상징을 통한 역사적 경험의 재해석이나 과거를 표상하는 방식은 다양한 사회적 맥락과 정치적 환경에 따라 이루어진다. 유가족에게는 4·19 직후의 짧은 민주주의 이행이 새로운 의식의 표상을 형상화할 수 있는 시기였다.

비극과 고통이긴 하지만 함께할 수 있는 공동체의 표상이 피해자와 유족에게는 무엇보다 중요하다. 희생자의 친족 입장에서 볼 때, 국가의 정체성과 사회의 공식적인 전쟁 기념에 반하는 상징물은 쉽게 만들 수 없었다. 4·19 이후 만들어진 각종 위령비는 5·16쿠데타 이후 부숴지고 유족들의 이전 행위는 터부시되었다. 기념물은 정권의 의도에 따라 기념의 대상이 되는 사건이 왜곡되거나 은폐·조작되기도 한다. 독재와 군사정부에서 학살의 가해자는 자신들이 몸담고 있는 조직의 일원이었기 때문이다.

위령비는 장례의 마지막 절차와 관련되어 있다. 뒤르켐에 의하면 장례식은 가장 중요하고 본질적인 속죄의식의 예禮를 제공해준다. 이 의식은 죽은 사람이 성스러운 존재라는 사실에 기인한다.[17] 죽은 희생자가 '죄가 없다'는 유족공동체의 인식은 논리적인 설명 못지않게 눈에 보이는 형상을 요구한다. 가시적이며 즉각적인 물체는 많은 자료보다도 오히려 과거의 실체를 실감나게 이해하게끔 해준다. 과거의 추모로서 위령비는 곧 공감과 소통을 불러일으키고 현재의 정체성을 구성하는 표상으로 전환된다.

제주4·3평화공원 행방불명인 표석.　　　　　　　　　　　　(한성훈, 2017. 7. 18)

　　피해자들이 오랫동안 가진 정체성의 일부는 학살에 대한 비극적 경험이나 반공과 관련되어 있다. 희생자들이 상징을 요구하는 것은 억울한 죽음을 밝히는 측면에서 정치권력에 대항하는 것이지만, 위령비를 세워야 하는 표상의 상징을 위한 측면에서는 그 정치권력에 순응해야 하는 이중의 성격을 띠고 있다. 집합 투쟁은 한편으로는 국가주의에 순응하면서 다른 한편으로는 국가와 대립하는 갈등과 모순의 성격을 띤다. 결국 '반공'과 '민주화'라는 서로 상치되는 국면에서 갖는 분열적인 정체성이라고 할 수 있다.[18] 국가와 피해자 사이에는 정체성의 매개체인 기념물을 둘러싼 투쟁이 민주주의 이행기에 벌어진다. 거창사건 기념물에서 여실히 드러나듯이, 비스듬히 뉘어 있는 박산골 위령비는 사건 발생 이후 현재까지 정부와 피해자의 표상이 대결해온 상징물이라고 할 수 있다.[19]

제주4·3평화공원 비설(飛雪).   (한성훈, 2017. 7. 18)

　민주주의 이행 이후 형성된 기념물은 기존 국가 주도의 권위주의 기념 문화와 정치적 지향은 달리하지만, 기념 공간의 구성 원리는 이로부터 크게 벗어나지 못한 것으로 비판받고 있다.[20] 기념 문화의 내적 위기는 관념적 구상과 실행의 차이에서 비롯된 것이라고 할 수 있다. 기념물의 형상화는 사건 자체의 진실규명을 비롯한 사회적 수용과 역사 인식의 공유, 일상적인 문화 접촉을 필요로 한다. 홀로코스트를 주제로 한 예술작품에서 알 수 있듯이, 사건에 대한 시민들의 공감과 정치사회의 인정 그리고 문화 전반의 수용이 기념물의 창작에 가장 큰 영향을 끼친다.

　제주4·3평화공원에는 각종 형태의 조형물이 있다. 이 중에서 눈에 띄는 것은 행방불명자 묘역과 비설飛雪이다. 행불자 묘역에 조성한 수많은 표지석은 어쩌면 영원히 풀지 못할 숙제를 표상한다. 끌려

갔지만 생사가 어떻게 되었는지 알 수 없는 사람들. 삶과 죽음을 넘나드는 이곳은 이 세상과 저 세상의 경계에 속한다. 미래를 향한 아픔마저 열린 공간으로 품은 곳이다. 변병생(호적명 변병옥) 모녀상인 비설은 어떤가. 1949년 1월 6일 제주 봉개동 중산간에서 대대적인 토벌작전이 벌어지고 있었다. 변병생과 그의 두 살배기 딸은 거친오름 북동쪽에서 토벌대에 쫓겨 피신하는 도중 군경이 쏜 총에 맞아 숨졌다. 훗날 어느 행인이 눈더미 속에서 웅크린 채 딸을 껴안은 모녀의 시신을 발견한다. 비설은 쌓여 있다가 거센 바람에 휘날리는 눈이다.

1990년대 후반 이후 민간인 학살과 관련된 상징물이 논의되거나 건립되기 시작한 것은 민주화와 시민사회의 성장을 반영하고 새로운 문화와 지식 체계에 영향을 주는 것이다.[21] 거창사건 추모공간과 제주4·3평화공원, 노근리평화공원의 기념물 건립은 예술적 미학과 상징성의 한계에도 불구하고, 학살이라고 하는 전쟁 체험에 대한 학계와 시민사회의 새로운 해석을 정부가 제도적으로 수렴한 결과라고 할 수 있다. 피해자와 그 친족들의 인식을 담고 있지만 기념물의 상징은 거기에만 머무르지 않는다. 특정한 형태로 형상화한 기념물은 시민사회의 공공성을 강화하는 상징적 의미로 발전하고 피해자 관점을 넘어서는 비극의 보편성을 시민들에게 보여준다.

함평지역에는 11사단 5중대 사건을 비롯해 보도연맹과 부역혐의자 등 민간인 학살 전반에 관련한 비가 18개 세워져 있다. 군내 월야, 해보, 나산면 일대의 학살 현장과 연행 장소에 새워진 위령비와 비석들은 1998년 유족들이 설립한 (사)함평사건희생자유족회가 중심이 되었다. 합동위령비 1개와 연행 장소 한 곳이 포함된 학살지 표지석 16개, 시신 발굴지 1개가 곳곳에서 사건을 말해준다.[22] 함평양민 학살희생자합동위령비는 진실화해위원회가 사건의 진실을 규명하기 이전인 2004년 10월 30일 200여 명의 희생자가 발생한 월야면 월야 리 남산뫼에 최초로 세워졌다. 나머지 학살지 표지석은 2005년 3월 10일 이후부터 유족회 예산으로 희생 장소에 설치되었다.[23]

2000년 이후 중앙정부와 지방자치단체는 위령비와 각종 기념시설 을 건립한다. 산청·함양사건의 추모공원과 '위령탑 광장'으로 명명한 전북 고창군의 '6·25 양민 희생자 위령탑'을 비롯해, 전남 화순의 민 간인 희생자 추모탑과 여순사건 희생자 위령탑, 제주 북촌의 너븐숭 이 4·3유적지는 희생자를 상징하고 공동체 의식을 형성하는 장소로 서 조성된다. 위령과 추모의 성격을 가진 기념물은 대체로 복지관이 나 주민센터와 같은 공공건물 옆 또는 마을 중심지에 설치되어 지역 민의 일상 공간에 스며들어 있다.

사건의 기록으로서 위령비는 유족이라는 집단의 공통된 심리상태 를 반영하고 또한 이와 유사한 사례의 표상으로서 체계의 한 요소 로 편입된다. 위령비는 본질상 국가권력과 깊은 연관성을 가지며 집 단의 사회 통합에 중요한 요소로 작용한다. 이 비는 상징체계이며, 집단의 의례와 표상은 구성원들에게 연대감을 높여서 공통의 집합 의식과 행동을 갖게 한다. 표상의 매개물로서 의례의 중심에 위령과 추모비가 있고, 이를 중심으로 피해자들의 의식은 집합 정체성으로 발전한다. 참여자에게 전이되는 의식은 동일한 의식으로 발전하고 이는 진실규명을 향한 집합 행동과 이를 넘어서는 정체성으로 확산 되어간다.

홀로코스트 추모 방식에서 예술과 결합한 표상과 기억을 들여다

독일 슈투트가르트 시내에 설치되어 있는 걸림돌 중의 하나.　　　　　(한성훈, 2012. 11. 23)

보자. 독일과 유럽 전역에서 작은 황동판의 걸림돌stolperstein이 거리에 박혀 있는 것을 볼 수 있다. 독일 국가사회주의 범죄의 희생자 개인의 출생과 추방, 사망 시기 등을 동판에 새겨 그가 마지막으로 살았던 집 앞 보도에 설치하는 것이 걸림돌이다. 귄터 템니히Gunter Demnig가 1993년부터 오스트리아에서 시작한 이 설치미술은 독일 과거청산을 상징하는 기념물이다. 이것은 어떤 추상적인 범주가 아니라 희생자 개인을 기억하기 위한 것인데, 이 프로젝트는 반성적 과거사의 가장 유명한 추념물이 되고 있다. 현재까지 유럽 18개국에 약 4만 8천 개의 걸림돌이 설치되었다.[24] 바로 이웃에 존재하는 나치 시대의 유대인 희생자를 추모하는 이 기념물은 다시 돌아오지 않은 사람들을 기억하고, 무덤도 없이 그들을 추모하는 형식적인 행사를 넘어서는 설치 작업이다.[25]

기념물은 사라져가는 기억들을 눈에 보이는 가시적인 형태로 드러내기 때문에 집합적인 의례와 의식에 대한 상징체계로서 의미를 가진다. 함평에 새워진 비에서 알 수 있듯이, 피해자들의 표상은 국가의 공인과 폭력 행위를 바로잡는 데 의미가 있다. 피해자의 성명과 나이, 사망 일시, 장소와 같은 구체적인 사실을 낱낱이 새김으로써 위령비가 있는 장소와 형식은 표상의 공간이 된다. 민간인 학살 위령비는 국가가 저지른 '죽음'을 기억하고자 하는 피해자들의 집합 의식을 형성하는 사회적 틀의 일부다. 희생자에 관한 기념물은 여태까지 정부 주도의 상징물에 대항하는 일환이 되기도 한다. 이것은 국가가 주도하는 참전 군인의 추모와 행사뿐만 아니라 전쟁기념으로 대표되는 상징을 넘어서서 국가권력에 의해 피해를 입은 사람들에게까지 관심이 이르렀음을 뜻한다.

개인 차원의 표상도 충분히 상상해볼 수 있다. 죽음으로 신체가 없어진 피해자를 기억하고 추모하는 방식은 저마다 다를 수 있는데, 손에 꼽을 정도이긴 하지만 유품이나 옷가지를 간직하고 있는 경우를 눈여겨보자. 산청 시천·삼장 사건의 유족 정맹근은 아버지의 원혼을 달래고 자신의 한을 푸는 어머니에 대해서 말한다. 어머니는 "아직도 마음이 아파서 아버지 제삿날이면 방에 꼭 들어가" 있고, 아버지의 옷가지 중에서 "다른 건 다 태우고" "저고리 하나만 갖고 있"다. 자신이 죽으면 "그걸 꼭 관에 넣어달라고" 당부하는 어머니는 "그거 들고 저승에서" 아버지를 "만날" 것이라고 한다.[26] '저고리 하나'에 지난 세월의 한恨과, 원망, 슬픔, 좌절이 스며들어 있다. 집단이든 개인이든 표상은 누적적이면서 동시에 현재의 측면을 갖는다.

각종 위령비와 기념물은 사건을 둘러싼 피해자들과 국가 사이에 벌어진 투쟁의 산물이다. 과거를 기록하고 현재를 상징하는 피학살자의 비는 사건의 위법성과 은폐, 억압된 현실까지도 기념되어야 하는 것을 의미한다. 제주4·3이 추구하고 있듯이 미래를 향한 고통까지 열린 공간으로 품은 추모와 위령이 민간인 학살의 표상이 될 수 있다. 알아야 할 필요가 있는 자료를 다 가지고 있어도 사건을 현장과 사물, 이미지로 보는 것과 기록과는 엄청난 차이가 있다. 유족들이 끝내 성취하고 싶었던 것 중의 하나가 자신들의 표상이 되는 위령비라는 사실이 이를 반증한다. 표상은 문서로 된 서류보다 눈동자에 맺히는 이미지로부터 시작한다. 강화 사건의 유족 서영선은 1947년 초등학교 3학년 시절에 아버지가 마련해준 책상을 70년 넘게 간직하고 있다.**27** 인민군이 강화를 점령한 지 3개월이 지난 후 9·28수복이 이뤄지자 교육자였던 아버지 서정구는 행방불명되었다.**28**

나의 책상

1947 초등학교 3학년
교장 선생님이셨던 아버지
학교 목수에게 부탁하여
책상을 짜주셨다.
무관심 속에 방치했더라면
벌써 없어졌을 나의 책상
나는 그 책상에서 볼펜을 굴린다.
나의 소중한 기억
영원히 꺼지지 않으리

시간 속에 잊혀질

나의 사랑 나의 애심

그 끝자락에 멈추어 선 나의 유년은

반세기의 역사를

한 몸에 담고

오늘에서 내일로

달려간다.

제 3 부

사상의 지배와 사찰

차가운 심장을 가졌다면

곳곳에 만연한 비참함 때문에

고통스럽지는 않을 것입니다!…

제 글 속에서 인간에 대한 지순한 사랑과

인류의 행복에 대한 갈망,

정의에 대한 열정 외에 다른 목표를 찾을 수 있습니까?

• 그라쿠스 바뵈프, 「최후진술」, 프랑스 방돔에서 열린 재판, 1797. 2.

제 7 장

사상의 지배

사상을 지배하는 법의 힘

일반적으로 시민들의 어떤 주의주장은 '가변적인 경계'에 서 있는 경우가 많다. 한편으로는 어느 하나의 기준을 자신의 유일한 신념으로 받아들이기도 하지만, 다른 한편으로는 개별 사건이나 사물에 대한 개개인의 시각이 자신이 처한 상황이나 그 당시의 조건에 따라 변하기도 한다. 자신이 맞닥뜨린 현실에 대한 정치사상적 입장은 유동적이고 가변적인 행태를 띤다. 사상의 측면에서 매우 모호한 세력을 특정한 집단으로 지칭할 때, 그 범주의 경계선 역시 이를 설정하는 사람들의 자의적인 판단에 따라 결정된다.

국가가 나서서 시민의 사상을 교육하는 것은 새로운 것이 아니다. 근대국가의 기능적 측면에서 보면, 각 나라마다 어느 정도씩은 공교육 과정에서 구성원들에게 일정한 가치를 따르도록 가르친다. 그 나라가 처한 정치적 조건에 따라 인권이나 민주주의와 같은 보편 가치를 포함하는 기본권에 대한 규범을 설정하기 마련이다. 역사적 배경과 문화적 상황도 그런 조건에 포함될 것이다. 개인의 말과 글을 국가의 주관적인 판단에 따라 규정하거나 법과 같은 규범으로 정부가 나서서 통제하는 것은 민주주의 원리와 상충하는 것이다.

국가가 사상을 통제하는 것은 폭력을 담지한 법의 성격과 유사하다. 한 번 정립이 되면 이다음부터는 보존된다. 법은 영속성을 지니므로 법에 의한 사상의 통제는 지속해서 적용을 받게 되고 법은 현 상태를 유지한다. 발터 벤야민Walter Benjamin이 「폭력 비판을 위하여」에서 법과 관련한 폭력을 구분한 것처럼, 법이 폭력을 정초하고 보존하는 원리는 사상의 지배에도 마찬가지로 적용할 수 있다. 법을 설립하고 정립하는 정초적 폭력(법정립적 폭력)과 법의 영속성과 적용 가능성을 유지하고 확증하는 보존적 폭력(법보존적 폭력)은 구조적 재생산 관계에 있다.

자크 데리다Jacques Derrida는 벤야민의 논지를 넘어서서 법정립적 폭력에 법보존적 폭력이 포함되어 있는 것으로 본다. 그는 정초적 폭력은 자신의 반복을 요구하며 정초적 폭력이 보존되고 보존되어야 할 것을 정초한다는 점에서, 정초적 폭력의 구조에 보존적 폭력이 포함되어 있는 것으로 해석한다. 모든 정립은 "정초의 순간 속에 보존의 약속을 기입"하고 "기원적인 것의 중심에 반복의 가능성을 기입한다."[1] 정립은 이미 자기 보존적인 반복에 대한 요구이자 자신이 정초한다고 주장하는 것을 보존할 수 있게 하기 위해서 재정초하는 것이어야 한다. 이를 좀 더 단순하게 표현하면 보존적 폭력은 정초적 폭력의 '반복'과 '가능성'에 지나지 않는다.

국가권력의 지배에서 최종심급에 해당되는 것은 법이다. 법은 국가체계를 완결하는 요소 중의 하나로서 정치공동체 형성 과정에서 지배체제의 가치를 담보하고 사회질서를 보장하는 규범으로 존재한다. 법은 지배적인 가치를 정치공동체 구성원들에게 따르도록 규정하는데, 이때 법이 갖는 권력의 속성은 물리적 강제력을 행사하는 기구를 통해 집행된다. 베버는 국민들이 지배자에 복종하는 것은 공동체 구성원의 자격으로서 법에 복종하는 것에 해당하며, 법체계는 행정적이거나 계획된 목표를 달성하기 위해 의도적으로 만들어진 것이라고 본다.[2]

법에 부여된 힘이란 국가가 강제력을 독점할 뿐만 아니라, 의인화해서 본다면 법의 의지를 실현하는 데 있다. 권력의 절대적 성격을 부여하는 원천은 주권자에게 있다. 통상 이 과정은 근대국가의 법률체계 내에서 민주주의 원리에 따라 이루어진다. 이다음 주권자의 손을 떠난 국가권력의 절대적 성격은 이제 법에 의해서 규범화한다. 이런 방식으로 규범화된 이후 한 국가의 법은 그 정치공동체에서 구체적인 실현이라고 하는 절차적 정당성으로서 권력, 다시 말해 힘을 갖게 된다.

데리다는 법을 "항상 허가된(권위를 부여받은) 힘", 곧 "스스로를 정당화하는 힘이거나 자신을 적용하는 것이 정당화된 힘"이라고 정의한다. 비록 이런 정당화가 다른 편에서는 정당하지 않거나 또는 정당화될 수 없는 것으로 판단되어도 그렇다. "힘이 없이는 법도 없다"는 칸트의 명제를 환기시키면서, 그는 법의 적용 가능성이나 강제성은 "법으로서의 정의 개념 자체에, 법이 되는 것으로서의 정의, 법으로서의 법 개념 자체에 본질적으로 함축되어 있는 힘"이라고 규정한다. 법의 강제적 성격은 "힘에 의해 '강제되고' 적용될 가능성을 함축하지 않는 법이란 존재하지 않"으며, "힘이 없이는 어떠한 법의 적용 가능성이나 '강제성'도 존재하지 않"는다. 물론 적용되지 않는 법들이 분명히 존재하지만, 그러나 적용 가능성이 없이는 어떠한 법도 존재하지 않는다.[3]

법이 현실의 사회 구성원들에게 적용되는 과정에서 필연적으로 발생하는 힘의 규정력에 주목해보자. 이 힘이 권력과 갖는 성격은 '게발트Gewalt'로 인식할 수 있다. 보편적으로 게발트는 폭력violence으로 이해하지만 이 단어는 쓰임새에 따라 적법한 권력이나 정당화된 권위, 공적인 힘을 의미하기도 한다. 게발트에 내재해 있는 폭력 개념을 아렌트는 권력power, 강제force, 힘strength, 권위authority라는 어휘와 구별하려고 한다.[4] 이 단어들은 거의가 일정하게 폭력이라는 뜻을 내포하고 있는데, 그가 인정하고 있듯이 이들 개념은 명확하게 구분할 수 있는 것이 아니다. 정당화되는 공적인 법의 힘은 최종 단계에서 결국 강제력을 갖고 있는 물리력으로 뒷받침된다.

힘은 직접적이든 간접적이든, 물리적이든 상징적이든, 외재적이든 내재적이든, 난폭하든 세련된 담론이든, 강요나 규제든 상관없이 법의 적용 가능성을 강제한다. 법과 정의의 관계에서 법 이데올로기에 대한 비판에 주목할 경우 "법의 설립과 정초, 정당화의 순간은 수행적 힘, 곧 항상 해석적인 힘과 믿음에 대한 호소를 함축하고 있"다.[5] 법을 정초하고 정당화하는 작용과 법을 적용하는 과정은 어떤 힘의 발동인데, 이는 그 자체로는 정당하지도 부당하지도 않은 폭력, 이전에 만들어져 선행하는 정의나 어떤 법을 토대로 하는 수행적이며 해석적인 폭력으로 이루어진다.

법이 갖고 있는 힘의 적용과 관련해서 볼 때, 각종 법령은 개인의 권리와 의무를 제한하고 정함으로써 정치공동체 구성원을 형성하는 첫걸음이 된다. 예를 들면 안토니오 그람시Antonio Gramsci가 명시한 대로 사법제도는 국민의 의무와 권리를 규정해 구성원을 징벌하는 제도로서, 법정은 억압적이고 부정적인 방법으로 구성원을 형성한다.[6] 우리나라에서 정부가 법의 영역을 장악했던 독재와 권위주의 시대의 정권은 사회 내의 저항이나 갈등을 북한과 연계 짓고 '국가안보', '사회혼란', '국민총화', '국민화합', '질서' 등의 명목으로 탄압의 정당성을 찾았다.[7]

법의 힘에 의한 적용과 규정력에서 국가보안법이 내세우고 있는 사상의 통제만큼 이것을 더 잘 보여주는 사례는 없다. 우리 사회에서 공산주의 또는 사회주의 사상을 금지함으로써 정부는 반공이라는 하나의 논리로 여타 모든 논리를 압도하고 이 논리로 시민을 통제discipline하고 규율regimentation할 수 있게 된다. 마르크스주의는 하나의 사상, 운동, 이념이기 이전에 적대 국가의 사상적 기반이라는 점에서 거부당한다.[8] 이 현상은 우리 사회가 다른 나라에 비해 시민들이 취할 수 있는 정치적 행위양식의 범위가 좁은 데서 확인할 수 있다.

현대사에서 '반공', '안보', '간첩', '빨갱이'와 같은 기표와 담론으로 야당이나 저항 세력을 합법적으로 탄압하는 도구가 바로 국가보안법이다. 1953년 형법 제정에 앞서 1948년 12월 1일 제정·시행에 들어간 이 특별법은 출발 당시부터 사상 통제를 주요한 목적으로 하고 있었다.[9] 국가보안법의 입법 정신은 자유민주주의를 떠받치기보다는 역설적으로 파시즘과 유사한 반공주의 체제를 뒷받침한다. 공산주

의 사상과 전혀 관계없는 영역의 도전도 반공의 영역으로 빨아들인
다. 반공의 지배가 '종북'이나 '친북'으로 재생산되는 과정은 국가 차
원의 여러 가지 제도적 조건에 의해서 국민들에게 하나의 가치관, 인
생관 그리고 총체적인 신념체계로 자리 잡게 되기 때문이다.

  국가보안법의 역사성은 치안유지법을 기원으로 한다. 사상 범죄나
공산주의 활동을 제약하는 국가보안법의 시행상 특성은 치안유지법
의 유산이다.[10] 국가보안법은 사상의 억압 체제와 분단의 법제화, 인
권침해의 내재화라는 측면에서 반공의식의 결정적인 매개체다. 일부
정치 세력에게 "반공은 이 나라의 최고의 이념이며 최종의 지향"인
셈이다.[11] 이 특별법의 지속적인 존치는 단순히 제정 당시의 '시대적
영향'을 넘어 '실질적 효과'를 갖고 구조화된다. 이는 범죄 구성요건
의 확장과 불명확한 개념의 자의적 남용을 가져오고, 중형주의적 형
벌관과 '친북'이라는 낙인처럼 부정적 유산을 남긴다.[12]

  이와 같은 법체제가 떠받치고 있는 이데올로기는 공산주의 사상
과 전혀 관계없는 영역에서 발생하는 반체제, 반정부 시민을 '좌익'이
나 '간첩', '종북'으로 낙인찍는 데 있다. 기존 질서에 대한 도전을 한
꺼번에 역전시키는 지배체제의 강력한 무기가 바로 반공이고, 이를
최종 단계에서 보장하는 것이 국가보안법이다. 국가보안법의 적용은
그 자체로 국가가 국민을 정치공동체에서 내쫓는 역사라고 할 만하
다.[13] 국가보안법이 사상을 탄압하는 법적 수단으로서 갖는 성격은
특정 세력의 구체적인 범행에 대한 것이 아니고, 그들의 존재 그 자
체를 말살하는 데 입법 목적이 있기 때문이다. 제정 당시에는 '좌익'
이 주된 대상이었지만 이후에는 반정부 정치·사회단체가 이 법률의
적용 대상이 되어왔다.[14]

이런 현상은 헌법의 인권 존중 가치와 충돌을 일으킨다. 헌법은 대한민국에서 태어난 모든 사람을 '국민'으로 포함하지만 국가보안법은 '사상범'이나 반대 세력으로 혐의를 받은 사람을 공동체 외부의 존재자로 간주해왔다.[15] 아리스토텔레스가 『정치학』에서 밝히고 있듯이, "올바르게 제정된 법法(nomos)이 국가의 최고 권력을 가져야" 한다. 법은 이것이 속해 있는 "정체政體에 따라 좋거나 나쁘거나, 정당하거나 정당하지 못할" 수 있다. "확실한 것은 법은 정체에 맞아야 한다"는 사실이다.[16] 헌법의 가치와 민주주의 원리에 어긋나는 국가보안법은 민주정 자체를 왜곡시키는 정당하지 못한 법이 되어 있다.

국가의 성격과도 관련된 위와 같은 체제에서 남한의 '국가 이성'은 동아시아에서 미국의 정치·전략적 이해에 일치하는 강력한 반공주의적 자본주의 사회 건설이었다. 분단 상황에서 국가는 남북한 간의 '상호관계적 역동성interface dynamic'이라는 조건하에 만들어졌다.[17] 남북한과 미국의 삼자 관계에서 또 하나 중요한 의제를 발견할 수 있는데, 이는 남한에서 미국에 반하는 정책, 미국에 비판적인 것을 북한과 연계해서 해석하는 '냉전' 논리에 있다. 전후 사상의 지형은 축소되고 남한의 자본주의 발전은 미국의 경제 원조를 받아 이루어졌다. 자유주의 경제체제 확립을 위한 법적 정비가 이뤄짐과 동시에 교육·문화 등의 부분에도 친미, 반공주의가 자리 잡았다.[18]

일본 제국주의 유산 중에 사상의 통제만큼 독재와 권위주의 정권이 애용한 것도 드물었다. '종북', '친북'이 재생산되는 과정은 결국 국가보안법이 뒤를 받쳐주고 있기 때문이다. 이와 같은 정치체제 형성을 고려하면 우리는 외부의 압력이 내부의 응집을 강화할 것이라고 쉽게 짐작할 수 있다. 반체제 운동과 같은 사회 내부의 문제를 북한과 연계된 것으로 외화함으로써 내부의 모순을 은폐하고 이것을 개혁하려는 세력의 입장을 분쇄하는 데 국가보안법은 가장 효과적이다. 지배 세력이 의도한 전략뿐만 아니라 반공의식을 통해 시민들의 사유체계에 들어선 자기 검열과 감시의 일상화는 국가보안법의 끈질긴 생명력을 입증한다.

국가, '사상을 주관한다'

감시는 개인의 사상과 표현의 자유를 근본적으로 제한하는 조치다. 시민 개개인이 국가를 상대로 사상을 증명해야 할 이유가 있는가, 감시를 받을 이유가 있는가. 이와 반대로 국가가 시민을 감시하고 사상을 통제하는 이유는 무엇인가. 체제가 다른 북한의 존재 때문인가. 사상과 표현의 자유를 제한하고 있는 법률 때문에 많은 사람들이 자신들의 양심에 반해서 범죄자로 전락했다. 정부는 이런 전력을 미끼로 특정한 시민들을 개념도 모호한 정치사상범으로 만들었고 국가보안법 위반자를 공안사범으로 분류해 관리하고 있다.

국가가 나서서 사상을 관리하고 심사하는 사례는 국민보도연맹 결성과 회원의 탈퇴에서 쉽게 알 수 있다. 이승만 정부는 보도연맹원에 대해 일정한 심의 기간을 거치면 조직에서 탈퇴시켜 온전한 국민으로 받아들일 것을 표명했다. 사상을 국가가 심사해서 인정하겠다는 발상은 일본 제국주의의 잔재이자 전체주의 국가에서나 있을 법한 일이다. 보도연맹원은 가입할 때 양심서를 제출한다. 공개적인 탈맹식脫盟式을 거치기 전까지 그들은 사상을 의심받는 대상이었다. 탈맹이라는 절차 자체가 보도연맹원의 이중적 지위, 곧 사상전향자이면서 동시에 요시찰 감시 대상자라는 것을 말해준다.[19] 중요한 사실은 정부가 공개적인 자수와 전향을 요구하고 조직에 가입시켰으면서도 근본적으로는 이들을 정치공동체 구성원으로 받아들이지 않은데 있다.

국민보도연맹은 좌익계에 대한 사상전향과 정부의 잠재적인 반대세력을 색출하는 적극적인 임무를 띤 조직이었다.[20] 보도연맹원은 관계기관에 명단이 등록되어 있었고, 경찰은 언제든지 그들의 소재를 파악할 수 있었다. 정부로부터 통제와 감시를 일상적으로 받은 그들은 자신들의 신원에 대해 불안감을 갖고 지냈다. 일제 강점기에 이와 비슷한 사상 통제를 경험한 사람들 중에는 조직에 가입할 때부터 정부가 유사시에 자신들을 '처리'할 것을 예감한 사람도 있었다. 해방 후 포항시 인민위원회에서 활동했고 민주청년동맹 산하 여성동맹 위원장을 맡았던 김미자는 "보도연맹이라는 게 죽이려고 가입시키는 것인데", "가입하면 죽일 거라는" 것을 알았다.[21] 개전 후 보도연맹원이 소집되었을 때 그는 살해될 거라는 예감에 도망쳤다.

사상의 의심을 덜기 위해 국민보도연맹에 가입하는 경우도 허다했다. 이일재는 대구에서 보도연맹이 조직될 때 회원으로 가입하면 "'빨갱이'가 아니다"라는 것을 인정받는 것이라고 증언한다.[22]

또 하나는 자기 형님이, 자기 형님이 좌익했다 그래서 들어온 사람도 있고, 천지 이런 법이 어디 있습니까. 그래 그게 보도연맹이에요. 그니까 정부서 보도연맹 정책을 실시하니깐 각 경찰서에선 보도연맹에 성적을 올려야 되잖아요. 성적을 올리기 위해서 될 수 있는 대로 사람 수를 많이 끌어내야 되잖아. 그래서 막 끌어오는 거야 보도연맹 들어오너라고, 뭐 들어가면 뭐 좋은기다. 우선 보도연맹에 들어가면 어 저 사람을 말하자면 빨갱이 아니다, 이런 인정을 받으니까. 아무거 할 게 없는 사람도 들어가는 거예요.

사상의 반대를 넘어서 소위 '좌익'이라고 하는 애매한 범주로 시민을 광범위하게 통제하고 잔혹하게 처리한 것은 정부 수립 전후부터 이어졌다. 여순사건 진압 과정에서 이승만은 경고문을 통해 '좌익' 가담자는 어린아이와 여학생을 불문하고 검거할 것이라고 밝혔다.[23] 그는 사건 발생 이후 "여학생들이 심악하게 한 것"과 "남녀 아동까지도 일일이 조사해서 불순분자는 다 제거"하라는 무차별적인 검속을 지시했다.

정부는 반대자를 척결하는 데 앞장선 사람을 사면하거나 이를 주도적으로 처리한 사람에게 금전 포상도 마다하지 않았다. 김두한이 '좌익' 관련자를 죽인 죄로 미군의 군사법정에서 사형을 선고받은 후 서대문형무소에 이감되었을 때 이승만은 그를 특사로 풀어주었다. 선우종원이 '사상검사'로 있을 때 이승만은 "공산당을 많이 잡았다고 경무대로 불러 상금이라고 하여 30만 원을" 주기까지 했다.[24]

'좌익'이라고 불린 사람들의 사상을 파악하는 기준은 정부의 방침에 따르느냐 그렇지 않느냐 하는 데 있다. '좌익'이 요시찰인이었고 그들 중 다수는 보도연맹원이었다. 선우종원은 학살당한 보도연맹원 중에는 무고하고 억울한 사람이 많을 것이라고 증언했다. 그는 국가가 **사람의 사상을 주관한다**'는 의미에서 보도연맹 조직이 적법한 것은 아니라고 말했다.[25] '사상을 통제한다'는 측면에서 그렇게 해서는 안 되는 게 그가 생전에 밝힌 말이었다. 사상을 문제 삼게 되면 그 방식은 결국 그 사상을 담지한 존재를 없애거나 전향시키는 수밖에는 다른 도리가 없다. 사상을 빌미로 감시와 통제를 하는 것은 불법행위이고 민주사회에서 이런 국가의 행위는 정당성을 잃은 것이다.

사상을 타인의 간섭이나 국가의 감시 아래 두려고 하는 사람들은 민주사회를 강력하게 반대하는 자들이다. 스피노자의 방식대로 표현하자면, "정신이 전적으로 다른 사람의 통제 아래 있는 것은 불가능하다. 자유롭게 추론하고 그것이 무엇이든 어떤 문제에 대해 스스로 판단하기 위해서는 누구도 그의 자연적 권리나 능력을 다른 사람에게 양도할 수 없으며, 그렇게 하도록 강요될 수도 없"다.[26] 근대, 또는 근대성이 확립되는 과정에서 가장 먼저 그리고 가장 중요하게 전제되는 것이 개인의 존재와 그의 사상이다.

인간의 사상을 국가의 정책에 맞추라는 것은 마치 "너무 긴 것은 짧게 잘라 알맞은 길이로 만들어야 한다"고 라디오 방송에서 당원을 격려했던 크메르 루주의 선동과 다를 바 없다.[27] 폴 포트 정권은 '너무 긴 것'으로 여겨진 불교도와 지식인, 베트남인, 사무원, 도시민을 무차별로 죽였다. 1951년 2월경 11사단 9연대 소속의 유엔군 연락장교였던 리영희는 거창사건이 일어난 것을 알았다. 그는 "어째서 이 나라에서는 인간 말살의 범죄가 '공비'나 '빨갱이'라는 한마디로 이처럼 정당화될 수 있는가 하는 의문이 그 후부터 머리를 떠나지 않게 되었다." 이것은 그가 "이데올로기의 광신사상과 휴머니즘에 대한 멸시를 깨쳐야겠다는 강력한 사명감 같은 것을 느낀 계기가 되었"고, 이때부터 그는 "우리 민족이 다른 민족의 '잔인성'을 나무라는 데 동조하지 않게 되었다."[28]

저마다 정도는 다르겠지만 '좌익'이나 '공산주의자'라는 사상의 범주로 사람을 평가하는 것은 한 인간의 극히 일부만을 바라보는 편협한 시각에 불과하다. 현장에서 학살을 수행했던 가해자도 죽은 사람들이 '좌익사상'에 투철하지 않았음을 알고 있다. 고양 금정굴에서 학살에 가담한 치안대원 김규용은 유족과 함께 방송사와 가진 인터뷰에서 자신이 현장에서 한 행동을 자세히 설명한다. 인터뷰에서 기자가 금정굴에서 희생된 사람들이 좌익사상을 가진 사람들이었는지 묻자, 그는 "사상은 무슨 사상이냐? 농촌에서 농사를 짓고 사는 농민사상이라고 할까?"라고 대답했다.29 그는 끌고 온 사람들에게 총을 한번 쏴서 죽이고, 그 위에 흙을 덮고 또 사람을 죽인 후 여러 켜로 덮은 사실을 증언한다.

사상의 문제는 국가가 대상자로 지목한 그 사람이 죽는다고 해서 끝나지 않는다. 연좌제가 둘러싸고 있는 것이 '사상 검열'이다. 세 살 적에 아버지 이현필을 잃은 이도영은 사범대학을 졸업한 후 교사 발령이 거부되고 군대에서는 작전 서기병 직책에서 쫓겨난다. 1978년 가을 미국 유학을 준비할 때에도 아버지의 죽음은 따라다닌다. 여권을 만들려고 치안본부에 가서 통사정을 했지만 돌아오는 것은 "아버지가 '사상 불온으로 시국에 처형'되었기 때문에 어쩔 수 없다"는 답변이었다. 얼굴조차 기억하지 못하는 아버지로부터 "사상을 전수받았겠는가"라고 그는 되묻는다.30 이현필은 제주 섯알오름에서 살해당한다. 개전 초기 제주 모슬포경찰서는 관내 한림·한경·대정·안덕 등지에서 사람들을 검속한 후 이들 중 149명을 대정읍 상모리 절간 고구마 창고에 수감했다가 1950년 8월 20일 새벽 4~5시경 학살했다. 한림지서에 검속되었던 63명도 이곳에서 총살당한다.31

'좌익'이나 '공산주의자'는 실제 그 대상자를 가리키는 용어가 아니라 정치적 반대 세력이나 차별 대상을 가리키는 것으로 오래전부터 변질되어왔다. 1950년 4월 1일, 조선일보 사설은 "요구해서 들어주지 않으면 빨갱이, 사감私憾이 있으면 빨갱이, 같이 사업하다 이익을 독점하기 위해 다른 쪽을 빨갱이, 정치노선이 달라도 빨갱이라고 몰아대어 사람들이 언제 어떤 모략에 걸릴지 안심하고 지내기 힘든 세상이 되었다"라고 개탄했다.[32] '좌익'에 대한 시민들의 인식은 이념 문제를 넘어서 상대방에 대한 일상적인 두려움과 악감정으로 바뀌었다. 시민사회에서도 '빨갱이'라는 이 한마디는 뭔가 잘못이 있는 사람을 칭하는 것으로 그 의미가 달라져 있다.

우리 사회에서 '좌익'은 마치 '악의 상징'처럼 불결하고 흠을 가진 사람들로 변해버렸다. 테렌스 데스 프레Terrence Des Pres가 매우 적절하게 인용하듯이, 폴 리쾨르Paul Ricoeur는 『악의 상징주의the Symbolism of Evil』에서 "불결한 것에 대한 두려움이란 고통이나 죽음보다도 더한, 인간 존재를 훼손하고 정신적 핵을 파괴하기 위한 위협 아래서 생겨나는 특수한 공포감"으로 본다.[33] 부연해서, 리쾨르는 불결함의 근저에는 '죄'나 '도덕적' 또는 '가장 오래된 악의 상징'과 같은 개념들이 밑바탕에 있음을 본다. 프레는 직접적으로 강제수용소 수감자들이 배설물이나 오물로부터 고문당하는 감정을 분석하면서 리쾨르의 '악의 상징'을 원용한다. 수감자들이 배설물과 접촉하면서 격하게 반응하는 것은 이 오물이 상징하는 것이 '악'이기 때문이다.

국가가 개인의 사상을 독점하는 것은 법적 폭력이다. 권력의 절대적 성격은 사상의 독점과 함께 물리적 폭력에 있다. 국가가 사상을 강제할 수 있는 권한을 가진 상태는 법률적 폭력의 지배라고 할 수 있다. 법을 부과하는 것은 그 속에 항상 존재하는 폭력의 요소(법의 힘)를 의미한다. 법에 부여된 힘이란 국가가 단지 "강제력의 독점"뿐만 아니라, 하이데 게르스텐베르거Heide Gerstenberger가 표현한 대로 법을 "정의定義할 수 있는 힘'을 확보하면서 구성"되는 것을 뜻한다.34 생각의 옳고 그름, 바름과 잘못을 판단하는 힘을 국가가 결정하는 것이다. 달리 해석하면 사상과 폭력을 강제할 대상과 범위, 방법을 선택할 능력을 소유한 것은 국가뿐이라는 의미다.

국가가 특정한 사람들을 '좌익'이나 '종북'이라고 정하면 그들은 사회에서 '악'한 존재가 되거나 두려움의 대상으로 변한다. 이것이 사회문화적으로 갖는 이미지는 이런 사상을 가진 자는 '더러운 인간'이라는 데 있다. 이러한 연상은 '빨갱이'가 '악한 것을 상징'하는 것으로 구체화되고 '오염된 사람들'에 대한 정화와 청결로서 차별과 혐오, 극단적으로는 살해까지 방불케 한다. 강제수용소처럼 불결함이 악을 상징할 때 상징적 더러움은 현실의 오염에 있다. 인간의 존엄이 붕괴한 곳에서 '악'은 한 인간의 인격을 상실하게끔 작용한다. 폭력과 정의를 법의 영역에서 명확하게 구분할 수 없는 것과 마찬가지로, 사상을 지배하는 법은 국가권력의 이상적 독점이라는 성격을 부여한다.

제 8 장

신원조사

감시와 사찰

우리나라에서 사찰査察과 감시는 사상과 정치적 반대자를 대상으로 해왔다. 표면적으로는 사상의 정적을 문제 삼아 돌이킬 수 없는 사태를 일으킨 것이 학살이고, 그 이후 정부는 피해자와 그 가족을 감시 대상으로 삼았다. 감시가 개별 시민에게 가장 조직적이고 체계적으로 이뤄지는 형태를 사찰이라고 할 수 있다. 특별한 목적을 가지고 정부가 사람을 감시하는 사찰은 정보수사 분야에서 항상 문제를 일으켰다. 사상의 문제나 정부의 정책에 반대하는 사람들을 정기적으로 감시하는 사찰은 관행으로 이루어졌고 지금도 진행 중이다.

한국전쟁 때 인민군을 도와주었다는 부역혐의로 기소된 정정화는 집행유예로 풀려난 후 요시찰인이 되었다. 중국의 대한민국 임시정부에서 독립운동을 한 이력도 '사상의 잣대' 앞에서는 아무 소용이 없었다. 시민증 재발급이 있을 때 성북경찰서 사찰계 형사는 '요'라는 글자가 새겨진 도장을 그의 시민증 뒷면에 찍어주었다. 그 무렵 "요시찰인 명부에 이름이 오른 사람은 시도 때도 없이 '예비검속'을 당하곤 했다." 정정화 역시 두어 번 경찰에 구금당한 일이 있었는데, 1952년 12월 2일 드와이트 아이젠하워Dwight D. Eisenhower 미국 대통령이 방한했을 때 그는 경찰에 검속당한 걸 잊지 않았다.[1] 경찰은 요시찰인을 이따금씩 경찰서에 출석시켜 근황을 파악하고, 중요한 정치 행사가 있을 때는 사회와 격리시키는 검속을 단행하곤 했다.

한 국가가 그 구성원을 보호하거나 감시하는 기능은 정치적 목적에 따라 언제든지 사찰로 바뀔 수 있다. 일반적인 사찰의 행태는 정보기관이 시민을 대상으로 사상의 동태를 살펴 조사하는 일이다. 이는 감시의 규범적 차원을 넘어서 정보수사기관이 개인의 사생활을 낱낱이 파악하는 것을 의미한다. 정부기관이 시민을 사찰하는 것은 어제오늘 일이 아닌데, 주권자에 대한 이러한 행위는 정치권력이 요구하는 특정한 목적에 따라 이뤄지는 것이 대부분이다. 국군기무사령부(전 국군보안사령부)와 국정원, 경찰이 주로 이 업무를 맡아왔고, 이는 요시찰인 등을 감시·관리하는 기초적인 정보활동에서 출발했다.

사찰은 100년 이상의 역사를 갖고 있다. '사상범'을 관리하는 기원은 일본 제국주의 때로 거슬러 올라간다. 그때부터 경찰은 민간인을 대상으로 정치적 목적의 감시와 관리를 해왔다.[2] 사찰은 대상자를 특정하지 않는 일반사찰과 특정 인물이나 단체를 대상으로 하는 요시찰로 구분할 수 있다. 요시찰은 주요 인물이나 단체를 일정 기간 주기적으로 감시하는 제도다. 이 제도에 대한 최초의 기록은 1912년 말 '형사요시찰'을 규정한 내규라고 할 수 있다. 조선총독부가 작성한 요시찰인 명부는 대상자를 그 정도에 따라 분류하고, 인적 사항과 활동 사항을 상세히 기록했다.[3] 일본 제국주의는 요시찰 대상을 사상과 이념, 운동, 특성에 따라 특·갑·을·병, 또는 갑·을·병으로 분류했다.

해방 이후 사찰 업무는 미군정기 경무국의 정보업무로 지속되었다. 1946년 1월 '군정령 제23104호'「경무국 경무부에 관한 건」에 따라 사찰과와 사찰계가 경무국에 설치되었다. 정부 수립 후에도 이 제도는 그대로 사찰경찰로 이어졌고, 이는 경찰의 정보업무 분야에서 주로 다루었다. 요시찰 제도는 분단된 남한과 북한에서 거의 유사하게 존속했다.[4] 사찰경찰을 정의한 내용을 보면 "국체國體에 대한 일체의 침해 행위 즉, 대한민국의 존립을 위태롭게 하는 제반 운동의 시찰視察 및 취체取締에" 그 임무가 있음을 알 수 있다.[5]

시민의 사상적 동태를 파악하는 요시찰은 대표적인 식민지 유산이었는데 한국전쟁 때 큰 문제가 되었다. 국민보도연맹원은 경찰과 검찰의 철저한 관리와 감시 대상이었다. 각 경찰서는 이른바 관내 시민을 대상으로 「요시인명부」를 작성했는데 이에 따르면 보도연맹원과 부역자, 월북자와 행방불명자 가족이 요시찰 대상자였다. 전북 고창경찰서 「요시인명부」에는 30명의 보도연맹원이 기재되어 있다.[6] 경찰은 주로 「요시인명부」, 「6·25 당시 처형자 및 동연고자명부」, 「신원기록존안대상자연명부」, 「대공기본대장(대공바인다)」, 「대공인적위해자조사표」, 「사실조사서」, 「신원기록편람」 같은 서류철로 사찰 대상자를 관리했다.

요시찰인은 전쟁 기간 내내 지속적인 검거 대상이었고 해당 지역 경찰서는 이 업무를 도맡았다. 사례를 보면 예산군 관내에서 '갑' 317명, '을' 372명 총 689명이 요시찰인 대상자였다.[7] '을' 요시찰인 중에는 민간 억류자 144명이 포함되어 있었다. 경찰서 사찰과는 이들의 동태를 파악하기 위해 형사 전원과 각 지서 주임이 월 2회 이상 개별적인 동태를 내사해왔다. 어떤 내사 보고에 따르면 경찰은 사찰 대상자를 "현 정부 시정 방침에" "잘 순응하는 편으로 특이사항"이 없는 것으로 기재했다. 예산경찰서 사찰경찰 운영 상황을 구체적으로 보면, 외근 형사들은 각 지서 관내에 2명 이상의 고정 비밀정보원을 확보해 각종 정보를 수집하는 것으로 지침을 받았다. 형사들은 관내를 순시하고 정보원과 대면해 정보를 교환하거나 정보 수집에 대한 지도 교양과 각종 지시를 내려 민심의 동태를 파악하고 '불순분자' 색출에 주력했다.

1951년 10월 9일(내치정서무 제24307호) 경찰은 「요시찰인 명부 설치에 관한 건」에 따라 요시찰인을 갑·을·병으로 구분하고 사찰을 비상시찰과 정기시찰로 구분해 실시하게끔 했다.[8] 「요시찰인 시찰 업무 조정 규정」에 따라 정기적으로 사찰 대상자들이 감시를 받았는데 이들에 대한 등급 분류와 그 대상은 매우 구체적으로 나누어져 있었다. 「요시찰인 시찰 업무 조정 규정」에 명시한 갑·을·병 중에서 갑에 해당하는 사람은 간첩죄로 형을 선고받은 자와 공소보류 또는 기소유예 처분을 받은 자, 국가보안법과 반공법, 군형법 제13조와 15조, 특수범죄처벌에 관한 특별법 제6조 위반 등의 정보사범으로 3년 이상의 형을 선고받은 자이다.[9] 1970년에 이르러 그해 11월 말 기준으로 총 1만 525명이 요시찰인으로 집계되어 있었다.

사찰 대상이 되는 '사상범'이나 '정치범'은 누구를 지칭하는가. 일본 제국주의가 규정한 사상범죄는 좌경사상에 기인한 범죄로서 치안유지법과 치안경찰법 위반과 출판, 반동운동 및 반동단체원, 노동운동 및 노동쟁의, 농민운동 및 소작쟁의, 사상을 배경으로 한 형평운동 위반자였다. 검사 출신으로 치안국장을 지낸 한옥신은 사상범죄를 "자기가 가지고 있는 내심적 사상체계를 실현함에 있어 국가의 형벌 법령에 위배되는 유책有責한 행위"라고 정의했다. 그는 정치범죄를 "특정 국가의 기본적 정치질서의 변혁을 목적으로 하는 범죄"라고 밝혔다.[10]

정치범죄와 사상범죄의 관계는 어떤가. 한옥신의 주장을 해석하자면, 사상범죄에 있어 사상체계의 실현이 국가의 기본 질서 내지 정치질서의 변혁을 목적으로 하는 것일 때, 이것은 단순한 사상운동을 넘어서 정치운동으로 바뀌게 된다. 이 경우 사상범죄가 그 국가의 형벌 법령에 저촉되는 한 정치범죄와 동일한 개념으로 이해할 수 있다. 사상범죄와 정치범죄는 본질상 구별할 수 없으며 결국 유사한 범주로 적용될 수밖에 없다. 이와 같은 개념과 범주에 해당하는 '사상범'은 국방경비법, 국가보안법, 반공법, 집회 및 시위에 관한 법률을 위반한 사람들이다. 한옥신은 이들을 공산주의자라고 단정했지만 이들 법이 적용된 그동안의 사례를 살펴보면 대다수는 특정 정권과 정책의 반대자들이 대부분이었다.

경찰이 요시찰인 개인별로 작성한 문건은 관찰보호자카드와 감시망 체계도, 요시찰인 자택 약도, 요시찰인 가옥 구조도, 재판 기록, 보안처분 대상자 신고서, 주민등록등본, 공안사범 조회리스트, 신원조회 신청기록 등으로 되어 있다. 사례를 보면, ○○○은 한국전쟁 때 민주청년동맹 조직원으로 '부역'했으며 주민들에게 백미를 거

뒤 '괴뢰군'에게 제공해 적을 방조한 자라는 죄목(국가보안법 위반)으로 5년 동안 수감 생활을 했다. 요시찰인 카드의 '중요 동향' 항목에는 그의 사망일로부터 한 달 정도 뒤 '사망 삭제'라고 기록되어 있지만 해당 경찰서는 이를 폐기하지 않고 따로 관리했다. 이 카드 끝에는 공안사범 「전산기초자료서」가 부착되어 있다.[11]

위 자료와 관련된 경찰서 '요시찰인 카드' 5권은 요시찰 대상자 1명당 1권씩 책자 형태로 묶여 있다. 이 중 어떤 대상자의 기록은 1975년부터 1994년까지 20년에 걸쳐 작성되었다. 경찰의 관례에 따르면 공안 기록은 폐기되지 않고 전국 각 지역 경찰서에 남아 있다. 해당 경찰서는 요시찰 대상자가 살아 있는 한 동향을 계속 파악한 후 기록하고 관리한 것으로 드러났다. 사망할 때까지의 행적을 추가 기록하기 위해서는 요시찰인을 사찰할 수밖에 없었을 것이다. 이 자료들은 '요시찰인 카드' 또는 '부역자 카드'로 작성되었고 이후 공안사범 자료와 연계해 관리되어왔다.

부산 동래경찰서는 송경희와 송철순 부자에 대한 이력을 훤히 꿰뚫고 있었다. 치안본부는 송철순이 1960년 '6·25 때 남로당과 보도연맹에 가입해 활동하다 처형된 아버지 송경희의 유골을 찾는다'는 구실로 '양민학살유족회'를 조직해 총무직을 맡았고, 1961년 12월 7일 「특수범죄처벌에 관한 특별법」 제6조(특수반국가 행위) 위반으로 혁명재판소에서 징역 5년을 선고받고 부산교도소에 복역한 후 1963년 12월 16일 가석방된 내용을 기록했다.[12] 송경희의 사망과 송철순에 관한 활동을 빼곡히 작성한 동래경찰서의 기록이 『대공신원기록편람』에 기재되어 있는 것으로 보아, 치안본부에서 일선 경찰서의 사찰 대상자 정보를 종합한 것임을 알 수 있다.

정기적인 요시찰인 업무를 구체적으로 보면, 일선 경찰서 담당 경찰은 분기별로 감시 대상자의 외출 관계와 불온언동, 서신·우편물, 재산 변동, 서클 활동 등을 파악했다. 경찰은 이들 업무에 점수를 부여해 직원들을 평가했으며, 요시찰인 1명을 탐지할 때마다 일정한 금액을 지급한 것으로 밝혀졌다. 요시찰처럼 경찰과 정보기관의 민간인 사찰은 독재와 권위주의 정권의 정치적 목적에 따라 지속되어왔다.[13] 이런 내용들은 2007년 1월 국가기록원이 30년이 지난 정부기록물을 공개하면서 그 일부가 드러났다.

감시 활동의 성공 여부에 관심을 기울이는 것은 근대국가의 통치 능력과 연관되어 있으며, 국민의 일상생활을 통제할 수 있는 한 통치 능력과 감시 활동은 직접적인 연관을 맺는다. 중요한 것은 통치 능력과 감시에 대한 국가 정책의 제도화 정도에 따라 판명되는 정부의 정당성이다.[14] 2007년 국정원 과거사건 진실규명을 통한 발전위원회는 중앙정보부와 국가안전기획부가 정치인과 언론인, 노동계와 학원 분야에서 민간인을 사찰한 사실을 확인했다.[15] 정보기관이 국가의 현안이나 사회적으로 중대한 사건에 대해 정보를 수집하는 것은 직무 범위 내에서 이뤄져야 하는 공무 행위다. 시민 개인의 정치 성향이나 사생활을 낱낱이 파악하는 사찰은 인권침해일 뿐만 아니라 정부 정책에 반대하는 행위를 가로막고, 정권에 충성할 것을 강요하는 수단으로 활용될 수 있다. 국가의 기능적 측면을 아무리 강조하더라도, 통치 능력의 정당성을 정치적 반대자에 대한 감시와 사찰에서 찾을 수는 없다.

'내부 위기'와 검속

사람들을 국가가 특정하게 분류하고 관리하는 것은 낯선 일이 아니다. 비상대비계획은 정부가 전쟁이나 이에 준하는 비상사태에 효율적으로 대처하기 위해 세우는 계획을 말한다. 1969년부터 정부는 「충무계획」이라는 비군사 분야의 체계적인 비상대비계획을 수립해 매년 보완·발전시켜오고 있다. 이 계획에는 전쟁이 일어날 조짐이 있거나 실제 발생했을 경우 정부와 지방자치단체, 공공기관이 어떤 조치를 취하고 인력과 장비를 어떻게 동원하며 국민을 보호하고 생활을 안정시킬 것인지에 대한 상세한 내용을 담고 있다. 정기적으로 실시하는 을지연습과 충무훈련은 비상대비계획의 내용을 구체적으로 실행해보는 전국 단위의 훈련이다.

전시나 비상사태가 발생하면 정부 각 기관은 비상대비계획에 따라 자원동원과 행정, 계엄 등의 조치를 취한다. 중요한 것은 비상사태라고 하는 위기관리 대상의 안보 분야에 포함된 '내부 위기'라는 상황이다. 「충무계획」에 따르면 정부는 '내부 위기'를 '국정 차질을 유발하거나 공공의 안녕과 질서를 위협하는 것으로 판단'하고 있다. 중요한 사태가 '내부 위기' 상황이면 정부는 인적·물적 자원을 대대적으로 동원하고 정책에 반대하는 세력을 포괄적으로 통제할 수 있게 된다.

한국전쟁으로 돌아가보자. 전시에 정부는 정책에 반대한 사람과 요시찰인을 임의로 구속하거나 인신을 제약했다. 검속한 사람들에 대한 가장 극단적인 처리는 학살로 나타났다. 1950년 6월 25일 내무부 치안국은 전국 경찰국에 치안국장 명의로 「전국 요시찰인 단속 및 전국 형무소 경비의 건」(성서사城署査 제1799호)이라는 비상통첩을 무선전보로 하달했다. 주요 내용은 '전국 요시찰인 전원을 경찰에서 구금'하는 것이었다. 치안국은 추신을 통해 인원과 수용 관계를 고려해 "각 지서에서는 요시찰인 중 특히 의식계급으로서 **사찰 대상**'이 된 자에 한하여 우선 구속하고 성명·연령·주소를 명기하여 보고할 것"을 아울러 지시했다.[16] 사찰 대상자가 주된 요시찰인이고 이들이 가장 먼저 이승만 정부에서 인신을 구금당한다.

정부는 요시찰인 보도연맹원과 '좌익' 등을 연행해 구금하는 조치를 내렸다. 요시찰인 검거와 더불어 군대가 계엄을 근거로 행정과 사법 업무를 장악하기 시작했다. 계엄법 제13조는 "비상계엄 지역 내에서는 계엄사령관은 군사상 필요할 때에는 체포·구금·수색·거주·이전·언론·출판·집회 또는 단체행동에 관하여 특별한 조치를 할 수 있다. 단 계엄사령관은 조치 내용을 미리 공고하여야 한다"라고 규정했다.[17] 강제 연행이나 구금과 관련해 주목할 부분은 전쟁이나 위기상황에서 '군사상 필요한 때'라는 조건이다. 1950년 7월 12일 송요찬 헌병사령관은 계엄사령관 정일권의 명령에 따라 계엄 지역에서 임의로 사람을 구금할 수 있는 「체포·구금특별조치령」을 선포한다.[18]

강제연행과 구금은 범법자보다는 정치적 반대자를 미리 검거해 수감하는 관행의 일종이다. 이와 같은 전 과정을 흔히 '예비검속'이라고 하는데, 이것은 "범죄 방지의 명목으로 범죄를 저지를 개연성이 있는 사람을 사전 구금하는 것"이라고 한다.[19] '예비검속'과 유사하게 쓰이는 것으로는 '예방구금'이 있었다. 일본은 제2차 세계대전이 발발하자 전시체제를 구축하면서 「조선사상범 예방구금령」을 시행한다. 1925년 제정된 치안유지법은 1941년 3월 개정(법률 제54호)되었고, 그 골자는 사상범에 대한 형벌을 강화하고 '예방구금' 제도를 도입한 것이다.

조선총독부는 개정된 치안유지법을 사상범 처벌로 이해했으며, 그 이후 사상통제 정책도 동일한 방향으로 진행했다. 「조선사상범 예방구금령」의 주요 내용은 치안유지법 위반자가 형 집행을 종료해 석방된 후 동법의 죄를 범할 우려가 현저하거나, 또는 집행유예 언도를 받은 자가 「조선사상범 보호관찰령」에 따라 보호관찰을 해도 죄를 범할 위험이 다분히 있을 때, 검사의 청구에 의해 재판소가 해당자를 구금에 취하는 조치였다.[20]

일본 제국주의는 1945년 식민지 말기에 '비상사태에 따른 제1호 조치'를 시도하려 했다. 이 계획은 한반도에 전선이 형성될 것을 대비해 미군과 영국군, 소련군이 한반도에 상륙하면 공산주의자와 민족주의자 요시찰인을 검속하고, 전선이 경찰서에 가까워지면 이들을 후방으로 옮기는 것인데 만약 그럴 여유가 없다면 적당한 방법으로 처리—살해—하라는 것이었다.[21] 이 조치는 1945년 8월 9일 소련이 일본에 선전포고를 한 이후 전국 경찰서에 암호로 타전되었다. 조선총독부는 일본 제국주의의 급작스런 패망으로 이 계획을 실행하지는 못 했다.

해방 후인 1945년 10월 9일 아치볼드 아널드Archibald V. Arnold 군정장관은 법령 제11호 「일정日政법규 일부 개정 폐기의 건」을 공포해 「예비검속법」을 폐지한다.[22] 미군정청은 폐지하는 이 법령의 제정일을 1941년 5월 15일로 표시했는데, 여기에 해당하는 것은 「조선사상범 예방구금 규칙」이었다. 그러므로 「예비검속법」과 「조선사상범 예방구금 규칙」을 같은 것으로 볼 경우 '예방구금'과 '예비검속' 제도를 유사한 것으로 파악하고 있었던 것으로 볼 수 있다. 형의 집행 또는 그 유예를 전제로 하는 보안 처분의 일종인 '예방구금'과 행정 단속의 성격을 지닌 '예비검속'은 다른 것이다. 그렇지만 정보기관이나 경찰의 실무 관행은 사상범이나 요시찰인을 검속해 곧바로 구금했기 때문에 적용에 있어서는 별 차이가 없었다.

미군정기나 정부 수립 이후 경찰에서 검거, 구금 또는 구속을 의미하는 뜻에서 검속이라는 개념을 사용했으나 '예비검속'은 공식으로 시행하지 않는 제도였다. 1947년 8월 13일 수도경찰청은 '좌익' 간부들의 검거는 범죄 사실 때문이지 '예비검속'은 아니라고 발표한다. 장택상 수도경찰청장도 "예비검속이라는 것은 현 경찰에 없다"라고 밝히기도 했다.[23] 하지만 이 제도는 계속 논란이 되고 있었다. 1948년 11월 국회에서 국가보안법이 심의 중일 때, 전국애국단체연합 비상대책위원회는 「비상시국대책에 대한 결정서」에서 공산 계열의 세력이 확대되는 것을 방지할 목적으로 '예비검속' 제도를 실시하라고 주장했다.[24]

군이나 경찰은 법으로 존재하지 않는 '예비검속'을 임의로 시행하고 있었다. 군과 경찰은 '좌익' 관련자들을 수시로 검거했는데 1948년 10월 여순사건이 발생하자 윤치영 내무부장관은 사태를 과장해 국회에 보고한다. 그는 국회의원이 인민군을 환영했다고 주장하면서 검사가 '예비검속'을 반대한 것을 비난했다. 그는 "경찰이 인권유린을 한다고 하지만 그런 한가한 소리를 할 때가 아니"라며, '예비검속'을 명문화한 '공산당취체법'을 제정해 재판소의 영장 교부를 취소하고 경찰이 영장 없이 관련자를 체포할 수 있게 해달라고 요구했다.[25] 실

제 정부는 제주에서 4·3사건의 여파로 10월부터 대대적인 검속을 단행했다.[26]

우리나라의 '예비검속'과 유사한 사례는 독일의 나치가 시행한 '방어적 구금Schutzhaft' 제도다. 나치 법학자들은 경찰의 이 제도를 "국가안보에 대한 위협을 방지하기 위해 형법에 저촉되는 행위를 했는지 여부와는 무관하게 '개인의 신병을 구금하는 것'"이라고 정의한다. 조르조 아감벤Giorgio Agamben은 정치적 공간의 숨겨진 모형으로서 수용소와 강제구금을 제시하고, '방어적 구금'이 예외상태와 계엄령에서 유래한 것임을 밝히면서 강제 구금의 법적 근거가 관습법이 아니라는 점을 지적한다.[27]

독일에서 '방어적 구금'의 기원은 1851년 6월 4일 프로이센이 선포한 예외상태에 관한 법률로까지 거슬러 올라간다. 아감벤은 이 법적 근거가 계엄령이나 비상사태의 선포로서 개인의 자유를 보장하는 바이마르공화국 헌법 조항들을 유보시키는 것이라고 비판한다. 1896년 스페인이 쿠바에 식민지 농민의 봉기를 차단하기 위해 세운 것이든, 영국인들이 보어인들을 구금한 집단수용소concentration camps든, 그는 최초의 수용소 기원이 식민지 전쟁과 결합된 비상사태가 민간인 전체로 확장된 것임을 논한다. 나치 시대 이전인 1923년 사회민주주의 정부에서 비상사태를 선포한 후 공산당 활동가 수천 명을 감금한 것과 코트부스-질로프에 동유럽 피난민을 수용한 외국인 집단수용소가 독일 최초의 수용소였다.[28]

지배집단이 정치적 목적을 이유로 특정한 민족이나 집단을 분리 수용하는 조치는 권력의 일반적 행태다. 20세기 집단수용소의 원형은 스페인 식민지였던 쿠바에서 등장한다. 1895년 호세 마르티

Jose Marti를 중심으로 한 쿠바 혁명당이 독립전쟁을 일으키자 스페인은 군사 통치자 발레리아노 웨일러Valeriano Weyler 장군을 현지로 보낸다. 그는 농민들의 게릴라전을 막기 위해 '레콘센트라도스 reconcentrados'라는 요새화되어 있는 도시로 주민들을 집단 이주시켰는데, 이 캠프에서 쿠바인 20만~40만 명이 기아와 질병으로 사망한다.[29]

미국도 예외는 아니었다. 일본이 진주만을 폭격해 태평양전쟁이 발발하자 미국은 본토에 있는 일본계 미국인을 별도로 구금한다. 1942년 2월 19일 프랭클린 루스벨트Franklin D. Roosevelt 대통령은 적성국 출신의 국민들을 거주지에서 강제로 내쫓아 수용소에 감금하는 '행정명령 9066호'에 서명한다. 이 명령에 따라 미국 정부는 서부와 애리조나 남부에서 1946년까지 일본계 미국인 약 12만 명을 캘리포니아 등 여러 곳의 수용소에 강제로 이주시켰다. 전시나 비상사태에서 흔한 행태가 되어버렸지만 이런 종류의 명령이나 조치는 불법이다.

미국의 행정명령은 헌법과 국제법에 따르면 명백한 불법이고 반인권 행위였다. 훗날 미국 정부는 이 조치에 대해 공식으로 사과하고 배상한다. 일본계 미국인들의 인식과 고통에 대한 배상은 그들이 공동체 형성의 경험으로서 캠프의 기억을 보존하는 것을 가능하게 했다. 이것은 일본계 미국인을 기억하는 「미국의 집중 캠프America's Concentration Camp」라는 전시로 일본계 미국인 국가 박물관에서 전시되었다.[30]

우리나라는 경찰의 활동 못지않게 보안사가 사회 주요 인사들에 대해서 광범위한 검속과 요시찰 업무를 수행했다. 1950년 10월 특무부대가 육군본부 정보국에서 독립 부대로 창설되기 이전부터 '사상범'에 대해 개입해온 방첩대는 경찰과 함께 가장 오랫동안 민간인을 사찰해온 정보기관이다. 1961년 5·16쿠데타 직후 방첩부대는 박정희가 지시한 군검경합동수사본부를 조직하고 민간인 학살 유가족을 포함한 혁신계 인사 등 약 3,300명을 검속한다.[31] 쿠데타 직후에는 방첩부대가 이 업무를 맡았고, 1961년 「요시찰인 업무조정 규정」이 제정되고 중앙정보부가 창설된 이후에는 요시찰인 업무를 그곳에서 기획·조정·감독했다. 감독 업무는 중앙정보부가 가져갔지만 1963년 경찰은 「요시찰인 시찰업무 조정 시행세칙」에 따라 요시찰 업무를 계속 취급했다.[32]

형식적이긴 하지만 군의 민간인 사찰을 예방하기 위한 조치가 군사쿠데타 이후 취해지기도 했다. 군 정보기관인 방첩부대의 수사 권한을 법적으로 제한한 것이 1962년 1월 20일 제정되어 현재까지 수차례 개정된 군법회의법(군사법원법)이다. 군사법원법 제43조는 군사법경찰관으로서 헌병과 안기부 직원 외에 "법령에 의한 보안부대에 소속하는 장교, 준사관 및 군무원으로서 보안 업무에 종사하는 자"에게 수사권을 부여했다. 동법 제44조는 형법의 내란죄와 외환죄, 군형법의 반란죄, 이적죄, 군사기밀 누설과 암호 부정 사용죄, 국가보안법 및 군사기밀보호법에 규정된 죄만 방첩부대에서 수사하도록 했다.[33] 그렇지만 이런 조치는 적어도 군사독재와 권위주의 정권, 민주주의 이행 과정에서도 허울뿐이었다.

1980년 5·17 직전 보안사 대공처는 전국 보안부대 수사과장 회의를 소집해 비상계엄의 전국 확대와 동시에 검거할 '예비검속자', 사찰 대상자가 포함된 명단을 나눠주었다.[34] 이것은 한국전쟁 때의 요시찰인 검속과 유사한 인신구금이었고, 1961년 쿠데타 이후 혁신계와 '불순분자'를 검거한 것과 동일한 조치였다. 1990년대에 들어 보안사의 민간인 사찰은 윤석양의 폭로로 그 일부가 드러났다. 그는 일련번호가 매겨진 사찰 대상자 1,303명의 개인 색인표와 동향보고서를 공개하고 폭로한다.[35] 이 보고서에 따르면 대상자들은 A, B, C, D 네 등급으로 분류되어 있고 보안사는 정기적으로 이들의 동향을 낱낱이 기록한 것으로 드러났다. 보안사는 1960년 이후 30년간 발생한 조직 사건과 그 관련자들의 동향과 추이를 한눈에 파악하고 있었다. 통혁당과 인혁당, 무림·학림·민추위·서노련·구학련을 비롯해 전노협과 전민련 등 각종 재야 노동단체까지 정기적으로 사찰했다. 윤석양의 폭로로 보안사는 기관명을 기무사로 바꾸었고, 1998년 7월 대법원은 보안사의 민간인 사찰을 위법한 행위로 확정판결했다.[36]

경찰과 기무사, 국정원은 정치적 반대자나 특정한 분야의 사람들을 요시찰인으로 분류해 수시로 사찰해왔다. 그들은 이들의 동향을 세밀히 수집하고 '내부 위기'라고 생각해 필요한 경우에는 과감하게 인신을 구금했다. 정보수사기관은 자신들의 권한을 확대하고 정치에 개입하기 위해 위와 같은 조치들을 적극적으로 활용했다. 중요한 것은 이런 방식의 임의적인 신체의 구속과 사상 통제, 감시가 정부가 단정하는 '위기 상황'이면 언제든지 발생할 가능성이 있는 데 큰 문제점이 있다.

신원조사: 인권침해와 차별 행위

한국전쟁은 오래전에 휴전을 맺었고 학살은 지난 일이 되었지만 유족에게 그 유산은 쉽게 사라지지 않는다. 생존자와 희생자 가족은 현재에도 시민들이 아무런 거리낌 없이 사용하고 있지만, 그만큼 모호한 용어이자 오랜 적의의 표현인 '좌익'이라는 이 한마디에 시달렸다. 사건이 발생한 이후부터 지속된 정신외상후스트레스장애Post-Traumatic Stress Disorder(PTSD)는 그들에게 내면의 심리적 불안으로 남았다.[37] 생존과 정치적 실존의 문제를 잘 보여주는 제도가 정부에서 실시하는 신원身元조사다. 이 제도는 국가와 그 구성원의 관계를 설정하는 규범 중의 하나다. 신원조사는 개인에 관한 자료를 수립하는데 주소와 본적지, 가족, 현재 신분, 직업, 품행 따위 등 그가 살아온 모든 행적을 밝히는 것이다.

2006년 경찰청 과거사진상규명위원회는 보도연맹 사건을 조사하면서 전산자료를 바탕으로 희생자 수를 집계한다.[38] 경찰청은 경찰의 업무 수행 과정에서 보도연맹원 희생자와 관련한 자료를 근거로 신원조사 업무를 수행한 사실을 밝혔다. 일선 경찰서에서 생산한 보도연맹원 명부와 처형자 가족 명부는 생존한 이들과 처형된 사람들의 가족을 관리하기 위해 작성된 것이다. 경찰은 이 존안자료를 보관하면서 연고자들의 신원조사 업무에 기초 자료로 활용했다.

경찰청에서 보도연맹원 희생자를 확인한 전산자료는 검찰과 국정원, 기무사, 경찰이 공통으로 이용하는 정보다. 1945년 이후부터 관련자의 행적이 축적된 이 자료는 공안사범에 해당하는 법률 위반자의 사찰 기록에 대한 개인별 이력을 담고 있다. 공안사범은 국방경비법과 국가보안법, 보안법, 집회 및 시위에 관한 법률 등을 위반한 사람을 말하는데 정부는 이들에 대해서는 별도의 전산 작업을 거쳐 자료를 보존·관리한다. 1980년대 치안본부가 중심이 되어 다른 기관과 각 경찰서에 흩어져 있던 자료를 통합해 전산화했다. 해당자의 성명과 '보도연맹', '부역', '여순' 등의 검색어를 전산자료에 입력하면 개인의 인적사항이나 사건과 관련된 사람들과 그들의 행적이 조회되는 방식이다.

1980년대 말 신원조사 내용을 보자. 그해 10월 30일 치안본부는 경찰의 신원조사 업무 수행에 필요한 사항을 예규로 규정한다. 「신원조사업무처리규칙」에는 신원조사에 관한 사항이 자세히 명시되어 있다. 신원조사는 국내와 해외 여행자, 해외 이주자, 긴급 조회 네 가지 종류로 구분한다. 조사 내용은 의뢰를 받은 대상자의 사상 관계와 단체 관계, 친인척 관계 항목을 구체적으로 기재한다. 사상 관계는 과거부터 현재까지의 사상 동향을 파악하고 단체 관계는 가입 단체명, 가입 연월일, 가입 동기, 직위, 활동 상황, 탈퇴 연월일과 그 사유를 조사한다. 친인척 관계는 직계존비속과 형제자매, 배우자, 배우자의 부모가 특이사항이 있을 때에는 조사 대상자와의 관계와 성명을 명기하고 특이사항을 대조해서 확인하게끔 되어 있다.[39]

어느 국민보도연맹원 유족의 신원조사와 요시찰 사례는 일생에 걸쳐 있다. 1951년 전쟁 중에 나이를 속이고 자원입대한 박희춘은 여러 전투에 참전한 후 육군본부 행정병으로 근무하면서 전시군인연합대학에 입학한다. 군인이면서 공부를 병행해 행정수습원 고시 17순위로 합격한 그는 내무부에서 발령을 대기 받는다. 1957년 10월에 제대했지만 3개월 동안 보직이 없었다. 하루는 인사과장이 "자유당 의원이나 장관 중에 아는 사람이 있느냐"고 물었다. '뒤를 봐 줄 만한 사람이 있느냐'는 물음이었지만 그는 정치권이나 고위 관료 와 아무런 연이 없었다. 보직 발령이 계속 나지 않자 어느 날 총무계 장이 전해들은 얘기라면서 시원하게 말해주었다. "박주사가 월북 가 족이라든가요. 춘부장께서…." 이 말을 들은 그는 곧바로 종로경찰서 사찰계로 찾아갔다. 경찰서 신원조사 현적지 회보에는 아무 문제가 없었지만 본적지 회보에는 "본인의 부 박덕수는 6·25 당시 보도연 맹에 가입 행불된 자임"이라고 통보되어 있었다. 사상 관계 항목이었 다. 박덕수는 청도군 보도연맹원이었고 전쟁이 발발한 직후 끌려가 행방불명되었다. 박희춘은 "6·25 행불자가 구체적으로 무엇인가?"라 고 종로경찰서에 문의한다. 대답은 간단했다. "6·25 행불자는 6·25 월북자로 해석한다"는 답변이었다. 그때부터 그는 월북가족이 되어버 렸다.**40** 진실화해위원회 조사 결과 박덕수는 전쟁 초기 검속되어 곰 티재에서 사망한 것으로 밝혀졌다.**41**

박희춘의 「신원조사회보」 말미에는 "자신 이외의 사건이나 행위로 인하여 개인의 기본권이 부당하게 제한되어서는 안 됩니다"라고 명 시해 놓았지만 현실에서는 아무 소용이 없었다. 오히려 정반대였다. 그는 내무부에서 4개월 27일을 근무하고 사표를 제출한다. 1961년 5·16쿠데타가 일어나고 얼마 후 부산에서 고등학교 교사로 있는 그 에게 관내 정보과 형사가 찾아와 여러 가지를 캐묻고 돌아갔다. 그 이후 요시찰 대상자가 되었다. 1963년 9월 경찰의 보고에는 "6·25 당시 행불된 자임", "이후 동향 확인 불능"이라고 그의 아버지에 대 한 사찰 내용이 적혀 있었다.**42** 1976년경까지 교직에 있는 동안 박희 춘은 요시찰 A급에서 B, C, D급으로 분류되어 경호시찰에서 해제

될 때까지 크고 작은 정치 상황이 발생할 때마다 감시를 당했다.

피해는 주로 신원조사에서 이루어지는 신분상의 불이익과 경찰의 감시에서 발생했다. 공무원 시험이나 취업, 승진, 군복무, 해외 취업 등에서 일어난 기본권 침해는 희생자의 직계가족뿐만 아니라 친인척에게까지 광범위하게 적용되었다. 생존과 직결된 문제였다. 그들은 경찰 등 정보기관으로부터 지속적인 감시와 사찰뿐만 아니라, 일상생활에서 주위 이웃으로부터 의심의 눈초리를 받아야 했다.

교육 공무원 임용 단계에서 피해자들이 받은 차별은 매우 일반적인 행태다. 전북 임실 출신의 박석규는 아버지 박병량이 보도연맹원이기 때문에 사망한 사실을 검속당한 후 풀려난 사람으로부터 전해들었다. 교직에 입문해 초임 발령을 받았을 때 그는 경찰서에서 조회한 신원조사서에 "부친이 즉결처분되었음"이라고 기록된 내용을 보았다.[43] 해당 기관의 임용 단계에서부터 유족들은 전쟁 때 '행방불명자'가 있거나 '처형'된 친척이 있으면 신원특이자로 분류되었다. 이런 방식의 피해는 국가기관이나 일반 기업체를 막론하고 횡횡했다.

보도연맹뿐만이 아니고 전쟁 때 조금이라도 신변에 이상이 생긴 사람들은 신원조사에서 문제가 되었다. 삼척경찰서 「신원조사처리부」는 총 6권으로 작성된 보도연맹 관련자의 신원조사 내역을 기록한 문서다. 1974년부터 1978년, 1980년부터 1981년까지 다른 기관이나 관외 경찰서에서 삼척시 관내 거주자에 대한 신원조사를 의뢰해올 경우 경찰서는 조사 대상자의 조회 내용과 처리 내용(회보 내용)을 작성했다. 경찰은 관련 자료를 토대로 대상자를 조사한 후 보도연맹과 부역, 행불 등 신원 관련 사항을 파악해 회보 내용에 기록하고 신원을 의뢰한 기관에 통보한다.

군대와 경찰에 입문하려는 피학살 유족의 경우 연좌제를 피할 수 없었다. 1961년 초 조회중은 경찰 공채시험에 합격해 경찰전문학교에서 교육을 받던 중 수료를 일주일 남기고 퇴교 당한다. 그는 지급받은 비품을 김제경찰서에 반납하고 귀가하는 도중 가야지서에 들렀다가 그곳에서 자신의 신원조사 결과를 볼 수 있었다. 회보는 "부친이 6·25 때 행방불명된 사실이 있기 때문에 경찰관으로 채용할 수 없다"는 내용이었다. 자초지종을 알게 된 그는 국가재건최고회의 의장(박정희) 앞으로 자신의 억울한 사정을 담은 진정서를 보냈으나 답변은 경찰서에서 전달한 내용과 같았다.[44] 유철상은 육군에서 장교로 복무할 때 요시찰인으로 분류되어 2급 비밀취급인가증을 발급받지 못했다. 동생 유철성은 공무원으로 근무했는데, 1960년대 후반부터 요시찰인으로 분류되어 있었다. 경찰은 매월 한 차례 이상 그의 집으로 찾아와 동향 파악이라는 명목으로 주변 사항을 조사했다.[45]

해당자의 신원을 조회하는 친족의 범위는 어디까지일까. 사례를 보자. 경산경찰서에서 작성한 신원조사 문건에 따르면 이재선의 신원조사 기록은 본인의 아버지를 비롯해 5촌 3명과 7촌 1명, 9촌에 이르는 일가친척의 법 위반 사실을 확인해 통보한 것으로 나타나 있다. 이 중에서 그와 9촌인 이상진은 해방 이후 남로당원으로서 공출을 반대한 사항이 기재되어 있다.[46] 9촌 관계에 있는 일가의 전쟁 이전 남로당 활동까지 조회되어 있는 신원조사에서 당사자인 이재선이 어떻게 되었는지는 알 수 없다. 분명한 것은 1980년의 연좌제 폐지는 정통성 없는 전두환 쿠데타 정권의 명목상 선언이었고, 그 이후에도 이런 방식으로 권리를 제한하는 것은 부지기수였다. 왜냐하면 해당 경찰서장이 신원조사 대상자의 친척들 행적을 알 수 있는 1차 존안

자료의 폐기 여부를 결정할 수 있었기 때문인데, 자료에 적시한 사례를 보면 많은 경우 실제 폐지한 경우는 손에 꼽을 정도였다.[47]

일반 기업체의 경우도 별반 다르지 않다. 취직시험에 합격한 김성구는 지서에서 "아버지 사상이 불온하지 않다"는 신원조사회보서를 인사 담당자에게 제출한 후에야 보직 발령을 받을 수 있었다. 지점장을 할 때에도 1급 비밀취급인가증이 있어야 하는데 그는 신원조사에 걸려 3급 비밀취급인가를 받지도 못했다.[48] 1950년 7월 4일경 그의 아버지는 청주경찰서에 소집되어 남일초등학교로 이송된 후 분터골에서 사망한다.[49] 이런 폐해는 국가가 저지른 아버지의 죽음 때문이다. 그들이 겪은 심리적 고통은 컸고 권리를 보장받지 못한 차별은 눈에 띄는 것이었다.

정부에 여권 발급을 신청하면 겪는 신원조사처럼, 해외에 나가는 경우에도 신원조사를 거친다. 현재에도 정부기관이나 기업체의 구인난에는 '해외여행에 결격사유가 없는 자'라는 자격 요건이 따라다닌다. 현재 위의 자격 요건은 범죄 혐의자나 병역 의무자 또는 법무부장관이 별도로 정한 출국 금지 처분을 받은 자에 해당한다.[50] 그렇지만 이전의 신원조사에서 '해외여행에 결격사유가 없는 자'는 결국 연좌제에 해당하는 사항을 가리킨다.

반평생을 교육계에서 보낸 최홍이는 '교육적 결격사유'가 무엇인지 묻는다. 그는 1964년 제2군단사령부 예하 제9범죄수사대에 배속받는다. 얼마 후 신원조사회보가 부대로 통지되었다. 방첩대에서 보낸 회보는 '비밀취급인가불가자'라는 것일 테고 그는 자진해서 타 부대 전출을 자원한다. 1950년 7월 11일 그의 아버지 최원복은 홍성군 광천읍 담산리 골짜기로 끌려가 학살당한다. 일제 강점기에 광주학생운동에 참가한 독립운동가는 해방 후 보도연맹에 강제로 가입되었고 전쟁 초기에 살해되었다.[51] 신원조사는 최홍이의 청와대 출입도 막았다. 아버지의 죽음으로 인해 일반 기업체나 공무원이 되지 못할 것을 알게 된 그는 "교사에게 신원조회는 별로 문제가 되지 않는다"는 초등학교 은사의 조언에 따라 공주교육대학에 진학해 졸업한 후 교사가 된다. 노태우 정권 때 성실한 교사 생활을 인정받아 청와대로부터 '보통사람들과의 대화' 행사에 초청을 받지만 신원조사에서 출입 불가 판정을 받아 초청이 번복되었다.[52]

일반 기업체에서도 신입사원 채용부터 경찰서에 신원조사를 의뢰하는데, 경찰은 이 과정에서 문제가 드러난 사람들을 신원특이자로 파악해 관리한다. 인천중부경찰서 「인적위해자 기록존안부」에는 기업체 직원 중에 경찰이 파악한 신원특이자 명단이 포함되어 있다. 코오롱건설에 입사하려던 어느 직원은 6·25 때 '보도연맹원으로 처형'된 삼촌에 대한 기록 때문에 신원특이자 명단에 기재되었다.[53] 이 자료에는 신원조사 해당자의 삼촌이 보도연맹원으로 처형된 사실이 기록되어 있어, 경찰은 원래의 사찰명부를 바탕으로 이 자료를 작성한 것으로 추정할 수 있다. 죽은 사람이 산 사람을 속박하도록 만드는 정치체제에서 유족들은 시민권을 제대로 보장받지 못했다. 국가를 탓하기보다 그렇게 죽은 부모와 일가친척을 원망해온 것이 이들이 가진 평범한 인식이었다.

여러 변화를 거쳐온 신원조사가 현재는 어떻게 시행되는지 검토해보자. 신원조사의 법률 근거는 국가정보원법 제3조 제1항 제2호(국가기밀에 관한 보안업무)에 있다. 대통령령인 「보안업무규정」 제33조, 제34조는 신원조사의 목적, 대상, 권한의 위임, 조사 결과 처리 등을 규정한다.[54] 「보안업무규정 시행규칙」은 신원조사의 조사 기관과 그 대상, 요청 절차, 조사 사항을 구체적으로 명시하고 있다.[55] 그리고 「신원조사업무지침」은 신원조사 업무 세부 처리 절차에 관한 사항을 정하고 있다. 국가정보원은 「보안업무규정」에 따라 신원조사를 실시하며 조사 대상에 따라 권한의 일부를 국방부와 경찰청에 위임한다.[56]

기관별 신원조사 대상은 「보안업무규정 시행규칙」 제56조(조사 기관 및 조사 대상)에 명시되어 있다. 국가정보원은 중앙행정기관 3급 이상의 공무원 및 동등한 직급 이상의 공무원 임용 예정자와 광역시·세종특별자치시의 행정부 시장 및 각 도(제주특별자치도 포함)의 행정부 지사, 판사 신규 임용 예정자, 검사 신규 임용 예정자, 국·공립대학교 총장 및 학장, 공무원 임용 예정자인 외국인, 그 밖에 사람으로서 각급 기관의 장이 국가보안상 필요하다고 인정해 요청하는 사람을 대상으로 한다.

국방부는 군인, 군무원, 「방위사업법」에 따른 방위산업체 및 연구 기관의 종사자와 그 밖의 군사 보안에 관련된 사람에 대한 신원조사를 실시한다. 국방부에서 위 업무를 실시하는 기관은 국군기무사령부다. 경찰청은 국가정보원과 국방부 조사 대상 이외의 해당자에 대한 신원을 조사한다.[57] 국가정보원장은 위의 기관별 해당자에도 불구하고 필요한 사람에 대한 신원조사를 관계 조사 기관에 요청할 수 있다. 이것은 신원조사 업무에 대한 국가정보원의 권한을 강화한 조치다.[58]

신원조사 결과에 따른 처리 과정에서 문제가 될 수 있는 차별 행위를 살펴보자.[59] 「보안업무규정 시행규칙」 제59조 ②항은 각급 기관의 장은 신원조사 결과 '**국가안전보장상 유해한 사항**'이 발견된 사람을 중요 보직에 임용하고자 하는 경우에는 필요한 보안 대책을 미리 마련하여야 한다. 보안 대책을 마련하게 되어 있는 '**국가안전보장상 유해한 사항**'이 어떤 기준에서 그 내용을 판단하는 것인지 애매하다. 가장 손쉬운 보안 대책은 해당 기관에서 신원특이자를 임용하지 않는 것이 될 것이다.

신원조사 결과를 통보받은 기관에서 대상자를 특정한 업무에서 배제하는 경우는 비밀을 취급하는 경우다. 2017년 2월 22일 국가정보원 기획조정실은 일부 개정한 「보안업무규정 시행규칙」 제12조(비밀취급 인가의 제한) ③항에 따라 "신원조사 결과 국가안전보장에 유해한 정보가 있음이 확인된 사람은 비밀취급 인가를 받을 수 없다"라고 규정했다.[60] 위 조항에서 차별 행위 금지와 관련해서 문제가 되는 것은 "국가안전보장에 유해한 정보"라고 명시한 부분이다. 이 문구가 구체적으로 어떤 내용을 가리키는지, 유해한 정보를 판단하는 기준은 무엇인지 명확하지 않기 때문에 신원조사 결과에 따라 차별 행위가 임의로 발생할 수 있다.

이 경우 임용을 책임지는 기관장은 신원조사 결과의 내용으로 그 기준을 판단할 것이다. 신원조사 사례를 『신원기록편람』에서 보듯이, 정부기관에서는 해당자 본인과 친인척의 6·25 전후 행적부터 국방경비법과 국가보안법, 반공법 위반 등을 문제 삼을 소지가 크다. 정부는 공무원 임용이나 특수 분야 종사자에 대한 신원조사에서 해당자의 친척들에 대한 전쟁 전후부터 최근래의 행적이 담긴 각종 존안 자료를 활용한다.[61] 전시는 국가의 안전을 위협한 가장 중대한 사건이며 이때의 행적은 해당자를 공무원으로 임용할지 말아야 할지 또는 비밀취급인가를 허가할지 말지를 결정하는 기준으로 삼아왔다. 그동안의 적용을 보면 그 행적이 자신의 것이든 친척의 것이든 상관없었다.

인권침해 요소가 있는 부분은 「보안업무규정 시행규칙」 제58조(신원조사 사항)에서 명시한 사항에 포함된 항목이다. 신원조사 사항은 다음과 같다. 이름 및 주민등록번호, 등록기준지 및 주소, 친교 인물, 정당 및 사회단체 관련 사항, 국적 변동 내역, 학력 및 경력, 가족관계, 재산, 범죄경력 및 상벌 내역, 인품 및 소행, 병역 사항, 해외 거주 사실, 그 밖의 참고사항이다.

애매하면서도 자의적으로 「신원조사 회보서」를 작성할 수 있는 항목이 '친교 인물'과 '정당 및 사회단체 관련 사항', '인품 및 소행', '그 밖의 참고사항' 항목이다. 범죄 경력에서도 문제의 소지가 많은데 국방경비법과 보안법, 국가보안법, 집회 및 시위에 관한 법률 위반자는 공안사범이라는 별도의 관리체계에서 이들의 정보가 통용되고 있다. 이들 법률 위반자를 어떻게 판단할 것인가는 전적으로 신원조사를 의뢰한 해당 기관의 몫이다. '인품 및 소행' 항목은 한 사람에 대한 '평판'에 해당한다. 이런 종류의 조사 사항은 신원조사 대상자의 공무원 임용 자격이나 또는 그 기관의 업무와 관련해서 대상자의 적합성을 평가하는 데 전혀 객관적이지 않은 항목이다. 대상자의 거주지나 본적지에서 '인품과 소행'을 파악하는 것은 일선의 경찰이며, 그들이 접촉하는 사람들은 자신의 이해관계에 따라 그 내용을 언급할 가능성이 매우 크다. 사생활 침해와 차별의 소지를 안고 있다.

법률상의 근거가 미약한 신원조사는 개인의 기본 권리를 침해하는 헌법 위반의 가능성이 있다.[62] 신원조사 대상자는 공무원 임용 예정자이지만 앞서 보았듯이 피해 사례는 매우 다양하다. 1996년 교사로 임용하려고 했던 어느 교육 공무원은 신원조사에서 남편이 국가보안법 위반자로 복역 중임이 발견되자 임용이 불가능해지면서 연좌제 피해를 겪었다. 2년 동안의 재판을 통해 결국 교사로 발령을 받았지만 그에게 씌워진 고통의 굴레는 컸다.[63]

2005년 국가인권위원회는 신원조사제도의 개선을 국회와 정부에 권고한다.[64] 주요 사항은 첫째, 신원조사의 목적과 범위를 법률에 정해 신원조사에 관한 명확한 법률 근거를 마련하고 둘째, 국가안전보장 또는 공직자로서의 자격 검증을 위해 꼭 필요한 사람들에 한해서만 신원조사를 실시하도록 조사 대상자를 한정하며 셋째, 조사 항목은 조사 목적에 부합하도록 조정하며 넷째, 배후 사상 관계 등 연좌제 금지에 위반될 수 있는 항목은 삭제하는 것이다. 국가인권위원회는 신원조사 대상자의 권리에 대해서도 개선을 권고했다.[65]

인권침해는 국가기관이나 지방자치단체, 각급 학교, 공직 유관단체, 구금·보호시설의 업무 수행과 관련하여 헌법 제10조 및 제12조부터 제22조까지 보장된 인권을 침해당하는 것을 말한다.[66] 신원조사에 따른 각종 불이익은 '평등권 침해의 차별 행위'에 해당한다.[67] 신원조사에서 가장 문제가 되는 것은 공무원이나 이에 준하는 직위에 고용될 때 발생하는 차별이다.

긴급 신원조사 처리 사례를 보면 한국전쟁은 누군가에게는 여전히 족쇄로 남아 있음을 볼 수 있다. 2001년 11월 7일 전남지방경찰청에서 의뢰한 이 건에서, 구례경찰서는 대상자 최○○의 신원조사 특이사항으로 "본명 부 최○○"는 "6·25 당시 현물 판정원으로 부역"해 1950년 10월 26일 "구례서 자수"라는 내용을 기재한다.[68] 당사자는 이런 사실을 알고 있을까. 중요한 것은 이런 내용으로 통보한 것이 조사를 의뢰한 해당 기관에서 어떻게 적용되었는지, 또한 당사자에게 어떤 영향을 미치는가 하는 점이다. 그렇지 않고 사문화된다면 굳이 이런 신원조사 절차에서 한 사람과 그의 가족들 행적을 지속적으로 기록해 문서로 밝혀야 하는지 의문이다. 정부는 아직까지 '남로당 관련자'가 "정부 시책에 대한 불만을 잠재"하고 "불순성이 유有"한 대상자로 판단하고 있는지 제대로 답해야 할 것이다.[69]

신원조사와 다르게 신원조회라고 하는 자치 법규가 시행된 적이 있다. 2008년 행정안전부는 '신원조회업무처리지침'을 예규로 제정했는데, 신원조회의 정의는 "결격사유의 확인을 위하여 신청 기관이 조회 기관에게 신원기록 내용의 확인을 신청하는 것"이었다.[70] 이 예규는 국민의 행위 능력이나 자격 요건에 관련된 한정치산·금치산·파산선고와 수형 사실 등의 기록을 엄정하게 관리하여, 국민이 각종 인·허가 등을 받거나 공익법인 등의 임직원에 취임하고자 할 때 관련 법령에서 자격 요건을 규정한 경우 이를 정확하게 조회, 회보함으로써 관련 민원을 공정하게 처리해 행정의 신뢰를 증진하는 것을 목적으로 한다.

1년의 효력 기간을 거쳐 2009년 재시행에 들어간 이 예규는 유효 기간이 만료하면서 폐지된 후 명칭이 변경되었다.[71] 2012년 1월 31일 정부는 국무총리 승인으로 「2012년도 민원행정 및 제도개선 추진지침」에 따라 2012년 7월 1일부터 「신원조회」를 「결격사유조회」로 업무 명칭을 변경하고, 「결격사유조회 업무처리요령」을 위 예규에 포함해 운영하고 있다.[72] 신원기록은 한정치산·금치산·파산선고 사실 또는 수형 사실이 기록된 사항을 말하며, 결격사유 신청 기관은 민원을 접수받아 처리하는 기관으로 관련 법령의 규정에 따라 민원을 처리하면서 결격사유의 확인이 필요한 기관을 일컫는다. 조회 기관은 결격사유조회 결과를 회보하는 기관으로 가족관계등록사무를 처리하는 시, 구, 읍·면(출장소를 포함)이다.[73]

신원조회 대상이 되는 업무는 인·허가, 자격·면허취득, 공무원 및 이에 준하는 직위 임용, 법인·단체의 임직원 취임과 관련해 법률 및 대통령령에서 그 결격사유의 범위를 제한하고 있는 경우를 말하며 부령, 행정규칙, 조례, 규칙 등에서 정한 경우는 이에 해당하지 않는다. 이 대상은 앞서 살펴본 것처럼 신원조사와는 구분할 수 있고 이 예규는 국민이 행정기관에 민원을 신청한 경우에 해당한다. 결격사유조회 회보서의 기재는 신원기록을 관리하는 등록기준지 시·구·읍·면(조회기관)에서 신원조회에 대한 회보를 작성하는데 중요 기재 사항은 신원조회 대상자의 수형 사실이나 법원의 선고 사실에 대한 신원기록의 유무다. 만약 위 사항이 있을 때는 '확인 내용'란에 선고 일자, 수형죄명, 적용 법조문, 선고 내용 또는 한정치산·금치산·파산선고의 선고 일자, 선고 내용, 선고 법원 등을 기재한다.

정치공동체 구성원의 신원을 조사하는 인권침해와 그 조사 결과를 근거로 시행되는 차별 행위는 우리 사회에 내재하고 있는 '정치적 반대자'에 대한 뿌리 깊은 적대 문화다. 의뢰하는 대상자의 행적을 따져보면 적어도 민간인 학살 문제에서 이것은 대부분 국가가 저지른 범죄의 이면에서 탄생한 것이지 희생자와 그 가족의 정치적·법률적 책임이 아니다. 국가기관에서 실시하는 신원조사는 정부 수립 전후의 '좌익'과 반정부, 국민보도연맹, 한국전쟁 때의 학살과 부역혐의부터 시작한다. 친척 중에 누구라도 전쟁 때 살해당하거나 행방불명되었고 또한 처형되었거나 조금이라도 이상한 흔적이 남아 있다면 언제든지 권리를 제한당할 수 있는 게 우리의 현실이다. 본적지와 현 거주지에 대상자의 친척까지 과거 행적을 조회하는 이런 방식의 신원조사 기록은 전면 폐지하고 대상자에 한정해서 범죄 기록 중심으로 제도를 바꾸는 것이 바람직하다.

제 9 장

사찰의 일반화

공안사범은 누구인가

1997년 국회는 경찰청에 대한 국정감사에서 경찰이 전산망 조회 전용단말기 284대, 전산망 이용 아이디ID 360개를 보유하고 시민의 개인 정보를 기무사(506만 건)와 안기부(212만 건), 검찰(665만 건)에 제공한 것을 밝혔다. 경찰청은 전산망 조회를 한 데이터베이스가 어떤 것인지 밝히지 않았지만 공안사범에 대한 자료와 범죄 기록 등 다양한 종류의 자료가 축적·운용되고 있는 것으로 알려졌다. 사상의 문제나 사찰과 관련해서 논란이 되는 것은 정부에서 전산화 작업을 거쳐 각 정보수사기관이 활용하고 있는 공안사범 관리 자료다.

정보수사기관이 민간인에 대한 정보를 수집하고 체계적으로 관리하는 방식은 한국전쟁을 계기로 확대되고 보편화했다. 경찰과 방첩대가 대상자 자료를 만들어 관리해왔는데 이를 존안자료라고 한다.

정치적 반대자나 사상범을 대상으로 하는 정권 차원의 조직적인 대응은 앞서 보았듯이 5·16쿠데타 이후 보다 구체적으로 체계화했다. 이 자료는 1948년 정부 수립 전후부터 사상범과 한국전쟁 무렵의 부역혐의자와 보도연맹원, 월북자와 행방불명자 등의 기록을 축적한 것이다. 오늘날까지 정부는 국방경비법과 국가보안법, 반공법, 집회 및 시위에 관한 법률 위반자에 대한 정보를 체계적으로 수집해서 관리한다.

위와 같이 생산된 요시찰인과 사찰에 관련된 공안사범 자료가 어떻게 구축되어왔는지 1차 자료의 생성부터 그 과정을 추적해보자. 경찰서에서 소장한 「요시인명부」에 따르면 보도연맹원과 부역자, 월북자, 정치범이 요시찰 대상자였다. 영동경찰서의 「보호관찰 대상자 관리부」에는 국민보도연맹과 부역자로 사살된 자, 인민위원회 시절 간부로 활동한 후 월북한 자, 남로당 등 좌익단체에 가입한 후 기소된 자 또는 자수한 자 등의 신원과 요시찰인으로 분류된 이들의 가족 이름, 본적, 가족 관계 등 신상 정보와 신장, 두발, 체격 등 인상 특징, 재산 관계와 관찰 사유가 기재되어 있다. 대상자의 관찰보호급을 가·나·다로 분류해 등급별로 요시찰인을 관리했다.[1]

요시찰인이나 민간인 사찰의 1차 자료로 쓰이고 있는 자료들은 1950년 이전부터 축적되기 시작해 1980년 중반까지 다양한 명칭으로 통합·분리되면서 작성되어왔다. 경찰의 항상적인 요시찰인 단속은 '대공바인다' 형식으로 정리된 대공신원기록과 함께 일선 경찰서에서 보존해오고 있다.[2] 문건을 살펴보면 사상범을 포함한 정치적 반대자나 지역의 주요 인사들이 대상이었는데 경찰은 가족 관계와 동향, 사상의 특이점 등을 낱낱이 기록하고 관리했다.[3] 치안본부에서 관리한 사례를 보면, 강원도 홍천에 사는 안치순은 전쟁 이전에 보도연맹원으로 활동했고 국가보안법 위반으로 징역 2년형을 선고받은 뒤, 1956년 1월 안양교도소에서 출소했다. 경찰은 그의 본적지와 주소지 변동 사항 등을 1987년 2월 17일, 그가 노환으로 사망에 이를 때까지 빼곡히 기재했다.[4]

신원조사에 관한 모든 자료는 경찰서에서 생산·보존하는 필수 문건이다. 각 기관별로 진행되어오던 요시찰인 사찰과 신원조사 존안 자료는 1980년 신군부의 등장으로 조직적인 통합 체계를 갖추기 시작한다. 경찰은 1977년부터 1979년 사이에 자체적으로 일부 전산화 작업을 실시한 것으로 밝혀졌다.[5] 임실경찰서의 전산화된 문서의 구체적인 대상자를 보면, 관보 삭제 및 중지자(사망자 포함) 167명, 간첩 사망자 1명, 6·25 당시 처형자 365명, 월북도피행불자 192명, 반공애국청년 1명, 사찰전과자 43명이다.[6]

1980년 신군부의 형식적인 연좌제 폐지 방침에 따라 내무부 치안국은 신원기록 일제 정비기간(1980. 9. 1~9. 30)에 자료를 통합해 나갔다.[7] 그동안 개별 기관별로 관리하던 자료를 취합해 정보를 공유하는 형태로 체계를 강화하는 방식이었다. 치안국은 1980년 '신원기록 일제정비계획'을 수립해 각종 신원조사에서 수집된 기록을 심사해 낮은 등급에 해당하는 병종 대상자는 기록을 삭제하고 더 이상 등재하지 않기로 한다. 신원기록을 삭제하고 해당자를 등재하지 않는 경우는 10개항에 해당하는 사람들이다.[8] 각 경찰서의 『신원기록편람』을 요약한 치안국의 『대공신원기록편람』(1984)에도 기록이 폐기된 경우를 매우 드물게 볼 수 있다. 앞선 장에서 서술했듯이, 연좌제에 대해서 밝혀두어야 할 것은 이 제도가 각종 신원조사에서 관행으로 유지되어왔고 2000년대 중반까지 논란이 된 점이다. 경찰에서 특정한 대상자의 신원을 조회한 경우 신원특이자로 분류된 이들은 신원조사를 의뢰한 기관에 통보되어 각종 불이익을 겪었다.

1981년 전두환 정권은 이전까지 개별 기관에서 해오던 각종 대공 정보 자료를 통합하는 「공안사범자료 관리규정」을 대통령훈령으로 제정해 시행에 들어간다.9 규정 제1조는 "공안사범자료관리협의회 를 설치하고, 공안사범에 관한 각종 자료의 전산 처리와 활용 및 자료 순환에 따른 관계기관 간의 필요한 공조 사항을 정하여 체계적인 자료관리 체제를 확립함으로써 공안사범에 대한 종합적 정책 수립과 효율적인 수사에 기여함"을 목적으로 명시했다.10

「공안사범자료 관리규정」에 따라 1981년 6월 정부는 공안 자료를 일제히 정비해 「전산자료서」를 작성한 뒤, 치안본부 전자계산소에 설치된 컴퓨터에 입력하는 방식으로 자료 구축 방식을 전환한다. 그해 9월 4일 대검찰청은 「공안사범자료관리규정 시행지침」을 시달해 공안사범 자료에 대한 작업에 본격 착수했다. 1982년 1월부터 각종 통계와 조회에 이 자료를 활용하기 시작함으로써 공안사범에 대한 종합적인 정책 수립 이후 수사에 활용되었다. 「전산자료서」는 공안사범을 1차로 취급한 수사기관에서 인적사항과 검거, 처리 내용, 범죄 사실의 요지를 작성하는 「전산기초자료서」와 그다음 단계에서 취급하는 기관이 「전산기초자료서」에 대해 정정하고 추가한 사항을 기재하는 「전산보완자료서」를 말한다.

정부는 공안사범자료관리협의회를 설치해 자료 관리 조정과 개선에 관한 사항 그리고 이에 따른 관계기관 간의 공조 사항과 전산 처리 대상 관리의 활용에 부수되는 사항 등을 각 기관이 모여 협의하기 시작했다. 「공안사범자료 관리규정」에 따라 '관계기관'에서 합동으로 구축해 놓은 이 자료는 전과 기록에 해당하는 범죄 경력 자료와 수사 경력 자료를 제외하면 가장 오래되고 방대한 양이 될 것으로 추정할 수 있다.[11] '관계기관'이라는 것은 공안사범에 대한 수사·소추·형집행·사후관리의 업무를 취급하는 국가기관을 일컫는데 법무부와 대검찰청, 경찰청, 국군기무사, 국가정보원, 해양경찰청, 국방부다.

2010년 6월 11일 개정된 규정에 따르면 공안사범자료관리협의회 위원장은 법무부 검찰국장이 맡고, 위원은 법무부 검찰국 공안기획과장, 교정본부 보안과장, 국가정보원 6국 1처장, 대검찰청 공안1과장, 경찰청 수사국 수사과장, 보안국 보안1과장, 정보통신관리관실 정보통신2담당관, 해양경찰청 정보수사국 정보과장, 국방부 검찰단 사무처장, 국군기무사령부 3처 1과장이다. '관계기관'은 공안사범에 대한 수사·소추·형집행·사후관리에 이르는 각 단계에서 발생하는 각종 자료를 수집해 경찰청 정보통신 2담당관에게 송부하거나 전산입력하고, 담당관은 송부된 자료를 체계적으로 작성·보존해 관계기관이 자료를 활용할 수 있게 한다.

「공안사범자료 관리규정」의 위헌적 요소는 2008년 정부가 미국과 체결한 쇠고기 수입 협상을 비판하는 촛불집회 시위 관련자의 재판 과정에서 불거져 그 일부가 드러났다. 경찰은 재판이 진행되는 동안 피의자의 가족 중에 공안사범으로 관리한 대상자의 자료를 출력해 법원에 제출한다.[12] 경찰에 의해 밝혀진 '공안(관련)사범 조회 리스트'의 신원정보 항목에는 시찰 사항, 현시찰유별, 요시편입일자, 요시유별이 나타나 있다. 이는 관계기관이 공안사범으로 관리하는 사람을 필요에 따라 사찰하고 그 내용을 계속해서 기록한 것임을 여실히 보여준다.

공안사범에 대한 논란이 일자 2009년 정부는 근거가 되는 훈령의 개정안을 마련한다. 국가인권위원회는 개정안에 대해서 헌법에서 보장하고 있는 평등권을 침해하고 자기정보결정권 등 국민의 기본권을 침해할 소지가 있다는 의견을 제출한다.[13] 훈령으로 되어 있는 「공안사범자료 관리규정」의 문제점은 첫째, 헌법에서 보장하고 있는 기본권에 위배되는 점과 상위 법률에 관련 근거가 없는 상태에서 제정된 점이다. 둘째, 부칙에 해당하는 죄로 판결이 난 경우 이를 해당자에게 공안사범으로 관리한다는 사실을 공지하지 않는 데 있다. 당사자는 자신의 기록이 정부기관에 의해 무작위 전산자료 형태로 보존·관리되고 있는 사실을 모르며, 이것이 어떻게 운용되는지도 알지못한다. 셋째, 공안사범자료관리협의회에서 결정하는 공안사범의 범위를 명확한 기준 없이 임의로 확대해 놓음으로써 불필요한 정보 수집과 인권침해 소지를 가진 데 있다. 명시적인 기준이 없다는 것은 정보수사기관이 원할 때 자의적인 목적에 따라 정치적으로 악용될 소지가 크다는 뜻이다.

쟁점은 '공안사범'이 누구를 가리키느냐 하는 점이다. 규정에 의하면 '공안사범'은 "국가안전과 공공의 안녕을 침해하는 범죄로서 공안사범자료관리협의회가 정하는 법령을 위반한 자"를 말한다. 2010년 공안사범의 정의를 개정한 이 조항은 이전보다 대상자의 범위를 자의적으로 해석할 가능성을 더 확대함으로써 오히려 공안사범자료관리협의회 곧 정보수사기관이 임의로 범죄 대상자를 결정할 수 있는 인권침해의 위협 요소를 높여놨다. 일부 조항이 개정되기는 했지만 가장 큰 문제가 되는 것은 표현의 자유와 관련해서 쟁점이 되는 집회 및 시위에 관한 법률 위반자에 대한 관리다. 정부 수립 전후의 국방경비법 위반자부터 국가보안법과 집회 및 시위에 관한 법률 위반자까지 공안사범으로 지정한 것은 소위 '사상범'과 '좌익'의 범위를 정치적 목적에 따라 확대하기 위해 법령을 추가한 것이라고 볼 수 있다.[14]

감시의 가장 높은 수준을 사찰이라고 할 수 있는데, 국가의 행정 체계가 발달할수록 감시와 통제는 증가하고 국가와 시민 사이에 나타니는 권력 분점과 불균형은 심화된다. 왜냐하면 사회제도의 재생산 과정으로서 정보를 축적하고 활용하는 것은 개인으로서는 불가능하기 때문이다. 앤서니 기든스Anthony Giddens가 이미 지적한 대로 감시체계는 근대국가의 일반적인 특징이다.[15] 우리 사회에서 특정한 범죄를 위반한 사람들의 개인 정보를 수집해서 체계적으로 관리하는 정부의 정치적 의도는 행정 감시제도 이상이다. 이런 인권침해를 예방하려면 정부가 「공안사범자료 관리규정」을 근거로 인권을 침해하고 다른 사건과 연계해서 어떻게 자료를 활용하는지 보다 철저한 정보공개가 필요하다. 무엇보다 상위 법률의 근거가 없이 대통령령으로 정한 「공안사범자료 관리규정」은 폐지하는 방향으로 검토할 필요가 있다.

행정 감시체계의 과도한 팽창을 막기 위해서는 정보기관이 수집한 자료를 일정 기간이 지나면 예외 없이 공개하는 제도를 마련해야 한다. 이를 위해서는 현재 운용되고 있는 공공기관의 정보공개와 기록물 관리에 관한 법률을 개정해 보안문서에 대한 이관과 공개를 별도로 정할 필요가 있다.[16] 생산 기관에서 자체적으로 관리하던 자료의 보존 기간이 지나면 일정한 심의 과정을 거쳐 국가기록원에 이관한 후 보존하고 (비)공개하는 것이 원칙이다. 정보수사기관의 여러 가지 제약과 조건이 있겠지만 경찰 정보부서나 기무사, 국정원 자료에 대한 보안심사(보안심의위원회)를 거쳐 공개하도록 별도의 규정을 두는 것도 하나의 방안이 될 수 있다.

미국의 국가안보기록센터National Security Archive는 정보공개법 Freedom of Information Act을 성공적으로 가장 많이 사용한 기관으로 명성을 얻었다. 비정부기구인 이 센터는 정보공개법에 따라 공개되는 FBI와 CIA 그리고 외국 기관의 문서를 보관·관리한다. 정보공개에 관한 전문 지식을 갖고 있는 이 기관은 "미국 정부의 범위를 넘어서 수집된 극비 국가 보안정보의 최대 컬렉션"이라 불리는 데이터베이스를 구축했다.[17] 1985년에 설립된 이 기구는 정부의 기밀 해제된 각종 문건을 수집·출판하고 미국이 수행해온 대외정책과 정보기관의 비밀 자료를 일반에게 공개함으로써 권력을 비판하고 감시하는 역할을 수행한다. 이런 측면을 중시하자면 민주주의는 정보공개에서 출발한다. 이제는 '공안사범'에 대한 폐지를 비롯해 각종 규정과 자료를 전면 재검토할 시점이다. 또한 민주적이고 개방적인 정보공개와 기록물 관리를 실시함으로써 정보기관의 권한 남용을 견제하고 시민권을 확장시켜야 한다.

관련 법률 위반자를 '공안사범'이라고 해서 사상범으로 덮어씌우는 것은 일제 강점기의 유산이다. 사찰과 감시, 정보 통제에 대한 국가의 자기 동원적 행태는 사회의 한 형식으로 자리 잡아 무한히 반복될 소지를 안고 있다. 정치사회의 이런 조건은 정부에 반대하는 시민들이 언제든지 권리를 제한당할 여지를 보여준다. 1948년 전후부터 정부는 적대적 개인에 관한 정보를 수집·관리했는데, 이는 대부분 사상 문제를 핵심으로 하는 공안사범이었다. 자료 관리 체계의 전산망 구축과 각 기관의 통합적인 활용을 보면, 감시 체계의 중심에서 국가는 개인의 인권을 보호하기보다는 관료제 자체의 목적을 우선으로 하고 있음을 알 수 있다.

이명박 정부 국무총리실의 민간인 사찰

사상의 문제와 정적 제거에서 비롯된 학살은 국가의 숱한 제도적 기능을 양산했다. 정보수사기관이 민간인을 대상으로 하는 감시와 사찰은 위와 같은 범위를 확대하면서 정권의 필요에 따라 수행되었다. 이명박 정부 들어서 정보기관의 민간인 사찰은 이전에 비해 대담하고 광범위해졌다. 국정원은 MBC 직원을 사칭해 사찰하다 탄로 났고, 기무사는 집회 채증부터 쌍용자동차 파업과 민주노동당 사찰에 이어 조선대학교 모 교수의 이메일 해킹까지 벌인 것으로 밝혀졌다.

2009년 8월 5일 쌍용자동차 파업의 평화적 해결을 위한 집회에서 기무사 신○○ 대위가 시위에 참가한 사람들을 사찰하다 발각되었다. 그의 수첩에는 민주노동당을 사찰한 내용이 빼곡히 적혀 있었다. 법원은 기무사의 민간인 사찰을 불법 행위로 판단하고 피해자들에게는 국가 배상을 판결했다. 민주주의와 인권이라고 하는 보편적인 원칙에서 보자면, 인권침해 책임자와 이를 실행한 자에게 법률적·정치적 책임을 묻는 것은 정당하다. 그렇지만 이 사건 이후 그는 소령으로 진급한 것으로 언론에 보도되었다.[18] 불법을 저지른 당사자와 기관의 감독자는 어떤 책임이나 형사상 처벌을 받지 않았다.

2010년 이후 밝혀지고 있는 국무총리실 민간인 사찰은 국회의원과 경제계, 방송·언론계, 사법부 수장인 대법원장까지 포함된 매우 광범위하게 이루어진 전방위 감시였다. 2012년 7월 열린 사건 관련자들에 대한 재판 과정에서 청와대가 개입한 정황이 문건에서 드러나 공직윤리지원관실의 주요 사찰 사안이 이명박 대통령에게 보고되었음을 암시하고 있다.[19] 하지만 총리실 소속 직원 외에 책임 있는 당국자는 기소되지 않았다. 미국의 주요 언론이 우리나라의 민간인 사찰을 워터게이트 사건Watergate scandal에 비유한 것은 대통령의 불법 행위에 대한 형사상 책임 부분 때문일 것이다.[20]

이명박 정부에서 쟁점이 된 국무총리실 공직윤리지원관실의 사찰은 이전과는 성격을 달리한다.[21] 독재와 권위주의 시대의 요시찰인 관리가 도덕성이 허약한 정권이 체제를 유지하고 사상범을 통제하기 위한 권력기관의 욕구였다면, 국무총리실의 민간인 사찰은 이런 범주를 포함해서 평범한 개인의 일상생활과 시민사회를 식민화하는 데 그 특징이 있다. 경찰과 기무사, 국정원에서 하던 민간인 사찰이 국무총리실의 공직자 비리를 조사하는 부서로 확장되었다는 데에 인권침해의 대규모 발생과 사태의 심각성이 있다.

이전의 사찰은 권력기관이 형식적으로나마 '사상범'이나 '좌익'이라는 범주를 바탕으로 하는 관리체계였다면, 이명박 정부는 정권을 비판하거나 정책에 반대하는 시민과 주요 기관의 요직에 있는 인사들의 공적·사적 생활까지 감시했다. 정치권과 경제계, 노동계, 언론계, 공기업, 권력기관장 그리고 사이버상의 비판자까지 사찰한 것으로 드러났다. 이것은 최고위층의 특정한 집단이 사적 목적을 위해 정부기관을 동원하고 임명직 공직자에 대한 인사와 정치적 반대자를 제거하려는 목적에서 비롯한 것이라고 볼 수 있다.

국무총리실 공직윤리지원관실은 이명박 정부가 들어서고 쇠고기 촛불집회가 어느 정도 마무리된 2008년 7월 직제를 개편해 신설되었다.[22] 직제 개정안은 행정안전부 장관에게 협의를 요청한 뒤 1주일 만에 국무회의를 통과했는데 관계기관 협의와 입법 예고, 법제처 심사 등의 절차를 거치지 않고 진행되었다. 2008년 12월 31일 정부는 민간인 사찰 실행 부서인 공직윤리점검반의 업무를 명시한 「공직윤리업무규정」을 국무총리훈령으로 제정한다.[23]

이 규정이 제정되기 전인 7월부터 부서의 편성·운용·업무 범위를 정하지 않은 상태에서 공직윤리점검반은 이미 7개 팀을 조직해 '상부의 지시'로 민간인을 사찰한다. 이 점검반을 운용한 공직윤리지원관실은 7월 졸속으로 만들어진 뒤 그해 12월까지 아무런 법률적 근거 없이 공권력을 행사한 불법 조직이었다. 재판 과정에서 밝혀진 것처럼 노동부 감사관이었던 이인규는 그해 7월 22일 총리실로 파견돼 지원관실 업무를 수행했고, 인사발령은 5개월이 지난 12월 15일에 이루어졌다.[24]

「공직윤리업무규정」에 따르면 공직윤리지원관실과 공직윤리점검반의 위법 활동은 직무 범위를 벗어나 민간인을 조사한 데 있다. 공직자 비위와 관련해서 일반 시민의 혐의가 연관되어 있을 경우에는 경찰에 관련 내용을 이송해야지 공직윤리지원관실에서 직접 처리할 수는 없다.[25] 사찰 문제가 드러나자 2010년 7월 26일 정부는 관련 직제를 개정해 '공직윤리지원관'의 명칭을 '공직복무관리관'으로 변경하고, 국무총리 직속에서 사무차장이 지휘·감독하는 체제로 부서를 이동시켰다.

국무총리실 공직윤리지원관실은 규정을 어긴 채 청와대의 지시에 따라 사사로이 조직되고 활동했다. 사찰한 내용을 들여다보면, 남경필 의원에 대한 내사 자료 비고란에 'BH하명'이라고 기록된 사건 현황 대장이 있다. 언론에 공개된 대로 청와대 개입은 재판 과정과 이어진 언론보도에서 계속 밝혀졌다.[26] 하지만 검찰은 이와 같은 불법한 사실을 인지하고도 '증거가 없다'는 이유로 청와대 관련자를 수사하지 않았다. 2010년 10월 14일 불법사찰 혐의로 법원에 기소된 이인규 전 공직윤리지원관은 공판 도중, 검사의 신문 과정에서 사찰 사실을 청와대에 구두로 보고한 것으로 진술했다. 그는 이강덕 청와대 공직기강팀장에게 관련 사항을 구두로 보고했다고 진술했는데, "2~3주에 한 번씩 청와대에 정기 업무 보고를 하러 갔다"라고 밝혔다.[27] 2012년 민간인 사찰이 추가로 불거지자 검찰은 재수사를 진행했지만 그때도 역시 제대로 된 수사를 하지 못하고 국회와 언론으로부터 심한 비판을 받았다.[28]

민간인 사찰은 개인의 일상세계를 무너뜨리고 당사자를 공동체에서 고립시킨다. 사찰을 당한 피해자 김○○은 "사람의 공포를 전염시키고 인간성을 왜곡시키는 걸 절감"했다. 일상에 대한 감시는 정서 불안과 심리 공포를 유발한다. 불면증과 대인기피증이 심해지면서 그는 항상 쫓기는 꿈을 꾸며 수년째 수면제와 신경안정제를 먹었다. 매일 아침 출근길 지하철에서 맞은편에 앉은 상대방이 3개월 동안 자신을 미행하고 감시한 사실을 알았을 때, 그의 두려움은 극에 달했다.[29]

가족의 사소한 즐거움, 평범한 행복이 모두 사라졌어요. 앞으로도 영원히 불가능할 것 같아요. 인간이 인간 사이에서 가장 추악한 모습을 겪었으니까요. 국가가 개인의 생계수단을 빼앗는 폭력을 자행하고도 뻔뻔스럽게 버티고 있어요. 이런 사회에서 인간이 살 수 있는지 묻고 싶습니다.

위와 같은 현상은 학살이나 고문 등 국가권력 피해자에게서 나타나는 현상과 유사하다.[30] 피해자의 경우 일상생활이 파괴되어 피해의식과 사회적 불신, 소외로 이어지고 회사 동료와 지인들로부터 고립됨으로써 사회관계망으로부터 단절되는 결과를 가져온다.[31] 일상세계가 정치권력에 의해 까발려짐으로써 그와 그의 가족은 공동체에서 다른 사람들과 관계를 맺고 살아갈 수 없었다. 사적 영역에 대한 공권력의 침해는 피해자 자신뿐만 아니라 가족과 주변 사람들에게까지 큰 영향을 끼친다.

이뿐만 아니라 실직과 빈곤은 경제적 어려움으로 현실화되었다. 재산을 강탈당한 피해자는 경제적 어려움 속에 있는데, 정부의 압력으로 자신이 운영하는 회사의 지분을 포기하면서 직장을 그만두었고, 신분이 노출되자 아무도 그와 함께 사업을 하려고 하지 않았다. 이는 헌법 제23조에서 보장하고 있는 재산권 침해였다. 사업을 하려고 해도 사찰 대상이었던 자신을 알아본 상대방이 기겁을 하며 거부한 적이 두세 번이나 있었다.

공직윤리지원관실의 사찰은 정부(청와대)가 공권력을 사적 권력으로 활용하면서 총리실의 업무인 공직자 비리조사 직무를 무력하게 만드는 사태였다. 총리실 조직을 위장한 청와대 최고위층은 사찰 대상자의 일상과 동향을 '분分' 단위로 감시해 그와 대화를 나눈 주변인의 말과 표정까지 기록했다. 총리실 소속의 기구를 청와대가 비선으로 조정함으로써 권력의 사적 유용을 은밀하게 진행하고 비밀 사조직처럼 운영할 수 있었다.[32] 이런 행태는 특정한 사건 관련성이 없는 정치인이나 시민을 사찰하는 데 기존 정보기관이 나서기에는 한계가 있었기 때문일 것이다.

헌법상의 권리를 보호해야 할 국가기관이 오히려 일방적으로 벌인 '사찰'을 김동춘은 "국민에 대한 테러"라고 규정한다.[33] 헌법에서 보장하고 있는 기본권인 표현의 자유가 사라지고 부당한 권력에 굴종하도록 만드는 삶은 시민을 노예와 같은 존재로 전락시킨다. 인간의 존엄성을 위협하는 불법한 권력 행사는 법이 시민의 권리를 보호하기보다는 정권과 권력자의 도구로 변질되었음을 의미한다. 사찰은 국가와 개인 사이에 민주적 원리가 작동하지 않게 됨으로써 결국 공공성을 침해하고 시민사회를 정치권력에 종속시킨다.

정치적 목적을 추구하기 위해 불법적인 수단을 동원한 관료들은 주권을 위임받은 공무 담당자가 될 수 없다. 이는 대통령이라고 해서 달라지지 않는다. 미국의 주요 언론들이 우리나라의 민간인 사찰을 워터게이트 사건에 비유하는 이유는 바로 이 때문이다. 사찰을 저지르고 또 이를 무마하기 위해 돈과 권력, 비밀이 압도했다. 국무총리실 민간인 사찰은 일반 시민을 대상으로 정치적 의도를 갖고 행해진 데에 사태의 심각성이 있다. 이는 기존 국가기관의 정보 업무에서 이뤄지는 사찰과는 또 다른 권력의 사유화 현상이다.

민간인 사찰이 시민사회에 끼치는 영향과 인권침해의 특징을 살펴보면 다음과 같다. 첫째, 사찰에 따른 인권침해는 피해자와 국가 또는 피해자와 가해자 사이의 불가피한 개연성 때문이 아니라 정치적 의도를 가진 권력 행위에 의해 발생한다. 이는 인권침해가 정부기관의 억압적이고 조직적인 체계에 의해 뒷받침될 때 일어나는 것을 의미한다. 둘째, 극히 일부를 제외하면 인권을 침해한 당사자와 그 기관의 책임자가 형사처벌을 받지 않기 때문에 법치주의 원칙을 무너뜨린다. 셋째, 시민의 일상과 공공영역을 권력에 복속시킴으로써 공동체의 작동 원리인 민주주의를 파괴하고 시민사회를 식민화한다.

권력에 예속된 삶이 시민사회에 오염되면 시민들은 자신의 의사를 표시하는 데 위축될 수밖에 없다. 이런 현상은 시민사회의 황폐화를 가져오고 공공성은 쇠퇴한다. 위법한 공권력 행사는 통치의 정당성을 무너뜨리고 법치의 한계는 곧 입헌주의의 실패로 전락할 위험을 증대시킨다. 민간인 사찰의 발생과 처리 과정에서 볼 수 있듯이, 검찰이 청와대의 개입과 국무총리실의 불법을 제대로 수사하지 못한 것은 이 사건이 최고위층과 관련된 사건임을 암시하는 것이기도 하다. 이런 과정들이 정치적 전제주의와 유사한 형태를 띠는 것은 정치권력을 견제하고 분산시킬 수 있는 제도적 장치가 미비하기 때문이다.

알렉시스 드 토크빌Alexis de Tocqueville이 미국 민주주의를 분석하면서 설명했듯이, 전제적인 권력을 막기 위해서는 국가의 통제를 받지 않는 자발적인 결사체가 발달해야 한다.[34] 다양하고 자율적인 시민조직이 민주주의를 발전시키는 데 반드시 필요하다. 시민사회와 개인을 압도하는 국가권력의 집중은 시민들을 감시하고 통제함으로써 민주주의를 후퇴시킬 뿐만 아니라 일상생활을 파괴한다. 이것은 개인의 파편화와 더불어 체계에 포섭되는 생활세계를 재구조화한다.

우리 사회가 1987년 민주주의 이행과 1998년 야당으로 정권이 교체된 이후 민주정부 10년 동안 비교적 안정된 사회체계를 유지해 올 수 있었던 것은 국가와 시민사회를 기초로 한 사적 영역과 공적 영역의 긴장관계, 시민사회의 공공성 그리고 이를 뒷받침하는 민주주의 때문이라고 할 수 있다. 관료들의 행위가 일상에서 이루어지는 개인의 생활세계와 사회통합의 영역을 지배하게 되면, 시민사회와 국가권력의 긴장 관계는 더 이상 유지할 수 없다. 이명박 정부에서 밝혀졌던 민간인 사찰은 시민사회와 국가권력의 작동 원리인 민주주의와 입헌주의 원칙을 부정한 것이다.

정보기관이 행한 사찰은 대부분 사상적인 이유를 형식적으로 내세운 것이지만 내용적으로는 주권자인 시민을 감시하고 비판 세력을 통제해 유사시 격리하려는 정권 차원의 불법 행위다. 최근 들어 민간인 사찰은 시민의 사생활을 침해하고 정책을 비판하는 사람들을 제압하면서 정권에 충성을 강요하는 수단으로 쓰여왔다. 이는 정권의 성격에 따라 공권력을 얼마든지 사적으로 유용할 수 있다는 것을 분명히 보여준다. 정보기관의 공무 담당자들이 벌인 근거가 불명확한 활동은 법률에서 부여한 권한을 벗어난 행위일 뿐만 아니라 주권자에 대한 반역에 다름 아니다.

공공영역의 식민화

2014년 4월 16일 인천에서 제주로 향하던 여객선 세월호가 진도 동거차도 앞바다에서 침몰한다. 배에 타고 있던 승객 중 304명은 시신을 수습하거나 유해를 확인했고, 5명은 2017년 11월 시신을 찾지 못한 미수습 상태에서 장례를 치렀다. 세월호 참사가 일어나자 박근혜 정부는 청와대 주변의 경비 수준을 높였는데, 외곽 지역에 해당하는 경복궁에 드나드는 관람객을 대상으로 불심검문과 유인물 압수, 감시를 한층 강화했다. 세월호 '노란 리본'을 가방에 달고 있거나 세월호 농성장이 있는 광화문에서 나눠준 유인물을 들고 있는 젊은 대학생이 주요 감시 대상이었다. 청와대 외곽 경호를 담당하는 서울지방경찰청 202경비단에 근무한 어느 전역자는 이와 같은 검문 사항을 상부로부터 교육받았고, 불심검문에서 전단지를 압수하면 포상까지 받은 사실을 증언했다. 무엇보다 심각한 것은 '노란 리본'을 달고 있는 사람이 경복궁에 입장하면, 그때부터 CCTV로 미행을 시작해 그가 이동하는 위치를 따라가며 계속 감시하고 퇴장할 때에도 또다시 검문을 한 데 있다.[35]

세월호 참사가 일어난 이후 많은 시민들이 다양한 형태의 '노란 리본'을 갖고 자신의 의사를 표명했다. 가방에 매달기도 하고 팔찌와 브로치, 플픽, 유인물 등 각종 온오프라인에서 참사의 상징으로서 '노란 리본'을 썼다. 시민들은 각자 자신들의 방식으로 리본을 달았지만 이 행위는 사망자에 대한 애도와 추모, 정부의 진상규명과 책임자 처벌, 미수습자에 대한 수색, 박근혜 대통령의 7시간 행적을 밝히라는 표상이었다. 민주주의는 자신의 의견을 표현하는 것에서부터 시작한다. 그런데 정부는 이 과정에 참여하는 시민들의 행동을 철저하게 감시하고 세월호 참사의 진상규명 여론을 가로막았다.

인간 개인의 권리 관계는 국가의 근대적 성격과 밀접한 관련이 있다. 근대국가는 자국 내의 성원을 관리하는 복지 차원에서 적절한 사회체계를 발전시켜왔다. 권리를 보장하기 위한 제도적인 차원에서 관리제도가 비롯된 것임을 알 수 있다. 그렇지만 국가는 복지의 이면에서 통제와 억압을 목적으로 시민의 권리를 제한하기도 한다. 시민과 정치권력의 관계에서 중요한 것은 개인이 권리의 주체이자 감시의 대상이라는 이중적 지위의 일반화 경향이라고 할 수 있다.

기든스는 시민권의 전반적인 발전 과정을 세 단계로 나누어 인식하기보다는 대결과 갈등 차원에서 이를 해석하고, 이들 각 영역이 감시체계의 특성과 관계 맺는 방식에 주목할 것을 요구한다.[36] 감시는 시민들의 일탈 행위를 통제하기 위한 사법제도와 형사 조직체로 구성되는데 감시체계를 시민적 권리와 정치권, 경제권(사회권)과 연계해 파악할 수 있다. 시민적 권리는 정치권보다 앞서 확보되었고 그다음 정치권은 경제권보다 먼저 정립된 것으로 알려져 있다. 기든스의 지적대로 영국 이외의 다른 지역을 고려하면 세 가지 권리가 단계적으로 발전했다고 보기는 어렵다. 이 부분에서 시민권 문제를 감시체계와 연계해 논의해볼 필요가 있다. 시민적 권리는 치안유지 방법으로서 감시와 연계되고, 정치권은 국가 행정력의 자기 성찰적 방법으로서 감시와 관련되며, 경제권은 생산의 관리체계로서 감시와 연계된다. 각종 권리의 확장이나 제한은 감시제도와 불가분의 관계에 있음을 알 수 있다.

권리의 확대와 더불어 근대국가에는 시민을 감시하는 체계가 발달하고, 근대성의 특징으로서 감시체계는 사회적 형식으로 두드러지게 나타난다.[37] 어떤 측면에서는 근대국가의 행정력 확장이 감시 과정을 가속시킨다. 감시는 제도의 성찰성과 관련해 작동하며 어떤 특정한 형태 속에서 사회적 재생산의 반복성을 드러낸다. 이는 시민들의 사회활동을 통제하고 권력의 불균형을 낳으며, 어떤 집단이 다른 집단을 지배하는 여러 가지 수준으로 강화한다. 감시 능력의 확대에서 근본적인 현상은 모든 사람들의 활동에 영향을 미치는 정부의 행정 통제에 있다.**38** 감시가 매우 높은 수준으로 발전한 체계에서는 사회의 재생산 조건들이 더욱 자기 동원적으로 변화한다. 국가기구를 하나의 단일한 조직체로 이해한다면, 결국 국가는 그 국가의 통치하에서 빚어지는 사회제도의 재생산 과정과 양상을 철저하게 파악하기 위해 감시 기능을 수행한다.

기든스는 근대의 '감시'를 두 가지 현상으로 설명한다.**39** 첫째, 정리된 정보의 축적과 이렇게 축적된 정보가 정보 수집 대상자 개인의 활동을 규제하기 위해 사용되는 현상이다. 중요한 것은 정보 수집 그 자체가 아니라 수집된 정보를 구분하고 정리하는 체계다. 정보는 기록에 의해 정리되고 이를 구분하는 여러 가지 부호로 표시되어 자료의 이용도를 높인다. 둘째, 감시의 또 다른 의미는 권력을 차지한 특정 사람들이 다른 사람들의 행위를 직접 감독하는 데 있다. 감시와 정보 수집, 체계화된 자료의 축적은 정권의 성격이나 의도에 따라 시민의 권리를 제한하는 정치권력의 작용으로 확대되기 쉽다.

법률의 권한이 없는 정부기관이 시민을 대상으로 직무를 남용한 사례는 다른 나라에서도 종종 불거졌다. 1972년 6월 미국에서 발생한 워터게이트 사건은 민주당 전국위원회 본부를 비밀요원이 도난·도청한 것이었는데, 수사가 진척되어 전임 각료를 포함한 리처드 닉슨Richard M. Nixon의 측근들이 형사범으로 기소되어 유죄판결을 받았다.**40** 닉슨은 법무부가 사건을 조사할 때 관련자들에게 은폐를 지시하고, 하원 사법위원회는 대통령에 대한 세 가지 탄핵 사항을 가결했다. 닉슨은 기소되지 않았고 탄핵 이후 대통령직을 사임함으로써 사건은 마무리되었다.

이 사건에 대해 하워드 진Howard Zinn은 닉슨에게 책임이 있는데도 그가 형사처벌을 받지 않은 것을 강하게 비판한다. 행정부에서 의사결정 과정의 정점에 있는 대통령과 고위 관료들은 자신에게 닥쳐오는 위기 때마다 '자기들은 전혀 몰랐다'라는 식으로 발뺌한다. 이럴 때 쓰는 말이 '그럴듯한 부인plausible denial'이다. '그럴듯한 부인 정책'은 정보기관이 비밀작전을 수행한 후 그 책임이 밝혀지지 않도록 하는 것이다. 의회의 조사위원회에 제시된 증거들은 비밀작전이 폭로될 경우 그 결과로부터 미국과 요원들을 보호하기 위해 구상된 이 정책이 "대통령과 고위 관료들이 결정 책임자라는 사실을 은폐하는 데까지 확장·적용"되어왔음을 보여주었다.[41] 나중에 불거지는 책임을 회피하기 위해 지저분한 일에 아랫사람을 내세우는 통치자들의 기술은 다른 나라에서도 마찬가지다.

미국에서 사찰은 워터게이트 사건처럼 예외적인 경우만이 아니다. 1956년부터 1971년까지 FBI는 코인텔프로COINTELPRO(Counter Intelligence Program)라고 하는 불법 공작을 진행한다. 정치 공작 프로그램이었던 이 활동에서 FBI는 시민단체나 사회운동 조직에 요원을 침투시켜 도청과 비밀정보를 수집했다. 1960년대 민권운동과 베트남전쟁을 반대하기 위해 조직한 단체들이 FBI의 대표적인 공작 대상이었다.[42] 단순히 정치 활동에 대한 첩보를 수집하는 것이 아니었다. 요원들은 반전운동 조직이나 시민단체에 침투해 활동가를 매수하고 운동에 대한 불신을 조장해 내부의 혼란과 무력화를 시도했다. 이 프로그램은 1971년 FBI 시민조사위원회가 폭로해서 밝혀졌고

1976년에 폐기되었지만, 2001년 9·11 이후 부시 정부에서 반전운동에 대한 첩보 수집 활동으로 다시 시작되었다.

1975년 미국 상원 의회는 베트남전쟁과 워터게이트 등으로 여론이 악화되자 처치위원회Church Committee를 꾸려 CIA와 FBI에 대한 조사를 벌였다. 그 결과 우편물 개봉이나 가택, 사무실 무단침입 등 두 기관의 광범위한 불법 행위가 드러났다.[43] CIA의 역사기록가 제럴드 헤인스Gerald K. Haines에 따르면, 처치위원회는 CIA의 불법 활동을 조사하는 데 주력한 반면, 하원은 파이크위원회Pike Committee를 꾸려 CIA 활동의 효율성과 납세자들이 부담하는 비용을 검토했다.[44]

시민에 대한 각종 정보 수집과 감시, 사찰은 국제사회에서 계속 논란이 되고 있다. 일본 센다이仙台 지방재판소는 자위대가 이라크 파병 반대운동을 벌인 시민들의 개인 정보를 무단으로 수집한 데 대해 배상 판결을 내렸다. 오로지 개인 정보를 수집한 것만으로도 법을 어긴 것으로 판단한 것이다. 『마이니치신문每日新聞』에 따르면 재판소는 "자위대는 개인 정보를 수집당한 5명에게 5만~10만 엔씩 모두 30만 엔을 배상하라"고 판결했는데, 이는 자위대가 '개인 정보를 본인의 의사대로 제어할 권리'를 침해해 피해자들의 인격권을 훼손한 취지였다.[45]

자위대는 정보 수집을 법에 따라 진행했기 때문에 위법하지 않다고 주장했다. 재판부는 「행정기관 보유 개인정보보호법」은 올바른 목적과 필요성이 없으면 개인 정보를 아예 보유하지 말 것을 규정하고 있으므로, 자위대가 피해자들의 개인 정보를 보유해야 할 필요성을 입증하지 못한 것으로 보았다. 이 판결은 일본에서 자위대 정보

부서인 정보보전대의 감시 활동에 대한 최초의 판결로서, 자위대뿐만 아니라 정부 조직이 개인 정보를 수집하는 것에 대해 법적 판단을 내린 중요한 결정이었다.

보편적으로 인권이라고 할 때 이것은 "대한민국 헌법 및 법률에서 보장하거나 대한민국이 가입·비준한 국제인권조약 및 국제관습법에서 인정하는 인간으로서의 존엄과 가치 및 자유와 권리를 말한다."[46] 인권침해의 행위 주체가 (근대)국가라는 점에서 시민에 대한 사찰은 '국가가 저지르는 범죄'이기도 하다. 이 범죄는 국가 소속의 공무원이 통상적인 공무 수행을 하는 과정에서 개별적으로 저지르게 된 일반적인 불법 행위가 아니고, 국가가 조직적이고 대규모로 자행한 특수한 불법 행위를 가리킨다.[47] 이 견해는 "불법 행위의 특수성"을 범죄의 개념으로 정의한 것으로서, 공권력 행사의 위법 행위를 특수한 범죄라고 할 수 있는 점에서 매우 큰 의의를 지닌다.[48] 이처럼 국가가 그 구성원을 대상으로 권력을 행사하면서 문제가 되는 것은 개인의 인권을 침해하는 불법 행위에 있다.

국가기관이 시민을 사찰하는 것은 불법한 공권력 행사로서 헌법에 보장된 개인의 권리와 유엔이 규정한 시민적·정치적 권리에 대한 심각한 침해 행위다. 유엔 '시민적·정치적 권리에 관한 국제 규약(B규약 또는 자유권 규약)' 제17조는 어느 누구도 "자신의 사생활, 가정, 주거 또는 통신에 대하여 자의적이거나 불법적인 간섭을 받거나 또는 그의 명예와 신용에 대한 불법적인 비난을 받지 아니"하고, 또한 "모든 사람은 그러한 간섭 또는 비난에 대하여 법의 보호를 받을 권리를 가진다"라고 밝혀두었다.

세계인권선언 제19조는 모든 사람이 간섭받지 않고 의견을 가질 권리를 규정한다. 이는 사람들이 표현의 자유에 대한 권리를 가지며 이 권리는 구두, 서면, 인쇄, 예술의 형태 또는 스스로 선택하는 기타 방법을 통해 국경에 관계없이 모든 종류의 정보와 사상을 추구하고 접수하며 전달하는 자유를 포함하는 것이다. 대한민국 헌법 제10조는 모든 국민이 인간으로서의 존엄과 가치를 가지고 행복을 추구할 권리를 보장하고 있으며, 국가는 개인이 가지는 불가침의 기본 인권을 확인하고 이를 보장할 의무를 명시하고 있다.

쉽게 드러나지 않는 정보수사기관의 감시와 사찰은 개인의 일상생활을 무너뜨리고 사상과 표현의 자유를 억압한다. 정치적 영역으로부터 하달된 시민에 대한 사찰은 역사적으로 등장한 시민사회와 국가와 시민사회로부터 파생한 공공영역을 황폐화시킨다. 이런 사회현상을 하버마스가 말한 체계에 의한 '생활세계의 식민화'라고 할 수 있다. 하버마스에 따르면 체계의 혼란은 체계 영역 내에서 해결되는 것이 아니라 이것을 생활세계의 의사소통적 하부구조에 전가시키는 행태로 나타난다.[49] 체계에 의한 생활세계의 병합 현상은 공적 영역의 시민생활이 정부 주도의 체계에 포섭되어 결국 식민화로 변질되는 것이다.

국가와 시민사회의 분화는 공적인 영역인 국가의 영역과 국가의 감시 활동에 저항하는 사적 영역으로 구분할 수 있다. 생활세계가 구조화된 시민사회는 국가가 일상생활을 관통하는 '이면other side'에서 구축된다.[50] 근대적 공공영역을 사회적 개인 간의 행위와 의사소통 영역을 의미하는 것으로 볼 때, 국가는 시민들의 정치적 자율성을 위협해서는 안 된다. 국가와 시민사회를 매개하고 시민들을 정치적 주체로 등장시키는 공공영역은 정치체제의 한 형태다.[51] 개인의 사회화를 담당하는 사적 영역과 담론 형성을 담당하는 공공영역으로 구성된 생활세계는 민주주의가 작동하는 공간이자 결사체를 조직하는 공간으로서 의미를 지닌다.

제 4 부

피해자의 귀환

우리가 비현실이라고 명명하고 싶은

죽음이야말로 가장 무서운 것이며,

죽은 것을 확인하는 것은 가장 위대한 힘을 요구한다.

• G. W. F. 헤겔, 『정신현상학』, 1807.

제 10 장

인권정치와 증언

국민국가와 시민권리의 보편화

중대한 인권침해를 예방하기 위한 노력은 제노사이드 범죄의 확립과 함께 꾸준히 발전해왔다. 근대 공동체에서 발생하는 대량학살은 정치권력과 인간의 권리 관계를 다양하게 조명한다. 중요한 논지는 주권의 성립과 확대라고 할 수 있다. 주권은 민주주의와 마찬가지로 인류 문명과 함께 발달해온 정치사상 개념이다. 이것이 정치 분석의 주요 대상이 되기 시작한 것은 정치권력으로서 중앙집권 국가가 출현하는 16세기 말 이후부터다.

주권은 통치와 자치권의 원리 사이에서 국가주권state sovereignty과 인민주권popular sovereignty이라는 두 개의 관점으로 정립되어왔다.[1] 토마스 홉스Thomas Hobbes는 『리바이어던Leviathan』에서 절대국가의 주권을 설명했는데, 그는 정치체로서 국가가 법률을 만들고 강제력을 수반해 사회에 대한 우위를 확보할 때 전쟁과 같은 혼란한 상태에서 사회질서를 유지할 수 있는 것으로 보았다. 홉스에 따르면 국가는 인위적인 계약을 맺은 시민들의 생명을 지키고 평화를 유지할 의무를 지니고 있다. 장 자크 루소Jean-Jacques Rousseau는 『사회계약론The Social Contract』에서 인민주권을 지지했는데, 그는 사회질서를 유지하는 주권이 국가가 아닌 개별 시민들의 공동체인 인민the people에게 있는 것이라고 주장했다.

홉스는 국가로부터 독립적인 개인의 권리를 인정하지 않은 반면 루소는 국가를 시민들의 '사회적 계약'에 불과한 것으로 파악했다. 루소에게 개인의 존재와 권리는 계약에 의해 성립된 국가로부터 자유로운 것이었다. 주권을 둘러싼 이와 같은 논쟁은 국가와 (시민)사회의 적절한 긴장관계 속에서 발전해왔는데, 이는 권리의 주체가 누가 될 것인가에 관한 논쟁이었다. 존 로크John Locke가 주장했듯이 국가는 시민들의 자유와 생명, 재산을 보호해야 하며 시민의 권리를 보장하기 위해 국가권력은 법에 의해 제한되고 분점되어야 한다. 국가권력의 정당성은 시민의 권리를 보호하는가, 그렇지 않은가에 달려 있으며, 국가의 정당성은 입헌주의에 의해 제도적으로 확보되어야 한다.

토머스 험프리 마셜Thomas H. Marshall은 인간의 권리가 발전해온 형태를 시민권citizenship으로 정립한다. 영국 사회에 대한 그의 진화론적·단계적 시민권 정립에 대한 비판에도 불구하고, 국제사회에서 시민의 권리는 순차적으로 중첩된 상태에서 확대되어왔다. 앞서 보았듯이 시민권 중에서 시민적 권리civil right는 표현과 사상의 자유와 소유재산의 보장이고, 정치적 권리political right는 선거권과 피선거권 등 정치 과정에 참여할 수 있는 권리이며, 사회적 권리social right는 보편적인 인간의 존엄을 지킬 수 있는 최소한의 생활과 사회보장에 관한 권리를 말한다.[2]

시민권이 법적 권리로 확립되기 시작한 18세기부터 개인은 자율적인 행위자로 인정받기 시작했고, 정치적인 책임을 스스로 질 수 있는 존재로 여겨졌다. 개인의 정치권리가 보편적으로 확립된 것은 19세기부터 20세기 초반이었다.[3] 시민은 정치공동체의 평등한 성원으로서 시민권은 이들의 조건과 지위, 책임과 권리에 의해 이루어진다.[4] 근대 시민권의 가장 뚜렷한 특징은 시민 지위의 보편화인데, 이 지위는 정치에 대한 보편적 권리이자 접근 방식에서 찾을 수 있다.

근대국가의 발달과 시민권의 확장 과정에서 전제되어야 할 부분은 시민사회와 국가권력의 관계라고 할 수 있다. 라인하르트 벤딕스 Reinhard Bendix에 따르면 시민들의 사회관계는 권리와 의무의 상호관계 속에서 성립한다. 시민권의 외연과 내적인 확장 과정은 공동체의 주권자로서 국민을 확립하는 과정과 동일한 것이다.[5] 이런 과정을 거쳐 형성된 국민국가의 틀 속에서 개인은 정치적 실체로서 공동체 성원으로 자리매김한다. 국민국가의 구성원인 시민들은 집단 내에서 행위의 주체자로서 확립되는데, 국가와 시민사회의 정치적 성취는 결국 시민권의 확장 여부에 달려 있다. 이러한 시민권 논의는 민주주의 이행과 연관해서 고찰하고 있다.[6]

권리의 주체와 관련해서 좀 더 생각할 점은 인간과 국민 그리고 이들과 국가의 보편적 관계에 대한 함의다. 아렌트는 인간이 국민의 한 사람이 되었을 때 권리를 보장받을 수 있는 인권과 국민국가 사이의 관계에 대해 의문을 제기한다. 국가의 주권만이 인권을 보장할 수 있을 때 "인간의 이미지는 개인이 아니라 국민"이 된다. 인간이 국민의 한 사람이 되어버렸을 때, 아렌트가 가장 염려하는 것은 인간 "내면에 고유한 존엄성을 지닌 완전히 고립되고 완전히 해방된 존재"가 아니라는 데 있다.[7] 그가 적절하게 비판하듯이, 근대국가 체제에서 개인은 정치공동체의 성원으로서 시민이나 국민이 되지 않은 상태에서는 어떤 권리도 향유할 수 없다.

아렌트는 인간이 국민으로서 최소한의 권리를 의지해야 하는 것은 권위, 제도와 같은 국민국가의 기능으로 보장할 때에만 가능한 현 상태를 지적한다. 이에 대해 아감벤은 이렇게 추가한다. "국민국가라는 체계 속에서 이른바 신성불가침의 인권이라는 것은 특정 국가의 시민들에게 귀속된 권리로서의 형태를 취하지 못하는 즉시 전혀 보호받지 못하며 또 아무런 현실성"이 없다.[8] 외양적으로 보면 국가와 개인 간의 주권은 사회계약이라는 형태를 띠고 있지만 아감벤이 밝혔듯이, 실제는 출생이 곧 보편적 국민이라는 권리의 지위를 가진 상태를 뜻한다.

19세기 이래 정치적 단일체로서 국민국가는 공통의 언어와 문화, 소속감을 그 구성원들이 갖게끔 한다. 페르낭 브로델Fernand Braudel의 설명대로, 근대국가의 기능은 국민을 복종시키는 합법화된 폭력과 무력의 사용을 독점하고, 경제활동을 통제하면서 이익의 보장과 국가재정 지출, 전비 확충을 위한 세금 징수 그리고 국민의 정신과 종교생활에 강한 영향을 끼친다.[9] 이런 국가의 역할에 더해 근대국가가 국민국가의 성격을 갖게 되는 것은 구성원의 권리를 실현하는 범위와 그 정도에 있다.

오늘날 개인의 권리에 대한 법률적 보호 장치는 현실적으로 국민국가가 행사할 수 있는 권한이다. 주권의 원리를 넘어서 시민의 권리를 보호하지 않는 예외적인 공간 또는 예외의 형식적 구조를 창출하는 것도 국가라는 근대 정치체제다. 아감벤은 출생 자체가 국민이 되는 상황은 이미 1789년 「인간과 시민의 권리선언」에서 국민에게 주권을 부여할 수 있는 이유로 "출생이라는 요소를 정치공동체 자체의 핵심부에 기입해 놓았기 때문"이라고 진단한다. 그는 어원상 국민 nazione이 태어나다nascere에서 유래한 것을 상기시킨다.[10] 이민과 난민 형태의 개별 구성원을 제외하면 개인이 시민권을 행사할 수 있는 공간은 적어도 근대국가 공동체의 귀속으로 출생한 이후에야 가능하다.

아렌트와 아감벤의 근본적인 비판을 받아들이면서, 개별 시민의 권리를 옹호하는 유엔의 권고와 개입이 지속되고 그 필요성 또한 증대하고 있음을 부인할 수는 없다. 주권국가의 연합체이긴 하지만 유엔은 궁극적으로 인간의 보편적 권리를 옹호한다. 앞으로 관심 있게 지켜보아야 할 것은 유럽연합 구성원들에 대한 '이중 시민권dual citizenship'이다. 개별 국가 단위와 유럽연합 차원의 이중적인 시민권리 보장 방식을 구체적으로 생각해볼 수 있다.[11] 유럽공동체와 같은 초국가적 정치체제가 발전하면서 시민권에 대한 새로운 논의가 이뤄지는 것이다.

구체적이고 현실적으로, 적어도 현재까지 개인의 권리에 대한 법률적 보호 장치는 개별 국민국가의 권한이다. 국민국가 수준을 넘어서 유럽연합 시민의 권리를 보장하는 형태는 정치공동체와 인간의 관계를 새롭게 재조명하는 근대국가의 모습이 될 것이다. 유럽공동체는 유럽재판소와 인권위원회가 지지하는 권리들의 형태에서 '유럽 시민권'을 명확히 하고 있으며, 유럽의회가 '사회헌장'을 위해 제출한 내용에도 이미 이런 규범을 반영하고 있다.

인권은 정치의 문제다. 그리고 정치는 삶과 죽음의 양식을 다룬다. 인간의 권리는 현존하는 정치 과정 속에서 구체적으로 실현될 수밖에 없다. 한 정치공동체 내에서 시민들이 살아가는 삶의 조건은 공적 영역에서 이루어지는 시민들의 '정치 행위'를 통해 만들어진다. 앞으로 보겠지만 아렌트의 '정치 행위'에 대한 서술에서 알 수 있듯이, 정치 과정에 참여할 수 있는 권리는 시민들의 보편적 권리라고 할 수 있다. 이런 점에서 시민들이 소통하고 행복을 추구할 수 있도록 보장하는 것, 이것이야말로 정치의 근본적인 역할이다.

이 정치 과정은 국가의 공공성이 작동하는 공적 영역을 바탕으로 한다. 국가 폭력은 시민이 주권을 보호받지 못하는 공간에서 공동체 구성원에게 적용되어왔는데, 폭력의 대상으로 지목당한 사람들은 공적 영역에서 시민권을 박탈당한 이들이다. 시민권을 위해하는 행위 중에서도 대량학살과 같은 중대한 인권침해를 예방하려는 노력은 권리의 발견과 보편화 과정 속에서 발달해왔다.

인권정치: 권리를 가질 권리

서구 역사에서 근대의 구성 원리는 개별 존재에 있다. 이런 개별적 존재로서 근대 주체에 대한 실체를 의미하는 것이 존재론이다. 르네 데카르트René Descartes의 명제 "나는 생각한다, 고로 나는 존재한다"라는 논제의 핵심은 인간의 이성, 인간 자신의 사유 능력에 있다.

한 인간으로서 존재의 실체를 인정하는 것이 존재론의 바탕이고, 이는 또 주체의 철학을 의미하기도 한다. 이러한 근대성의 구성 원리는 개별적 존재의 정치적 실현 형태인 국민국가로 발전했다. 인간의 존재와 그 자체의 권리에서부터 주체성을 실현하는 정치공동체 형태는 국민국가다.[12] 근대 국민국가 체제가 아니라면 우리는 현실적으로 정치공동체와 어떤 사회적 관계도 가질 수 없음을 잘 알고 있다.

국민의 한 사람이 되는 것은 어떤 국가에 복속하면서 동시에 권리를 인정받는 과정을 의미한다. 전 세계에 200여 개가 넘는 국가가 유엔 회원국으로 가입해 주권을 행사하며, 각 나라마다 개인들이 각자의 삶을 영위하고 있다. 하지만 국적이 없는 사람도 1천만 명이 넘는다. 어느 나라에도 소속되지 않은 이들을 유엔난민기구UNHCR는 '국적이 없는 상태statelessness'라고 해서 "교육이나 의학적인 도움을 받지 못하고 합법적으로 고용되지 못하는 삶, 또 자유로이 이동할 수 없고 미래에 대한 희망조차 가질 수 없는 삶"이라고 정의한다. 2014년 11월 4일 유엔난민기구는 이런 사람들에게 '소속'을 주자는 '나는 소속돼 있습니다Belong'라는 캠페인을 시작한다. 난민이 발생하는 경우를 보면 공동체 구성원의 권리를 보호하지 않는 예외적인 구조를 창출하는 것이 국민국가라는 근대 정치체제임을 알 수 있다.

권리에 대한 근원적인 인식은 '권리를 가질 권리right to have rights'라고 정립할 수 있는데, 이것은 아렌트의 주장대로 추상적이고 보편적인 권리와는 구별되는 권리로서, 하나의 정치공동체에 구성원이 될 권리를 뜻한다.[13] 인권은 '권리를 가질 권리'를 포함하고 있는 근원적이면서 보편적인 성격을 가진다. 인간은 자기 자신의 보존을 위해 공동체를 가질 권리가 있으며, 정치공동체 형태인 국가 속에서 이는 시민권으로 구체화한다.

시민의 사회화 과정으로서 주체화 양식을 설명하는 에티엔 발리바르Étienne Balibar는 철학적 인간학의 기초를 「인간과 시민의 권리선언」에 대한 독해에서 찾는다. 그는 마르크스주의의 새로운 해석으로 「인간과 시민의 권리선언」이 내포하고 있는 로크-루소의 고전적 자연권 이론, 인간의 본성과 사회계약 이론을 뛰어넘어 (또는 단절해) 시민으로서 인간의 '정치에 대한 보편적 권리'를 긍정하는 '평등-자유 테제'를 제시한다.14 자연권 사상이 인간이 본성적으로 가진 권리에 기반을 둔 정치체와 그 성원으로서 시민의 권리를 근거로 한 반면, 「인간과 시민의 권리선언」은 개인이나 집합적 인간을 정치사회의 구성원과 동일하게 규정한다.15 이 주장은 개인이 어떤 정치공동체 구성원이냐에 상관없이 '정치에 대한 권리'를 지니고 있음을 의미한다.

'정치에 대한 보편적 권리'는 인간이 자기 활동과 생활의 특수한 형태, 자신이 예속해 있는 제약과 종속의 형태에 근거해 정치의 주체 또는 행위자가 되는 권리를 뜻한다. 시민에 대한 혁명적 정의를 함축하고 있는 '평등-자유 테제'는 정치의 주체로서 시민이 자신의 자연적 권리를 향유하고 인간성을 실현하며 모든 사람과 평등하기 때문에 자유로운 사람인 '주체', '시민 주체'를 가리킨다.16

인간의 권리와 정치공동체의 관계를 그리스 철학에서 원용하면, 이것은 인간이 정치적 동물이라고 한 아리스토텔레스의 '인간의 행위와 공동생활' 사이의 특별한 관계를 의미한다. 공동체 관계는 정치적 삶bios politikos과 공동의 것koinon에서 구성되는 정치적 조직체를 갖출 수 있는 인간의 능력이라고 할 수 있다.17 궁극적으로 '권리', '인권', '권리를 가질 권리'라는 것은 공동체에서 '인간과 정치적 삶의 방식'에 대한 하나의 정식화에 해당한다.

인권침해를 일삼았던 근대성에 대한 성찰로서 제노사이드와 인권의 정치를 다루는 것은 인간의 권리에 대한 근원과 보편성을 끌어내는 것이다. 근대성에 대한 비판은 우리가 미래 시점의 인간 운명을 내다본다는 점에서 깊이 심사숙고해할 주제다. 동일한 뜻에서 레비의 자살은 인류에게 많은 교훈을 남겼다. 그의 죽음은 아우슈비츠에서 겪은 일에 대한 우울증 때문이 아니었다. 그의 선택은 "인간의 조건, 미래의 인간 운명에 대한 철저한 비관주의의 결과"였다. 아우슈비츠 수용소에서 일어난 일에 대한 절망뿐만 아니라 세계를 살아가는 인류의 "조건 일반에 대한 절망"이 이유였던 것이다.[18]

인간이 다른 인간을 지옥으로 만든 아우슈비츠에서 살아남았지만 레비는 인류가 살아가는 현재의 비참한 조건에 괴로워했고, 미래에 대한 부정적인 예상에 몹시 시달렸다. 절망은 미래가 보이지 않을 거라는 전망 때문에 생기고, 이것을 경험한 사람이 미래를 향하는 길은 자살이었다. 그가 목격한 20세기 후반의 세계사는 무방비 상태의 인간이 파괴되고 삶을 송두리째 빼앗는 일이 다반사였다. 그는 절박하게 물었다.[19] 위협을 잉태하고 있는 이 세계에서 최소한 이 위협을 없애기 위해 우리가 할 수 있는 것이 무엇인지.

아우슈비츠의 또 다른 생존자인 빅토르 프랭클Viktor Emil Frankl은 고통 속에서도 삶이 우리 자신에게 거는 기대를 저버리지 않았다. 그에게는 죽음에 이르는 환경 속에서도 성취의 기회가 있었고, 벌거벗은 몸뚱이 외에 아무런 자기 실존이 없는 상태에서도 미래에 대한 믿음과 자신에 대한 기대를 잃지 않았다.[20] 그는 "삶에 의미가 있는 것이라면 고통에도 의미가 없을 수 없다"고 단언한다. 수감자들이

"겪은 고통과 죽음 자체에 아무런 의미가 없다면 수용소에서 살아 남는 것도 헛된 일"이 될 것이다.[21] 수용소의 고통과 죽음에서 어떤 의미를 찾아낼 수 있는가 하는 것이 그의 숙고였다.

'민간인 학살이 발생하는 과정에서 무슨 일이 있었고, 어떤 것을 오늘의 교훈으로 삼아야 할 것인가' 하는 것은 대단히 정치적인 문제다. 왜냐하면 이것을 겪은 사람들의 체험 속에 남아 있는 죽음의 환영과 고통은 희생자와 그 친족들이 갖는 권리의 형태로서 새롭게 태어나야 하기 때문이다. 이 같은 정치 과정에서 인권 의제를 격상시키는 "여동적·포괄적 인권정치"는 최근 국제사회에서 인권의 총체적 원칙에 근거한 담론으로 부상하고 있다.[22] 공식적인 역사에서 전혀 언급하지 않았던 학살은 민주주의와 인권의 보편성이라는 가치 속에서 전진해온 자유와 평등의 권리 속에 녹아든다. 국가권력에 의해 피해를 입은 시민들이 비로소 법의 보호와 권리의 주체로 일어서고 있다. 인간으로서 그리고 한 국가의 공동체 성원으로서 시민권리를 갖게 되었다.

개인의 생명을 빼앗고 공동체를 파괴한 집단학살은 근대국가의 주권이나 국민국가의 신화 또는 전쟁이라고 하는 특수한 상황을 이유로 합리화할 수 없다. 히틀러가 주권에 대해서 민족의 권리라는 이름으로 대량학살의 정당성을 주장했을 때, 이와 같은 주권의 원리는 다른 나라에서 일어나는 폭력 행위를 용인하는 근거가 되어왔다.[23] 민간인 학살 문제에 있어서 우리는 국가주권의 폭력적 지배 방식을 어떻게 민주적으로 제어할 것이며 인권의 관점에서 개인과 사회, 국가를 재조명하는 일이 가능할 것인지에 대해 직면하게 된다.

이 과제는 우리 사회에서 폭력의 재생산 구조를 근원적으로 청산하는 것과 관련된 정치적 실천의 문제다. 나아가 개인의 권리 차원에서 보면 권리의 근원적 인식과 시민권의 보편화를 지향하는 담론의 재구성이라고 할 수 있다. 그동안 정부는 피해자 구제 조치에 인색했을 뿐만 아니라 진실규명을 요구하는 유족의 활동에 공문서를 허위 작성하는 것으로 대응해왔다. 예를 들면, 김대중 정부에서 경산 유족회는 폐코발트 광산 학살사건에 관한 '예비검속자 명부'와 '보도연맹원 처형에 관한 명부' 등을 협조해달라고 경산경찰서에 진정을 냈다. 이에 대해 경산경찰서는 "문서고 확인"과 "퇴직 경찰관"을 "상대"로 "탐문"을 "한 바", 알고 있는 사람을 발견하지 못했다고 답변한다.[24]

불과 몇 년 뒤, 진실화해위원회는 경산경찰서에서 보존 중인 보도연맹원 처형이 기록된 자료와 퇴직 경찰관을 조사해 사건의 진실을 밝힌다. 사실대로 공문서를 작성하지 않은 경찰의 이와 같은 행태는 수없이 반복되어온 것이었다. 일선에서 공권력을 행사하는 기관이 시민의 권리를 조금이라도 염두에 두었다면 거짓말을 밥 먹듯이 하지는 않았을 것이다. 책임이 두려워서가 아니다. 민간인 학살에 있어서 피해자의 권리를 보장하고 책임지는 방법을 당시만 해도 국가는 마련한 적이 없었다.

정치사회와 시민사회 영역에서 '권리' 형식의 유기적인 연관을 고려하면 인간의 권리는 곧 권리의 역사이자 권리의 정치이기도 하다. 인권정치의 전복성은 근대 정치와 민주주의의 결합, 평등과 자유의 계급투쟁에 관한 관념을 새롭게 창출하는 구성적constitutional 권리에 대한 사유에 있다. 모든 인간이 평등하게 자유의 주체가 되는 것은 무한한 권리의 확장인데 이것이 인권정치의 핵심이 될 것이다. '권

리를 가질 권리'에 대한 보편적 인식은 평등한 자유를 추구하는 열망이라고 할 수 있다.[25]

발리바르는 인권의 정치를 **'권리의 보편화에 대한 어떤 정치'**라고 말한다. 인권정치는 '인간'과 그 '권리'에 대한 법적 선언으로 환원되는 것이 아니고 「인간과 시민의 권리선언」 이후 **"정치에 대한 보편적 권리라는 윤리와 개인적 자유의 조건들을 집단적으로 창출하려는 기획을 접합"**하려는 시도를 일컫는다.[26] 부연하자면 '인간-시민의 권리를 중심으로 전개되는 정치'라고 할 수 있다. 인권정치는 1789년의 「인간과 시민의 권리선언」에서 보듯이 정치적인 행위의 연속이라는 데 역사적 정당성이 있다.[27]

인권이 정치적으로 함축하고 있는 혁명적 성격은 '평등-자유 테제'의 전위로서 역할하기 때문이다. 시민으로서 인간, 그러니까 잠재적으로 모든 인간이 시민의 권리를 실증적이면서 제도적으로 구현하는 최상의 규범이 바로 인권정치라고 할 수 있다. 이것은 정치가 시민에게 부여하는 보편적 권리의 무한한 영역으로 이루어지고, 인권이 평등 속에서 차이의 권리를 긍정하는 자유에 이르러 민주주의의 경계를 확장시킨다.

인권과 민주주의는 인간과 시민의 권리를 근원적으로 긍정하는 측면에서 깊은 내적 개연성을 갖는다. 이들의 가치는 정치 과정에서 주권자와 인간에게 동일하게 보장된다는 측면에서, 또 이것이 추구하는 권리의 무제한성이라는 매우 이상적인 측면에서 유사한 성좌星座를 이룬다. '권리를 가질 권리'를 가능하게 하는 것이 민주주의 원칙이고, 민주주의가 제대로 그 가치를 실현하려고 할 때 인권은 정치 과정에서 핵심이 될 것이다.

말할 수 있는 자유

말과 언어는 우리가 숨 쉬는 공기와 같다. 말은 어떤 조건하에서 표현되는 것이 아니다. 민주주의 국가라면 말을 허용하기 위해 어떤 조치를 취할 필요는 없다. 말은 인간의 사회적 지위와 관계를 두드러지게 하는 특징이 있다. 인권침해 피해자들에게 말할 수 있는 자유는 어떤 의미가 있는가. 그들의 말은 그저 그런 소리로 이루어진 것이 아니라 사실을 밝히고 진실을 요구하는 증언의 양식을 띤다. 말할 수 있는 자유는 증언의 형식으로서 정치 행위가 된다. 개별적인 것이 보편적인 것과 반대되는 것이 아니라 바로 그 전형paradigm이듯이, 이 경우 한 사람의 증언은 모든 사람의 증언이 된다. 이때의 증언은 개인에게 주어진 사회적 관계와 조건에서 나타난 어떤 상태라고 할 수 있다.

자유는 "보다 높은 정치적 목적을 달성하기 위한 수단이 아니라 그 자체가 최고의 목적이다." 자유주의자들에게 이 자유는 '무엇을 하기 위한 자유freedom to'라는 적극적 의미보다는 '무엇으로부터의 자유freedom from'라는 소극적 의미로 해석할 수 있다. 소극적 자유를 타인의 방해를 받지 않고 내가 원하는 선택을 행할 수 있는 자유라고 한다면, 적극적 자유는 내가 나 자신의 '주인'이 되는 것이다. 이사야 벌린Isaiah Berlin에 의하면 적극적 자유는 "특정한 목표(정의라든가 공공의 건강 등)"를 향하여 자신의 "참되고" "이상적인" 자아의 이름으로 다른 사람들을 강제할 수 있다고 믿기 때문에 타인의 선택이나 희망과 상관없이 일방적으로 특정한 방향을 지정하고 강요하는 반反개인주의적 "폭정"으로 전락할 수 있다. 소극적 자유는 "국가,

사회, 또는 개인의 편에서 볼 때, **누구나** 선택한 대로 행동하고 믿을 수 있는 타인의 평등한 권리를 침해하지 않는 한, 비록 어떠한 행위나 신념이 마음에 들지 않고 동의할 수 없는 것이라 하더라도, 그것을 받아들여야 하고 방해 놓지 말아야 할 의무"를 말한다.**28** 전통적으로 국가로부터 개인의 자유를 추구하는 사람들은 정부의 통치력을 견제할 수 있는 방안을 강구한다. 지배자의 통치권을 억제하려는 피지배 집단의 노력은 국가와 사회가 성립된 이래 계속되어온 갈등이다.

인간이 "자유를 얻는다는 것, 자유롭게 된다는 것은 하나의 사회적 조건에서 다른 사회적 조건"으로 변하는 것을 뜻한다.**29** 바우만은 이 조건이 좋지 않은 것(열등한 것)에서 보다 좋은 것(우월한 것)으로 변화—상승—하는 것으로 요약한다. 그는 자유의 성질에 대해 물으면서 두 가지 조건, 자유를 얻는다는 것은 "타인의 의지에 의존하는 행위"이고 자유롭게 된다는 것은 "자기 자신의 의지에 의존하는 행위" 사이의 차이라고 밝힌다. 자유는 사회적 관계와 사회적 조건의 비대칭성을 나타내며 본질적으로 사회적 차이를 의미한다. 표현의 자유가 있다는 것은 기회가 주어지면 누구나 "'자신이 원하는 것을 말'하고 '자신이 원하는 것'을" 행할 것이라는 데 있다. 자유로움 속에서 인간 개인은 자신의 행위와 사유의 진정한 원천이고 지배자다.**30**

자유는 개인의 존재를 전제 조건으로 한다. 개인주의는 두 가지 측면이 있는데 하나는 도덕적 개인주의moral individualism로서 "개인은 결코 수단이 아니라 언제나 그 자체 목적으로 대우해야 한다"는 칸트의 명제다. 다른 하나는 존재론적 개인주의ontological individualism으로서 사회를 단순히 개인의 집합으로 간주할 뿐만 아니라 사회의 성격 또한 개인의 성격에 의해 결정되는 것으로 본다. 자유주의는 개인에 대한 두 가지 가정에서 출발한다. 이것은 자신의 개인적 이해관계를 가장 정확히 판단할 수 있는 것이 개인이라는 믿음과 인간의 개별적 이해관계 사이에는 궁극적인 조화가 가능하리라는 낙관적 확신이다. 공공의 개입으로부터 자유로운 사적 영역이 바로 자유의 바탕이 된다.[31] 이와는 다르게 자유는 "정치적인 자유나 권리, 말하고 싶은 것은 말할 수 있고 가고 싶은 장소에 갈 수 있는 자유나 능력 같은 것이 아니라, 오히려 세상의 압박으로부터 내적으로 물러나 있을 수 있는 내적 체험"으로 인식할 수도 있다.[32]

다양한 자유의 관점에서 학살의 피해자들을 보면 그들은 오랫동안 개인으로서 존재하지 않았다. 부당한 피해를 입었지만 어떤 형태로든 그 피해를 입증할 수 없는 경우를 '희생자'라고 부를 수 있다. 장 프랑수아 리오타르Jean-Francois Lyotard가 유대인 수용소의 생존자를 염두에 두고 명명한 '희생자'는 위안부의 경우처럼 자신의 이름을 밝힌 경우에도 피해를 입증할 수 없는 극한의 상황에 있는 사람들에게 해당한다.[33] 인권침해 희생자들의 경우 말할 수 있는 자유는 자신들의 사회적 위치에 관한 어떤 조건의 변화를 반영한다. 그 자체를 목적으로서 존중받는 개인, 사회의 이해관계 속에서 그 성격을 결정하는 개인으로서 자리매김하게 된다. 한 사람의 개인이 피해자가 되고 말이 증언이 되는 것은 개인의 상태 변화와 연계된 사회적 조건에 변화가 있었음을 뜻한다.

말할 수 있는 형식의 자유는 있었지만 희생자와 그 가족들은 자신이 겪은 사건이 사회적 사실social fact이 되리라고 여기지 못했다.

전북 남원의 대강면 강석마을에는 1950년 11월 17일 국군 11사단이 일으킨 집단학살의 유족과 증언자들이 있다. 사건이 발생한 그 전날 저녁에는 온 동네가 동시에 제사를 지낸다. 2000년 전후까지 그들은 소외되어 있었고 사회는 그들을 방치했다. 사건이 일어난 그해 열다섯 살이던 김진호는 학살 현장에서 살아남았는데 그동안 체념으로 일관한 이유를 이렇게 표현했다.[34]

죽은 사람은 전부 농사꾼이었다. 빨치산이 어디 있어. 기자들이 다녀가고 도의원이 다녀갔지만 진정서 하나 내지 못하고 있다. 추진할 사람이 없었다. 지금 마을에 살고 있는 50대도 대부분이 사건을 모르고 있다. 모르니까 가만히 있는 거다. 원하기는 모두가 원하지. 경비를 대주고 돈이라도 꿔주면 모를까. 그래도 할 수 있을지 모르겠다.

군인으로부터 처참하게 가족을 잃은 것은 무엇을 뜻하는가. 이것은 낯선 세계의 경험이며 이 경험 이후 피해자들은 "완전한 수동 상태"에 놓이게 된다. 김진호의 진술에서 보듯이, 그들의 의지는 다른 사람이 시키는 대로 할 수밖에 없는 상태에 이른다. 그들에게는 "주관적이고 능동적인 능력은 완전히 중단 상태에 들어가"고 "권위를 가진 자"가 일러주는 것이 "유일한 지침이" 된다.[35] 희생자들의 대화 속에서 그들의 "발언이 아무것도 전달하고 있지 않다면", 이 "발언은 기존의 의미들을 반복하고 보존하는 것일 뿐이다."[36]

이와 같은 피해자들이 놓인 상태는 근대 이전의 자연 상태와 다를 바 없다. 스피노자의 『신학정치론』과 『윤리학』의 방식으로 얘기하

자면 자유, 자율과 자치의 이해가 사라진 '수동적 정서passive affect'
에 사로잡힌 인식의 세계라고 하겠다.[37] 자연 상태에서 벗어나 형성
된 공동체에서 맺은 사회계약의 주요 동기는 국가가 개인들의 자유
를 증진시키는 기회를 제공하고, 사람들은 이성에 따라 살며 수동적
정서를 잘 통제하는 것이 된다. 스피노자가 국가의 목적을 개인의 권
리를 잘 보존하는 자유라고 했을 때, 이것은 다른 사람으로부터 간
섭받지 않을 자유만을 의미하지 않는다. 그의 자유는 외부의 영향에
감정적이며 타율적으로 반응하는 것보다는 이성의 인도에 따라 적
극적으로 행동하는 자주성을 의미한다.[38]

아테네에서 자유의 본질은 시민이면 누구나 민회에서 발언할 수
있는 권리(파레시아parrhesia)를 말한다. 이 자유는 아테네인들이 단순
히 자신의 마음을 드러내 말하는 것뿐만이 아니라 남들이 하는 말
을 들을 권리 또한 갖는 것이다. 아테네 시민들이 원한 "자유는 단순
히 속박으로부터 벗어나는 것이 아니다. 그들은 정치적 자유를 원했
고 능동적인 정치 참여를 통해 스스로 자신과 공동체의 운명을 결
정할 권리를 갖기 원했"다.[39] 민간인 학살의 희생자들은 자신의 발언
이 자유에 대한 권리가 될 거라는 것을 알지 못했다. 그렇지만 그들
은 이미 말해진 것이 아닌 다른 것을 말하고 있다. 이런 발언권에는
알릴 의무가 뒤따른다. 피해자의 말과 그 말을 들어주는 사람 사이
의 관계를 보면, 타자에게는 타자(희생자)의 말을 들을 적극적 자유
또한 존재한다.

희생자 유족들은 자신의 노력이나 행동이 앞으로 만족할 만한 사
회적 보상이나 기대를 가질 수 없는 상태에 빠지기도 한다. 이것은
궁극적으로 피해자들이 우리 사회에서 자신의 이해관계를 판단할

수 없었음을 의미한다. 리오타르가 꿰뚫어보듯이 공동체가 제재를 동원해 침묵을 강제할 수 있는 권리를 보유하는 것은 대단히 위험하다.[40] 이런 상태에서 그들에게는 사회관계 속에서 사건을 표현할 수 있는 자유가 주어지지 않는다. 위와 같은 조건에서 보면 유대인 수용소의 실상을 선명하게 들려준 레비의 목소리는 극지의 환경에 있는 사람이 보여주는 "증언의 완벽한 전범"에 해당한다.[41]

역사적 증언은 피해자에게만 해당하지 않는다. 홀로코스트 연구에서 보듯이 가해 행위를 증언한 텍스트는 피해자의 증언과 다르게 가해자의 기억 상실과 망각, 왜곡, 핑계, 거짓으로 각인되어 있을 수 있다.[42] 문서로 확인이 되지 않는다면 가해자들은 때때로 자기 변명을 내세우기도 한다. 우리나라의 민간인 학살에 대해 책임이 있는 지휘관이나 현장에서 살해를 수행한 가해자들이 위와 같은 증언의 형식을 띠며, 이와 다르게 아주 소수의 사람들만이 제대로 된 사실을 밝고 있다.[43]

가해자 증언은 야후다 바우어Yehuda Bauer가 묻고 있듯이 '왜'라고 하는 가장 중요한 내용상의 질문을 다시금 일깨운다.[44] 고백의 형식을 갖는 증언은 합법적인 형태와 유사한 법정의 진술에서 공론장으로 보다 확대된다. '누가 무슨 명령을 내리고, 어디에서 무엇을 했는가'라는 질문은 가해자 텍스트에서 쉽게 발견할 수 있다. 그렇지만 학살이라는 사실관계를 넘어서서 이 사건이 갖는 철학적이고 역사적인 응답을 가해자 증언에서 찾기는 어렵다.

우리 사회의 변동 과정을 보면 1990년대에 들어서야 유족들에게 자신들의 말이 증언의 형태로서 해방을 가져다주기 시작한다. 공동체에서 제시하는 개별적 인간의 이해관계에서 제외되어 있던 이들이 도덕적이며 존재론적인 사회의 실재로서 다가온 것이다. 문경 석달 사건을 밝히기 위해 20여 년 동안 몸담아왔던 교사직을 1986년에 그만둔 채의진은 1990년부터 진실규명을 위한 각오로 머리카락을 길렀다.[45]

　　저는 잠이 들 때면 꿈속에서 아니 어떨 때는 평상시에도 정신이 몽롱해지거나 해이해졌을 때 원혼들이 나타나서 제게 심한 질책을 합니다. '네놈이라도 살아서 우리들의 억울한 한을 풀어달라고 살려 놓았는데 왜 아직도 우리들의 한을 풀어주지 않느냐?'는 질책입니다. 그런 질책이 있을 때마다 저는 미칠 것만 같은 심정으로 담배와 술로 마음을 달래다가 주먹을 움켜잡고 다시 다짐하곤 합니다. … 남들처럼 한세상 행복하게 살지 못하고 참으로 억울하게 학살당한 그 원혼들도, 너무도 억울한 그 한을 풀지 못해서 아직도 구천을 떠도는 불쌍한 그 원혼들을 편히 잠들게 할 날은 그 언제이며, 살아남은 저희 유족들의 통한의 눈물이 그칠 날은 그 언제인지를 생각하면 숨이 막힐 듯 울분이 터져서 어찌할 바를 모릅니다. 제가 지난날 자신이 하는 일에 무지막지하게 미쳐버렸던 것도 틈만 나면 파고드는 이런 슬픔과 분노와 고독과 절망을 떨쳐버리기 위한 하나의 수단이었는지도 모릅니다. 저는 그동안 잠을 자다가도 식사를 하다가도 책을 읽다가도 누구와 대화를 하다가도 길을 걷다가도 그때의 그 아비규환의 참상이 떠오르면 가슴이 갈기갈기 찢기는 듯한 아픔과 고통에 몸부림쳐야만 했었던 때도 부지기수였습니다.

이 진술은 "한 위대한 인간이 가혹한 운명과 씨름하며 어떻게 자기 주장을 하는"지 보여준다. 드라마와 같은 그의 삶은 철저히 파괴된 질서 속에서 흔들리지 않고 옳은 길을 걸어야만 하는 인간의 내면에 대한 통찰이다.[46] 증언자는 속박으로부터 벗어나는 것뿐만 아니라 자신이 스스로 운명을 결정할 자유를 갖기 원한다. 자신의 의지에 기대어 '통한을 풀고' "슬픔과 분노와 고독과 절망을 떨쳐버"릴 수 있게 진실을 밝혀달라고 요구하는 행위는 존재의 근원에 해당한다. 한 인간이 스스로를 자기 자신답게 만드는 것은 삶의 창조적 행위자로서 의미를 찾는 데 더없이 중요하다.

레이먼드 윌리엄스Raymond Williams는 인간의 삶을 규정하고 그 내용을 이루는 객관적 사실의 상황을 추상적 객관성과 역사적 객관성으로 나눈다. "주어진 사실을 사람의 의지와 관계없는 삶의 조건으로 받아들이는 경우"는 "사실을 '추상적 객관성'으로 받아들이는 것이고", 그런 "관련을 깨달을 때 그것은 이를 '역사적 객관성'으로 파악하는 것이" 된다. "사실을 역사 속에서 이해한다는 것은" "스스로의 삶과 삶의 조건을 주체적 창조자의 입장에서 파악한다는" 뜻이다. 이것은 동시에 이런 "창조적 행위가, 이미 이루어져 있는 객관적 사실의 세계에서 행해지는 것이라는 인식을 포함"한다.[47]

증언으로 보면 학살의 피해자들은 추상적 객관성에서 역사적 객관성으로 옮겨온 사람들이다. 그들은 학살이라고 하는 사건으로부터 애통한 감정을 토로함으로써 자유를 얻는다. 또한 그들이 자유롭게 되는 것은 우리 사회가 민주주의와 인권을 보장하는 좀 더 나은 객관적 조건의 변화 속에서 자신들의 행위를 표출함으로써 비로소 가능해진다. 피해자들에게 증언은 자기 자신의 존재를 '목적 그 자체로' 설정하려는 실천적 자유다. 이것은 개인의 존재와 사회의 성격을 결정하는 정치 과정에 개입하는 것이자, 정치적인 것의 발현이며 궁극적으로는 주체의 행위를 구성하는 것이다. 그들을 말할 수 있는 행위로 이끄는 것은 존재론적 자유를 넘어선 실천론적 자유가 가져다주는 힘이고, 당사자의 증언은 마침내 정치 행위로 전진한다.

정치 행위로서 증언

흔히 어떤 사실을 '말'로서 증명하는 것을 증언이라고 한다. 증언은 주로 역사적 사건이 관련된 것으로서, 민간인 학살의 경우 피해자와 가해자, 목격자들의 구술과 인터뷰를 포함해서 일컫는다. 피해자에 주목할 경우 그들의 말은 증언이 되고 증언자의 담화는 정치 행위와 동시에 '정치적인 것the political'을 구현하는 담론으로 이루어진다. 사실을 밝혀달라거나 명예를 회복하고 책임자 처벌과 사과를 요구하는 것은 정치적 의미로서 특정한 언어와 담화 행위라고 할 수 있다. 구체적인 일상에서 보면 정치 행위는 말과 글로서 표현되는 담화 행위인데, 피해자의 증언은 정치 언어로서 폭넓게 규정할 수 있다. 피해자들의 말은 하나의 어휘로서가 아니라 담론을 형성하는 정치 과정으로서 공동체 지평의 외연을 확장하는 데 그 의미가 있다.

정치 언어란 "권력 행사의 정당성과 효과"에서 "공동체성을 제고하는 데 적합한 성격을 기준으로", "통상의 언어군과 담화 행위에서 정치 행위와 동시"에 선택된 "정치 특징적 언어와 담화 행위"다. 구체적인 현장에서 보면 정치 언어는 현실적으로 이루어지는 정치 행위에 투입된 텍스트를 구성하는 말과 글로서, 생활세계 전반에 활성화 되는 언어 표현체와 담화 행위로 채택되어 정치적 언어로 변형되는 과정(정치 언어화)에서 나타난 산물이다. 손쉽게 이해하자면 정치 언어는 "정치적인 것의 언어적 구현체"라고 하겠다.[48]

개인의 자유는 사상이라고 하는 하나의 정형화된 형식으로 발현되고 행위는 단순한 일상에서부터 정치 행위까지 포함한다. 피해자와 증언의 형식에서 나타나는 현상에 주의를 기울이는 것은 정치 행위에 있다. 이것은 장인an artificer의 만들기와는 다르다. 아렌트는 『인간의 조건』에서 정치 행위political action와 세계를 만드는 일making things을 구분한다.[49] 아렌트에게 세계는 도구를 제작하는 데 필요한 재료, 비활성 재료라고 표현한 자연을 의미한다. 이 세계와 작용하면서 재료를 구하고 도구를 제작하는 인간이 바로 장인이다. "'만들기making' 또는 '건설buliding'"에는 기획에서부터 결과에 이르기까지 매우 복잡한 비활성 재료를 통제하는 장인이 있다. 장인들의 제작 행위는 다른 사람과 상호작용을 필요로 하지 않는다. 반면, 정치 행위는 다른 사람의 말과 행동을 전제로 하는 점에서 만들기와는 구분된다. 정치 행위는 개인들의 말과 행동으로 이루어지기 때문에 정치는 본질적으로 다원성을 지향한다.[50]

언어는 정치사회 내부의 대응 태도에 따라 피해자들이 사용하는 정치 용어로서 의미를 갖는다. 정치공동체의 지평이라는 범주에서 피해자들의 언어 사용은 정치적 의미론으로 볼 때 특별한 담화를 이루거나 특정한 정치 행위로 표현한다. 정치사회에서 민간인 학살 피해자들의 자유로운 증언, 곧 정치 행위로서 증언이 담론을 형성하게 된 것은 2000년 이후, 비교적 최근의 일이다. 정치 행위로서 증언을 분석하는 것은 사실을 밝히는 것 못지않게 정체성을 찾으려고 노력하는 그들의 존재에 집중하는 것이다.

아리스토텔레스는 도시국가에서 통용되던 인간과 정치적 삶의 방식에 대한 견해를 정식화한다. 이 정식에 의하면 로고스가 없는 폴리스 외부의 사람, 노예와 이방인들은 "언어의 능력을 박탈당한 것이 아니라, 언어와 언어만이 의미를 만들 수 있"고 또한 시민들의 주된 관심사를 서로 토론하는 그런 "삶의 방식을 갖지 못"한 것이다.[51] 증언이 언어로서 피해자들에게 갖는 삶의 방식은 정치적 삶에 대한 제도화에 있다.

피해자의 테두리에서 본다면, 증언은 정치공동체의 구성원으로서 자신의 목소리가 단순히 생활에 통용되는 언어로서가 아니라, 그로부터 어떤 영향을 받는 정치 행위에 대한 가치를 지닐 때 중요해진다. 말과 언어는 이를 사용하는 사람의 가치관과 뗄 수 없고 정치권력이 작동하는 일상의 삶과 연결되어 있다. 시민사회의 의미 있는 작용을 정치사회에서 받아들이는 제도화 과정은 희생자들의 주체성을 회복하고 그 정체성을 복원하는 데 매우 중요한 함의를 가진다.

희생자의 증언은 잔혹한 행위를 드러내는 것으로 시작하는 경우가 많다. 1915년에서 1923년 사이에 터키에서 150만 명의 아르메니아인이 출생지에서 추방되고 학살되었다. 도널드 밀러Donald E. Miller와 로나 밀러Lorna Touryan Miller는 아르메니아인 학살의 참혹한 생존자들 가운데 100명이 넘는 사람들로부터 구술사oral histories를 수집한다.[52] 20세기의 첫 대량학살로 기록된 장면은 이렇다. 남자들은 도끼나 총에 맞아 잔인하게 살해당하고 수백 킬로미터를 행진하면서 물을 마시지 못한 여성과 어린이들은 대부분 갈증으로 사망한다.

생존자들은 썩어가는 시체와 아기의 뼈들이 흩어져 있는 길을 따라 걸었다. 어머니들은 어떤 아이를 구할 것인지 끔찍한 선택에 직면했으며 자녀들이 지켜보는 가운데 강간당하고, 그들의 딸들이 터키와 쿠르드족에게 납치되는 것을 보았다. 터키 정부는 아르메니아인 학살을 여전히 부정하고 있지만 오늘날 학계와 국제사회는 이 사건을 부정하지 못한다. 증언으로 밝혀진 사실들은 지식의 장에서 더 이상 되돌릴 수 없는 역사를 만든다.

때로 한 사람의 증언이 역사를 바꾼다. 1991년 광복절을 하루 앞 둔 8월 14일 김학순은 자신이 일본군 위안부였다는 사실을 밝힌다. 그의 증언은 오로지 하나의 사실을 폭로하는 데 있지 않다. 최초의 증언자에게는 한 인간으로서 용기뿐만 아니라 삶을 관조해온 체험을 지울 수 없다. 증언자는 자기 자신의 의지에 의존해 부끄러움과 수치심을 넘어섰다. 레비가 자신의 증언문학에 대해 말하듯이, 증언은 "희생자의 한탄"이나 "복수심을 품은 사람의 날선 언어가 아닌 침착하고 절제된" 언어다.[53] 김학순뿐만 아니라 역사와 정치의 장에서 감추어진 진실을 일깨운 사람들의 증언이 그와 같을 것이다.

누군가 피학살 유족의 증언을 처음 듣는다면 상상해보지 못한 낯선 풍경이 숭악하게 보일지도 모른다. 하지만 그 누구도 하지 못한 이들의 증언은 세상을 바꾸었다. 생존자의 말은 때로 강력한 무기가 되어 사회의 파장을 불러일으키고 때로는 정치를 움직였다. 증언은 자신들의 인생을 바꾸었을 뿐만 아니라 타자의 삶과 한 시대를 바꾸어 놓았다. 희생자와 그 가족의 말은 '**절대 언어**'에 가깝다. 여기서 그들의 증언에 견주거나 맞설 만한 것은 없다. 정제되지 않고 비통한 감정을 토로하는 낯선 문법이지만 그들에게 증언은 어떤 조건이나 구속을 받지 않는 '절대 언어'에 속한다.

역사적 사건의 증언자를 이해하는 것은 또한 쉽지 않다. 증언 자료들은 현장에서 사건을 기록한 것이고, 글로 쓴 기록에만 의지할 수 없는 주제를 다룬다.[54] 타인의 삶을 바라보는 것은 우리 자신의 삶을 바라보는 것과 매한가지다. 비록 경험해보지 못한 서로의 삶이긴 해도 누군가의 기억이 되고, 누군가 이해해주는 사람이 있을 때 자신의 삶은 의미가 있다. 증언도 마찬가지다. 채의진은 "나는 인간이 아니다"라고, "나는 이미 죽었어"라고 계속 말했다.[55] 극단적인 표현처럼 들리지만, 이 말은 우리도 그와 같이 될 수 있다는 의미를 담고 있다. 그들은 증언에 대한 이해, 일종의 정치 행위에 대한 이해를 원한다.

말할 수 없었던 사람들이 발화하는 것은 주체성을 확립하는 정치행위가 되고 그것은 다시 그들 자신에게 영향을 준다. 피해자의 증언은 첫째, 자신들에게 씌워져 있는 사상의 낙인으로부터 해방될 수 있는 하나의 실마리를 제공한다. 둘째, 증언은 기록으로 남으며 기록은 후대의 또 다른 기억이 된다. 계승되는 기억은 사회화되고 증언하는 내용과 같은 사건은 다시 일어나서는 안 되는, 다시 말해 재발을 방지하기 위한 제도적 장치를 마련하고 정치권력의 민주화와 시민사회의 각성을 일깨우는 계기가 된다. 셋째, 생존자의 증언은 국가가 과거의 학살을 감추고 정당화하는 방식으로부터 자유로운 정치 행위를 인식하게 해준다. 완전한 해방은 아니지만 이것은 학살이라는 사실을 개인적 차원에서 사회적 차원으로 승화시킨다.

우리는 종종 자신이 느끼는 감정과 다르게 말을 표출하는 것을 경험한다. 감정과 표현의 불일치는 발화하는 상황에서 강제와 자발적인 정도의 차이가 작용하기 때문이다. 이런 심리적 상태는 화자가 어떤 말을 하는가에 따라 달라진다. 증언은 단순히 말의 배열이 아니라 자신의 사회적 지위와 정치적 입장이 포함된 경우가 많다. 여기에 일상의 말과 증언의 차이가 있다. 일상적으로 말은 생활 속에 존재하지만 이 말이 특정한 사건 속의 맥락을 지시하는 증언이 될 때는 정치 행위로 전환한다.

노근리 사건을 다룬 이연수의 소설 『나흘』에서 가장 놀라운 것은 학살을 묘사하는 장면과 죽음을 당한 사람들이 아니다. 그것은 작가가 1999년 9월 30일 AP통신에서 이 사건을 보도하기 전까지 사실을 새까맣게 모르고 있었다는 것이다. 말할 수 없었던 '비밀'에 대한 것이다. 작가가 밝히고 있듯이, 그는 학살 현장인 노근리 쌍굴에서 까치발을 하고 서면 먼발치로 자기 집을 볼 수 있는 곳에서 자랐다. 언론에서 사건을 대대적으로 보도했을 때 그는 "고향 어른들에게 뒤통수를 맞은 기분이었다." 그 이유는 단 한번도 가족이나 동네 어른들에게서 이 사건에 대해 들어보지 못했기 때문이다.[56]

역설적이게도 사실을 말하는 증언은 그만큼 정치 행위로 간주되어왔음을 알 수 있다. 그들은 진실을 감추는 국가로부터 자유롭지 못했고 자기 자신의 의지로부터 도피했다. 이것이 그들이 침묵한 이유다. 민간인 학살이나 노근리 사건이 사회 의제가 되기 전까지 국가의 '비밀'을 자유롭게 밝히는 말은 어떤 경우라도 정치적인 피해를 감내할 수밖에 없는 행위이기 때문이다.

우리가 모르는 비밀이 얼마나 많을 것인가. 모두가 모두를 속이고 침묵한 시절을 지나 주술적 사실과 같은 현실이 증언으로 다가왔다. 증언으로 구성한 소설은 문학의 한 형태이기도 한데, 사회적·역사적 함의가 강한 문학은 현실을 바탕으로 하는 경우가 종종 있다. 스베틀라나 알렉시예비치Svetlana Alexievich의 작품이 현대문학에서 그런 경우에 해당한다.[57] 『체르노빌의 목소리』도 그렇지만, 그는 작품마다 많은 사람들을 인터뷰한 자료를 모아 그 내용을 재구성하는 논픽션 형식으로 글을 써왔다. 다큐멘터리 산문과도 같은 글쓰기는 전쟁과 폭력, 재앙에 관한 진실을 드러내는 작업이다. 그의 작품은 현재의 다양한 사회 문제들에 대해서 발언해왔고 '목소리 소설novels of voices' 또는 '소설-코러스'라고 불리는 장르를 개척했다.[58]

스웨덴 한림원이 밝힌 알렉시예비치의 노벨문학상 선정 이유는 그가 "우리 시대의 고통과 용기를 보여주는 다음多音의 작품을 써왔"기 때문이라고 한다. 그의 작품은 정치적으로 이데올로기의 의미를 주장하는 것이 아니라 인간의 존재에 대해 본질적인 질문을 던지는 데 있다.[59] 그는 "실제 삶에 가능한 한 가깝게 다가갈 수 있는 문학 방법을 찾아왔"고 "현실은 언제나 자석처럼" 그를 "끌어당겼"다. 자신을 "고문하고 마취시킨 그 현실을 종이 위에다 포착하고 싶었"고, "그래서 실제 사람의 목소리와 고백, 증언과 증거 서류를 활용하는 이 장르를" 채택했다. "개별 인물들의 목소리로 이루어진 합창과 시시콜콜한 일상사의 콜라주", 이런 것들이 그가 "세계를 보고 듣는 방식"이다.[60]

자기 자신이 스스로 목소리를 낼 수 없었던 침묵, 이것은 생존자와 희생자의 친족들이 강요받은 것이다. 저마다 처지는 다르지만 목격자와 가담자, 방관자들도 자기 고백을 존중하지 않는 우리 사회의 풍토를 고려하면 마찬가지라고 하겠다. 조금 다른 예외가 있긴 하지만 대부분은 오랜 정치권력의 제재 속에서 입을 닫은 사람들이다. 미약하지만 피해자들은 증언을 한 이후 시민사회의 노력과 진실화해위원회의 진실규명 그리고 법원의 재심 과정에서 그동안 겪은 고통의 본질과 권리의식, 새로운 사회관계를 형성하기 시작한다.

과거청산은 국가로부터 직접적인 가해를 당한 사람들에게 정치 행위의 동기를 부여한다. 그들은 사건이 발생한 이후부터 정치·사회적 피해의식 속에 봉착해 있었다. 피해자들은 자기 말을 함으로써 비로소 진실을 말하고 자신들이 겪은 일을 긍정하며 스스로 자기 주체를 복원해 나간다. 개인으로서 자유를 회복하는 것은 다르게 정의하면 '어떤 권리에 대한 인식을 보편적으로 갖는 것'을 의미한다. 이 과정은 시민과 인간에 대한 지위를 공동체의 정치 과정 속에서 확인하는 것이라고 못 박아두고 싶다. 피해자의 증언과 행위를 받아들이는 것은 사회적으로 정의를 바로잡는 과정이고, 이때 중요한 성과 중의 하나는 그들의 정체성을 복원하는 데 있다.

기억과 정체성

누군가를 대신하는 한 사람의 기억

한 사람의 기억은 누군가를 대신한다. 무엇인가를 기억하는 것은 단지 과거의 사실을 알고 있는 것을 의미하지 않는다. 기억은 우리가 기억하는 대상이나 사건, 사물로부터 정체성을 형성하는 중요한 구실을 하는데, 기억의 대상과 기억하는 주체 사이의 상호관계성이 중요하다. 국가공동체는 그 성원들에게 공통의 기억을 갖도록 적절한 교육을 실시하고 공공 기념물을 활용해 이를 전파한다. 민족국가를 구성하는 우선순위에는 항상 이 공동체를 위해 공공의 기억을 창출하려는 요소가 자리 잡는다. 역사에서 전쟁만큼 이 기억의 창출에 효과적인 매개는 없다.

공동체 성원의 집합 기억은 사회의 욕구와 문제, 공포, 심성, 열망을 반영해 경험을 정의해주고 가치관과 목표를 형성시켜주며 이것을 실현하기 위한 인지적·정서적·도덕적 지향을 제공한다. 이 기억은 한 집단의 구성원들이 간직하고 있는 공동의 체험과 과거에 대한 회상이자, 직접 경험하지는 않았지만 널리 공유하고 있는 이미지라고 할 수 있다. 경험하지 않은 과거에 대한 공유는 기억이 집합적으로 창출되고 유지되어가는 과정에 대한 관심이다. 기억이란 이런 과정 또는 이 과정 속의 문화적 실천까지 포함하는 것으로 폭넓게 이해할 수 있다.[1]

한 나라의 공식 기억은 기념물로 나타나며, 이와 관련된 사람과 집단의 연대감을 형성한다. 한국전쟁의 어떤 기억을 드러내는 기념은 해방이나 독립을 표상하는 기념 공간에 앞서 공식 기억의 중심에 놓이게 되었다. 전쟁 기념물은 전쟁 의례와 더불어 전쟁을 기억하는 주요 매개물이라고 할 수 있다. 하지만 이런 기념물은 전쟁 기억의 일부만을 전달하며 다른 일부의 기억은 망각의 세계에 가두는 기능을 수행한다. 전쟁에 대한 공식 기억과 경험을 의심하지 않고 수용하도록 강요하는 것이다.[2]

과거는 기억이라는 인간의 인식 작용으로 재현되며, 기억은 현재의 지평 속에서 재구성되고 이를 토대로 전승된다. 민간인 학살을 비롯해 전쟁 체험을 토대로 한 기억은 한국전쟁이 갖는 다양한 성격을 반영할 수밖에 없으며 국가의 정책과 상호작용하는 가운데 이루어진다. 피해자의 경우 자신의 기억을 되새기는 것은 자기 존재를 확인하는 것이자 현실에 앞서 실존하는 '나'를 일컫는 것이다. 집합 기억이나 정체성 형성과 관련해서 복원되는 기억은 개인이나 집단이 추구하는 정체성의 확립과 삶의 방향 제시, 행동의 동기를 찾고자 할 때 과거를 조명함으로써 생겨난다.[3] 개인과 집단의 주체와 관련된 이러한 정체성은 과거를 바라보는 근본적인 관점에 달려 있다.

조문상은 태평양전쟁 때 일본군에 징병되어 연합군 포로수용소의 감시원으로 복무한다. 전후 연합군에 붙잡힌 그는 싱가포르에서 열린 전범재판에서 포로들을 학대한 죄로 사형을 선고받는다. 1947년 2월 25일 사형이 집행되기 직전 그는 "설령 영혼이라도 이 세상 어딘가에 떠다닐 것이다. 그것도 불가능하다면 누군가의 기억 속에라도 남고 싶다"라고 유서를 남긴다.[4] 그는 죽기까지 스스로 인간으로서의 존재를 자각했다. 체험과 경험을 끊임없이 기억하는 축적의 결과가 인간의 삶을 이룬다. 조문상은 누가 될지는 모르지만 그의 축적된 삶 속에 살고 싶어 했다. 만약 어느 누군가 현재에 대한 기억이 없다면, 기억할 수 없는 상태의 경우라면 인간은 연속성을 잃어버린 존재가 된다.[5] 무엇인가를 기억하는 것은 곧 누군가를 기억하는 것과 같다. 어떤 사람을 기억하는 것은 그에 관한 행적이나 관련된 사건, 기억하는 사람과의 관계를 의미한다.

인간이 불멸의 존재가 아닌 이상 죽음에 이르는 것은 운명이다. 인간의 운명이 죽음을 피할 수 없음에도 사람들의 기억 속에서 불멸의 존재가 되려고 하는 것은 명예를 얻기 위해서다. "사람들의 기억 속에 영원히 사는 것"은 "**불멸의 명성**을 통해" 가능하다.[6] 조문상은 죽음에 이르는 순간까지 자기 자신이 생각하는 인간임을 자부했고 자신의 존재가 타자의 기억 속에 남아 있기를 원했다. 그의 유언은 누군가의 기억 속에 자신의 존재를 남겨놓으려는 바람이라고 할 수 있다. '나'에 대한 존재를 확인하는 것은 타자의 기억이라는 사회구조의 틀이다.

어떤 사람이나 사건의 기억은 하나의 형상으로 수렴되기도 한다.

1961년 5월 경찰이 부순 백조일손지지 위령비 조각.　　　　　　(한성훈, 2015. 10. 31)

제주 모슬포의 백조일손지지百祖一孫之地는 한국전쟁 초기 이 지역에
서 검속당한 후 1950년 8월 20일 새벽녘 사살된 희생자들의 위령비
다. 1956년 3월 말, 남제주군 대정면 상모리 섯알오름에 위치한 일제
강점기 때의 탄약고 굴이 육군 제1훈련소 확장 공사로 인해 붕괴되
자 그 안에서 유해가 발견된다. 피학살자 가족들은 군과 경찰에 진
정을 내어 군 당국으로부터 유해 인양 허가를 받는다. 사건이 일어나
고 6년 8개월이 지난 1957년 4월 28일 모슬포 일대에서 149구의 시
신을 수습해 132위位 유해는 묘역에 안장했고, 합동위령비는 1960
년 6월 유가족의 기금으로 세운다. 4·19 이후 얼마간의 민주주의 이
행은 전국의 피학살 유족들에게 잠시나마 숨 쉴 수 있는 정치 공간
이었고, 제4대 국회는 이들의 진상규명 요구에 응하기도 한다.[7] '백
조일손'은 '일백여 할아버지의 자식들이 한 날 한 시 한 곳에서 죽어

1957년 4월에 수습한 백조일손 희생자 묘역.　　　　　　　　(한성훈, 2015. 10. 31)

뼈가 서로 엉키어 하나가 되었다'는 뜻이다.[8] 1961년 5·16 군사 쿠데타가 발생한 다음 달 6월 15일 서귀포경찰서는 비석을 산산조각 냈다. 유족들은 공동 묘역의 담장 안에 두었던 부서진 묘비 조각들을 다시 모았고, 1999년 8월 '비석 훼손 사건의 경위'를 알려주는 푯말과 함께 묘역 앞에 설치했다.

　근대의 기억과 역사는 민족국가와 연결되어 있다. 민족국가는 그들 자신에 대한 신화를 창조하거나 그 신화에 반응하는데, 신화는 국가 지도자들이 추구하고자 하는 정책을 온당한 것으로 여기게끔 한다. 이런 과정들은 민족이나 국가가 직면한 실제를 피하도록 하고 어떤 기억들을 잊거나 억압하게 만들기도 한다.[9] 기억은 과거의 이미지들이 현재의 사회질서를 정당화하는 의미에서 정치와 관련되어 있고, 현재의 정책을 합리화하는 데 사용된다. 이런 뜻에서 기억의 통제는 하나의 정치권력으로 작동한다.

기억이 집합적으로 현실화되고 구성되는 방식은 기억하는 행위가 일어나는 상황과 가정, 회상되는 현상을 포괄할 때 규명할 수 있다. 집합 기억은 하나의 문화적·사상적 실천이면서 그 실천에 의한 구성물로 볼 필요가 있다.[10] 무엇인가를 기억하는 것은 이것을 공유하는 사람들에게 그 의미를 어떻게 생각할 것인지에 영향을 준다. 집합적인 기억의 창출은 구성원들이 기억의 주체가 되어 집합 의식을 형성하는 데 있다. 민간인 학살에 대한 기억의 문제는 국가와 피해자 사이에서 '누구를 기억할 것이며 무엇을 기억할 것인가' 하는 정체성 형성을 둘러싼 갈등이다. 이는 집합적 기억에 대한 '기억의 정치'와 연관되어 있다.[11]

인간은 기억의 지배를 받기 마련이다. 현재의 것은 과거로부터 연유하지 않은 것이 없다. 기억은 과거의 역사를 오늘에 되살리는 과정이자 사회의 틀로 구성되어 있다. 민간인 학살에 관한 기억은 이것을 기억하는 방식 곧 피해자들이 체험한 역사로서 존재하는 사건의 의미를 다룬다.[12] 무엇인가를 기억하거나 또는 누군가를 기억할 때 이 행위와 의식에는 반드시 다양한 관점과 입장을 공유한다. 왜냐하면 공동체의 기억은 나의 기억이 타인의 그것과 공통되는 토대 위에서 구성될 수 있는 접촉점이 마련되어야 하기 때문이다.

주목할 것은 회상들의 내용적 유사성이나 시간적 근접성이 아니라 집단의 사고방식과 입장, 태도, 관점과 이해 그리고 관심이다. 이런 것을 채택하고 그 속에 우리의 기억을 위치시키면서 그로부터 요구되거나 지시되는 방향을 따름으로써 기억은 결집되고 제대로 배치된다.[13] 과거에 행해진 것을 현재 이야기하는 것은 과거를 어떻게 볼 것인가와 현재의 역사가 의미하는 바를 결정할 뿐만 아니라, 미래의 행위에까지 영향을 준다. 기억은 독특하게 정치적인 현상으로, 정치적 이해의 가장 중요한 측면으로서 분석을 요구하는 이유가 바로 여기에 있다.[14]

역사는 말하고 행해진 것들에 대한 기억이다.[15] 과거의 사건에 대한 재해석은 지식인의 지적 활동에만 나타나는 것이 아니라 사회 구성원들의 집합적인 의식과 경험 속에 존재한다.[16] 현대사에서 4·3의 담론과 기억만큼 부침을 거듭한 경우도 드물다. 1980년대 후반에 '폭동'과는 다르게 등장한 기억들은 '민중항쟁'과 '학살', 제주도민의 시각에서 보는 '평화 투쟁' 등 제주도의 정치·역사적 배경을 근거로 민중의 저항을 중요하게 여긴다. 여기에 대한 반론으로 '공산당 폭동'과 '과잉 진압'의 담론이 형성되면서, '폭도의 과잉 진압'으로 발생한 민간인 살해는 '공산당'에게 그 책임을 지우게 된다. 4·3의 기억을 가진 경찰과 경비대·군인, 서북청년단, '산사람', 좌익, 우익, 일반 주민(피해자/피난민/중간치기), 여성, 민보단원은 자신들의 위치에서 4·3의 사회적 기억을 좇는다.[17]

민주정부 이전의 정부는 민간인 학살을 자신들의 정치적 목적을 달성하기 위한 방식으로 해석하고 기억하게 하려 했다. 비극을 어떤 형태로든 보존하고 추모하는 의례를 금지함으로써 과거의 잘못을 현실에 반영하는 것을 막아왔다. 피해자들은 자신들이 기억하는 것을 말하지 못했고 그들의 과거를 애써 감추어야 했다. 한 사회에서 가치 있는 상징들을 만들어내는 위치에 있는 사람들은 정치권력을 보유하고 있다. 기억의 통제를 바탕으로 한 정치권력의 정당화는 피해자와 끊임없는 충돌을 일으킨다.

이 충돌은 국가권력과의 사이에서만 발생하는 것이 아니다. 피해자들에게 학살은 '기억하고 싶지 않은 기억'이자 자신의 내면에서 일어나는 갈등의 원천이다. 채의진이 자신은 죽은 사람이라고 표현하는 것과 같이, 정남숙이 자신이 겪은 일을 회상하는 것을 몹시 꺼리듯이, 또 채홍연이 사건이 일어나기 전으로 삶을 되돌릴 수 없는 현실에 체념하듯이 그들은 자신이 속한 공동체에 진실규명과 명예회복을 위한 피학살의 기억이라는 긍정적인 신호만을 보내지는 않는다. 섶처럼 순간적으로 일어나는 분노와 불안, 슬픔에 봉착하는 피해자들의 기억은 때때로 불확실한 정체성을 근거로 한다.

기억으로 인한 어떤 이미지와 현상은 집합적 경험의 원형으로 재현된다. 기억의 방식은 상징체계에서 이루어지며, 이것은 결국 피해자들이 처한 현재의 지위에 따라 다르게 재생한다. 기억으로 형상화하는 사건의 의미는 국가 또는 가해 집단과 상호작용하는 희생자들의 정체성을 반영한다. 이는 공동체의 이해관계와 맞물려 진행되는 정치적 행위다. 단 한 사람이라도 또는 누구라도 학살이 일어난 그때와 그 이후의 전개 과정을 기억하는 것은 희생자와 그 친족의 정체성을 존중하는 것이다.

몸에 새긴 기억

기억은 인간의 본질에 해당한다. 이것은 때로 정치 행위의 터전을 이루는 사회의 구성물이다. 피해자들의 기억이 중요한 이유는 이것이 늘 새로운 것을 요구하고 과거를 주의시키는 되새김이 있어야만 지속되기 때문이다. 과거를 현재에 호명하는 공공기념물, 문학과 예술작품, 학교 교육, 역사 서술이 여기에 해당한다. 기억을 새롭게 하는 과정은 사건의 수정과 부인에 대항해서 싸울 수 있도록 도와준다. 과거의 역사적 사건에 대한 기억은 현재와 미래의 삶에까지 영향을 미치고, 개인이나 집단의 정체성은 사회 현실과 기억의 틀을 토대로 형성된다.

　기억을 매개하는 것은 대상이 되는 물건의 형태에만 있지 않다. 몸의 기억, 생존자들에게는 자신의 몸이 기억을 구성하는 사회체계의 일부분이다. 1950년 12월 6일 함평군 월야면 정산리 장교마을에서 5중대 병사들이 무차별 학살을 자행할 때, 세 살 난 안종필은 엄마 강영주의 등에 업혀 있었다. 군인이 쏜 총알은 어머니의 왼팔과 옆구리를 관통해 그의 엉덩이에 박혔다. 함께 있던 큰형 안종탁은 고환에 총탄을 맞고 그 자리에서 사망한다.[18] 그날 이후 강영주는 한쪽 팔을 전혀 사용할 수 없었고 총탄을 맞은 안종필의 엉덩이 부위는 더 이상 살이 자라지 않았다.[19]

　무엇이라고 말하든 안종필에게는 자신의 몸이 생사(삶과 죽음)의 기억이다. 왼쪽 팔뼈가 으깨진 강영주는 팔에 힘을 주어 땅을 짚을 수 없는 고통 속에서 60여 년을 보냈다. 남들 앞에서 단 한번도 몸을 씻을 수 없었던 안종필은 그날로부터 비롯된 어머니와 자신의 모든 삶을 '어쩔 수 없는 운명으로 여기고' 있다.[20] 그는 진실화해위원회에 진실규명 신청을 하지 않았다. 진실규명을 한들 자신의 삶이 달라지지 않을 것이기 때문일까, 이미 모든 진실은 밝혀져 있고 자신의 몸에 남아 있었기 때문일까.

　1950년 12월 7일 함평군 월야면 남산뫼에서 7발의 총상을 입은 정남숙은 늙은 호박으로 흐르는 피를 멈추었다. 여러 군데 총탄을 맞고 쓰러진 그는 '몸을 움직이려 하자' 어떤 군인이 군홧발로 자신을 밟고는 "조용히 있어야 살 수 있다"고 속삭이는 말을 듣고 가만히 있어서 겨우 목숨을 부지한다.[21] 가끔 그는 "자신의 생명을 구해준 병사를 보고 싶다"고 말하곤 했다. 정남숙은 2010년 사망하기까지 "정부를 원망하며" 자신이 "살아 있는 것을 슬퍼"했다.[22] 1951년 네 살이 된 장종석은 함평군 해보면 쌍구룡에서 부모와 함께 면소재지로 피난을 가다가 모평마을에서 오른 발목 뒤쪽에 총상을 입었다. 발뒤꿈치 아킬레스건이 끊어진 그는 다리가 제대로 성장하지 못해 몸의 균형을 잃고 평생을 지냈다.[23]

세 차례에 걸쳐 학살이 벌어질 때 양채문은 마을 사람들 시체 밑에 깔려 있다 답답해서 몸을 움직였다. 어떤 군인이 움직이지 말라고 낮은 소리로 말하면서 죽은 사람들의 시체에다 총을 쏘며 지나갔다. 5중대장 권준옥 대위는 총격 이후에 살아 있는 사람들을 확인 사살하라고 명령했고, 병사들은 쓰러진 사람들 사이를 비집고 다니며 재차 총을 쏘댔다.[24] 그는 부상을 입고 죽지 않았다. 기억이 체험과 사실로 이루어지지만 이것을 구성하는 데 자기 몸에 남은 흔적보다 더한 매개물은 없다.

사건을 간직한 이들에게는 피에르 노라Pierre Nora가 말한 기억의 터lieux de memoire가 자신의 몸이고, 이것은 현재에 이르기까지 기억이 작동하고 응축된 곳이다.[25] 몸이 곧 기억의 장소가 된 피해자에게 기억은 단순히 과거를 회상하는 것이 아니다. 이 장소(몸)는 기억이 작동하는 곳으로서 물질적 공간만을 의미하지 않는 메타포로서 기능한다. 이 장소는 환기를 일깨우는 특정한 사물과 기억을 담고 있는 상징적 행위와 기호 또는 기억을 보존하는 기능을 포함한다. 시간이 지나면 상처는 아물고 변형될 것이지만, 그날의 체험으로부터 시작된 고통의 기억은 몸이라는 신체와 함께 사실로 남아 피해자들이 살아 있는 동안 함께한다.

채홍연은 사는 것 자체가 말이 아니었다. "내 인생 돌려달라고. 내 인생 열한 살로 돌려달라고", 그는 "죽지 못해 사는 거라고 정말 이렇게 숨이 안 떨어지게 사는 거지"라고 말한다. 경북 문경군 산북면 석달마을에서 집단살인이 일어나 아버지가 죽은 3년 뒤, 그는 오빠의 손에 이끌려 낯선 곳으로 시집을 간다. "시집이 그게 뭐라요. 열네 살 먹은 걸 시집을 보내놨으니." 안어른도 눈이 어둡고 바깥어른도 눈이 어둡고, 땅도 하나 없고 때거리가 없는 집안에서 그는 시집살이를 시작한다.

1949년 12월 24일 채홍연은 현장에서 군인들이 쏜 총을 맞은 게 "하루 일과"였다. 사건 자체를 인식하는 것이 불가능할 정도로 참혹하기 때문일까. 그의 진술은 몽롱하다. 병사들이 "호각을 부르며 '질러! 질러!' 그러는데 첫 집부터 불이 붙어서", 울타리에 옮겨 붙은 불을 보고 집에 온 그는 "아버지 방에 가서 이불을 들어내고 부엌에 와서 놋그릇을 들갱이(채)를 들어내고 뒤에 가보니까 송아지가 있어서 뒤로 물어내고", 그리고 군인들이 마을 사람들을 모은 "논바닥으로 갔다." 정신을 잃었다가 깨어보니 산어귀 중석굴이었다.[26]

사람을 죽일지는 몰랐고 추우니까 이불이 필요하겠다 생각만 했다. 총이란 것도 몰랐고 그걸 쏘면 죽는 것도 몰랐다. … 겁이 나서 사람도 안 쳐다보고 귀에 듣기엔 "옮기라. 그러면 살려준다" 그래서

옮긴기 총을 맞고 정신을 잃었다가 깨보니 그런 기라. 그래서 이불을 이리 들어보니 팔이 안 움직여서 그런 줄 알았지. 누런 옷을 입고 모자를 썼으니 군인인 줄 알았지. 그전엔 이불을 덮어쓰고 있다가 할머니 품으로 파고들었다. 총을 쏘고 "산 사람은 옮기라" 해서 사람이 죽었는 줄 알았지. … 까무러쳤는지. 해가 산에 쪼맨치 걸렸을 깨났지. 가는 정신은 있었는데 거기 가서는 모른다니까. 총에 맞았을 때는 이미 죽었었어요. 정신이 없었다니까. 솜 넣은 저고리에 피가 나와서 꽉 들어붙었어. … 오빠가 가보니까 시체가 다 탔더래요. 어떻게 찾았냐 하면 옷이 다 타고 시신도 탔는데 알아볼 상황이 안 돼서 보니까 떴는 내의를 입으셨는데 그게 쪼매 붙어 있더래요. 그래서 찾았대요.

채홍연이 바라는 대로 인생을 과거로 되돌릴 수는 없다.[27] 그에게는 몸으로 겪은 일이 그날을 유일하게 설명해주는 단서다. 군인이나 총에 대한 인식, 피와 시체 그리고 죽음에 대한 인식이 사건 이전까지 그에게는 존재하지 않았다. 시간을 표현하는 의미로 보면, 과거와 미래가 현재 속에 동시에 존재하는 공간이 곧 몸이다. 변하지 않은 몸―현실―이었고 앞으로도 변할 수 없는 몸―현실―이기 때문이다. 그는 몸에 총탄을 맞았을 때 이미 죽었다. 몸에 사건을 새긴 피해자들은 어떤 정치사회 변동이 와도, 진실화해위원회에서 사건을 규명해도, 언론에서 아무리 보도를 해도 달라지지 않는 흔적을 가진 기억의 존재자들이다.

믿을 수 없을 만큼 충격적인 사실도 있다. 1951년 4월, 11사단 20연대 2대대 군인들은 전남 순창군 쌍치면 운암리 뒷산(점배미산)의

숯 구덩이에 마을 사람들을 데려다 놓고 총살한다. 열여덟 살 조연남은 현장에서 총격을 두 군데 맞고 쓰러졌다. 병사들은 뒤에서 총을 쏘았다. 그는 "이제 죽겠지 하고 엎드려" 있으니, "그놈들이 내려와서 귀를 칼로 자른 거야. 전부 귀를 자르고 내 귀도 자르는데 총 맞은 자리가 워낙 아파서 하나도 아프지 않아. '아 그냥 자르는구나' 생각했"다. 군인은 그의 오른쪽 귀 윗부분을 잘라갔다. "그때를 생각하면 다시는 고향에 돌아가고 싶지 않다"고 비통한 심정을 토로한다.[28] 그곳에서 같이 쓰러져 있던 열 살 소년 설동용은 한참 후에 여자 아이의 목소리를 듣고 일어났다.[29]

산 사람 없냐고, 다친 여자애(조연남)가 목이 마르다고 물을 달라고그래. 그때는 피난을 가면 가재도구를 챙겨서 가는데 물을 뜨려고 시체 사이의 도구들을 가지러 가서 보니, 시체들이 뜯겨 있어 귀가 잘려 나가고 볼이 패이고 어떤 시체는 여자 가슴에 총탄이 맞아서 피투성이고, 우리 어머니 얼굴도 귀가 잘려 나가고 볼의 살이 뜯겨 나갔더라고.

민간인을 죽이고 귀를 자른 것은 병사들의 일탈 행위가 아니었다. 그것은 전투 성과를 확인하는 증거물이었다. 11사단 20연대 2대대 8중대장은 소대장과 분대장을 모아 놓고 전투 성과를 올리기 위해 "적을 사살하면 귀를 끊어 와라"고 지시한다.[30] 설동용과 조연남이 비록 살아남았지만 그날 그곳에서 살해당한 동네 사람들은 군인들에게 '적'이었다. 무장을 한 것도 아니었고 국군을 해롭게 하지도 않았으며 완력이 강한 젊은 남자는 더욱 아니었다. 그들 중에는 전투를 수행할 잠재적인 의지를 가진 사람도 없었다. 단지 그들은 총을 들이대는 폭력(무력) 앞에서 아무것도 맞설 수 없었던 한 인간이었을 뿐이다.

한 사람을 죽이기 위해 얼마나 많은 총탄을 쏴야 하는가. 1951년 1월 6일 오전 10시경, 11사단 20연대 2대대 6중대는 전북 고창군 상하면 하장리 오락마을에 들이닥쳐 피난을 떠나지 않은 동네 사람 12명과 다른 곳에서 데리고 온 5명을 상하초등학교 옆 공터에서 총살한다. 현장에서 16명이 죽을 때 김인수는 목덜미에 첫 총알을 맞았고 병사들이 두 번째 확인 사살을 할 때는 다리에 부상을 입었다. 이것이 끝이 아니었다. 세 번째 확인 사살 때에는 머리에 총탄을 빗맞았다.[31] 왜 이렇게까지 해서 죽이려고 했는지, 이성으로 되새김하기에는 불가능한 사실 아닌가.

국군이 이런 일을 저질렀다고 상상할 수 없었다. 하지만 현실은 상상을 뛰어넘었다. 총알을 맞고 목덜미가 베이고 귀가 잘린 것처럼 몸에 남은 상처들은 기억 그 자체다. 그뿐만이 아니다. 현장에서 보았던 피범벅과 귀와 볼에서 떨어진 살점, 신음은 단순한 이미지와 소리가 아니라 몸과 같은 기억의 매개체다. 무엇인가를 기억하기 위해서 상대방에게 필요한 것은 형태가 아니다. 안종필과 강영주, 장종석, 정남숙, 양채문, 조연남, 설동용, 김점동, 김인수, 김영환, 신영술, 황점순… 그들의 기억과 이미지는 언제나 그 시각과 그 장소에 머물러 있을 것이다.

죽음의 기록을 바로잡다

대량학살의 죽음은 여느 죽음과는 다르다. 죽음은 육체가 내린 "근원적 결정"이긴 하지만 이 죽음은 자발적인 의지에서 나오는 것이 아니며, 또한 그런 죽음에 저항하려는 정신적 의지와도 하등의 관계가 없다.[32] 이와 마찬가지로 의문사한 자의 죽음도 사회의 일반적인 죽음과 다르게 이해되는데, 이는 단순한 슬픔이 아닌 지속적인 '고통'이 유가족들의 삶에 부가되기 때문이다.[33] 더욱이 의문의 죽음을 당한 시대적인 배경과 맞물려 유족들에게는 사회·정치적 의미들이 더해지면서 이 죽음은 공론장의 주요 의제가 되어왔다.

'죽음'을 바로잡는 과거청산은 피해자의 자기 분열적이고 소외되었던 정체성을 확립하는 정의로서, 물질적 재화를 추구하기보다는 상대적으로 집단 정체성을 추구하는 경향이 있다.[34] 죽음의 도덕적 정당성을 인정받는 것, 정치사회적인 권리로 표현하자면 죽은 자의 친족들이 시민권을 획득하는 것은 이들이 사회적 주체로 존재하는 것을 의미한다.[35] 정치 과정으로서 과거청산은 국가와 사회로부터 배제되었던 피해자의 존재를 확인하는 '인정의 정치politics of recognition'다. 이것은 학살당한 사람들이 국가로부터 그 존재를 인정받는 것을 포함한다.

희생자 집단의 정체성 회복은 제도의 완결성으로 어느 정도 이루어질 수 있다. 2007년 7월 6일 진실화해위원회는 함평 11사단 5중대 사건의 진실규명과 관련해서 희생자들의 "사망 사실 기재와 호적 정정 등 법·제도 정비" 사항을 권고한다. 유족들은 이를 근거로 가족관계등록부를 정정하는 소송을 법원에 제기한다. 사건 당시 가형

정동기를 잃은 정근욱은 선친 정승모의 제적부에서 희생자 일반 신분 사항에 형이 "1950년 11월 8일 4시 본적지에서 사망"한 것으로 기재된 것을 "1950년 12월 7일 함평군 월야면 남산뫼에서 육군 11사단 20연대 2대대 5중대의 집단학살 사망"으로 바로잡았다.[36] 기록을 바로잡는 것은 사실을 보증하는 것이다. 학살은 과거에 일어난 경험으로서 사건이지만 또한 사회적 실재라는 사실로서 현재를 구성하는 요소가 된다.

대법원은 사망의 사실을 증명하는 신고에 있어서 진단서나 검안서를 첨부할 수 없을 때에는 진실화해위원회의 진실규명 결정문을 "사망의 사실을 증명할 만한 서면"으로 인정했다. 정근욱의 부모형제는 사건이 발생한 그때에는 형의 사망 사실을 있는 그대로 기재할 수 없었다. 함평지역의 유사한 사건에서 진실을 규명한 유족 148명은 사망자들의 제적부에서 신분 사항을 정정했다.[37] 정근욱을 비롯한 함평 유족들은 60년 만에 희생자의 사망 날짜와 장소, 이유를 바로잡음으로써 죽음의 연유를 적시하고 죽은 사람과 산 사람이 공동체에서 맺는 관계를 복원했다.

1951년 1·4 후퇴를 전후해 경찰의 지원을 받은 강화향토방위특공대는 강화면의 부역혐의자를 양조장과 곡물 검사소로 연행해갔다. 끌려간 사람들 중에는 이미 남편을 잃은 서영선의 어머니 김덕임이 있었고 그는 갓 태어난 아기와 함께 갑곶나루터에서 살해되었다. 서영선은 어머니의 마지막 유언에 따라 언니와 남동생, 여동생과 함께 강화도 내가면 고천리의 할머니 댁으로 피난을 갔다.[38] 진실화해위원회는 강화 부역혐의 사건을 조사한 후 사실을 밝혔고, 서영선은 이 결과를 근거로 김덕임과 한 살짜리 남동생 서화석의 호적을 정정

했다.[39]

　단순해 보이는 서류상의 형식이긴 하지만 죽음에 이른 사망의 원인을 바로잡는 것은 사사로운 일이 아니다. 국가가 개입한 학살에서 죽음의 이유를 공문서에 정확히 기록하는 것은 '명예회복'과 '정의'를 실현하는 하나의 방편이나 다름없다. 독재와 권위주의 정권에서 공동체 성원으로 대우받지 못한 피해자들이 정체성을 회복하고 자신의 존재를 인정받는 과정은 '인정 투쟁struggle for recognition'의 성격을 지니고 있다.[40] 인정 과정은 심각한 범죄 행위에 대한 국가의 적절한 응답을 요구한다. 무엇인가에 응답하는 것은 사건의 상태에 대해 조금 진전된 현재의 사실을 공식 기록으로 표명하는 것을 포함한다.

　여기서 가장 중요한 것은 가해자의 응답이다. 우리가 새롭게 알게 된 사실에 대해 다른 사람과 세상을 연결하는 것이 가해자의 구체적인 응답이다. 학살이나 인권침해 범죄에 대한 적절한 응답으로서 인정은 범죄자가 피해자에게 직접적으로 표현해야 하는데, 범죄자의 응답은 피해자와 관련된 반응에 형식을 갖추어야 한다. 피해자의 인정을 구체적으로 실현하는 방법으로는 진실말하기truth-telling, 사과apologies, 배상reparations, 긍정적 상징화positive symbolism가 있다.[41] 결국 인정이란 화자(국가)가 그가 한 일에 대해 도덕적으로 뉘우친다고 말하는 행위로부터 시작한다.

　피해자들이 입은 손해와 위협, 재산과 건강, 신뢰나 명성과 같은 훼손은 돌려받을 수 없고 삶의 자긍심이나 몸의 고결함, 시간, 연속성, 공동체 그리고 정체성을 온전히 되돌릴 수도 없다. 금전적인 배·보상은 희생자와 유족에게 그들의 손실을 상쇄할 수 있는 한 방법일 수 있다. 그리고 표상, 추모일, 국회·정치연설 등 공식 의례를 동원하는 것은 피해자들이 국가를 불신하는 감정을 극복하고 의심을 회복하는 데 도움을 준다. 공적인 상징이나 집합 의례는 제도적 수준에서 정체성 복원에 중요하게 기여한다.[42] 사회는 악을 폭로하고 진실은 끝내 밝혀지며, 이것들이 역사의 한 부분이라는 사실을 공공 영역에서 널리 알려야 한다. 정부는 부당한 취급을 받은 사람으로부터 용서를 구하는 유감과 슬픔을 사과 행위로 공개하는 것이 바람직하다.[43]

전쟁이 일어나던 해 이계준은 함평읍내에서 농림중학교에 다니고 있었다. 1950년 12월부터 함평군 내에서 11사단 5중대가 학살을 자행했고, 이듬해 1월 나산면 우치리 청년들은 월야면 일대와 해보면 쌍구룡, 상곡리 모평마을에서 일어난 총살을 이미 알고 있던 터라 마을에서 피해버렸다.[44] 우치리 집에 혼자 있던 이계준의 어머니 김증산은 마을 앞으로 끌려나와 병사들이 쏜 총에 맞아 사망한다. 시신은 홑이불에 싸여 밭에 묻혔다. 그는 "부모가 돌아가셨어도 오지 못하고 3개월 후에 와서 봤응게 기가 맥힌 세상을 살았"다. "이장할 때 그때사 와서 어머니 얼굴을 보"니 "제대로 알아볼 수 없을 정도"였고, "내 부모라 손등을 보"고 알 수 있었다. "노인들"과 "애기 막 나아서 업"은 여자들, "다리를 절어 도망을 못" 간 사람과 "애기 딸린 여자" 이렇게 21명이 총탄에 난사당했다.[45] 그곳 현장에서는 마을을 떠날 수 없는 사람들이 죽었다.

이계준의 비극은 이게 끝이 아니다. 이계준은 공보처 통계국이 1952년 3월에 발행한 『6·25사변 피살자 명부』에 김증산이 '좌익 및 빨치산에 의해 사망한 희생자'로 기록되어 있다고 밝힌다. 이계준은 공직에 임용될 때 경찰이 실시하는 신원조사에 걸려 낭패를 겪었다. 경찰이 작성해 갖고 있는 이계준의 인적사항이 문제였는데, 그는 지서장에게 '대접'을 하고 난 뒤에야 공무원이 될 수 있었다. 어머니의 멍에는 대를 이어 계속되었다. 1986년 그의 큰아들이 교사로 임용될 때 신원조회가 통보되어 경찰서에서 나오라는 전갈이 왔다. 4월 9일 장날, 민원실장 일로 바빴던 그는 경찰이 보여주지 않으려는 신원조사회보를 빼앗아 보고는 그 통지 내용에 기겁했다. 김증산은 "1951년 1월 14일 여자 유격대원으로서 아군과 전투에서 사살된 자임"이라고 문건에 사인펜으로 큼지막하게 쓰여 있었다.[46] 이계준은 "하도 기가 맥혀서 선생질 안 해 먹어도 우리 굶어 죽들 안 해. 김일성 직속이라고 써버리라고" 소리 질렀다. 그는 "어찌 부애가 나던지" "완전히 공산당을 만들어버렸더라구"라고 회상한다.

1990년대 초반부터 이계준은 함평유족회를 조직하고 사단법인을 창립하는 데 적극적이었다. 그러나 두려움은 가시지 않는다. 그의 염려는 이런 기록들이 "보도연맹마냥" "전쟁 나면 고놈(서류―필자) 갖고 너 오라고 해서 또 어떤 사건이 일어날지 몰라. 그러니까 두려움에 사는 것이"다. 보도연맹 사건이 일어난 경위와 사태의 본질을 자신의 체험에 더해 이보다 더 분명하게 말할 수 없을 것이다. 정부는 "양민을 학살해 놓고 관제 공산당까지 만들"었다.[47] 이런 압박 때문일까, 진실화해위원회가 이 사건의 진실을 규명한 후 그는 가족관계등록부에서 어머니의 사망 기록을 정정한다.[48] 경찰이 실시한 각종 신원조사 자료들이 아직 곳곳에 보관되어 있으며, 앞서 자세히 본 대로 공안사범자료관리 형태의 데이터베이스로 활용되고 있다. 이계준이 가장 두려워하듯이, 이렇게 축적된 자료들은 '위기'나 '비상'시가 되면 정부가 언제든지 조치를 취하는 근거 자료로 쓰일 가능성이 크다.

희생자들은 죽었다. 그들이 죽음으로써 죽은 자의 삶에 의미를 부여하는 것은 그 자신이 아니다. 죽음은 그의 현존재를 중지시키고 동시에 그의 주관성이나 개인성을 구성하는 기회를 타자에게 이관한다. 죽은 그의 "삶이 재구성되거나 어떤 의미를 갖게 되는 것은 철저히 타자의 자의적인 태도에 의존할 뿐," 그는 자신의 "죽음에 대해 아무런 의미를 부여할 수 없다."[49] 희생자와 그 친족에게 죽음의 정확한 원인을 기록하는 것은 사회적 사실에 해당하며 이것은 또한 국가 폭력의 피해자라는 명예회복의 목표만을 성취하기 위한 것이 아니다. 이 행위는 자신의 삶을 규정하고 있는 정치권력의 부당함에 맞서는 것이자, 자신들의 잃어버린 삶 자체에 의미를 부여하고 죽은 자와 산 자의 존재를 도덕적으로나 정치적으로 정당화하는 데 있다.

국가의 인권침해 행위를 바로잡는 희생자와 그 친족의 죽음에 대한 기록은 권력에 대한 저항과 투쟁의 함의를 가진다. 이뿐만 아니라 피해자로서 겪은 고통을 다시금 되돌릴 수는 없지만, 죽음의 모든 과정을 올바르게 기록하는 것은 정체성의 복원을 가져온다. 억울함을 풀어달라는, 다소 단순해 보이는 희생자 친족들의 처음 동기와 상관없이 정치권력으로부터 빚어진 비극을 극복하는 것은 삶의 귀환과 회복을 의미한다.

제 1 2 장

공동체의 복원

학살 이후의 갈등과 사회적 죽음

희생자와 그 친족의 이야기는 언제나 조심스럽다. 집단학살을 당한 희생자의 가족들이 겪은 삶은 비천하고 고통은 처참하기 짝이 없다. 국가와 이웃으로부터 버림받은 삶은 공동체에서 자신의 존재를 철저하게 부정당한 자들의 모습이다. '정치'와 '사회'로부터 멀리 떨어져 있었던 친족일수록 생업에 매달린 그들의 삶은 진실규명을 위한 어떤 연민도 우리 사회로부터 허용받지 못했다. 그만큼 무시당했고 비극의 존재를 스스로 알릴 수도 없었다. 무엇보다 존재 그 자체의 정체성을 찾을 수 없는 것이 학살이 남겨놓은 파멸의 결과다.

자신의 정체성을 잃는 것은 학살이 벌어진 사실을 국가와 사회가 인정하지 않거나 진상규명이 명확히 되지 않은 상황에서 빚어진다. 유족들은 피해의식에서 벗어나야 올바른 윤리관을 정립할 수 있고,

또한 희생자의 죽음에 대해 어떤 식으로든 마음의 정리를 해야만 자기 정체성을 견지할 수 있다.[1] 가해자가 사실을 인정하지 않는 상황과 정부가 공식적으로 진상을 규명하고 사죄를 하지 않는 상태에서, 부모와 자식을 잃은 가족들은 억울한 죽음의 모순과 갈등을 어떤 과정을 통해서 이해하고 받아들이면서 살아왔을까.

전쟁과 죽음을 경험한 뒤에 갖게 되는 피해자 유가족의 소외감은 무력감과 무의미함, 무규범성, 사회적 고립감, 자기 이반 등으로 나타난다.[2] 학살 현장에서 겨우 살아남았거나 그 장면을 목격한 사람들은 원통함과 억울함을 밖으로 표현할 수 없는 어떤 정서와 한이 안으로 맺힐 수밖에 없다. 민간인 학살과 같은 끔찍한 일을 겪은 사람들은 보통 사람들과는 다른 공포와 피해의식을 갖고 사는 경우가 대부분이다.[3]

이런 현상은 피해자로서 갖는 정체성이 여전히 진행형이라는 의미를 갖는다. 피해 가족들은 의식적으로 사건이 일어났을 때 입은 감정과 생각을 억제한다. 그보다 더욱 철저하게는 자신들의 사고를 억압하고 부정하며, 회피하거나 반동형성과 인격분리 등의 심리적 장치를 동원해 자신을 보호하기도 한다.[4] 하물며 자신들이 세운 위령비가 5·16쿠데타로 땅속에 파묻힌 유족들의 처지에서 볼 때, 그들은 생존을 위해 뒤바뀐 정치현실에 순응해야만 했다.

거창사건을 예로 들었듯이, 1980년대 초 전두환 정권에서 박산골 위령비의 비문까지 바꾸고자 하는 피해자들의 의식 이면에는 1961년의 억압된 체험이 있기 때문이다. 비문의 내용을 바꿔서라도 국가로부터 피해 사실을 인정받고 싶은 게 유족들이 겪은 갈등 상황이다.[5] 그들은 자신들이 공동체 '구성원'으로서 인정받는다면 '국군에 의한 학살'이라는 문구쯤은 얼마든지 고칠 수 있었다. 유족들의 정체성이 대한민국 국민이기 위한 인정 투쟁일 때, 이것은 독재와 권위주의 정권에 순응하는 동시에 저항하는 이중의 것이라고 할 수 있다.

자신들의 정체성과 사회나 국가가 요구하는 정체성이 불일치하기 때문에 유가족들에게 죽음의 모순과 갈등은 계속된다. 피해자 친족들의 경험은 국가가 원하는 국민이 되기 위한 스스로의 증명을 필요하게 한다. 그들은 국가와의 갈등상태에서 먼저 사실을 회피하려 하고, 다음은 국가가 원하는 주의주장에 순응하며, 자신에게 피해가 돌아오지 않는 적당한 선에서 타협하려고 한다. 심지어는 자기 부정으로 말미암아 가치관의 굴절과 역전 현상을 보여주기도 한다. 부모가 학살당하는 등 국가로부터 회복할 수 없는 피해를 당한 사람들 중에는 모순되게도 더욱 극단적인 국가주의의 형태를 보이기도 한다. 그런 세력의 일원이 되고자 하거나 반공체제를 수호하는 데 앞장서기도 하는 경우가 적지 않다.[6]

지역공동체에서 친척들 사이에 일어나는 갈등과 회피 과정을 보자. 1950년 7월 중순 전남 함평군 넙태에서 200여 명이 경찰의 총격을 당할 때 김갑성은 오른쪽 엉덩이와 다리에 총을 맞았다. 그의 동생 김을성은 뼈가 쪼개져버린 형의 시신을 수습한 후 동네 어귀에 묻었다. 김갑성은 월야면 은암마을 보도연맹원이었고, 친척 동생 김화생(일명 김화성)은 면내 보도연맹원 186명 조직의 총무였다. 김화생은 경찰의 언질을 받고 소집에 응하지 않아 살아남았다.

김갑성은 용정리 송정마을에서 목수 일을 하는 송기남의 협박으로 입산한 적이 있었는데, 이것이 나중에 빌미가 되어 경찰은 그를 보도연맹에 가입시켰다. 전쟁이 나고 보도연맹원이 검거될 때, 총무로서 평소에 경찰의 소집과 연락을 담당한 김화생은 김갑성에게 심각한 사태를 알리지 않았다. 보도연맹원들이 넙태에서 살해당한 후 가족들이 시신을 수습했고 그렇게 전쟁은 끝났다. 김을성은 같은 동네에 사는 김화생에게 한 번도 물어보지 않았다. 그가 보도연맹원인 건 알고 있었고, 자기 형은 죽고 종형은 살아남았지만 '왜 알려주지 않았냐고' 따져 묻지 않았다.[7]

그도 살아야지 어쩌겠어, 종형지간이라도 말 못하는 거야. 경찰이 봐준 건 알아. 화성 형님이 진실화해위원회에 얘기한 것도 몰랐어. 작년 봄에 죽었지.

삶과 죽음이 비극적 갈등의 순간에 있어왔다. 친족 간의 엇갈린 운명을 두고 피해자들이 갈등 양상에 대처하는 방법에는 여러 가지가 있을 수 있다. 김을성과 김화생은 사건과 죽음을 회피한 것이며, 마을공동체의 친족관계 속에서 자신들 스스로 순응하고 타협해왔다. 갈등 당사자들이 서로 김갑성의 죽음을 들추어 문제를 해결할 수 있는 것이 아니었기 때문이다. 국가와 정치를 사건에 개입시키지 않고 살아가는 것만이 자신들이 직면한 현실을 유일하게 지켜주었는지도 모른다. 그래서일까, 김을성은 형의 죽음을 밝혀달라고 진실화해위원회에 사건을 신청하지 않았다.[8] 근원적인 갈등은 그들 사이의 문제가 아니었다. 정치공동체의 책임을 희생자 친족들이 삶의 무게로 짊어지고 살았다.

이와 같은 공동체의 파괴를 '사회적 죽음Social Death'이라고 이름

붙일 수 있다. 클라우디아 카드Claudia Card는 논쟁의 여지를 단서에 붙이고는 있지만, "제노사이드의 특별한 악은 육체적 죽음(그때)뿐만 아니라 사회적 죽음에 대한 영향에 있으며, 결과적으로 자기 삶의 무의미함과 그 삶의 종말을 초래하는 데" 있는 것으로 본다. 이것은 죽음을 의미 있게 만들고 그 의미를 심어줄 수 있는 존경과 돌봄 의식, 사회적 관계와 그 맥락을 제거함으로써 육체적인 죽음을 더욱 악화시킨다.[9] 제노사이드는 대량살상, 다시 말해 많은 수의 사람이 죽은 것만으로 간단하게 환원될 수 있는 것이 아니다. 그것은 단순히 '악'이라는 이름으로 특이한 맹비난을 받았던 불명예스럽고 모멸적인 개별 희생자들에 대한 제노사이드의 폐해를 말하는 것도 아니다.

제노사이드의 가장 중요한 '악'은 희생자 집단에서 사회적 생명력이 사라진다는 사실이다. 피해를 입히는 것은 살해당한 사람을 넘어서서 문화유산의 파괴와 세대 간 연결의 소멸, 희생자 집단 자손들에 대한 '태초의 소외natal alienation'로 확대된다. 집단 수준에서 이러한 중대한 손실은 사회적 죽음을 의미한다. 사회적 죽음은 이것을 망측한 것으로 여김으로써 육체적인 죽음을 더욱 악화시키고, 집단생활을 위한 환경과 공유된 문화 전통의 보존을 갖추는 공동체를 죽인다. 결국 희생자 집단의 다음 세대는 문화유산의 구성원으로서 지워진다.

9·28 서울수복 과정에서 발생한 부역혐의 사건인 고양 금정굴 유족들은 1995년에 발굴한 유해를 제대로 안치하지 못하고 있다. 진실화해위원회의 조사와 진실규명 이후에도 유족과 지방정부(의회)의 갈등은 계속된다. 유가족이 아래 성명을 발표한 것이 2000년이었는

데, 해결의 실마리는 아직도 눈에 띄지 않는다.[10]

　금정굴 양민학살사건이 있은 지 어언 50년, 45년 땅속에 묻혀 있던 160여 구의 유골들이 햇빛을 본 지도 이제 어언 5년, 원혼들의 억울한 넋은 아직도 쉴 곳을 찾지 못하고, 유족들의 짓눌린 어깨는 언제 펴질 지 아직도 기약이 없다. 인권과 민주주의를 떠받드는 시대에 가장 비인도적인 범죄가 여전히 장막에 가려진 채, 유족들만이 그 무거운 짐을 송두리째 짊어지고 있는 것이다.

　고양시 탄현동 황룡산 기슭에서 유해가 발굴되어 서울대학교병원에 보관되어 있던 금정굴 희생자 유골은 설문동에 위치한 청아공원에 임시로 안치되었다가 2015년 하늘문공원 납골당으로 옮겼다. 2007년 진실화해위원회가 사건의 진상을 밝히고 위령시설 설치를 권고한 이후 10여 년 만에 2016년 12월 경기도의회는 위령탑 건립을 위한 예산 5천만 원을 본회의에서 통과시킨다. 그런데 정작 고양시 의회는 민간인 희생자를 지원하는 내용의 조례를 제정하지 않고 반대하고 있다.

　고양 금정굴 사건으로 빚어진 지역사회 갈등은 사건이 처음 알려진 1990년대 중반부터 20여 년 넘게 이어져왔다. 초기에는 진상규명을 둘러싼 우익청년단체인 치안대와 태극단을 중심으로 한 가해 측의 반발이 있었다. 그들은 금정굴에서 죽은 사람들이 '부역'을 한 행적을 문제 삼는다. 이 부분에서 사망자들은 개별성을 갖고 있다. 그러나 단 한 사람이라도 그가 부역 혐의가 있다고 해서 금정굴 안에서 그렇게 죽어야 할 대상은 아니다. 1999년 경기도의회는 유족과

태극단원의 증언을 청취한다. 사건의 진실을 두고 서로의 주장은 팽팽하다.[11]

전시라고 하는 상황과 이념은 피해자의 죽음과 대비된다. 학살에 가담한 치안대원과 태극단원은 고양경찰서의 후원을 입었고, 현재에도 피해자와 함께 지역공동체에서 살고 있다. 진실화해위원회가 사건의 실체를 밝힌 이후 가해 측의 반발은 이전에 비해 조금 수그러들었다.[12] 하지만 위령과 추모, 유해 안치를 놓고 지방자치단체와 의회, 유가족과 우익단체는 여전히 갈등하고 있다.

중대한 인권침해는 학살사건에만 국한하지 않는다. 독재와 권위주의 정권에서 자행된 고문의 피해자들은 자신의 내적 분열과 정치·시민사회의 모순을 지적하기 시작한다. 그들이 '나는 간첩이 아니다'라고 외치면서 행동에 나서는 순간은 이미 정체성을 인식하는 첫걸음이기도 하다.[13] 이것은 현실 정치와 막연히 선한 국가에 대한 비판 그리고 자기 성찰의 과정이다. 지난했지만 이런 과정 속에서 피해자들의 요구는 상대적인 박탈감을 해소하고 공공재collective good를 창출하는 가치로 옮아왔다.[14] 그들의 주장은 중대한 인권침해가 희생자와 그 가족만의 명예회복 문제가 아니라, 시민사회와 국가의 인권보호 조치를 확장하고 민주주의를 보다 심화시키는 계기로 확산될 것을 요구하는 것이다.

인간의 권리를 회복하는 것 또는 빼앗긴 권리를 되찾는 것은 '권리에 대한 권리'를 보편적으로 인정받는 출발점이다. 피해자들이 정치 주체가 될 수 없었던 것은 그들에게 이를 회복할 권리가 주어져 있지 않았기 때문이다. 아렌트의 표현을 인용하자면 권리를 잃은 사람들이 처한 어려움은 "그들이 법 앞에서 평등하지 않아서가 아니라

그들을 위한 어떤 법도 존재하지" 않았기 때문이다.[15] 설사 권리가 존재한다 하더라도 권리를 실현할 방법은 그들의 손이 닿지 않는 곳에 있었다.[16] 국가라고 하는 근대 정치공동체의 구성원이 아니면, 국가와 관계되지 않은 국민이나 시민의 지위는 법이나 권리의 영역에서 존재할 수 없다. 인간의 권리에 대한 보편적 지위와 그 주체에 대해 생각해보면, 적어도 민간인 학살의 희생자들이 국가나 지방정부, 마을공동체에서 겪고 있는 갈등은 권리의 주체가 누구인지 반문하지 않을 수 없게 한다.

공동체를 위한 배·보상

정치공동체 구성원으로서 자기 존엄성을 회복하는 것은 희생자와 그 가족에게 물질적인 보상과 정신적인 측면에서 매우 중요하다. 희생자의 친족들이 정체성을 되찾는 것은 사건이 발생하기 이전의 상태로 그들을 되돌리는 것이 아니다. 이행기 정의에서 배·보상은 희생자 개인에게 머무르지 않으며 궁극적으로 공동체 전체를 위한 민주주의 정치 과정의 일부가 된다. 국가와 그 구성원 사이에서 발생하는 권리 측면과 사회복지 차원에서 배·보상의 의미를 짚어보자.

피해자를 위한 배·보상은 과거청산을 보다 완결 짓는 중요한 사안이다. 이행기 정의에서 구체제를 단죄하고 피해자에게 배상하는 것은 민주화된 국가에서 아주 어려운 것은 아니다. 지난 잘못을 물질적이며 상징적으로 바로잡는 데 재정적 문제는 여전히 논란거리다.[17] 국가 재정의 어려움이 있긴 하지만 상징적이며 효과적인 과거청산은 국가에 의해 인권침해를 당한 이들에게 공권력이 저지른 불법과 범죄 행위를 다른 범죄보다 훨씬 더 중요하게 고려하는 것이어야 한다.

공권력이 일으킨 희생자와 그 친족에 대한 배·보상은 2005년 유엔이 채택한 '피해자 권리장전'에 따른 국가의 의무이기 때문에 진실 규명과 명예회복의 또 다른 차원이라고 볼 수 있다. 개별 배·보상이 갖는 의미를 일련의 이행기 정의 과정에서 매우 중요한 의제로 간주하는 것이다. 보상reparation과 배상compensation의 개념은 다르다. 배상은 주로 불법 행위로 발생한 손해를 보전해주는 것인데, 그 방식은 피해자가 입은 손해에 대해 금전적·물질적 형태로 돌려주는 것이다. 보상은 적법한 행위임에도 불구하고 손해가 발생했다면 이를 보전하는 것인데, 배상 이외의 여러 가지 형태를 포함하는 광범위한 회복 조치라고 할 수 있다.

인권침해 피해자들에게 배·보상은 개별 인간이 정치공동체와 필연적으로 맺는 관계의 형식인 '권리'라고 하는 기준에서 찾을 수 있다. 공동체의 구성원이 되었을 때 인간의 존재는 국민이나 시민이라는 지위를 갖는다. 국가마다 다르게 정해진 권리의 형태는 규범이나 제도적으로 명시된 시민의 여러 권리를 보장하는 방식에 따라 다양한 변이를 갖는다. 권리를 실현하는 구체적인 내용에 따라 구성원의 지위에 대한 보장 수준이 다르고 국가공동체의 성격 또한 다르게 규정한다.

권리의 관점에서 보는 배·보상은 헌법에서 명시하고 있는 기본권을 희생자에게 적용할 것을 고려하는 것이다. 희생자들의 기본 권리를 박탈한 국가가 생명권과 행복을 추구할 권리에 근거해 손해

배·보상을 한다. 대한민국 헌법은 생명권을 직접 명시하고 있지는 않다. 생명권에 관한 명문상의 규정은 따로 두고 있지 않지만, 생명권을 헌법상의 권리로 인정하는 것은 그동안의 헌법 해석에서 지배적인 견해다. 헌법 제10조와 제12조에서 생명권의 헌법적 근거를 찾는 것은 인간의 존엄과 가치, 행복 추구, 신체의 자유에 대한 규정에 있다.

행복추구권은 헌법 제10조에서 명시된 다음 규정에 따른다. "모든 국민은 인간으로서의 존엄과 가치를 가지며, 행복을 추구할 권리를 가진다." 이 규정에 따라 국가는 개인이 가지는 불가침의 기본 인권을 확인하고 이를 보장할 의무를 진다. 행복추구권은 생명권과 마찬가지로 인간이 존재하는 한 갖는 기본권의 핵심이다. 다른 기본권과의 관계에서 보면 행복추구권을 우선적으로 적용하는 데 한계가 있었는데, 이것은 기본권이 직접적으로 적용될 수 없는 경우에만 행복추구권이 보충적으로 적용되어왔기 때문이다. 헌법재판소는 행복추구권의 권리를 자유권적 기본권과 같이 소극적 권리로 파악하고 있다.[18]

민간인 학살의 희생자들처럼 국가로부터 포괄적인 권리를 침해당한 경우는 보다 적극적으로 국가에 요구할 수 있는 기본권으로서 행복추구권을 주장할 수 있다. 행복을 추구하는 권리라는 관점에서 보면, 삶의 질을 향상시킬 수 있는 가장 일차적인 방안은 희생자와 그 유가족에게 금전적인 배·보상을 하는 것이다. 행복추구권의 본질은 헌법에서 규정하고 있는 기본권의 체계 내에서 이것이 어떤 위치를 차지하느냐에 따라 적용상의 내용이 달라진다.

이와 같은 권리의 성격을 포괄적인 기본권으로 이해하면 행복추구권은 물질적인 풍요와 정신적인 만족이 동시에 충족되는 행복으로 이해할 수 있다. 행복추구권은 자유권적 성격과 사회권적 성격을 동시에 가지는 것이므로 기본권 전반에 관한 총칙 규정으로 보는 것을 통설로 한다. 시민이 추구하는 권리로서 행복은 인간의 존재에 고유하게 내재한 생태적 권리이므로, 헌법의 각 조항에서 보장하고 있는 기본권의 기초가 되는 자연법적 권리의 선언을 행복추구권의 근거로 볼 수 있다. 행복 추구에서 기본이 되는 물질과 정신의 충족은 그 대상의 사회경제적 지위에 따라 상당한 정도의 차이를 갖는다.

다음은 사회복지 차원에서 피해자들에게 배·보상이 갖는 의미를 보자. 첫째, 이 관점은 피해자와 그 가족들이 보다 나은 삶을 찾아가도록 지원하는 국가의 정책이다. 구체적으로는 사회보장, 건강관리, 교육, 공공생활 회복을 위한 개선과 같은 방식으로 실현할 수 있다. 둘째, 이렇게 구체화되는 방식의 배·보상은 경제적 관점의 금전적인 것을 포함해서 사회복지체계 내에서 추진하는 게 바람직하다. 셋째, 이것은 희생자와 그 유족에 대한 일시적이고 단일한 형태의 배·보상이 아니라, 장기적인 관점에서 정치공동체 구성원 상실에 대한 보다 영구적인 삶의 질 향상이 목표가 되고 개별 대상자가 처한 상황에 맞게 조정될 수 있어야 한다.

희생자에 대한 사회복지 차원의 배·보상 정책은 공동체의 유지와 보존, 삶의 회복이라는 측면에서 중요하다. 이것은 그저 일회성으로 끝나고 마는 금전적인 지원을 벗어나서 생활 속에서 지속적으로 이뤄져야 하는 보편적인 형태의 장기 계획에 속한다. 금전적인 지원만으로는 희생자와 그 친족이 배·보상을 받은 이후 자신들의 삶을 향상시키기 위해서 무엇을 할 것인지 선택하는 데 한계가 있을 수밖에 없다. 따라서 사회복지체계 내의 적절하고 세부적인 절차 속에서 이루어지는 배·보상이 중요하다. 건강관리와 의료 지원, 교육을 받을 수 있도록 지원하는 방안은 개인의 삶을 회복하고 지역공동체를 지속 가능하게 하는 구체적인 것이어야 한다.

공동체의 유지와 그 구성원 사이의 관계에 초점을 맞춘다면, 배·보상은 공공생활 회복을 위한 개선에 보다 많은 지원이 필요함을 알 수 있다. 이는 개별 보상의 수준을 넘어서는 집단 보상의 성격을 띠는 것으로서, 작은 마을이나 지역공동체 단위에서 실행할 수 있는 정책으로 구체화할 수 있다. 집단 보상은 희생자에게 일률적으로 적용하는 것이 아니라 이들에게 지속적인 안정과 공공영역에서의 생활을 선택할 수 있는 방안을 제시하는 공동체 보상이다. 공동체 보상은 장기적인 관점에서 이행기 정의를 실현하고 피해자 구제 조치로서 배·보상이 갖는 의미를 명확히 하는 데 의의가 있다.

유엔인권위원회는 '시민적·정치적 권리에 관한 국제협약 선택의정서'에 따라 규약 위반으로 보고된 사례를 취합해 중대한 인권침해로 인해 발생한 배상과 관련된 다양한 내용들을 검토했다.[19] 국가 또는 국가기관이 살인·고문·유괴·실종 등에 책임이 있는 모든 경우, 또한 그렇다고 판결되었을 때 피해자나 그들의 가족에게 배상금을 지불하는 것은 법률적인 의무에 해당한다. 유엔인권위원회가 다수의 사례에서 '배상'이라는 말을 써왔다는 사실은 피해자들에 대한 지급이 실질적이어야 하는 것을 의미한다.

위와 같은 기준에서 볼 때, 칠레의 배·보상정책은 좋은 사례가 될 수 있다. 칠레 정부는 진실화해위원회의 권고에 따라 배상에 관한 법률을 제정한다.[20] 이 나라에서 배상에 관한 철학적 바탕은 '사실에 대한 공식적인 인정'이자, '희생자에 대한 물질적 배상'이 화해의 결정적인 부분이라는 데 있다. 배상은 진실을 추구할 뿐만 아니라 희생자에 대한 도덕적 존엄성과 물질적 배상을 포함하는 것이다. 보다 깊은 의미로 해석하면, 국가가 지고 있는 책임의 다차원성과 무한성을 다르게 표현한 것이라고 할 수 있다.

이런 기조하에 칠레는 1992년부터 인권침해와 정치폭력으로 희생된 피해자 가족(2,298명)에게 매달 연금을 지급한다. 연금 지급은 국가 배상화해재단에서 담당하는데, 피해자 조사와 사회적·법적 원조를 기조로 삼은 이 재단은 유가족에게 매달 혜택을 주는 방식으로 배상을 실시한다. 배상은 한꺼번에 지급하는 일시금이 아니라 연금 방식을 선택했는데, 피해자는 12개월의 지급액을 한꺼번에 받을 수도 있다.

칠레에서 이루어지는 배·보상은 금전적인 것뿐만 아니라 피해자와 그 가족에게 교육 혜택을 제공하고 의료비를 지원하는 것도 포함한다. 피해자의 가족 중에서 그 자녀에게는 초중등교육을 무료로 지원하고, 고등교육이나 전문 직업교육은 장학금을 지급하는 방식이다. 1992년부터 2003년 상반기 사이에 고등교육에 대한 장학금으로 지급된 금액은 총 192만 달러였다. 의료비는 무상으로 혜택을 받게끔 해주고 통합보건의료 프로그램에 따라 희생자와 그 가족의 정신적·육체적 건강을 돌본다. 의료지원 프로그램에서 주목할 점은 정신외상trauma에 대한 치료 제공이다. 공포와 고문, 가족의 실종이 가져다준 심리 장애와 정서 불안, 우울증은 특별한 보살핌을 필요로 한다. 정신건강을 담당하는 보건부 부서는 이 프로그램에서 피해자

들에 대한 사회적 인정과 배상이 치료에 의미가 있음을 밝혔다.[21]

페루는 공동체 배·보상에 대해 뛰어난 성취를 보여준다. 페루 진실화해위원회 최종보고서의 권고는 종합보상정책을 지지한다. 이 정책은 포괄적인 배·보상으로서 개인별 배·보상을 포함하면서 사회 기반시설 확충과 같은 집단 배·보상정책을 함께 실시하는 것이다.[22] 종합보상정책은 개인적 형태와 집단적 형태 그리고 상징적 형태와 물질적 형태의 배·보상을 결합한 방식이다. 이 방식은 구체적으로 상징과 건강, 교육, 시민권리, 경제 등 5개 유형으로 나누어 구분하고 있다.

공동체 보상이기도 한 종합적인 집단보상정책에 대해 간단히 살펴보자. 이 정책은 다음과 같은 기준에 따라 마련되었다. 첫째, 집단의 권리와 지방 분권화에 따른 문화적 정체성을 존중한다. 둘째, 집단 보상은 개인 폭력과 파괴, 강제 이주, 공동체의 무용화와 기반시설의 손실, 가족 이산이 발생한 마을을 대상으로 한다. 셋째, 집단보상의 수혜자는 공동체의 사회적·제도적 자본을 재구축하는 것을 목표로 한다. 넷째, 농촌이나 도시 공동체의 자율성과 정체성을 존중하는 데 보상의 원칙이 있다.

2007년 6월부터 시행한 집단보상정책은 고위급다분과위원회 Comisión Multisectoral de Alto Nivel(CMAN)에서 결정했는데, 이 기구는 국가 폭력 희생자의 피해보상 조정정책을 책임지는 조직이다. 평화와 단체 보상, 국가 화해를 주요 의제로 하는 이 기구는 10개 주에서 440개 정착촌과 원주민 마을을 선정해 집단 보상을 실시했다. 이 보상은 마을과 지역 단체, 주정부에서 이행하고 있으며, 보상정책에 따라 시행하는 구체적인 프로젝트는 교육과 관개 기반시설 확충,

어업 활동 지원, 보건 기반시설 마련, 공동체 공간, 공유지 개발 등이다.

우리나라의 진실화해위원회는 기본법에서 배상 문제를 제외하고 있어 불법한 국가의 행위에 대한 손해는 결국 피해 당사자가 사법부에 소송을 제기해야 한다. 배상정책은 진실화해위원회가 특별법 제정을 정부 측에 권고하는 수준에서 머물렀다. 집단학살에 있어서 배상은 공동체에 대한 집단의 성격을 고려해야 했다.[23] 현재 희생자들이 진행 중인 민간인 학살을 비롯한 조작간첩 사건에 대한 국가소송은 과거청산의 부분적 한계를 보여준다.

국제 사례와 함께 배·보상의 성격을 요약해보면 다음과 같은 관점을 정립할 수 있다. 첫째, 공동체에 대한 집단 보상의 성격이다. 이것은 이행기 정의에서 배상은 피해자의 죽음이나 손실이 개별 희생자 수준에만 국한하는 것이 아니라는 것을 확인한다. 죽음은 개인적인 사실이지만, 공동체 차원에서 보면 이것은 사적인 영역에만 국한해서 배·보상할 성격의 것이 아니다. 개별 희생자는 필연적으로 공동체에서 사회경제적 지위를 갖고 있기 때문에 그 손실 또한 당연히 공동체의 집단 차원에서 이루어져야 할 필요성이 있다. 희생자와 그 친족에 대한 배·보상은 그들이 정치공동체에서 가지는 존재의 중요성에 있다. 명예회복의 한 단계라고도 할 수 있는 배·보상은 이들이 공동체의 자원임을 받아들이는 적극적인 행위라고 평가할 수 있다.

둘째, 법적·행정적 보상이다. 이는 보상의 방식과 연계된 것으로서 입법, 행정, 사법이라고 하는 국가 행정체계 내에서 배·보상이 이뤄져야 하는 성격을 의미한다. 희생자의 손해를 평가하는 것은 직접적으로 한 국가 내의 입법 행위와 복지, 재정 정책을 고려해야 하는 사안이다. 광범위한 사회복지체계와 연동해서 피해자에게 배·보상을 실시하는 것은 정부의 종합적인 정책 조율과 불가분의 관계에 있다. 정부 차원에서 보면 이것은 국가의 기본 정책으로 수립되어야 하는 것이다.

구체적인 배·보상 정책은 피해자의 도덕적 존엄성을 회복시켜준다. 이것은 피해자가 한 사람의 인간으로서 갖는 자기 존재에 대한 사회의 존중이라고 볼 수 있다. 배·보상 정책은 피해자들이 입은 신체적인 손해뿐만 아니라, 공권력으로부터 당한 위협과 재산상의 손실, 건강, 신뢰, 명성과 같은 훼손을 갚아주는 것이다. 금전적 배상은 희생자와 유족에게 그들이 입은 손실을 상쇄할 수 있게 해준다. 이 과정에서 놓치지 말아야 할 것은 명예를 회복하고 피해를 입은 가족들에게 보다 나은 삶의 질을 보장할 수 있는 방향으로 나아가는 것이다.

국가 책임의 또 다른 측면이 배상이다. 과거청산은 피해자 배·보상을 포함하지만 국가는 법률적으로 잘못을 책임지는 배상 형태를 회피하려고 한다. 희생자와 그 가족에게 국가 책임의 범위는 현재의 법적 규범을 넘어선다. 우리의 입법·사법·행정체계에서 국가의 책임과 피해자 배상을 명확히 하는 것은 가해자 처벌만큼이나 중요한 의제다. 개별 보상과 공동체 보상을 동시에 실시하는 정책은 피해자에 대한 사과와 명예회복의 상징적이고 실제적인 조치이며, 유족들에게 국민의 세금으로 지급하는 배상금은 공동체 전체를 위한 공공성에 부합하는 행위라는 데 그 의의가 있다.

공동체에서 최고의 관계란 무엇인가

소설가 이문구 집안은 전쟁 때 남자라고는 할아버지를 제외하고 아버지와 형, 친척들이 하루아침에 살해되어버렸다. 이문구의 아버지는 일제 강점기 때 충남 보령의 사법대서사司法代書士였고, 농민운동과 사회주의운동에 뛰어든 지식인이었다. 해방 후 그는 남로당 보령군당 책임자가 되어 서해안 일대에서 여러 군의 지하조직을 관리한다. 전쟁이 발발하자 군인과 경찰은 이문구의 아버지와 그의 형, 일가친척을 학살한다.

이 사건으로 인해 이문구는 "전형적인 빨갱이 자식이라는 멍에를 안은 채" 살았다. 1950년대 '멸공통일 북진대회'가 역전에서 열리면 학생들이 대규모로 동원되었다. 귀에 들어오는 건 하나도 없었지만 연사가 "빨갱이의 씨를 말리자!"라고 외치는 소리는 그를 옴짝달싹 못 하게 했다. "내가 따라 하지 않으면 빨갱이 자식이라서 안 한다고 야단났을" 것이고, "열두세 살짜리 소년이 '빨갱이의 씨를 말리자!'라고 악을 쓸 때는 '내가 나를 죽이자' 하고 악을 쓰는 것과 마찬가지"였다.[24] 열 살 때부터 그의 머릿속에는 자신이 '언제 죽을까' 하는 생각만 남아 있었고, 중학생이 되어서는 '어떻게 하면 안 죽을 수 있나' 하는 궁리로 가득했다. 어머니마저 일찍 사망하자 열다섯에 가장이 된 이문구의 어린 시절에서 보듯이 피학살자 가족에게 반공의 충격은 정신질환으로 남는다. 죽음과 연계된 것으로 덧씌워진 사상은 인간을 황폐화시킬 뿐만 아니라 삶 자체를 파멸로 바꾸어 놓는다.

소설 『만다라』의 작가 김성동 집안은 친가와 외가가 함께 사그라졌다.[25] 그의 아버지 김봉한은 해방 후 충청지역에서 남로당의 세포로 활동하고 있었다. 1948년 12월 중순경 그는 아들을 보려고 충남 보령의 집으로 찾아왔다. 아버지는 잠복해 있던 경찰(서북청년단)에게 붙잡혔고 그는 끝내 아들의 얼굴을 보지 못하고 말았다. 1심에서 사형을 선고받은 김봉한은 대전형무소에 수감된 후 한국전쟁이 발발하자 산내로 끌려가 총살당한다. 김성동의 큰삼촌은 개전 초기 인민군이 점령한 때에 민주청년동맹위원장을 했는데, 국군이 수복한 이후 이 일로 대한청년단원에게 맞아 죽었고 어머니는 여성동맹위원장을 맡았다고 고문을 당했다. 홍성에서 면장을 했던 외삼촌은 반동 부르주아라는 이유로 북한이 남한을 점령했을 때 인민재판에서 처형되었다.[26]

1958년 김성동 가족은 고향 땅 보령에서 대전으로 이사한다. 어느 날 늦은 밤 사찰계 형사가 동향을 살피러 할아버지를 찾아와서 이것저것 묻고 돌아가면서 꼬마 아이 김성동을 보았다. "두려움에 눈을 동그랗게 뜬 아이에게" 그 형사는 "붉은 씨앗이로군"이라며 한마디를 던졌다.[27] 김성동은 이 말을 결코 잊을 수 없었고 스스로 보이지 않는 검열을 예순 때까지 하고 있었다. 그가 절에 들어간 것도, 소설가가 되어 문학을 통해 죽음과 분단을 화두로 삼은 것도 아버지 때문이었다. 정확하게는 아버지의 죽음 때문이었다.

비단 학살당한 사람의 가족들만이 아니라 월북자의 가족 역시 대한민국에서 시민권을 제대로 보장받고 살아갈 수 없었다. 경남 진영 출신의 소설가 김원일의 아버지 김종표는 남로당 경남도당 정치위원이었다.[28] 이문열도 예외가 아니었다. 그의 아버지 이원철은 해방 직후 남로당과 관련해 활동했고 인민군이 서울을 점령하자 수원농대 책임자가 되었다. 전세가 기울자 김원일의 아버지도 이문열의 아버지도 가족을 남쪽에 남겨두고 인민군을 따라 월북한다.[29] 아버지가 버린 자식들은 '빨갱이'의 멍에 속에서 자랐고, 그들은 문학이라는 보다 덜 정치적인 영역에서 생존이 가능했다. 김성동은 자신과 비슷한 처지의 이문구를 언급하며 어릴 적 겪은 정서적 충격이 그의 소설을 온건하게 만들었고, 이문열은 아버지에 대한 원망이 그를 반공 작가의 길을 걷게 했다고 말한다.

강만길은 박정희 정권 아래에서 남산의 중앙정보부 취조실에 끌려 갔을 때나, 전두환 정권 때 성북경찰서와 남영동 치안국 대공분실에 끌려가 최조를 받을 때면 "전쟁 때 어디에 있었으며 무엇을 했느냐" 는 질문을 받았다.[30] 전쟁 때 행적은 없지만 『대공신원기록편람』에 그에 대한 기록이 남아 있다. 서울 종로경찰서가 작성해 마포경찰서에 통보한 그의 신원조사 항목에서 특이사항은 "83. 5. 14 북괴고무찬양 국보법 위반 서울지검 공소 보류"라는 내용이다.[31] 마산에 살았던 그가 전시에 인민군이 점령한 곳에 있었다면 더욱 의심을 받았을 것이고, 무엇을 했느냐에 따라 수사기관의 취조는 달라졌을 것이다.

전쟁을 겪은 세대는 정보수사기관에서 일이 생길 때마다 전시에 무엇을 했는지가 중요한 신문 내용이었다. 이승만 정부 이후 최근까지 정보기관은 보도연맹원 가족들을 비롯해 전쟁 때 학살당한 희생자의 친족과 제주4·3, 여순 등 관련자를 요시찰 대상으로 감시하고 정보를 축적했다. 이문구와 이문열, 김원일, 김성동, 강만길의 경우처럼 한국전쟁 때 자신이나 자기 집안에 무슨 일이 있었는지는 장래 사회생활을 결정짓는 요인이 되었다.

국가는 오직 '대문자 인간'을 원했을 것이다. '대문자 인간'을 설명하기 위해 아렌트의 인식 세계에서 유사한 논거를 빌려오면 '제도의 승리triumph of the system'라고 할 수 있다. 그는 유대인 수용소 사람들의 도덕적·법적 인격이 살해된 것은 개성과 자발성의 파괴이자 새로운 환경과 사건에 반응하면서 어떤 것을 시작할 수 있는 힘을 잃은 상태라고 묘사한다. 강제수용소의 유대인은 "인간의 얼굴을 가진 꼭두각시 인형"에 불과했다.[32] 적어도 수용소 내에서 나치는 유대인을 전체주의 국가의 모범적인 국민으로 만들었다. 이는 수용소에서 '죽음으로 걸어간' 유대인에게만 해당하지 않는다. 진정한 의미에서 나치제국의 승리는 대량학살을 실행하는 과학기술과 관료, 행정 그리고 무력을 최상의 조합으로 체계화하고 이를 수행하는 친위대와 군인, 경찰을 꼭두각시로 만들 수 있었기 때문에 가능했다.

근대 관료제의 가장 충실한 도구적 실현은 사상적으로 동일한 인간을 만드는 것이라고 해야 할 것이다. 이렇게 되면 한 인간이 자신의 고유한 정신으로 정치공동체에서 더불어 살아갈 수 있는 길이 봉쇄된다. 정부가 나서서 사람을 죽여 놓고 단지 그 죽은 사람들의 친족이라는 이유로 정치사회적으로 권리를 제한하고 고립시키는 행태는 많은 사람들을 공동체에서 내쫓게 만들었다. 이문구와 김성동의 삶이 말해주듯이 정신까지 말살하는 정치권력의 폐해는 결코 하루아침에 사라지지 않는다.

공동체에서 타자와 관계를 맺는 개인은 자신의 가치 의식을 재구성하는 데서부터 시작한다. 이것은 에마뉘엘 레비나스Emmanuel Lévinas가 암시하는 사건으로서 윤리와 접목할 수 있다. 인간이 양심의 가책에 눈을 뜨는 것은 자아에 사건이 일어날 때 가능하다. 이런 윤리적인 돌발 상황은 '타인과의 만남' 또는 '벌거벗은 얼굴'을 드러내는 것이다. 상대에게서 또 다른 인간의 모습을 인지하게 되었을 때 우리는 윤리에 눈뜨게 된다. 다시 말해 어떤 구체적인 상황 속에서 구체적 인물에게 마지막으로 남은 것은 순수한 추상, 윤리뿐이다.[33]

레비나스는 "타자의 얼굴을 받아들임으로써" 우리가 "인간의 보편적 결속과 평등의 차원에 들어간다"라고 밝힌다. 관계가 형성되는 시점에서 타자는 나와 마주한 '너'가 아니라 제3자 '그'다. 그는 나에게 거리를 두고 있고 낯선 이로 남아 나의 삶에 완전히 포섭될 수 없는 자로 남아 있는 인간이다. 이 견해에 따르면 레비나스의 윤리적 평등과 형제애는 인간들 사이의 대칭적 관계에서 구축되지 않는다. 흔히 윤리적 요구는 동등한 상호관계를 전제로 하지만 타자는 나와 동등한 자는 아니다. 레비나스는 타자와의 비대칭성과 불균등성이 인간들 사이의 평등을 이룰 수 있는 기초이고, 이런 의미의 평등만이 약자를 착취하는 강자의 법을 폐기할 수 있는 것으로 본다. 그에게 주체성은 타인의 존재를 자기 안으로 받아들이고 그와 윤리적 관계를 형성할 때 비로소 가능해진다.[34] 타자의 존재는 오늘 와서 내일 머무는 이방인이 아니다.

바우만이 도덕에 관한 사회이론을 고찰하면서 인용하고 있듯이, 레비나스에게 "타인들과 함께 있음"은 인간 존재의 가장 근원적인 속성으로서 책임성을 의미한다.[35] "타인이 나를 바라보고 있기 때문에—그를 위해서 내가 책임을 떠맡지 않았다 하더라도—나는 그에게 책임이 있다." 따라서 "나의 책임성은 타자가 나를 위해 존재하는 단 하나의 유일한 형식이다." 삶의 자리는 타자와의 관계 속에서 주어지는 것이고 이를 받아들이는 것이 우리 삶과 타자에 대한 책임이다.[36] 타자는 인식의 대상일 뿐만 아니라 우리가 응답해야 하는, 응답을 요구하는 대상이기 때문에 책임이 뒤따른다. 레비나스에게 윤리 곧 타자와의 관계는 개인의 존재보다 우선한다.

타자와의 관계를 규범 짓는 공동체에서 최고의 관계란 **"나를 보다 좋은 사람으로 변화할 수 있도록 이끌어주는 관계"**에 있다. 신영복에 따르면 이것은 자신과 타자의 동일한 입장만을 의미하지 않는다.[37] 사회에 대한 "모든 개념은 제도와 인간으로 요약할 수 있"고 제도와 인간이라는 두 범주는 "인간관계라는 하나의 개념으로 통합"할 수 있다. 이런 점에서 "사회는 인간관계의 지속적 질서"이며 사회구성체의 본질을 규정하는 것이 "인간관계의 사회적 존재 형태"가 된다.[38] 공동체에서 타자에 대한 인식은 "'나'와 '남'의 공존"이며 이것은 사회의 전체성全體性 회복과 연관되어 있다. 전체성을 회복하는 것은 "밖으로부터의 강제"에 의해서가 아니라 "나와 남 사이에 있는 실존적 결속을 통한 안으로부터의 호소"에 의해 가능하다.[39]

피해자나 가해자에게 '보다 나은 사람으로 이끌어주는 관계'란 어떤 것일까. 1950년 10월 23일 함평에서 수복작전을 벌이고 있던 11사단 20연대 3대대 군인들은 60~70여 가구가 모여 살던 함평읍 수호리 대등마을에 진주해 동네 사람 7명을 산으로 끌고 가 총살한다. 조순임의 남편 이홍범을 비롯한 6명이 그 자리에서 즉사했고 한 사람이 허벅지에 총을 맞았으나 살아났다. 그는 머리에 총탄을 맞아 골편이 흩어진 남편을 방에다 한 번이라도 눕힌 뒤에 묻으려고 시신을 집으로 수습해왔다. 그러자 시어머니는 독자인 아들을 안방 앞마당에다 묻었다.[40]

학살 이후에 특이한 일이 벌어진다. 부대 지휘관이 이홍범과 동네 사람들을 죽인 병사를 마을로 데리고 왔다. 그는 사람들을 모아놓고 "분이 풀릴 때까지" "그 병사를 때리라"고 말하지만, 마을 사람

중에 어느 누구도 그 군인에게 손찌검을 하지 않는다. 조순임도 (그 병사가) 꼴 보기 싫어서 그냥 집으로 돌아왔다. "때린다고 죽은 사람이 살아 돌아오나", "너를 죽이면 우리 남편이 살아 돌아오나" 이런 생각만 들 뿐, 뺨 한 대도 때리지 않고 집으로 왔다. 무릎을 꿇은 군인은 눈물을 뚝뚝 떨어뜨리며 "나 죽여주소, 나 죽여주소"라고 했지만 그에게 완력을 쓰는 사람은 아무도 없었다. 이 일을 지휘한 장교와 그 병사가 누구인지 밝혀지지 않았다. 학살이 발생한 직후에 가해 군인을 피해자 가족에게 데려가 사죄하는 인간의 '존엄성'을 보여준 행태는 손에 꼽을 정도다.

대다수의 피해자 가족이 바라는 장면은 이렇다. 가해자가 자신들에게 직접 사과하는 것이다. 이행기 정의에서 항상 의제가 되는 가해자의 사과 문제를 보자. 1993년 10월 4일 서영선은 아버지와 어머니 사건에 가담한 강화향토방위대 특공대원 김동환을 수소문해 찾아간다. 강화의 김동환 집에서 그는 자신이 희생자라는 사실을 숨기고 학살에 대해 소상히 물어본다. 김동환은 1951년 1월 6일부터 8일 사이에 갑곶나루터와 옥계갯벌에서 사람들을 열 명씩 세워놓고 "등 뒤에서 총을 쏴 학살했다"고 자신이 한 일을 말한다. 그로부터 몇 년이 흐른 1999년 5월 21일 서영선은 기자를 데리고 김동환을 다시 만났고, 그는 이번에는 자신이 피살당한 사람의 딸이라고 밝힌다. 김동환은 그 얘기를 듣고 "고개를 숙이면서 미안하다"라고 말한다.[41]

서영선과 김동환의 사연을 옆에서 취재한 『월간 말』지의 최강문 기자는 이렇게 적었다. "가해자와 피해자 사이는 하나도 원수로 생각할 수 없었다." 가해자와 피해자가 직접 마주 앉아 대면하는 상황은 매우 드물다. 많은 피해자들이 가해자의 이야기를 직접 듣고 싶어 하지만 가해자가 자신의 살해 행위와 관련된 희생자를 만나 고백하는 장면은 흔치 않다. 피해자는 가해자에게 '왜 그런 일을 했는지?' 따져 물으려고 하는 것이 아니다. 다만 당시를 알고 있는 사람에게서 진실을 알고 싶을 뿐이다. 피해자가 가해자를 받아들이고 가해자가 피해자를 받아들일 수 있는 관계의 형식을 생각한다.

2008년 3월 10일 미라이 학살의 생존자 팜 타인 꽁은 미군 참전 군인 케네스 호지스Kenneth Hodges와 기억에 남을 인터뷰를 한다. 호지스는 살인자들murderers 중 한 병사였다. 팜 타인 꽁은 그에게 "미라이에 진격했을 때 베트콩Viet Cong을 보았는지", "왜 어린이와 나이 든 사람들, 여자들을 죽였는지", "네 부모나 가족 다른 누구에게 미라이에서 일어난 일을 얘기한 적이 있는지", "학살 이후 밤잠을 잘 잤는지" 물으며 쏘아붙인다. 호지스는 이 물음을 듣고 자제력을 잃는다. 마지막 질문에 호지스는 슬픔이 일렁이는 얼굴로 말을 잇지 못한다. 그는 "마을에서 무기나 베트콩을 보지 못했으며" "단지 명령에 따랐을 뿐이고", 자신의 행위가 "부끄러워서 어느 누구에게도 미라이 학살을 얘기하지 못했다." 그가 유일하게 할 수 있었던 말은 "사죄"였다.[42]

호지스는 미라이 학살 40주기 위령제에 참석해도 되는지 묻는다. 팜 타인 꽁은 그건 위험한 생각이라며, "지역 사람들이 네가 살인자라는 것을 알면 화가 나서 너를 죽일 것"이라고 말하고, 학살이 일어난 "3월 16일에 여기 있어서는 안 된다"라고 일러준다. 팜 타인 꽁은 호지스의 손을 잡고 작별 인사를 한다.[43]

이 악수는 사람과 다른 사람 사이의 감정과 우리가 나누는 예의, 과거를 뒤돌아보지 않고 미래를 향하는 베트남의 전통을 위한 것이다. 악수는 우리의 작별과 개인적인 것 그리고 더 이상의 것은 아무것도 없다는 것을 말한다.

팜 타인 꽁은 호지스가 사죄밖에는 아무 말도 할 수 없었을 때 '용서'나 '화해'라는 말을 꺼내지 않는다. 그는 호지스가 살인을 한 병사 중에 한 명이라는 것을 알았을 때 매우 격한 감정으로 쏘아붙이기도 했지만, 다가온 그를 내치지는 않는다. 세 시간 동안 나누었던 대화는 그들에게 켜켜이 쌓인 응어리를 풀고 또 다른 삶을 살아가는 하나의 계기가 되었을 것이다.

인간관계에서 도덕질서에 대한 가치는 현대사회의 본질적인 위기를 반영하고 있다. 이 위기의 본질을 뒤르켐은 인간의 가치 의식 차원에서 찾고 있는데, 그는 인간의 가치 의식을 재구성하는 현대사회의 기둥으로서 도덕적 개인주의를 제시한다. 그가 말하는 개인주의는 경제적인 공리주의나 이기주의와 엄연히 구별되는 것으로서, 사회적 집합체의 권리에 결부되어 있는 인간성을 바탕으로 한다. 개인의 존엄성과 사회적 집합체의 권위에 통합되는 개인주의는 이성의 독자성과 자유로운 탐구를 저버리지 않고 오히려 이를 근거로 세워지는 정당성과 권위를 바탕에 두고 있다.[44]

제노사이드를 겪은 사회에서 이에 대한 도덕적 성찰은 정치공동체 구성원들에게 최상의 관계가 어떤 것인지를 묻는다. 밀러 부부는 아르메니아인들이 고아원에서 가족들과 상봉하는 만남을 주선하고 또한 그들이 터키에서 추방당할 때 그들을 돕기 위해 목숨을 걸었던 소수의 '좋은 터키인'을 제시한다. 사심 없는 사람들에 대한 사례는

개인의 영웅적 행위에 대한 존엄성을 표하는 것이며 궁극에는 한 사회의 도덕적 성찰을 포함한다.[45]

국가공동체 외부의 지구적 차원에서 보면 보다 나은 인간성을 달성하는 방법은 보편적 사상, 국제인권에 초점을 맞추는 협력적인 국제주의 사회화다. 공동체 내부의 개인과 집단 차원에서 보면 도덕질서의 올바른 관계를 정초하는 것이 중요하다. 다른 사상, 다른 존재의 타자성을 인정하지 않거나 생각이 다른 사람을 배척할 것을 주장하는 사람들은 역설이지만 어떤 의무에서 벗어나려고 애쓰는 사람이다. 그들은 타자에게 겁을 먹은 것이 아니다. 자기 자신, 자신의 양심과 자유, 본능, 책임, 사회와 세상의 변화, 이런 것을 두려워하는 것이다. 공동체에서 보다 나은 인간관계를 맺는 것을 외면하는 것과 같다.

인간의 합리적인 판단과 이익을 추구하는 사회가 조화될 수 있다는 극단의 자유주의 사상은 더 이상 공동체 조직의 근간이 될 수 없다. 인간의 욕망과 끊임없는 이기심은 현대사회를 분절시키고 도덕과 윤리로부터 이성을 떼어냈다. 뒤르켐이 주장하듯이 도덕적 규제의 필요성은 인간의 내재적인 본성 속에서 흘러나오는 것이 아니다. 이것은 사회 속에 자리 잡고 있으며 사회는 도덕적 성격으로 감싸져 있고 도덕적 성격으로 표현된다. 공동체에서 최고의 관계란 타인에 대한 책임성이며, 이는 공동체 구성원의 윤리적·도덕적 관계성으로서 이 원리가 작용할 때 보편적 인간관계가 성립한다.

제 5 부

학살, 그 이후의 삶과 정치

인간이 신이 되지 않는 한

인간에게 고통과 절망은 그치지 않는다.

이것이 인간의 조건이다.

· 임철규, 『그리스 비극: 인간과 역사에 바치는 애도의 노래』, 2007.

제 13 장

이행기 정의

민주주의 이행과 과거청산

과거에 행해진 수많은 학살이 인류의 관심에서 벗어나 있었던 것은 지식인들이 학살의 부인에 가담했기 때문이다.[1] 인간을 선하고 이성적인 존재로 파악하는 계몽주의의 전통과 민족주의의 발흥은 한편으로 대량학살의 집단적 부인에 기여했다. 역사적으로 다른 인종과 종교, 민족성을 가진 사람들에 대한 학살은 인류의 감각에 별로 거슬리는 것이 아니었다. 학살에 대한 집단적인 부인을 벗어난 것은 20세기 중반 이후의 일이었고, 이를 가능하게 한 정치사상이 인권과 민주주의다.

권리의 회복이라는 관점에서 민주주의 이행은 인권침해 피해자들에게 전환점이 된다. 한 국가의 민주주의 이행이라고 하는 정치사회의 변동과 관련해서 살펴보면, 민주주의를 실현하는 것은 어떤 규범을 제도화하는 것으로는 완성되지 않는다. 고대 아테네 시대부터 국가가 저지른 잘못을 바로잡는 것은 정치의 역할 중 하나였고, 이 과정에서 중요한 것은 한 정치체제의 민주주의 이행에 있다. 정치 과정은 사회 내 변화를 추구하는 사람들의 집합적인 행동으로 나타나는데, 이것은 민주주의를 발전시키고 확장하는 수단으로서 제도화한다.

과거청산은 단순히 지난 일의 사실을 밝혀서 확인하는 수준에 머무르지 않는다. 진실규명과 책임자 처벌, 피해자 구제, 재발 방지라고 하는 보다 완결성 있는 과정을 염두에 두고 있다. 이와 같은 관점을 취하면 과거청산은 민주주의를 바탕으로 하는 근대의 현상으로 보는 경향이 있다.[2] 일련의 과정은 개인의 행위가 아니라 역사적이고 정치적인 국가권력의 문제이기 때문에 더욱 구조적인 관점에서 바라보게 된다. 국제사회에서는 이를 일반적으로 이행기 정의라고 하며, 이는 과거의 국가 폭력을 부분적으로나마 조사하고 그 진실을 밝힘으로써 한 국가가 보다 진전된 민주주의와 인권 규범을 가질 수 있게끔 한다.

이행기 정의는 제3세계 국가의 일반적인 민주주의 발전 경로로 자리매김한다. 보편적으로 권위주의 체제에서 민주주의 체제로 이행한 이후에는 '과거를 돌아보는 정의backward-looking justice'가 등장한다.[3] 광범위한 과거 유산을 체계적으로 규명하는 일련의 과정으로서 이행기 정의는 진실을 추구하며 화해를 달성하기 위한 정치사회적 시도를 포함한다. 이를 개념으로 정의하면 "평화와 민주주의, 법치 그리고 개인과 집단의 권리를 억압하거나 폭력적 갈등을 야기하고 또한 광범위하고 조직적인 인간의 권리를 남용한 유산을 단죄하기 위한 사회적 접근 방식"이다.[4] 사법·비사법 수단을 포함하는 이 과정은 다양한 차원의 국내외 가해자 기소와 배상, 진실찾기, 제도적 개선, 조사 또는 이런 활동들의 조합으로 이루어진다.

민주주의를 다양한 사회집단의 이해관계를 정치사회라고 하는 공적 공간에서 해결하는 과정으로 볼 때, 민주주의 이행과 과거청산은 각 나라가 처한 역사·정치적 조건에 따라 제도화의 정도가 달라진다.[5] 가장 우선적인 대상은 국가가 저지른 심각하고 체계적이며 대규모로 자행되는 중대한 인권침해 사건이다. 중대한 인권침해 행위를 바로잡는 것은 민주주의의 제도화라고 하는 측면에서 그 의의를 찾을 수 있다. 보다 중요한 논지는 이행기에 등장하는 사회변혁이 민주주의 발전에 미치는 영향을 어떻게 평가할 것인가 하는 점이다.

무력 충돌과 권위주의 시대의 인권침해 유산을 다루는 다양한 실천으로서 이행기 정의는 법치를 회복하고 불처벌 문화를 반박하는 사법적 응징과 희생자 명예회복, 배·보상, 제도 개혁, 사회·정치적 화해, 국민 형성과 서사의 공유를 기본으로 하는 과거의 복원을 목표로 한다.[6] 근래에 이 분야에 대한 시민사회의 관심과 학계의 논의가 활발해진 데에는 공공성과 잔학 행위의 책임성에 대한 국제사회의 기대감이 증대하기 때문이다. 유엔인권고등판무관실Office of the United Nations High Commissioner for Human Rights(이하 OHCHR)은 무력 충돌 이후 정치 상황에 대한 이행기 정의 담론과 개입 과정을 점진적으로 포괄해왔다.[7]

이행기 정의를 실현하는 유형은 가해자 사법 처리를 최우선으로 하는 정의 모델과 가해자 사면을 전제로 한 남아프리카공화국의 진실화해, 스페인과 같은 망각, 르완다나 동티모르와 같은 혼합 모델이 있다.[8] 국제적으로 가장 일반적인 이행기 정의는 진실위원회truth commission 형태인데, 이 모델은 형사처벌과 포괄적 사면 사이의 제3의 방법으로 알려져 있다.[9] 이런 양식은 1970년대 초반 이후 우간다와 아르헨티나, 과테말라, 남아프리카공화국, 가나, 동티모르 그리고 모로코와 같은 나라에서 다양한 형태로 증가해왔다.[10] 우리나라의 진실화해위원회는 책임자 처벌이나 사면과 같은 구체적인 사안이 빠진 상태에서 이루어진 제3의 모델이라고 볼 수 있다.

욘 엘스터Jon Elster는 역사적으로 고대 아테네 민주주의 이행체제에서 이행기 정의의 기원이 있음을 설득력 있게 논증하고 있다. 최초의 민주주의 이행은 기원전 403년 아테네 민주주의 체제에 있다. 그는 아테네의 민주체제 이행 협약이 일괄 사면과 기소 제한, 구체제 세력의 망명 등 안전보장과 민주주의 이행에 대한 외국(스파르타)의 중재, 법령에 근거한 구세력 청산, 사회 재건과 화해 등의 측면에서 20세기 민주주의 이행기 정의와 유사하다고 밝힌다.[11] 오늘날 이 개념은 제2차 세계대전 이후 국가 간 관계에서 국제법으로 인권을 보장하기 위한 노력들이 국내 수준과 어우러져 등장했다. 1980년대부터 급속히 발전해온 이 논의의 이론적 담론은 주로 라틴아메리카의 정권 변화와 연관되어 있었다.

이런 경로를 살펴보면, 이 논의는 민주적 제도와 시민사회의 시민 덕목 개발을 구현하는 전제 조건으로서 과거에 대한 중요성을 소홀히 다룬 측면이 있다. 정권 교체 이후 큰 쟁점이 되고 있는 가해자 처벌의 경우, 이행기 정의를 실현하는 데 있어서 범죄자 기소와 재판 절차에 따른 법적 처리는 '승자의 정의'로 끝날 가능성이 크다. 민주적 제도가 갖춰져 있지 않고 민주화가 외부 요인에 의해 이루어진 경우, 보다 포괄적이고 완결된 형태의 과거청산은 국가 내부의 정치 상황과 여러 세력 간 타협의 산물이 될 가능성이 높다.

사정은 조금 다르지만 남아프리카공화국의 진실화해위원회는 가해자들이 과거에 저지른 자신들의 만행을 진술하는 조건으로 사면을 허용했다. 진실과 사면을 교환하는 방식은 평화로운 민주주의 이행에 필수적인 성과였지만, 아파르트헤이트Apartheid 체제의 구조적인 불공평을 무시하는 것이라고 비판받는다.[12] 또한 니르 에이시코비츠Nir Eisikovits는 "이전의 적들 사이에서 동정을 조장할 수 있다"는 사례를 부분적으로 설득력 있게 주장하면서 진실화해위원회를 비평했다.[13] 남아프리카공화국 백인 정권이 1948년부터 법률로 제정하기 시작한 아파르트헤이트는 백인과 유색인종을 분리하는 차별정책이다. 이 정책은 모든 사람을 백인, 흑인, 유색인, 인도인 등으로 나누어 인종별로 거주지를 분리하고 통혼을 금지하며 출입구도 따로 두어서 정치·사회·경제 전 분야에서 백인의 특권을 유지하고 강화하기 위한 것이었다.

보편적으로 구상된 이행기 정의는 서구 정치체제의 근본적인 토대인 자유에 기반을 둔 민주주의라는 제한된 개념으로 보는 경향이 있다. 단순히 '이행'을 '독재'체제로부터 벗어나는 것을 의미할 때, 적어도 자유민주주의의 책임이 보편적인 곳에서 인권 남용이 발생할 수 있는 환경을 서구 체제는 무시하고 있다.[14] 이런 경우는 정의를 매우 협소하게 받아들이고 법률적 영역으로 제한하는 경향에서 비롯된 것이다. 정의는 사회갈등이 불완전하게 남은 상태에서 학자나 전문가들이 평화와 민주주의를 부분적이고 단편적인 방법으로 결합하려는 시도에서 편향되게 다루어지기도 한다.

좀 더 비판적으로 서술하면, 이행기 정의를 현재에 적용하는 데 갈등을 해결하기보다는 서구식 민주화 표준이나 형태로 접근하는 경향을 들 수 있다. 또한 민주체제의 한계와 유형을 결정하면서 경제적 정의를 가볍게 여기는 것은 이를 광범위한 '이데올로기 전쟁 ideological battle'의 일부분으로만 이해하기 때문이다.[15] 이행기 정의는 주권과 국제적 개입을 기초로 하는 것은 말할 것도 없이, 인권과 정의의 개념을 논함에 있어서 보편성과 상대성을 야기한다. 이행기 정의는 각 나라의 역사적 배경과 정치적 구조에 따라 다양한 방식으로 이루어진다. 구체적인 모습은 당사자인 유족과 시민사회, 정치사회 간의 타협과 조정으로 진행될 수밖에 없다.

이행기 정의를 법의 문제에만 초점을 둔다면, 광범위한 사회·정치·경제적 맥락에서 이 과정을 이해하는 데 한계가 있을 수 있다.[16] 정책을 실행하면서 발생하는 논쟁 속에서 이행기 정의는 인권침해를 밝히는 다양한 층위에서 진행된다. 인권침해를 중단하고 구체제를 단죄하며 희생자의 명예회복과 배상, 진실위원회 조직, 공공 기능으로서 인권남용 정화, 가해 집행자와 책임자를 형사 처벌하는 과정은 법의 영역을 넘어선다. 가장 적극적인 이행기 정의는 인권침해를 야기한 글로벌 경제관계와 여기에 연루된 국제정치, 무력 개입의 구조 등을 고려해 의제로 설정하는 것이 바람직하다.

인종 간의 대량학살에는 경제관계가 매우 중요하게 작용한다. 그렇지만 정치 지도자들은 대량학살을 이야기할 때 마치 세계경제 문제와 전혀 상관이 없는 것처럼 말한다. 기회주의 정치가들은 경제적 불평등을 이용해 권력을 잡을 수 있었고 전쟁과 학살을 조장한다. 유고슬라비아의 '인종 청소'는 다수의 민족집단이 시장을 지배하는 소수민족의 집단을 공격한 사례다. 1980년 이후 IMF와 세계은행이 유고슬라비아에 개입한 후 신자유주의 구조조정으로 빚어진 사회·정치적 충격은 '인종 청소'의 결과로 나타난 문화와 인종, 종교 간의 갈등보다 훨씬 더 근본적인 원인을 제공한 것이었다. 세르비아와 보스니아헤르체고비나, 마케도니아, 코소보에서 노동자들이 민영화와 실업률 상승, 기업 파산, 해고로 길바닥에 나앉았다. 노동자들의 해고는 학살이 벌어지는 내전 기간에도 계속되었다. 유고에서는 인종집단 사이에 만연해 있는 경제적 불평등이 원인이 되어 집단 폭력이 일어났다.[17]

국제사회에서 진행된 이행기 정의의 한계와 이를 극복하기 위한 방안을 살펴보자. 우선 국내외적으로 평화를 추구하는 사람들이 정의의 관점에서 저개발과 전쟁으로 피폐해진 사회의 다층적인 부분을 회복하는, 이런 복잡성에 대응하고 인식하는 데 실패한 점을 들 수 있다. 통합적이고 대안적인 접근으로서 법률과 경정更正, 분배의 내적 연계성을 포함하는 이행기 정의를 개념화할 필요가 있다.[18] 법률적인 것은 법에 따른 통치를 회복하는 것이며, 경정은 개인들이 당했던 직접적인 인권 남용을 바로잡고, 분배는 정치적이고 경제적인 차별과 재원의 불평등한 결과로부터 구조적이고 체계적인 부정의에서 착안한 개념이다.

유고의 ICTY와 르완다의 ICTR, 캄보디아의 ECCC에서 보았듯이 개별 국가 차원이든 유엔과 주권국가 사이의 협력 차원이든, 이행기 정의의 성과와 한계는 국제적으로 평가되어야 한다. 현재의 국제관계는 지구화의 정치 과정 속에서 진행되고 있으며 이행기 정의 역시 예외가 아니다. 지구화가 사회와 국가의 개념에 미칠 영향은 지속적으로 증대하고 있으며, 현재 나타나고 있는 '탈민족적 정황 postnational constellation'은 인권에 관한 국제법과 글로벌 담론이 제한받거나 국가가 과거의 범죄에 대해 어떻게 대응하는지 의문에 직면하게끔 한다.[19]

국제적으로 정치 규범이 변화하고 있으며, 정의의 원칙 역시 개별 국가의 사법적·정치적 범위를 벗어나 새롭게 확립되고 있다. 이행기 정의의 지구화는 이것을 증진시키는 활동가들을 전문화하고, 이를 수행하는 국제기구나 다른 국가를 강제할 수 있는 글로벌 정황을 이끌어낼 때 더욱 효과적으로 실현할 수 있다. 그렇다고 해서 이 정의를 '완전히 규범적인 의미full normative sense'에서 강제할 수 있는 것은 아니다.[20] 제노사이드 범죄의 판단 과정에서 이미 보았듯이, 국제사회의 규범이 주권국가의 내정을 강제하는 데에는 한계가 있다. 이행기 정의는 일련의 정치 과정임에는 틀림없으나 국제정치의 행동양식으로 온전히 자리 잡은 것은 아니기 때문이다.

이러한 추세 속에 우리나라의 상황을 비추어보면, 인권에 관한 국제조약의 국내 이행 여부를 확립하는 것이 필요하다. 인권의 보편적 가치를 담은 '시민적·정치적 권리에 관한 국제협약'과 선택의정서 등에 대한 검토와 수용 여부를 적극적으로 논의해야 한다. 우리나라가 집단살해방지와 고문방지 협약, 비인도적 대우나 처벌 등을 방지하는 인권조약에 가입한 이상 이들 조약에 관한 국내 이행 여부를 보다 적극적으로 검토해야 할 것이다.

국가를 상대로 한 민간인 학살의 피해자와 고문조작과 같은 중대한 인권침해의 손해배상 소송 과정에서 국제인권조약 수용을 주장하는 사례가 늘고 있다. 이제는 사법부가 국제조약의 국내법 수용이나 헌법과 인권조약의 관계, 조약의 해석과 적용에 관한 원칙에 대해 일관된 논리를 정립해야 할 시점이다.[21] 사법부가 국제기준에 따라 확립하는 인권법제는 국회가 법률을 제정하고 정부가 공권력을 수행하는 데에도 확대·적용되어 우리나라가 인권공동체로서 일관된 법률 체계를 갖추는 데 매우 중요하게 작용할 것이다.

민주정부의 정치적 기회 구조와 타협

1987년 민주주의 이행과 함께 우리 사회에 가져온 큰 변화 중의 하나는 과거에 국가가 잘못한 것을 바로잡는 것이었다. 피해자와 시민사회를 중심으로 제기된 여러 문제가 해결의 실마리를 찾은 것은 1990년대 중반을 거치면서 거창사건의 명예회복 요구를 정부가 수용하기 시작하면서부터였다. 그 이후 제주4·3과 고문조작간첩, 각종 의문사건, 한국전쟁기 민간인 학살이 봇물처럼 쏟아졌다. 2000년 이후 의문사진상규명위원회를 거쳐 각종 의제를 포괄하는 과거청산이 진실화해위원회 설립과 활동으로 이어졌다.

많은 성과와 함께 한계를 남겼고 이행기 정의를 실현하는 구체적인 방안을 제시하기도 했던 진실화해위원회는 2005년 12월 1일 업무를 시작해 5년여 동안 사건 조사와 진실규명, 피해자 명예회복, 이에 관한 권고와 정부의 이행 상황을 지켜봐왔다. 진실화해위원회는 첫째, 국가가 공식적으로 과거 문제를 직시한 점과 둘째, 시민사회의 의견을 수용하는 밑으로부터의 기구 설립이라는 점 셋째, 내부 구성원의 반관반민半官半民 형태라는 점 넷째, 의회의 합의 아래 설립

된 것이라는 점에 의미가 있다.[22]

진실화해위원회는 민간인 학살사건부터 권위주의 통치 시기까지 발생한 의문사건을 중심으로 진실을 밝히려고 노력했다. 조사 대상에 포함되어 있는 일제 강점기의 독립운동과 해외동포사는 타협의 산물이었다. 2005년 5월 진실화해를 위한 과거사 정리 기본법(이하 기본법) 제정 당시 열린우리당 원내대표였던 천정배 의원은 훗날 입법 과정을 평가하면서 한나라당이 통합 법안의 약속을 파기한 것과 수정안을 비판하며, 정치체제와 정당 차원에서 이 법안을 제정하게 된 역사적 의의를 밝혔다.[23] 기본법 발의 단계에서는 조문에 있지 않았던 '대한민국의 정통성을 부정하거나 적대시하는 세력에 의한 사건(좌익 세력에 의한 사건)'과 독립운동, 해외동포사까지 기본법에 포함된 것은 한나라당의 요구를 여당이 받아들인 타협의 결과였다.[24]

민간인 학살과 의문사건을 시민사회가 직접 나서거나 학술연구 방식으로 규명하기에는 한계가 분명했다. 제도의 뒷받침으로 해결하려고 선택한 것이 입법 행위를 토대로 한 국가기관 형태의 조직을 설치하는 것이었다. 1998년 11월 4일부터 전국민족민주유가족협의회는 국회 앞에서 '민주화운동 관련자 명예회복 및 예우 등에 관한 특별법과 의문사 진상규명을 위한 특별법' 제정을 요구하는 농성을 시작한다. 이 농성은 해를 넘겨 422일 동안 이어졌고 이를 근간으로 국회는 관련 법률을 제정했다. 의문사진상규명위원회는 2000년 10월부터 두 차례에 걸쳐 활동했다.

의문사건의 진상규명이 시작하는 동안 2000년 9월 7일 '민간인 학살 진상규명 범국민위원회'가 창립되어 각종 사건을 공론화하고 입법 청원운동을 벌였다. 제2기 의문사진상규명위원회가 종료된

2004년 7월 이후 시민단체 진영은 '올바른 과거청산을 위한 범국민위원회'를 창립한다. 연대 조직에는 의문사 유가족과 민족민주열사추모연대, 민간인 학살 진상규명 범국민위원회가 중심이 되고 노동단체와 학술연구, 시민단체 1천여 개 조직이 참여했다. 의문사진상규명위원회에서 진실을 밝히지 못한 사건과 민간인 학살을 중심으로 조사 대상과 범위가 확대되었고, 단체들의 참여 또한 각 분야의 시민단체와 노동단체, 민중단체까지 결합한 형태였다.[25]

중요한 논점은 국가 폭력이 기반하고 있는 정치의 문제였다. 올바른 과거청산을 위한 범국민위원회는 국가의 인권침해가 반공체제에 기인한 것임을 밝히고 있다.[26]

반공체제를 유지한다는 명분하에 때로 공권력 남용과 불법 행위를 자행했고, 그 결과 수많은 의혹 사건과 의문의 죽음, 심지어는 죄 없는 민간인에 대한 학살까지 자행했으나, 이후에도 잘못을 반성하고 피해자들을 위로하기보다는 진상을 은폐하고 조작하고 왜곡하기까지 했다.

시민사회에서 위와 같은 선언을 하게 된 배경에는 군사정권이 민간인 학살 유족이 요구하는 사건의 진실규명 노력을 '북한'을 이롭게 하는 이적 행위로 여겼기 때문이고, 이와 유사한 인식이 계속되었기 때문이다. 학살의 가해자인 군인과 경찰을 지목하는 것은 국민들로 하여금 "군경을 원망하게" 만들고, 결국 "반공체제에 균열"을 가져올 것이라고 5·16 직후부터 군사정권은 예상했다.[27] 1960년 4·19 이후 피학살자 전국 유족들의 활동을 1961년 쿠데타 정권은 특수범죄처벌에 관한 특별법 제6조 '특수반국가 행위'를 적용해 가담자에게 실형을 선고한다. 쿠데타 재판부는 유족들이 '빨갱이' 유골을 발굴한 것은 국가보안법상 반국가단체인 북한을 이롭게 하는 행위라고 판시했다.

2000년대 초반 시민사회는 열린우리당과 연대가 이루어질 경우 과거청산이 제도화될 가능성이 높을 것으로 예상했다. 한나라당에 비해 민주 성향의 여당이 유족과 시민단체의 요구 사항을 의제화하고 정책으로 추진할 여지가 더 많은 것으로 여겨졌기 때문이다. 당사자나 시민사회의 의제를 적극적으로 받아들이는 '포섭국가inclusive state'에서는 새로운 운동과 사회, 민주주의에 대한 행위의 폭이 넓어지고 행위자들의 동원을 지지할 가능성 또한 높아진다.[28] 정부 여당이 구체적으로 채택하는 정책들은 선거에서 승리에 대한 압박과 함께 지배적인 사회 세력으로부터 가해지는 다양한 집단들의 요구를 수용하게끔 한다.

사회운동이 '정치적 기회 구조political opportunity structure'의 영향을 받는 정도는 제도화 수준과 요구에 비례한다. 1990년대 말부터 과거청산이 가능해진 조건은 피해자들의 의미 있는 행위가 오랜 기간 축적된 결과이자 정치적 기회 구조와 맞아떨어졌기 때문이다. 입법이라는 제도적인 절차를 거쳐 시민사회의 의제를 관철시킬 수 있었던 것은 이 운동이 갖는 기회 구조의 환경이 시간에 따라 변해온 것을 반영한 결과다. 정치적 기회 구조 측면에서 과거청산운동이 제도화된 것은 정치사회의 민주정부 이행이 유족들의 노력 못지않게 결정적인 계기였다.

민주주의 이행이 이와 같은 기회 구조를 가능하게 한 것은 관련

구성원들의 의도적인 행위와는 독립된 운동의 발전을 결정짓는 정치 체제의 측면에 있다. 정치적 기회 구조는 구성원들이 통제하지 않는 요소들에 영향을 받고, 그들이 의도하는 행위들의 축적된 결과에 영향을 받으면서 시간이 지남에 따라 변해간다. 행위자들은 그들 자신이 사회운동에 참여할 때 이와 같은 변화를 예측할 수는 없다.[29]

사회운동이 제도화되는 정치 구조는 직접민주주의의 절차를 보장하는 정도와 관련 있는데, 시민사회에 부과되는 진상규명에 대한 하중이 국가의 정책 전환과 실행을 이끌어낸다. 국가의 행위와 자율성이라고 하는 측면에서, 민주주의가 제도적으로 정착된 국가는 개혁을 추구하는 도전자 관점에서 집합 행동을 동원하는 데 더욱 우호적이다. 이는 절차적인 측면에서 행위자들의 참여에 새로운 통로를 열어주고 이들의 행동이 사회적으로 합법이라는 것을 인식하게 해주기 때문이다.[30] 운동의 합법적인 인식은 실질적인 성공이나 제도화에 대한 정책의 변화와 연계되어 있으며, 이는 시민사회의 운동이 이전과는 다르게 정치사회화한다는 의미다.

피해자 개인의 행위에서 형성되는 사회적 맥락의 상호관계는 역사적인 순간에 이르러 또 다른 기회 구조의 배열로 나타난다. 행위자의 지향점은 일반적인 규범을 실현하는 가장 효율적이고 선택 가능한 경로로서 채택된 것은 아니다. 이러한 지향점은 오히려 환경의 조건뿐만 아니라 규범 자체의 이상적인 내용에 의해서 만들어지는 경향이 있다.

시민사회의 요구를 정치사회에서 수용한 결과, 제도화 차원에서 이루어진 이행기 정의의 특징은 세 가지로 볼 수 있다. 첫째, 독재와 권위주의 시대의 중대한 인권침해와 식민지 잔재 청산이라고 하는 역사적 과제의 결합이다. 정부 수립 이후 반공정권하에서 청산하지 못한 일제 강점기의 잔재는 이행기 정의와 맞물려 과거청산으로 진행되었다. 둘째, 과거청산은 시민사회와 유족, 국회 그리고 정부 사이의 타협과 제도화 과정을 통해 이루어졌다. 사회운동 차원에서 시작한 과거청산은 국회의 입법 과정을 거쳐 정부의 국가기구 형태로 실행되었다. 셋째, 과거청산은 한반도의 분단이라고 하는 특수한 상황과 연관되어 있다. 이것은 국가의 중대한 인권침해가 북한이라고 하는 상대방을 체제 내부로 끌어들여 민주주의를 탄압하고 반공정권을 유지하는 데 정치적으로 도구화된 의미를 가리킨다.

우리나라의 자유민주주의는 반공주의와 양립해 허약한 모습을 취하고 있다. 민주주의는 개인이 공공영역에 참여해 주권을 행사하는 것으로, 이행기 정의는 피학살 유족과 인권침해 피해자들이 받아왔던 기본적 권리와 자유를 확대시키고 이것을 제도적으로 보장함으로써 민주주의를 심화하는 데 기여한다. 이런 현상을 '이데올로기 민주화ideology democratization'라고 할 수 있다.[31] 전쟁과 분단, 반공의 틀에서 발생한 민간인 학살과 고문조작간첩 등 중대한 인권침해에 대한 과거청산은 결국 '냉전'과 반공에 사로잡힌 자유민주주의를 넘어서는 일이다. 피해자들은 진실규명 과정에서 권력의 실체를 깨닫기 시작하고 권위주의와 분단반공정권에 대한 저항과 이데올로기 지배를 거부해 나간다. 이 양식은 반공이데올로기의 민주화라고 하는 급진성으로 표현할 수 있다.

요약하면 과거청산이 가져다준 최고의 교훈은 피해자들의 정치적·시민적 참여로 강해진 시민사회가 민주주의를 강하게 만든다는 점이다.[32] 오직 민주적인 국가만이 민주주의 시민사회를 만들고 민주적 시민사회만이 민주국가를 유지할 수 있듯이,[33] 오직 민주주의 국가만이 진실과 정의를 보장할 수 있고 진실과 정의만이 민주주의 국가를 유지할 수 있다. 이행기 정의는 민주주의를 확립하는 수단이다. 과거를 비판적으로 재평가하는 과정은 그것 자체를 상징적으로 다루고, 사회정의와 정체성을 재수립하는 순간에 실현할 수 있다.[34]

정치적 기회 구조 측면에서 고문조작간첩과 의문사건, 민간인 학살의 진상규명은 제도권 정치와 타협을 요구했다는 점에서 반체제 성격을 띠지 않는다. 독재와 권위주의 정권이 내세운 '간첩조작과 빨갱이'는 북한이라는 상대를 남한 내부에 끌어들여 공동체 구성원을 정권의 반대자로 탄압한 지배 전략이다. 민간인 학살과 인권침해 사건의 본질적인 과거청산은 분단체제에 대한 문제제기이자 권위주의 정권을 해체하는 것으로서, 분단 정체성을 극복하기 위한 급진적·제도적 과정이라고 할 수 있다.

제 1 4 장

정부기관의 개혁과 유해 발굴

기관 제도 개혁의 실패

국제사회에서 대량학살의 가장 비극적인 전망은 프레가 남긴 말이다. 오늘날의 세계를 향해 그는 유대인 학살을 비유하면서 "최종 해결책은 일상적인 해결책이 되었다"라고 선언한다. 리프턴과 마르쿠젠이 엘리 비젤Elie Wiesel을 인용하듯이, "옛날에 우리에게 일어났던 일들이 이제 모든 사람들에게 일어나고 있다. 그리고 갑자기 나는 나 자신에게 말했다. 아마도 전 세계가 유대인이 되었나 보다고. 이제 모든 사람들이 미지의 것에 직면해 살고 있다."[1] 아르메니아인에게 일어났던 일이 유대인에게 일어났고 유대인에 일어난 일이 보스니아와 캄보디아, 르완다에서 일어났다. 한반도에서도 일어났다.

국가가 저지른 범죄의 진실을 규명하는 것은 옛일을 되풀이하지 않기 위해 권력과 정치의 미래에 대한 설계도를 그리는 것이다. 남아프리카공화국 진실화해위원회는 인간의 기본권을 확인하고 보장해 주는 주권에 대한 주권자의 자기 실현과 인권 사회의 정체성 강화, 사회 재건, 구성원들의 통합을 위한 역사의 징검다리 역할을 자처한다.2 책임을 확정하고 민주주의를 실현하는 방안을 모색하는 것에는 경험적이거나 논리적인 제약이 없다. 이 과정은 정치적일 뿐만 아니라 직접적인 정책의 전환과 구제 조치를 필요로 하는 국가의 책임을 의무화한다.

유엔인권고등판무관실은 '포스트 갈등상태에 관한 법치 수단'의 운영체계를 마련한다. 민주주의 제도의 정비로서 공공기관을 개혁하는 것은 권위주의와 갈등으로부터 민주주의와 평화로 이행하려는 국가에서 핵심이 된다. 권위주의 체제에 종사했고 갈등을 지속한 공공기관은 민주주의 이행 과정에서 법치의 영역과 평화를 유지하는 방향으로 전환하는 것이 필요하다. 공정하고 효과적인 제도를 만드는 데 있어 기관을 개혁하는 것은 두 가지 일반 원칙에서 이행기 정의를 제공한다.3 첫째, 공공기관은 미래의 잔혹 행위를 방지하는 중요한 역할을 한다. 광범위한 인권침해 기간을 살펴보면, 이것의 재발을 방지하는 것은 합법적이며 효과적인 이행기 정의의 전략을 중심 목표로 삼게 한다. 둘째, 제도 개혁은 안보와 사법 분야에서 공공기관이 과거에 권력을 남용한 데 따른 형사 책임을 물을 수 있게 함으로써 이행기 정의에 기여한다.

책임의 가장 중요한 부분으로서 군대와 경찰, 정보수사기관의 인사 개혁은 제도 개혁에 대한 포괄적인 접근 방법의 효율성과 지속성을 보장하기 위한 방편으로 이루어지는 것이 바람직하다. 이것은 이행기 정의의 지속적인 개혁 과정에서 가장 중요한 과정이다. 공공기관은 직접적이며 안정적으로 인권을 보호할 책임이 있고, 이 책임은 소속 기관 직원의 행위로 실현할 수 있다. 정기적인 인권 교육과 공무 수행에 대한 평가가 이루어지고 과거의 권력 남용을 바로잡는 내부 점검 과정이 항상 있어야 한다.

광범위하고 조직적이었던 인권침해와 권한을 남용한 결과는 권위주의 정권 이후 논쟁의 대상이 된다. 인사 개혁 프로그램을 수립하기 위한 조치는 첫째, 해당 기관과 직원들의 현재 상태에서 개혁이 필요한 직원을 파악하기 위한 사회적 맥락으로서만 평가한다. 둘째, 평가에 근거해 인사 개혁을 위한 조직의 표준(표본)과 직원 수, 직위, 작업 조건, 청렴성의 기준을 결정한다. 셋째, 이 같은 표준과 기준이 수립되면 개혁 과정을 구체적으로 설계한다.[4]

구체적인 인사 개혁 프로그램은 공공의 요구를 평가하고 기관의 인사제도를 검토하며, 대체 인력 풀pool을 고려해 개혁을 위한 정치적 의지를 분석하는 것이어야 한다. 효과적이고 지속적인 제도 개혁을 위해 기관은 징계 절차를 수립하고 윤리 지침을 마련하며 권력 남용 행위를 제한하는 제도를 수립한다. 공공 부문 전체의 기능을 재검토해 권력 기관의 권한과 업무를 재조정하고, 각 기관의 고유한 업무 범위 내에서 공권력을 사용할 수 있도록 조정하는 것 또한 내용에 포함되어야 한다.

우리나라의 진실화해위원회에서 추구한 이행기 정의는 진실규명과 화해를 바탕으로 한다. 과거청산의 원칙에서 보면 책임자 처벌과 명예회복, 피해자 배상과 기념은 일련의 통합적 관점에 속해 있다. 기본법에 따른 포괄적 과거청산으로서 진실화해위원회는 국민통합 노선을 추구했다.[5] 기본법은 가해자 처벌과 피해자 배상을 제외함으로써 결국 타협적인 방향에서 진행된 과거청산 작업이었다.[6] 사회 갈등을 해소하고 화해 조치를 마련하지 못한 것 또한 기본법의 한계다. 진실화해위원회는 특별위원회로서 화해위원회를 구성했지만 구체적인 대책을 수립하지 못했다. 그 이유는 화해의 대상이나 방법에 있어서 '가해자-피해자' 관계를 가해에 대한 국가 책임의 추상성만큼이나 구체화할 수 없었던 한계에 있었기 때문이다.

'누구와 화해하고 무엇을 화해할 것인가'라는 관점에서 보면 국가라는 사회제도의 한 형태는 너무나 추상적이다. 흔히 가해자라고 명명하지만, 화해의 상대로서 간과할 수 없는 것은 비인격적인 근대 국가와 이데올로기에 경도된 엘리트, 일반 국민이 가해자에 해당하는 경우다.[7] 화해는 그 대상인 '피해자-가해자' 등식의 불균형을 보여준다. 여기서 논란이 되는 부분이 살해를 수행한 가해자의 불처벌 impunity이다.[8]

진실화해위원회는 불처벌 문제를 협소하게 간주해 명령·지휘권자의 형사처벌에 초점을 두었기 때문에 책임자 처벌이라고 하는 과거청산 원칙이 제도화 과정에서 빠졌고, 결국은 화해의 대상이 국가라고 하는 추상화된 권력을 상징하게 되었다. 진실화해위원회는 중대한 인권침해의 책임을 국가라고 하는 일반화된 주권(또는 기관)에 있다고 명시함으로써 '국가의 책임'을 물은 것은 현실적이었다. 그렇지만 가해자와 그 기관의 최종 결정권자에 대한 책임까지는 묻지 않았다. 책임자는 관료체계 내에서 명령을 내리고 가해자는 그 명령을 수행함에도 불구하고, 진실화해위원회는 인권침해의 내적 과정을 개혁하는 데 필요한 기관의 책임 소재를 소홀히 다룬 측면이 있었다.

진실화해위원회 활동에서 쟁점이 되었던 부분은 각 기관을 조사할 때 그 권한에 대한 효력과 범위였다. 기본법이 법 규범으로서 효력을 제대로 발휘하기에는 한계가 있었다. 기본법에서 명시한 조사 권한에 대한 해석과 적용, 행사 방법은 종종 다른 정부기관에 대한 자료 제출 요구 과정에서 논란을 빚었다. 국정원과 기무사, 검찰, 경찰 정보수사기관은 기본법상의 법 효력에 대하여 끊임없이 문제를 제기하며 그 권한을 축소시켜 적용하길 원했다. 이것은 기본법에서 추구하고 있는 진실화해위원회의 설립 목적인 "민족의 정통성"과 "과거와의 화해", "국민통합"이라고 하는 가치와 정의의 관점에서 법조문을 적극적으로 해석하지 않고, 기존 법체계 내에서 소극적이며 규범적으로 해석하려고 했기 때문이다.

자료 제출에 관한 국가기관과의 협의에서 조사 권한에 대한 법 효력은 결국 정부의 정치적 신념과 사회적 현실 그리고 실증법적 구속력이라고 하는 상호 관련성 속에서 실행될 수밖에 없다. 기본법이 규범적 측면에서 법의 효력을 의미하는 법적 타당성은 확보한 것으로 볼 수 있으나, 사실적 측면에서 법의 효력을 의미하는 법 실효성은 상대적으로 미미했다.[9] 각 기관은 나름대로 조직의 독립성과 업무의 자율성을 갖는 법적인 연속성이 보장된 상태이고, 기본법에 근거한 진실화해위원회는 체계화되어 있는 기존의 법질서 내에서 등장했기 때문이다. 실효성을 담보하지 못한 또 다른 원인은 과거청산 문제를 입법 제정에 고정시킨 데 있다. 입법은 이행기 정의의 출발점이었는데, 이후 기본법의 실효성을 담보하기 위한 중장기 대책을 진실화해위원회는 적절하게 마련하지 못했다.

앞서 살펴본 이행기 정의는 정치사회의 제도적 환경 변화와 피해자의 정체성 복원, 분단반공정권을 해체하는 긍정적 요소를 갖는다.

이는 자유주의를 확장하면서 사회의 민주주의를 추구해가는 방식으로 재구성된다. 이데올로기 민주화가 사회 변화에 미치는 영향은 피해자의 경우처럼 즉각 드러나는 현상도 있지만, 정치적·제도적 효과는 시간 지체time lag를 두고 나타날 것이다. 이런 현상은 과거청산의 장기적 결과 또는 성과로서 재평가할 수 있다. 우리 사회에서 진행 중인 이행기 정의는 앞선 국제적 흐름과는 구별되는 민족의 분단 현실과 전쟁의 영향을 고스란히 담고 있는 특수한 양식을 보여준다.

인권침해 예방과 권고의 한계

국가의 잘못을 바로잡는 데 필요한 권고는 제도 개선의 첫걸음이다. 인권을 침해한 정부기관을 개혁하기 위한 권고는 잘못된 공권력 행사를 구조적으로 예방하기 위한 구체적인 사안을 다룬다. 정부가 공권력을 행사해서 저지르는 범죄는 이를 가능하게 한 제도와 규범을 개혁하고 가해자와 책임자를 처벌하는 방향으로 나아갈 때 다시금 되풀이되지 않게 된다. 진실화해위원회에서 개별 사건의 보고서마다 권고 사항을 제시한 것은 여론을 움직여 각 부처에서 제도 개선을 하도록 압박하기 위해서였다.[10] 강제 조항이 없는 상태에서 그나마 할 수 있는 명분은 보고서에 공식 기록으로 남기는 것이다.

진실화해위원회가 국정원과 검찰, 국방부, 기무사 등에 제도적 개혁을 위한 조치 사항으로 권고를 한 것은 강제성이 없는 규정이다. 해당 기관에서 권고를 받아들이지 않으면 무용지물이 되는 것이 권고의 법적 실효성이다.[11] 아무리 훌륭한 권고 사항이라도 기관은 자신들의 이해관계에 따라 부처의 권한을 견제받거나 분점하려는 제도를 시행하려고 하지 않는다. 그럼에도 진실화해위원회는 진실규명 결정(또는 불능) 사건이 재발하지 않도록 여러 가지 조치 사항을 정부 측에 지속적으로 요청했다.

진실화해위원회는 기본법에 따라 정책 권고와 사건별 권고 조치를 한데 모아 종합보고서에 명시했다.[12] 정책 권고는 민간인 집단 희생사건 피해자의 배·보상 특별법 제정, 유해 발굴과 안장, 연구재단 설립이었다. 분야별 17개 항목의 종합 권고는 피해자 명예회복과 구제, 재발 방지를 위한 국가의 조치, 법령과 정책 관행의 시정 및 개폐, 가해자에 대한 법적·정치적 화해 조치, 국민 화해와 민주 발전을 위한 조치에 해당하는 세부 사항이다.

연례 상·하반기 조사보고서에서 진실화해위원회는 정보수사기관이 피해자 조사 과정에서 자행한 가혹 행위와 인권유린을 예방하도록 지속적으로 권고했다. 학살에 대해서도 군경이 민간인을 불법으로 구금, 살해하지 못하도록 잘못된 제도를 정비할 것을 요구했다.[13] 제도 개혁에 따른 과거청산은 정치권력을 획득하거나 정치세력화하는 집단이 없다 하더라도 사회 변혁에 미치는 영향력이 누적되어 나타나는 경향이 있다. 국가의 제도를 개선하는 권고 사항은 이 같은 사회 변화의 첫 단계이고, 법치를 확립하는 제도 개혁의 기초는 민주주의를 보호하고 지키는 일차적인 조건이다. 이런 뜻에서 권고 사항은 단순한 이행을 넘어 현재의 갈등상태를 해결하고 사회 통합을 이루는 근본적인 지침이라고 할 수 있다.

진실화해위원회는 피해자들이 신청한 1만 860건을 포함해 직권조사 15건과 분리·병합한 사건 등 총 1만 1,175건을 처리했다. 이 중 진실규명은 8,450건(75.6퍼센트)이며 불능은 528건(4.7퍼센트), 각하는 1,729건(15.8퍼센트)이었다.[14] 진실화해위원회는 개별 사건의 진실규명 결정과 불능을 의결하면서 국가의 사과와 법령 정비, 역사 기록 반영, 인권 평화 교육 등을 권고 항목으로 제시했다. 주요 권고 사항과 정부 각 기관의 이행 현황은 다음과 같다.

기관별 · 유형별 권고 및 이행 현황

(단위: 건)

기관 / 권고사항 ＼ 이행여부	국정원 권고/이행	국방부 권고/이행	경찰청 권고/이행	행안부 권고/이행	법무부 권고/이행	그 외 권고/이행	계 권고/이행	계 이행률(퍼센트)
국가사과	19/3	108/43	103/51	1/0	6/1	3/0	240/98	40.8
평화인권교육	-	76/76	78/78	56/55	-	-	210/209	99.5
역사기록정정	-	65/17	62/42	60/55	-	1/1	188/115	59.5
위령사업지원	-	77/51	72/49	37/10	-	1/1	187/111	59.3
재심사건지원	10/10	14/14	17/17	-	3/3	-	44/44	100
가족관계등록부정정	-	74/29	71/24	60/41	-	-	205/94	45.8
기타	5/2	86/20	30/13	1/0	5/1	3/0	74/48	64.9
계	34/15	500/250	433/274	215/161	14/5	8/2	1,204/707	58.7
이행율	44.1	50.0	63.2	74.8	35.7	25.0	58.7	

＊ 2012년 12월 말 기준으로 개별 권고 사항에 대한 정부의 이행 현황이다.

개별 권고 사항 중 가장 많은 것은 유족들이 중요하게 여기는 국가의 사과 항목이다. 인권침해를 일삼은 정부가 분명한 사과의 입장을 밝히는 것은 다시는 그런 행위를 되풀이하지 않겠다는 의지를 국내외에 표명하는 뜻을 담고 있다. 진실화해위원회 권고에 대해 각 기관은 주로 위령제에서 피해 유가족에게 사과하는 형식을 취했다. 대표적으로 2008년 1월 24일, 울산 국민보도연맹 사건 진실규명 이후 열린 추모식에서 노무현 대통령은 국가의 잘못을 포괄적으로 사과하는 영상 메시지를 보냈다.[15] 대통령의 사과는 곧 국가가 저지른 범죄를 '시인'하는 것임과 동시에 도덕적·정치적으로 뉘우치는 '사죄'의 표현이다. 최고 정치지도자의 사과는 피해자의 정체성을 회복하고 그들을 공동체 구성원으로 인정하는 시민 통합의 전제 조건을 의미하는 것으로 평가할 수 있다.[16]

다음으로 주요한 권고는 사건을 역사 기록에 반영하고 기관 종사자들을 교육하는 것이다. 군과 경찰 등 정부기관에서 공식으로 발행하는 책자에 사건의 진실규명 결과를 수록하는 것은 인권침해를 예방하는 기초가 된다. 평화인권 교육은 해당 기관에서 비교적 쉽게 이행하고 있는 항목이다. 국방부와 경찰, 행정안전부의 이 권고 사항 이행률은 평균 이행률과 다른 권고 사항 이행에 비해 월등히 높은 편이다. 하지만 2008년에 불거진 이명박 정부 국무총리실의 민간인 사찰과 2010년 국정원 직원의 방송사 사찰, 양천경찰서 경찰관의 피의자 고문, 2013년 박근혜 정부의 서울시 공무원에 대한 국정원의 간첩조작사건은 이 권고가 아무런 실효성이 없음을 보여준다. 정보수사기관의 이런 행태를 볼 때, 권고는 이것이 의도한 실제 효과를 전혀 가져오지 못했다. 진실화해위원회가 활동을 종료한 이후 벌어진 인권침해 사건들은 국가기관이 스스로 개혁하는 데에 한계가 있음을 드러낸 것이다.

사건을 긍정적으로 상징하는 가장 좋은 방법은 교과서와 같은 출판물에 새롭게 밝혀진 사실을 서술하는 것이다.[17] 교과서와 공동체 프로그램, 과제 수행, 어른과 어린이를 위한 전시회, 연구와 같은 교육은 공공영역에서 그동안 외면당한 진실을 반영해야 한다. 정부의 공식 문서와 각 기관이 발행하는 기관지에 위법한 공권력 행사로 학살당하고 인권을 침해당한 사건을 시민들이 알도록 하는 것이 민주 시민교육에서 절실하다. 무엇보다 역사의 기억 차원에서 국가 수준의 초중고 교육과정에 각 단계별로 교수 내용을 수립하는 것이 필요하다.[18]

정보수사기관이 권한을 행사할 때 적절한 내부 감시와 국회, 시민사회의 통제를 받지 않을 경우 방대한 인권침해로 이어질 수 있다. 이를 뒷받침하는 관련 법령과 규정의 제정, 개정은 지난한 작업인데 진실화해위원회 권고의 실효성은 이 부분에서 보다 분명한 제약을 보여준다. 비록 권고 건은 얼마 되지 않지만 이행기 정의의 후속 조치로서 가장 보편적이고 중요한 사항이 법과 제도 등 관련 규정을 개선하는 것이다. 정부와 개별 정보수사기관이 개혁 조치들을 취하지 않았기 때문에 결국 2012년 대통령 선거에까지 그들이 개입할 수 있었다.

진실화해위원회가 활동을 마감한 2010년 이후 시민사회는 관련 단체를 중심으로 과거청산을 지속하고 있다. 유족을 중심으로 하는 재단 설립과 피해자 구제 조치가 진행 중이다. 인혁당 사건이 법원의 재심 판결에서 무죄가 선고된 이후 유족들은 손해배상으로 받은 금액의 일부를 기금으로 조성해 '4·9통일평화재단'을 만들었다. 고문 피해자들이 결성한 '진실의힘'은 고문피해자뿐만 아니라 인권을 침해받은 당사자의 재활을 다양한 방식으로 지원하고 있다.

민간인 학살과 관련해서는 고양 금정굴 부역혐의자 사건 유족들이 '금정굴인권평화재단'을 만들어 피해자의 지위에서 벗어나 보편적인 인권, 평화운동으로 자신들의 정체성을 확대하고 있다. 이들 법인은 피해자 지원과 학술문화 활동, 인권사업을 펼치고 또한 시민단체와 함께 민간인 학살 유해 발굴에도 앞장서고 있다. 지금도 진행 중인 이 사업은 2014년 진주 명석면과 2015년 대전시 낭월동, 2016년 홍성에서 유해를 발굴했다. 2017년 2월에는 진주 명석면 용산고개의 또 다른 학살 현장에서 유해와 유품을 파냈다.

포괄적 과거청산을 지향한 진실화해위원회가 학살사건을 포함해 미진하게 처리한 몇 가지 사안을 검토해보자. 첫째, 역사적·정치적으로 중요한 사건을 조사해 보고서를 작성하지 못한 것에 소홀함이 있었다. 진실화해위원회 직권조사는 이를 염두에 둔 조치였으나, 국민보도연맹 사건을 제외한다면 정치적 쟁점이 되었던 사건을 체계적으로 청산하지 못했다.[19] 개별 사건 조사보고서의 경우 신청인 중심의 피해 확인과 희생 사실 규명이 우선이었고, 납북 어부나 간첩 조작 등 확정판결 사건은 재심사유를 조사하는 데 초점을 두었다. 이처럼 신청 건 중심으로 사건을 처리한 것은 시대별·유형별 사건을 종합적으로 다루는 것을 실패하게 했다. 구조적이며 정치적인 배경을 파악하고 정권의 통치 전략을 밝힐 수 있는 역사적 맥락은 놓쳐버렸다.

제대로 된 정책이 없었던 두 번째 사안은 의문사진상규명위원회에서 '불능'으로 결정한 사건을 제대로 규명하지 못한 데 있다. 의문사건은 사망의 원인과 가해자를 밝히는 데 크나큰 어려움이 있었다. 앞선 두 차례(2001~2002, 2003~2004) 조사에서 진실을 규명하지 못한 채 불능으로 처리된 사건의 조사는 더욱 난해한 문제였다. 이 같은 부담은 진실화해위원회가 의문사건을 진실규명하는 과정에서 정치적·역사적 한계를 여실히 드러내는 계기가 되었다. 전국민족민주유가족협의회를 중심으로 한 희생자 친족들은 2009년 10월 진실화해위원회에서 점거 농성까지 벌이면서 조사를 촉구했으나, 조사의 한계를 절감한 신청인들이 결국 사건을 취하하기에 이르렀다.

다음 세 번째는 진실규명 수준으로 볼 때, 민간인 학살과 의문사건을 동일한 기준으로 처리한 것은 진실화해위원회가 사건을 판단하는 기준이 모호했기 때문이다. 의문사건과 집단희생사건은 중대한 인권침해로서 포괄적 과거청산 대상이지만 그 성격에는 차이가 있다.[20] 진실화해위원회는 인권침해와 집단희생을 정량적으로 동일하게 다루었으나, 민간인 학살은 개별 신청인 한 건이 의문사건 한 건과는 다르게 집단적인 동일 유형, 동일 사건인 경우가 대부분이었다.

기본법 체계 내에서 개별 사건의 처리가 동등하게 정해져 있더라도 시행령과 조사 규칙에서 부서의 조직과 조사 방법, 진실규명 요건, 사건 분류 등을 유연하게 정하는 것이 바람직했다. 약간의 융통성은 있었으나 기본적으로 법 규정상의 진실규명 결정 기준은 동일할 수밖에 없었다. 또한 진실을 규명하지 못한 '불능' 사건 1천여 건은 타 기관 이송이나 별도 대책을 마련하지 못했다. 피해 규모에 비해 신청인이 턱없이 적었던 민간인 학살과 월북·간첩조작 사건 등 미신청 건 역시 미제 사건으로 남아 있다.

네 번째 사안은 피해 사실을 인지하고도 처리하지 못한 사건이다. 진실화해위원회는 용역사업으로 19개 시군구에 피해자 현황조사 (2007~2009)를 실시해 10만 4,334명의 피해자를 파악했다. 이외에도 지방자치단체의 협조로 98개 시군구에서 기초사실조사(2008~2009) 를 실시해 개인별 사건 조사표 약 1만 5,434장을 작성했다. 기본법에 해당하는 광범위한 피해 실태를 파악했으나 그 규모는 정확하게 추산할 수 없었고, 일부 신청 건과 연관된 사건을 제외하고는 별도로 조사하지 못했다.

앞서 제시한 네 가지 사안을 중심으로 향후 진실규명을 위한 제도 방안을 보완하는 작업이 필요하다. 배·보상에 대해서는 이미 언급했지만, 경제적 문제를 좀 더 장기적인 관점에서 바라봐야 할 필요가 있다. 이전에 진실화해위원회와 정부에서 이 문제를 소홀히 다룬 것은 국가 재정의 현실적 문제도 작용했다. 예를 들면 2004년 3월 2일 제16대 국회는 보상금과 생활·의료지원금을 지급할 수 있게 한 「거창사건 등 관련자의 명예회복에 관한 특별조치법 개정 법률안」을 심의·의결한다. 하지만 정부는 국가 재정상의 어려움을 들어 거부권을 행사했다. 정부는 이 법이 공포되면 최대 2천억 원이 필요하고 국회에서 한국전쟁을 전후한 희생자 진상규명 특별법과 유사한 법들이 다시 입법되면, 보상으로 최대 25조 원이 소요될 것으로 예상했다.[21]

2016년 5월 개원한 제20대 국회에서 그해 9월 거창사건 관련자에 대한 배상 법률안이 발의되었는데, 이 법안에는 사망자와 유족에 대한 배상금과 의료지원금을 지급하는 내용을 담고 있다. 2018년에는 제주4·3사건 70주년을 맞아 피해자와 그 유족에게 배·보상을 할 수 있는 법률 개정안이 발의를 준비 중이다. 이와 별개로 2007년부터 민간인 학살 유족들은 개별로 정부를 상대로 손해 배·보상 소송을 진행해왔는데, 대법원은 국회와 정부를 향해 손해배상에 관한 특별법을 제정해 일관되고 통합적인 배·보상 체계를 갖추라고 권고했다. 2013년 5월 대법원은 민간인 학살 피해 유족들이 국가를 상대로 제기한 손해배상 소송에서 피해자 개개인의 엄밀한 사실관계를 요구했다. 이 판결에서 소수의견을 제시한 김신 대법관은 기본법상의 의무 규정과 진실화해위원회가 건의한 손해배상에 관한 일괄적인 해결 방안의 하나로서 국회와 정부가 통합 특별법 제정에 나설 것을 촉구했다.[22] 국회와 정부, 유족과 시민사회가 협력해서 일관된 법률 체계를 갖추고 통합적인 배·보상 정책을 하루속히 풀어가야 할 것이다.

끝으로 국가기록원이 보유하고 있는 자료를 전면적으로 공개해서 활용하는 것은 과거청산의 또 다른 진척을 의미한다. 진실화해위원회에서 생산하거나 각 기관으로부터 수집한 기록물을 공개해 연구하는 것은 이행기 정의의 사회화라고 할 수 있다. 2011년 6월 국가기록원은 진실화해위원회가 업무를 수행하면서 생산한 기록물을 이관해 영구 보존하기 시작했다. 이관이 완료되어 분류된 기록물은 진실화해위원회가 2005년 12월 1일 발족한 뒤 2011년 3월까지 활동하면서 남긴 1만 1,175건의 사건 기록이다.

이와 같은 방대한 자료는 1945년 해방 후 좌우 대립으로 빚어진 사건과 한국전쟁기 민간인 학살, 각종 시국사건, 의문사, 1980년 언론사 통폐합 등 인권침해로 얼룩진 현대사가 고스란히 담겨 있다. 진실화해위원회가 생산한 기록물을 종류별로 살펴보면 종이 문서 1만 8,129권, 전자 문서 3,247권, 간행물 4,523권, 시청각 기록 2,164건

등이다. 국가기록원은 이 가운데 6,770권은 모두 공개하고 1,439권은 부분 공개하기로 했으며 개인정보 보호를 위해 1만 6,682권은 당분간 비공개하기로 결정했다.

진실규명에 근거한 자료들은 인권침해 과정을 고스란히 보여주고 있는데, 피해자들이 진술한 내용은 진실을 말하고 신뢰를 회복하는 과정이기도 하다. 박명림은 이런 자료를 갖고 다양한 조사와 연구가 진행되면 변화된 국가의 역할과 우리 스스로 역사를 수정할 수 있는 수준에 이르게 될 것으로 전망한다.[23] 국가기록원에서 소장하고 있는 피해자들의 방대한 진술과 가해자들의 증언, 공권력 집행 기관의 불법적 제도 운영에 관한 상세한 자료들이 전면적으로 공개되어야 할 것이다. 이것은 과오를 반성하고 기록하는 점에서 각 기관의 민주적 법 집행이 훨씬 효과적으로 실천될 수 있게끔 유도할 것이다. 이 뿐만 아니라 시민 교육과 추모, 의례, 상징이 일상화되면 학문과 운동의 수준에서 이행기 정의의 지속성을 담보할 수 있을 것이다.

학살 현장과 유해 발굴 장소

유해 발굴 장소는 학살이 일어난 현장으로서 갖는 의미가 크다. 진실화해위원회는 유해 발굴을 민간인 학살사건을 조사하는 방안의 하나로 시작했다. 기본법 조문에는 유해 발굴에 대한 명시적인 규정이 없기 때문에 제23조(진실규명 조사 방법) ③항의 '실지조사'를 폭넓게 해석해서 사건 현장의 유해를 발굴할 수 있게 적용했다. 진실화해위원회 조사 권한은 "사건의 원인이 된 사실이 발생한 장소 그 밖의 필요한 장소에서 관련 자료나 물건 또는 기관·시설 및 단체에 대하여 실지조사"를 할 수 있었다. 현장을 조사하는 것은 사건을 확인하는 절차 중의 하나이고 유해는 가장 명확한 증거물이기 때문에 유해 발굴은 실지조사에 포함되는 조사 방법이라고 할 수 있었다.

2005년 이전 이미 유해가 발굴된 장소를 포함해 유족들의 신청 사실을 중심으로 기초사실조사를 실시했고, 154곳에 이르는 유해 매장지 추정 현장을 진실화해위원회는 찾아냈다.[24] 그중 대규모 현장이 보존된 일부 장소에서 3년에 걸쳐 여러 차례 유해와 각종 유품을 발굴했다.[25] 조사 차원에서 비롯된 유해 발굴은 현재에도 시급한 과제로 남아 있다. 진실화해위원회 업무가 종료된 2010년 이후 유가족과 시민단체가 수차례 유해를 발굴했다. 유해 발굴은 사건을 밝히고 현장을 확인하는 매우 중요한 의의를 가지고 있음에도, 그 과정과 결과는 대단히 잘못된 방식으로 진행된 진실규명 방법이라고 할 수 있다.

경산 폐코발트 광산과 고양 금정굴처럼 자연적으로 보존할 수 있는 현장을 제외하면 유해를 발굴한 장소는 그 이후 모두 흙으로 덮어버렸다.[26] 말하자면 범죄 현장이 사라진 것이다. 현장을 파괴하는 방식의 유해 발굴이었던 셈이다. 진실화해위원회가 주어진 자원 내에서 할 수 있는 권한은 유해를 발굴해 충북대학교에 안치하는 데까지였다. 앞으로 3차원 영상으로 재생할 수 있을지는 모르지만, 발굴한 현장을 보존하는 대책은 엄두를 내지 못했다. 유해 발굴로 끝나버린 많은 현장은 학살의 장소로서 갖는 의미를 퇴색하게 만든다.

오머 바르토브Omer Bartov가 말한 대로 위 현장을 대입시키면 유해가 묻혀 있었던 곳은 더 이상 기억의 장소가 될 수 없는 잊혀진 곳이다.27 장소성을 잃어버린 학살 현장에서 역사의 재현은 불가능하고 기억과 추모는 관념으로만 남을 뿐이다. 이제는 유족들도 유해를 발굴한 청원(청주시) 남일면 분터골이나 공주 상왕동 왕촌리 살구쟁이, 구례 봉성산, 함평 불갑산의 학살 현장을 더 이상 찾지 않는다. 이것이 의미하는 것은 무엇인가. 유해 발굴 이후 흙으로 뒤덮은 현장은 더 이상 학살 문제에 있어서 아무런 유산을 전하지 못하고 있는 게 아닌가.

진실화해위원회가 기본법의 제약이 있었더라도 피해자의 유해와 각종 유품을 발굴한 많은 현장을 학살의 장소로서 기억하고 추모하는 공간으로 만들지 못한 책임은 매우 무겁다. 이런 일들이 시민사회에서 유해를 발굴하면서 되풀이되고 있다. 민간인 학살의 의제를 우리 사회에 제기하고 유해 발굴의 필요성을 시급히 알리기 위한 고육지책이긴 하지만, 현장을 다시 흙으로 덮어버리는 방식은 다시 생각해야 한다. 사유지에 많이 포함된 장소는 발굴한 유해를 안치하는 것 못지않게 사건의 현장으로서 갖는 의미를 충분히 고려하는 대책이 필요하다.

그곳에 묻혔던 유해가 누구의 것인지 대부분 알 수 없고, 또 그 땅을 소유한 사람들이 피해자와 아무런 관련이 없다고 해도, 지금처럼 한 번으로 끝나버리는 유해 발굴은 현장을 파괴하는 것과 같다. 이것이 당장의 돌파구를 찾을 수 없는 시민사회와 학계가 직면해 있는 한계다. 그렇다고 해서 지금 이 세대가 반드시 모든 것을 성취할 필요는 없다. 역사는 이 세대가 아니더라도 훗날 다음 세대에서, 더 나은 정치사회적 환경에서 또다시 지속될 것이기 때문이다.

2016년 3월 홍성군 광천읍 담산리 산기슭에서 21구의 유해 발굴이 있었다. 이곳에서 발굴한 유해의 일부는 서울대학교병원에 유전자 감식을 의뢰해둔 상태다. 그만큼 유족들이 간절히 원하는 것이 제대로 된 위폐를 모시고 추모하는 것이다. 산 자의 마지막 도리인지도 모른다. 과거청산이 나름대로 완결성을 가지려면 전국에 산재해 있는 민간인 피학살자의 유해 발굴과 안치시설 건립을 조속히 추진하고 현장을 어떻게 보존하고 기억의 터로 삼을 것인지도 동시에 고려하는 것이 바람직하다.

어떤 장소가 학살의 현장으로서 갖는 역사적이면서 정치적인 의미는 보통의 장소와는 확연히 다르다. 첫째, 그 지역에서 발생한 학살의 과정을 이해하는 데 필수이기 때문이다. 가해자들이 그곳을 학살 현장으로 선택한 이유와 이동 경로, 수감한 장소와 민간인 거주지 또는 형무소와 경찰서의 위치 등, 거리와 공간에 대한 입체적인 이해를 가능하게 한다.

둘째, 학살의 현장은 문서와 증언으로 존재하는 사건의 실체를 사회적 사실로 보여준다. 서류로 작성된 것이 때로는 객관적으로 보일 수 있고 더욱 강한 믿음을 줄 수 있다. 그렇지만 문건으로 이해하는 학살과 잔혹한 행위가 벌어진 장소에서 경험하는 학살은 다르다. 문서로 알게 되어 기억 속에서 상상으로만 머무는 '그때'를 생생하게 그려볼 수 있게 해주는 것이 범죄 현장이다.

셋째, 사망 현장은 유족들에게 매우 특별한 의례를 제공한다. 도심의 체육관이나 공공시설에서 큰 규모로 열리는 위령제와 같은 기념은 피해자와 유족보다는 행사 그 자체를 중시하게 되는 모순이 있다. 반면에 잔혹 행위가 벌어진 장소는 사회적 공간으로서 의미를 가진다. 인간의 사회관계와 갈등이 포함된 토대로서 공간을 파악한다면 그곳은 '사회적 생산물'이다.[28] 학살의 시간이 결합된 장소는 불변하고, 그곳이 민간인 학살의 현장이라는 역사적 사실은 개별 사건을 넘어서는 보편성을 확보한다.

비교할 수 없을 정도의 잔혹한 학살을 체험한 사람들의 목소리는 잊히거나 종종 무시되어왔다. 바르토브가 「제노사이드 장소로서 동유럽」에서 언급하듯이, 수많은 사람이 희생된 유대인 대학살에 대한 실제 지역과 살해된 장소는 거의 주목받지 못하고 있다.[29] 대규모 희생자의 현장과 무덤은 기억과 역사의 장소로서 그 의미를 잃어간다. 현장은 결국 학살이라고 하는 하나의 사실을 넘어서서 기억과 장소, 문서와 망각, 역사의 책임에 대한 것을 말한다.

현장을 보존하고 추모의 장소성을 확보하는 방안으로는 문화재 지정을 생각해볼 수 있다. 노근리 학살이 발생한 쌍굴다리는 일제 강점기에 건설된 경부선 철도가 지나는 영동의 개근천 위에 1934년 축조된 아치형 형태의 쌍굴교각이다. 2003년 6월 30일 문화재청이 이 쌍굴다리를 근대문화유산(등록문화재 제59호)으로 지정한 것은 학살 현장이기 때문이 아니고 일제 강점기 유산이기 때문이다. 앞서 제시한 대로 학살 현장이 역사적으로 갖는 장소성의 의미를 더한다면, 전국의 유해 발굴지는 우리나라 근현대문화유산으로서 지정될 수 있는 충분히 가치 있는 공간이다.

2006년 1월 경북 백자산 자락에 있는 경산 폐코발트 광산을 근대문화유산으로 지정하는 방안을 한국전쟁전후민간인피학살자 경산 유족회에서 추진한 적이 있다. 유족회장 이태준은 개인 명의로 문화재보호법에 근거해 폐코발트 광산이 있는 경산시 평산동 산 40-12번지 일대 9필지 5만 881제곱미터를 '민간인 학살 유적지'로 지정해

줄 것을 경산시와 경상북도, 문화재청에 요청한다.[30] 유적지 지정 요청에 앞서, 2000년부터 그가 경산유족회 유윤암 전 회장과 함께 현장을 보존하기 위해 탄원과 청원을 하지 않은 기관은 없었다.[31] 국회를 비롯해 각 정당과 경산시, 경상북도, 경산경찰서, 경상북도의회, 청와대, 국가인권위원회, 국방부, 행정자치부에 유해 발굴과 보존을 '탄원'한다. 문화재청은 이태준의 요청에 대해, 근대문화유산 등록 기준을 언급하며 대상 문화재가 사유재산일 경우나 소유자의 보존 의지가 없을 경우 문화재로 등록하기 어렵고, 현장 보존은 경상북도와 진실화해위원회에서 협의할 사항이라고 답변한다.[32]

경산이 고향인 이태준은 골프장과 병원으로 둘러싸인 사유지이긴 하지만 1949년 보도연맹에 가입한 종형 이무식이 끌려가 살해된 폐광산을 어떡하든 보존하고 싶었다.[33] 학살 현장을 근대문화유산으로 지정하려는 정책은 진실화해위원회의 활동 초기에도 추진했지만 기본법이나 관련 법률의 근거가 미약한 상태에서 성과를 얻지 못했다. 이 과제는 앞으로 개정하려는 기본법에서 반드시 다루어야 하고, 문화재청과 협의를 거쳐 갖추어야 할 제도라고 하겠다. 국가가 나서서 유해 발굴 장소의 땅을 매입하거나 영구 임차해서 근대문화유산으로 지정하는 방안이 학살 현장을 보존하고 그 의미를 살리는 가장 좋은 방안이라고 볼 수 있다.

베트남은 학살 현장을 지방 정부에서 유적지로 지정해 관리하고 있다. 1968년 2월 24일 한국군 해병2여단(청룡부대) 5대대 군인들은 중부 꽝남성의 디엔반현 디엔즈엉사 하미(서)마을에서 주민 135명을 사살한다. 2001년 디엔즈엉사 인민위원회는 학살 현장 중의 한 곳에 한국의 월남참전전우복지회가 기부한 지원금으로 위령탑과 위령비,

무덤으로 이루어진 기념물을 건립한다. 2010년 디엔반현 인민위원회 문화정보실은 지방 유적지 지정을 위해 꽝남성에 제출하기 위한 문서를 작성한다. 이 문서 「기념물의 기록: 인근의 학살HỒ SƠ DI TÍCH: vuthám sát ỏ xóm tây(Thôn Hà My Trung, Xã Điện Dơn'g, huyện Điện Bàn, tinh Quảng Nam)」에는 사망자 135명에 대한 인적사항과 생존 피해자들의 증언, 유적지가 자리 잡은 현장의 위치와 면적(1,750㎡)이 상세하게 기록되어 있다.[34] 이와 같은 과정을 거쳐 꽝남성은 학살이 일어난 현장과 그곳의 기념물을 성급城級 유적지로 지정하고, 디엔즈엉사 인민위원회는 기념물과 그 장소를 관리하고 있다.

대전 낭월동 지역을 촬영한 사진과 증언에 따르면 아직 많은 유해가 이전에 발굴한 현장 주변에 흩어져 있다. 사건이 일어나는 것을 목격한 박성하(당시 15세)는 구체적으로 살인 시각, 주변 지형과 경사, 골짜기와 도랑, 인근 지역에 살던 사람, 군인들의 총살, 언덕과 밭, 나무들의 위치 등 세세한 장면을 증언한다.[35] 그는 이렇게 덧붙인다. "내가 그때 본 걸 여러분들이 봤으면 울고 다녔을 껴 하도 참혹해서 … 눈물이 확 쏟아질려고그래 기가 맥혀서." 자신이 본 것이 꿈에 나타난 적도 있다면서 그는 "사람이 할 짓이 아녀 짐승이나 하는 거지. 어떻게 사람을 죽여그래, 못할 짓이여. 암만 내가 죄를 많이 지었어도 죽이지 못하는 거여, 절대"라고 말을 끝맺었다.

박성하가 말하는 학살 현장인 동구 낭월동 일대는 2007년부터 3년 동안 진실화해위원회가 일부 장소에서 유해를 발굴한 후, 2015년 유족과 시민단체에서 다른 곳을 또 발굴했다. 이렇게 부분적으로 발굴한 장소는 또다시 흙으로 파묻어버렸고 표지판만 남아 있다. 희생자에게나 그 유족에게나 유해가 중요한 것은 두 말할 필요도 없지만, 그렇다고 학살 현장이 갖는 장소성의 의미를 상실하는 방식으로 진행하는 유해 발굴을 앞으로도 계속할 수는 없다. 죽은 사람의 뼈와 유품을 찾는 땅파기 중심의 발굴뿐만 아니라, 발굴한 현장을 그대로 보존해서 기념과 추모의 열린 공간으로 형상화하는 작업이 정부 차원의 정책으로 수립되고, 그 이후에 유해를 발굴하는 것도 늦지 않을 것이다.

현장과 유해는 더 이상 그곳에 묻혀 있는, 우리가 알지 못하는 사람들의 것이 아니다. 마찬가지로 누군지는 정확하게 모르지만 현장의 사건과 관련된 유족의 것도 아니다. 비교적 근래의 사례인 르완다에서 보듯이 학살이 벌어진 장소에서는 생존자와 저널리스트, 학자, 후원자, 정부 관계자 심지어 여행객들 사이에서 다양한 논의를 수렴할 수 있다. 현장은 기념물로서 이해되거나 지속되는 폭력과 트라우마의 충격, 추모의 전통 그리고 다 가시지 않은 비탄을 표현하는 증거로서 남는다. 사라 가이어Sara Guyer의 주장대로라면 오히려 '뼈bones'가 애도의 발생을 지속해서 막을 수 있다. 어떤 의미에서 보자면, 이 유산은 열려 있는 무덤과 폭력의 기억이 어색하게 연관되어 있는 르완다의 끊임없는 외상의 원인으로 이해할 수 있다.[36]

2010년 1월 감사원은 이전까지의 유해 발굴과 보존에 대해 '발굴 유해 안치시설 설치 부적절'이라는 감사 결과를 공개했다. 진실화해위원회에서 발굴해 충북대학교에 보관 중인 민간인 학살 유해 1,700구가 2016년 9월 초순 7년 만에 세종시 추모의 집으로 옮겨졌다. 정부는 최근 유해 봉안관과 추모관, 교육자료관이 포함된 추모공원을 조성할 것이라고 발표한다. 행정자치부는 2020년경에 대전시 동구 낭월동 일대에 추모공원을 건립할 예정이다. 이곳에는 앞으로 시민사회단체가 경산 코발트 광산과 진주, 대전, 홍성에서 발굴한 유해까지 함께 봉안해야 할 것이다. 아직도 발굴하지 못한 유해가 전국 곳곳에 흩어져 있는데, 공원 건립 준비 과정에서 이에 대한 대책을 동시에 추진하고 학살의 현장을 유해 발굴로 끝내버리지 않도록 해야 할 것이다. 상징과 형상의 기념물은 단순한 건물이 아니라 자료와 현장, 가해자와 피해자의 목소리를 들을 수 있고 볼 수 있는 구체적인 내용을 갖추는 것이 중요하다. 무엇보다 세계의 기념시설이 나름대로 추구하듯이, 대한민국이라는 정치공동체가 이행기 정의에서 지향하는 인권과 민주주의에 대한 보편적 가치를 건축물은 집약할 수 있어야 한다.

제15장

학살, 그 이후

인간의 존재와 행위

학살이 일어난 이후에는 모든 것을 되돌릴 수 없다. 상처가 생기면 아물기는 하지만 그 흔적까지 지울 수는 없다. 어떤 공동체에서 인간으로 여겨지지 않은 사람들은 비실제적인 존재라고 할 수 있으며, 탈실재화derealization의 폭력을 겪은 사람들이다.[1] 폭력이 비실재적인 사람들에게 자행되는 것이라면 그들의 삶은 이미 부인되고 훼손당한 것이다. 실재하지 않는 존재는 공동체에서 어떤 관계도 가질 수 없다. 학살의 피해자는 이런 존재자로 표현할 수 있다. "인간이 인간이라는 범주를 초월"하는 존재로서 자기 "자신에게도 낯선 타자가 되는 그런 인간의 존재론적 비극성"을 가진 자들이다.[2] 인간은 다른 존재와 어떤 관계를 맺는가에 따라 그 존재의 의미 자체가 달라진다.

민간인 학살은 다양한 관계 속에서 살펴볼 수 있다. 개인과 국가, 피해자와 가해자, 의도와 결과, 체험과 사실, 이런 (비)대칭적인 관점에서 가해의 입장을 보자. 다른 사람에게 고통을 주려고 태어난 사람은 없다. 채홍연이 진술하듯이, "아무리 사람인데 아이 어른 없이 어느 군인이, 어느 부모가 그런 자식을 낳아서 남의 인생을 이렇게 망치는 그런 자식을 낳았을까."**3** 어느 부모가 다른 사람을 살해하라고 자식을 낳았겠는가. 악한 행위의 근원을 개인의 책임으로만 되돌릴 수 없는 이유는 그 행위의 본질이 그 사회에 규범적으로 내재하는 공동체와 그 구성원의 관계 설정에 있기 때문이다. 사상이 경직되고 타자에 대한 위계가 폭력을 가능하게 하는 사회 조건이 되면, 관료화된 공동체에서 개인은 누구든지 나쁜 행동을 할 수 있다. 가장 극단적으로 치달으면 마치 사람을 죽이기 위해 태어난 것처럼 말이다.

고대 그리스 시민들은 계약상의 공동체가 아니라 자연적이고 문화적인 공동체에서 살았다. 공화제의 원칙을 갖고 있기는 했지만 그 민주적 실제에 있어서 타인은 이방인이었고, 그들은 공동체의 구성원이 갖고 있는 권리를 향유하지 못했다.**4** 타인의 권리가 외부로부터 오는 위협일 수는 없다. '이방인'과 '낯선 타자'는 공동체 내에서 어떤 의미 있는 관계를 가질 수 있는 존재가 아니다. 시민성의 제한은 아테네 체제에서 일반적이었고 타자의 권리는 배타적이었다. 공동체와 구성원의 관계에서 핵심은 그가 어떤 사상을 가졌든 어떤 피부색이든 어떤 상태에 있든 상관없이 존재를 인정하느냐 그렇지 않느냐 하는 데 있다.

대량학살을 포함해 정치공동체에서 상대방을 제거하는 방식은 그들이 '무엇을 했는가'라는 행위가 아니라 존재 그 자체를 살해의 기준으로 삼은 데 있다. 『안티고네』에서 안티고네는 크레온의 포고에 맞서 폴뤼네이케스의 시신을 두 번씩이나 매장하려고 한다. 이유는 크레온이 테바이의 반역자로 명명한 폴뤼네이케스가 자신의 오빠이기 때문이다. 안티고네는 폴뤼네이케스가 폴리스의 반역자라는 것을 근본적으로 문제 삼지 않는다. 그에게는 폴뤼네이케스가 "무엇을 했는가가 아니라 그가 누구인가"라는 것이 가장 중요하기 때문이다. "그의 **행위**가 아니라 그의 **존재**가 문제"다.5

안티고네는 자신이 무엇을 위하여 죽음을 각오하고 싸우는 것인지 말한다. 그것은 "윤리적 규범을 어기면서까지 자기를 주장하고 관철하려는 국가 지상주의에 대한" 일종의 "항의"다.6 국가를 윤리적인 가치의 절대적인 척도로 삼고 있는 크레온의 태도를 안티고네는 비판하고 폴뤼네이케스의 매장을 금지한 크레온의 명령을 "존재론적 범죄"로 보았다.7 존재 그 자체를 부인하려는 정치체제에서 인간의 권리는 원천적으로 봉쇄당한다. 사상을 존재와 결부시키면 어느 공동체에서든지 민주주의 원리는 제한되거나 작동하지 않을 수밖에 없다.

이성의 함양cultivation을 궁극적인 목적으로 하는 근대 정치체제의 형성 이후 인간에게 가장 중요한 인식의 본질은 표현과 사상의 자유에 대한 믿음이다.8 스피노자가 이 세계를 보았을 때, "**질서가 잡힌 나라에서 사상에 대해 유죄판결을 내리는 일은 있을 수 없**"는 일이다. 그는 이렇게 단언한다. "**철학적으로 사고하는 자유**Libertas Philosophandi**는 건강하고 안전하며 평화로운 국가와 실제적이며 정신적인 진보를 위해 지지되어야 한다.**" 시민들이 정부와 의견이 일치하지 않는다는 이유로 그런 사실을 숨겨야만 하고, 또 "그런 사실을 숨길 수 없기 때문에 이단자로 몰려 쫓겨나는 것보다 국가에 더 큰 불행"은 없다. **"어떤 범죄나 나쁜 짓을 했기 때문이 아니라, 독자적인 정신을 소유했기 때문에 누군가를 적으로 간주하고 죽여야 하는 것보다 더욱 비참한 것"**이 있겠는가.[9]

스피노자가 사상의 자유와 권리에 관해 서술한 근대의 정신은 이전에도 그리고 현재에도 직면하고 있는 우리 사회의 사상에 대한 터부와 폭력성을 눈으로 보는 듯하다. 1670년에 출간한 『신학정치론』에서 스피노자가 위와 같이 썼을 때, 그가 말하는 것에 대해 절대적 자유를 지지한 것은 아니었다. 하지만 스피노자는 "한편으로는 사상과 그 표현 사이에, 다른 한편으로는 사상과 행동 사이에 분명한 선을 긋"고, 오직 신중하게 행해져야 하는 최고 권력의 힘은 어떤 조건도 없이 후자에 제한되어야 할 것을 주장했다.[10]

윤리의 절대적인 가치를 사상에 두게 되면 특정한 사상을 가진 사람이나 자기와 다른 사상을 가진 타자에 대해서는 존재를 문제 삼게 된다. 이념의 외피에 둘러싸인 피학살자와 그 친족에게 더욱 절망적인 것은 존재의 부정에 있다. 다시 말해 "행위 때문이 아니라 자기 자신의 존재 그 자체 때문에" 그들이 사회와 이웃으로부터 "증오를 받고 있다는 사실"이다.[11] 국가가 특정한 사상을 가진 사람들로 의심한 이상 그들의 존재는 아무 의미가 없다. 신념을 밝히는 것은 민주공화제 구성원이 민주주의 정치 과정에 참여하는 첫걸음이다. 그런데 국가는 그들의 존재를 문제 삼았다. 사상을 문제 삼는 현실이 지속되는 한 비극의 악순환과 이에 예속되는 현실 또한 끝나지 않을 것이다.

폭력이 근대 국민국가를 건설하는 방식 중에 하나라는 데는 의의가 있을 수 없다. 대량학살 문제를 위 문장에 빗대면 국민국가는 이 문제를 초래한 근본 원인이다. 국가 건설 과정은 "국가에 동화되기를 거부하거나 자신의 신분을 독립된 인종이나 민족 집단으로 인정해 줄 것을 요구하는 국경 안의 사람들을 죽이거나 위협해 복종하게 만드는" 것이다.[12] 정신의 통일을 강요하며 정체성의 확립을 요구하는 국민국가의 전통은 이성과 사상의 자유를 인간 존재의 출발점으로 삼는 근대성에 반하는 것이다.

제노사이드가 발생한 상황은 체제를 수립하는 이행기와 전시였고 그 동기는 국민국가 건설과 안보라고 내세울 수 있다. 그렇지만 어떤 경우에도 인간의 존엄성을 말살한 대량학살은 제대로 소명될 수 없다. 한 집단을 파괴하려는 범죄에서 가해자의 동기가 무엇이든 그것은 상관없다. 국제정치 또는 주권국가 내부의 정치적 상황이 어떠하든, 가장 중요한 것은 "한 집단에 대해 그들이 저지른 일 때문이 아니라 단지 그들의 존재 자체만으로 그 집단"을 파괴하려는 것이다.[13] 개인이나 집단의 **행위**가 아니고 특정한 그들의 **존재** 자체를 문제시할 경우, 해결책은 존재를 내쫓거나 없애는 것이 될 수밖에 없다.

개인은 먼저 인간이고 그런 다음 어떤 지위와 계급의 일원이 된다. 자연적으로 또는 본질적으로 본다면 "인간은 자신이 소속된 외적 조건에 종속된 존재가 아니다." 계급, 지위, 공동체, 민족, 가문, 계보 등으로 개인을 한정 지을 수 없는 비환원성, 이것이 인간의 자유로운 상태다.[14] 개인의 존재와 지위라는 측면에서 이것은 다른 공동체의 출현과 다른 인간의 등장을 둘러싼 여러 가지 조건 때문에 발생하는 불편과 불안을 타자에게 전가시켜서는 안 되는 것을 의미한다. 마치 유대인이라는 것이 하나의 구실에 불과하듯이 다른 곳에서라면 흑인을, 또 다른 곳에서라면 황인종을 유대인 대신 대량학살의 대상으로 삼을 수 있기 때문이다.

공동체의 성원을 구별하는 사상은 인간의 조건이 아니라 인간의 사회적 관계와 그 존재를 박탈하는 기준에 해당한다. 이와 같은 공동체 구성원의 관계는 '낯선 타자' 또는 '이방인'으로서 지배적인 세력에 의해 정치 과정 속에서 결정된다. 공동체 성원이 일정한 범주를 가진 뒤에도 시간이 흐르면서 사회 세력 간에는 가치와 자원을 두고 지속적인 긴장이 발생한다. 최종적으로 시민권을 박탈하는 형식으로 진행되는 국가권력의 폭력 행사는 근대국가의 주권 형성과 구성원의 관계를 설명하는 '근대성'의 또 다른 범주라고 할 수 있다.

테일러가 주장하듯이 다원적 근대성의 특징인 사회적 상상은 사회를 상상하는 방식으로서 평범한 사람들이 "자신들의 사회적 환경을 '상상하는' 방식"이다. 이것은 "자신의 사회적 실존에 대해 상상하는 방식"과 "사람들이 다른 이들과 서로 조화를 이루어가는 방식", "사람들 사이에서 일이 돌아가는 방식"이다.[15] 실존의 방식을 고민하는 근대성은 공동체의 근간이 되는 구성원들 사이의 조화로운 삶을 추구한다. 인간이 자신의 삶을 스스로 상상할 수 없다면 실존할 수 없는 것과 마찬가지다.

세계적으로 정치공동체의 형태는 국민국가가 보편적이다. 이중 시민권 양식을 취하고 있는 유럽연합을 예외로 하면 인간은 특정한 국가의 국민이나 시민이어야만 권리를 보장받을 수 있다. 아렌트가 적절하게 비판하고 있듯이, 법이 인권을 기초로 하는 한 국민이 통치의 유일한 주권자로 선포되고 또 인간이 법의 문제에서도 유일한 주권자로 보인다. 양도할 수 없는 인권이 국민의 주권으로서 보증받기 위해서는 국민국가의 제도와 기능이 뒷받침되어야 한다. 인류 역사에서 인간은 국민(시민)의 한 사람이 되어야지만 권리의 주체가 될 수 있는 셈이다. 근대성의 이정표라고 할 수 있는「세계인권선언」에 따르면 인간은 그 자체로서 최고의 존엄성을 가져야 하는 절대적인 존재이지만, 이를 현실적으로 옹호하는 데에는 한계가 있을 수밖에 없다.

국가 폭력은 인간이 폭력적이어서 나타나는 현상이 아니라 정치나 경제적 이해관계에 따른 사회적 산물이다. 폭력은 정치공동체와 그 구성원 또는 구성원들 사이의 결과이며, 결정적으로 또 다른 폭력으로 이것을 멈출 수 없다는 데 사태의 본질이 있다. 폭력에 지배당한 존재를 어떻게 회복할 것인가. 학살은 나와 타인에 대한 존엄성의 부재에서 비롯된 것일 수 있다. 학살이나 인권침해의 피해자들이 중요하게 여기는 것은 정치공동체와 맺는 관계의 성격에 있다. 피해자에게 정치공동체의 귀속감을 갖게 하는 것이 인간의 존재와 사회적 관계의 근원적인 성격이다. 공동체가 피학살자와 그 친족의 존재를 구성원으로서 받아들이는 것은 그들에게 최소한의 도덕적 정당성을 부여하는 것이라고 할 수 있다.

비극에 예속된 삶

비극이라는 것은 운명을 생각하게 하거나 좌절, 절망, 복종, 두려움과 같은 감정을 불러일으킨다. 학살을 겪은 희생자의 친족들은 소리 내어 울지 못했다. 비통한 마음으로 시신을 찾은 사람은 무덤을 썼지만 어디서 죽은지조차 모르는 사람들은 아버지와 아들이, 부모와 자식이 부재한 곳으로 돌아갔다. 학살, 죽음 이후에 장례를 치를 수 있었던 가족들은 그나마 '혜택'을 누린 사람들이다. 제대로 매장되지 못한 채 동물의 먹이가 되거나, 나대지에 그냥 버려져 훗날 두개골이 어린아이의 공놀이가 되고, 사람의 뼈를 가져다 삶아 먹으면 효험이 있다는 주술 앞에 제물이 된 유해를 떠올려보면, 무덤은 마지막 남은 명예를 지키는 것이다.

폭력은 인간의 조건을 정하는 비극 중의 가장 큰 비극이다. 인간이 가진 조건의 비극성을 가장 잘 드러내는 것이 전쟁과 학살이다. 제이 윈터Jay Winter의 말대로, 20세기 전쟁이 총력전Total war으로 바뀐 이후 제노사이드는 전면전 '풍경'의 한 부분이다. 덧붙이면 제노사이드는 총력전을 만드는 데 일조한다.[16] 전쟁은 힘과 폭력으로 정의를 세우려고 한다. 살인이 본질이 되는 것이 전쟁이 가지고 있는 비극성이고 이에 기반을 둔 공동체는 비극의 질서를 이룬다. 비극 속에서 희생자들은 오랫동안 '명예를 회복'해 달라고 요구했다.

죽은 자들의 명예와 죽은 자들이 남긴 친족들의 명예를 되찾는 것은 무슨 의미일까. 죽은 사람이나 산 사람이나 명예가 중요한 이유는 이것이 공동체가 개인에게 부여하는 가치 중의 하나이기 때문이다. 명예가 한번 훼손되면 인간의 도덕적 존재는 붕괴한다. 명예는 생명보다 중요하고 명예가 훼손되면 분노가 생기고 어떤 경우에는 생명보다 더 귀중해진다.[17] 피해자의 가족들은 그들이 죽어서도 좋은 평판을 얻는 것을 염두에 두지 않을 수 없다. 타자의 시선이 국가의 시선이었을 때, 그들이 할 수 있는 것은 죽음의 도덕적 정당성을 스스로 찾는 것뿐이다.

죽임을 당한 이들은 원한을 사거나 죄를 지은 형벌로서 처형을 당하지 않았다. 비극은 그들의 잘못과 아무 상관없이 닥쳐왔고 친족들이 고통 속에서 살도록 비참한 운명을 정해 놓은 것도 아니었다. 영문도 모른 채 당하는 죽음은 할 수만 있다면 누구나 피하고 싶은 바람이다. 구분해서 생각할 것은 한 인간의 죽음이 그가 속한 가족과 공동체 전체의 파멸은 아니며, 그들이 지켜온 삶의 원칙이나 주어진 권리 그 자체가 파멸하는 것은 더욱 아니라는 점이다. 유가족이 원하는 '명예회복'은 최소한의 도덕적 존재로서 정체성을 회복하고 이에 대해 국가의 존중을 받는 데 있다.

2016년 6월 27일 소설가 김성동은 대전시 동구 낭월동 산내에서 치른 민간인 학살 희생자를 추모하는 위령제에 처음으로 참석한다. 이전에도 그는 산내 골령골을 수없이 찾았다. 1983년에는 그곳 주변에 흙집을 마련한 후 어머니 한희전과 함께 살면서 아버지의 영혼을 달래기 위해 매일 향을 피운 그였다.[18] 서른넷에 죽은 '아버지보다 곱을' 산 다음에야 김성동은 아버지의 죽음과 이름을 언론 지면에 내밀었다.[19] 피학살자나 월북자, 행방불명자의 자식들이 남한의 제도 속에서 자신의 기본 권리를 보장받는 것은 불가능에 가깝다. 1998년 민주정부로 이행한 이후에야 그들은 공개적으로 이런 문제를 제기하기 시작했다.

학살을 당한 사람들에게 이 비극은 '좌익'과 '우익'의 문제, 남북한 체제의 문제가 아닐지 모른다. 김성동의 아버지는 박헌영에게 편지 한 통을 보냈다.[20] 한문으로 쓴 편지에서 그는 이념 문제가 아닌 혁명 지도자의 철학을 박헌영에게 물었다. 인간의 근본을 질문한 것이다. 김성동은 자신의 글과 삶에서 비로소 아버지를 마주할 수 있었다. 한승원은 『물에 잠긴 아버지』에서 자신의 체험에 비추어 소설 속의 주인공을 만들었다. 그는 '아버지가 남로당원'이었던 한 남자의 삶을 형상화시켜 주인공으로 설정하고, 그가 "시대의 아픔"과 "화해하고 승화되길" 원한다. 작가의 말은 "남로당원의 아들로 고달프게 산 삶을 물로 치유하고 싶은 데 있다."[21] 그의 고향인 전남 장흥의 유치면 일대는 한국전쟁 당시 빨치산이 점령한 채 무장투쟁을 벌인 곳이다.[22] 비극에 예속된 삶을 그들은 마주하고 그럼으로써 그 족쇄로부터 조금이나마 해방될 수 있었다.

인류가 폭력을 제어하지 못한 근본 원인은 폭력을 정면으로 응시하기를 거부하기 때문이다. 대면하지 않는 것은 폭력의 세계를 대물림하는 것과 같다. 지나친 표현 같지만 이런 행태는 현재의 이득을 위해 미래를 팔아먹는 행위에 가깝다. 김성동이 위령제에 참석하고 한승원이 자신의 작품 속에서나마 가족사를 다룬 것은 폭력의 삶을 유산으로 남기고 싶지 않았기 때문이다. 작가들은 그들 나름대로 문학이라는 장르에서 자신들의 운명과 같은 비극을 대면함으로써 피해자의 지위를 넘어설 수 있었다.

숱한 생존자들의 증언에서 보듯이 피해자 친족들의 파국은 비애 pathos를 자아낸다. 희생을 겪은 사람들은 비애의 감정을 표현하는 데 익숙하지 않다. 비애의 근본 개념은 "우리와 동등한 수준에 있는 개인을, 그 개인이 속하고 싶어 하는 사회집단으로부터 배제시키는 것"이라고 할 수 있다. 위령제에서 수없이 낭독하는 추도사와 같은 "웅변적인 비애는" 때때로 "위장된 자기 연민에 젖어 있게 하"고 "눈물을 자아내게 하는 경향"이 있다.[23] 죽은 자와 그 가족은 대부분 우리 사회에서 특별한 희생자들이 아니다. 그들은 비극적인 과오나 비애를 낳는 편벽된 고집과 같은 특별한 요소를 가진 것이 아니고 사회로부터 소외되고 격리된 사람들이다.

비극에서 느끼는 비애의 감정은 두 가지로 대별할 수 있다. 하나는 '연민'으로서 "부당하게 불행을 당하는 것을 볼 때 환기되"는 감정이며, 다른 하나는 '공포'의 감정으로서 "우리 자신과 유사한 자가 불행을 당하는 것을 볼 때 환기"되는 것이다.[24] 비극이 기존인명旣存人名에 집착하는 까닭은 "가능성이 있는 것은 설득력이 있기 때문이다. 즉 우리는 일어나지 않은 것의 가능성은 아직 믿지 않지만 일어난 것은 가능성이 있음이 명백하기 때문이다. 왜냐하면 불가능한 것이었다면 일어나지 않았을" 것이기 때문이다.[25] 이런 경우 '연민'과 '공포'라는 비애의 감정을 되새기는 반복의 가능성이 가장 큰 비극이라고 볼 수 있다.

비극의 아이러니는 인간에게 닥치는 예외적인 사건이 그의 삶이나 성격과는 무관하게 어떤 인과관계도 갖지 않는 데 있다. 비극에 결합되어 있는 두 요소, 다시 말해 불가피성과 부조리성은 아이러니에 있어서 양극兩極으로 나누어진다. 인간의 삶에서 불가피한 역설은 "죽어야 할 운명으로 결정지어진 인간성이다." 부조리한 역설은 "죄가 없는 몸으로 인간 사회로부터 추방된 희생자"라는 데 있다. 비극의 주인공은 불가피하고 부조리한 아이러니 이 양자의 중간에 위치한다. 하지만 이 경우 희생자에게 죄를 전가시키려는 어떤 시도도 "결국은 그가 죄가 없다는 위엄을 부여하는 것으로 종결지어진다."[26] 비극은 인간의 행위가 가진 역설의 조합이고 모순의 통일체다.

교육계는 연좌제에서 괜찮을 거라고 여겨 교사를 선택했던 최홍이는 "죄 없는" 자신이 "마음 놓을 곳은 어디에도 없었다"라고 지난 삶을 되돌아본다. 소시민인 그에게 수난이 삼대三代로 이어지면 "차라리 나라 없는 신세가 마음이나 편"할지도 모른다. 왜냐하면 나라가 없으면 "아버지를 이어 독립운동"이라도 할 수 있기 때문이다. 행정고시를 치른 그의 딸은 필기시험에는 여러 차례 합격하지만 면접에서는 번번이 떨어진다. 검찰에서 퇴직한 친구에게 그 이유를 물었더니, "통일되어도 연좌 기록은 남을 거"라고 한다.27 분단과 전쟁에 엉킨 민족의 불행과 개인의 비극은 서로 얽혀 있다. 최홍이는 과연 운명처럼 얼룩져 있는 자신의 삶을 무엇이라고 결론지을 수 있을까.

채의진은 석달마을 사람들 86명이 집단학살 당하는 순간에 총탄을 맞고 쓰러지는 형과 사촌동생 밑에 깔렸다. 그의 친족들은 여든두 살의 할머니를 비롯해 어머니와 형, 형수, 누나, 숙모, 사촌누나, 사촌 여동생, 사촌 남동생이 참혹하게 죽는다. 그는 한날한시에 불귀의 객이 된 일가족 아홉 명의 장례와 매장을 제대로 치르지 못한다. 정치체제가 형성되기 이전부터 내려온 "죽은 자를 존중하는 관습"을 우리 사회는 지키지 못했다. 매장에 대한 관습이 불문법으로 형성되어 있고, "매장하는 일에 예를 갖추는 것은" 그들이 어떻게 죽었는지와 "별개의 문제"였다.28 공동체는 이 모든 것을 외면했다.

살아남았지만 채의진의 삶은 고달팠다. 그가 길렀던 머리카락을 자른 것은 2005년 5월 진실화해위원회 기본법이 국회에서 제정된 직후였다. 2007년 6월 26일 진실화해위원회는 문경 석달 사건의 진실을 규명하고 채의진 친족의 '죄가 없음'을 밝힌다. 이 결정을 근거로 유족들은 국가를 상대로 한 손해배상 소송을 제기해서 보상을 받았다. 하지만 해원을 다 이룰 수 없었다. 민주 정부가 끝난 이후 국방부는 유족들이 받은 금액이 많다며 이미 지급한 배상금의 일부를 반환하라고 소송을 했고, 대법원은 정부의 편을 들었다. 채의진은 말년에 병환과 정부의 소송, 믿었던 유족들의 배신으로 힘겹고 고통스러운 시간을 보냈다.[29] 이런 삶은 한 사람에게만 해당하지 않는다.

학살의 비극은 "역사성과 밀접한 관련이 있다." 비극의 역사성은 "시간의 직선적 특성 때문에 일단 파괴적 행동이 실행되면 돌이킬 수 없음을 의미한다." 비극이 가지고 있는 이와 같은 성격의 "치명적 결과는 근원 너머 저 멀리까지 퍼져나가 미래를 오염시"킨다.[30] 우리 사회는 피해자가 피해자의 입장을 넘어서는 보편적인 관점을 갖지 못하게 하고 있다. 희생자와 그 친족들이 학살과 고통의 비극성을 극복하고 공동체 구성원으로서 살고 있는지, 정부가 나서서 '죄가 없음'을 규명했지만 희생자의 친족이 위엄을 되찾고 명예를 회복했는지, 그들이 공동체의 일원으로 살았다고 할 수 있는지 질문할 수밖에 없다. 비극의 주인공인 타자에 대한 성찰은 곧 우리 사회에 대한 깊은 이해이자 미래를 사는 인간의 조건에 답하는 것이기도 하다.

비극을 체험과 사실로 표현할 수는 있겠지만 관념으로 설명할 수는 없을 것 같다. 관념에 사로잡힌 공동체의 비극에 대한 인식이 민간인 학살 문제의 진전을 가로막고 있다. 신영복의 직설대로, "혹독한 비극적 정서가 바탕에 깔린 정서는 단 한 줌의 관념적 유희를 용납하지 않"는다.[31] 따라서 이글턴의 명제로 요약할 수 있다. **"비극이라는 개념과 관련된 모든 것을 반추하는 입장에서 볼 때 관념론은 본질적으로 반비극적"**이다.[32] 오늘날 지식 체계는 고통과 비극까지도 관념이라는 추상으로 보고 있지 않은지 의심스럽다. 마찬가지로 '명예'라는 것도 추상적인 형태로 인식하고 있지 않나 돌아볼 필요가 있다. 근대 이성의 자기 확신은 인간이 스스로 만든 개념 속에 스스로를 가두었고 '비극'이나 '명예'마저 관념으로 이해하려고 한다. 민간인 학살과 그 피해자, 그들의 비극과 명예를 '추상의 관념'으로 이해함으로써 희생자의 보편성에 대한 활발한 담론이 이뤄지지 않고 있다.

근대성은 분화된 사회구조를 특징으로 하며 분절화된 사회는 본질적으로 불안정하게 된다. 이성은 주체로부터 분리된 대상을 더욱 정교하고 치밀하게 개념화하려고 한다. 이 방식은 통체적統體的인 세계에서 "차이를 부각"시키고 "전체와의 거리를 확대"함으로써 개념의 방법으로 세계에 접근하는 것이 인간의 인식 과정에서 "불가피한 방법상의 문제"라는 것을 야기시킨다. 이와 같은 인식은 결과적으로 우리가 마주하는 대상으로서 "세계에 대한 인식을 그르칠 수" 있게 한다.[33] 부분적인 대상에 대한 심화는 그 과정에서 대상 그 자체를 관념화한다. 끝없는 추상을 추구하는 계몽의 정신과 이성의 쇄신은 개념의 자기도취를 동반해왔다.

"비극의 세상은 어두운 수수께끼다. 이런 불분명함이 인간이 가진 합리성의 한계를 보여준다." 이런 세계에서 "이성은 가장 약한 특성으로 드러나고 그와 대조적으로 악마의 힘은 그런 이성을 포위"한다.[34] 이성의 합리성만으로 전체로서의 자연과 세계를 해석하고 인간의 존재와 여러 권리를 정초하기에는 한계가 뚜렷하기 때문에, 계몽적 인식의 다차원성을 염두에 둔 이성의 성찰에 주목할 필요가 있다.

희생자들은 자신이 겪은 고통의 본질을 이해하지 못했다. 프랭클이 스피노자의 『윤리학』에서 발견하듯이, 고통에 대한 자기 인식은 삶의 의미와 깊은 관련이 있다. 인간에게 고통스러운 감정은 우리가 그것을 분명하고 뚜렷한 개념으로 파악하는 그 순간, 더 이상 고통으로 느껴지지 않는다. 피학살 유족들의 처지를 보면, 그들이 평생을 두고 받은 고통은 가혹한 것이었고 스스로 들여다보기에는 너무나 야만적이었다. 몇몇 유족을 상기하지 않더라도 거의 모든 유족이 최소한 1987년 민주주의 이행과 진실화해위원회가 2010년 조사 활동을 종료하기까지 자신들이 겪은 고통의 근원을 제대로 알거나 이해할 수 없었다. 몸과 마음이 한 순간에 무너진 사람들, 존재를 부정당한 사람들이 스스로 비극에 예속된 삶을 말하는 것은 어쩌면 불가능할지 모른다.

고통 자체를 멈추게 하거나 고통을 약화시키고 삶의 존엄을 인정하길 원하는 것은 폭력의 희생자들이다. 아무리 사소한 고통이라도 합법적인 폭력을 보증하지 않는다. 학살은 국민국가와 정치, 이념이라는 형식을 띠고 있지만 희생자의 처지에서 보면 이는 체험이자 사회적 사실이다. 삶이 체험이긴 하지만 사건 이후의 삶은 사실로 이루어진다. 그들에게 삶은 비극에 예속된 비루한 일상의 시간이고 비애의 조건은 사회에서 구성되는 사실 속에 놓인다. 불가피하고 부조리한 역설 속에서 기억에 남은 것도, 몸에 새겨진 것도 모두 그들이 살아가는 비애의 조건이다.

지식의 공공성과 비판 이성

우리 사회에서 1987년 민주주의 이행 이후 중대한 인권침해를 규명하기 위한 사회운동이 일어났다. 사회운동은 자신들의 이익을 유지하기 위해서가 아니라 공공의 목적을 성취하기 위한 공동체의 자

산이다. 이행기 정의가 민주주의를 실현하고 확장시키는 것은 민주
주의가 단순히 형식상의 주권을 보장하는 것만이 아니라, 정치 과정
에서 잘못된 것을 바로잡는 책임과 의무를 동시에 가져오기 때문이
다. 분단 과정과 한국전쟁 전후에 벌어진 민간인 학살이나 독재와 권
위주의 정권에서 벌어진 중대한 인권침해는 민주주의 이행기에 한두
번씩 진실규명 과정을 거쳐왔다.

제노사이드 이후의 역사 발전을 본다면, 한 국가가 민주주의 시대
로 이행하면 독재나 권위주의 시대에 정부가 저지른 범죄를 단죄하
는 과정을 거친다. 이런 현상은 국제적으로 일반화된 하나의 원칙으
로 자리 잡았다. 민주주의는 주권자의 정치 참여를 확대하고 시민의
인권을 보장하는 과정에서 과거의 잘잘못을 가린다. 체제 이행에서
성취하는 정의는 근대성을 실현하는 매우 강한 정치적 퍼포먼스의
결과라고 할 수 있다. 이런 의미에서 과거청산은 근대의 보편적인 정
치 현상 중 하나다.

지금도 세계 곳곳에는 과거청산이 진행 중이다. 마크 레벤Mark
Levene은 세계 역사 발전의 광범위한 맥락에서 제노사이드 현상을
고려하고 가해자와 희생자가 의미하는 바를 이해하며, 또한 이를 근
본적으로 다루는 연구 과제를 제시해왔다. 그는 여러 집단에 대한
국가 폭력이 세계를 지배하려는 서구의 부상과 점점 더 균질한 국가
의 출현 그리고 국민국가와 함께 어떻게 나타났는지 설명하려고 한
다.[35] 국민국가의 출현은 근대의 상징이면서 동시에 국제관계에서 제
노사이드의 일반화 경향을 내포하고 있다.

사회학이 근대 문명의 성찰에 관심을 갖는 것은 근대의 사회이론
이 지식을 공공의 계몽과 사회의 진보를 위한 수단으로 여겨왔기 때

문이다. 스티븐 사이드먼Steven Seidman이 탐구하듯이 현재의 위기는 '사회학의 자연과학화the scientization of sociology'라고 말할 수 있다. 사회학 이론이 사회 일반으로부터 고립되어가는 것과 동시에 공공의 교육이라는 위치를 잃어간다. 사회학이 사회 행위의 본질적인 의미와 규칙적인 법칙을 파악하려는 과학의 위치를 강조함으로써 사회를 비판하고 해석하는 역할은 오히려 쇠퇴했다.[36]

자연과학과 도구적 이성에 따르면 **"사회학은 인간을 개인으로 환원한다."** 분석과 설명을 위해서 "인간을 단위화한" "개인은 개성의 담지자이기는 하지만, 그 질質이 추상되고 나면 남는 것은 '하나'라는 양이다." 인간이 개인으로 환원됨으로써 모두가 평등해지지만 이것은 "양화量化"를 말하고, "개별화란 어디서나 양화로 직결"된다. 호르크하이머와 아도르노가 지적했듯이 자연과학의 수학적 상징으로 도식화하는 작업은 근대사회를 계량화함으로써 업적 사회의 토대를 닦는다. 이성은 한 체계 내에 묶이지 않는 것은 그대로 두지 않는다. 애당초 물리 세계를 설명하기 위해 고안된 열역학 개념인 '효율efficiency'을 프레드릭 테일러Frederick W. Taylor가 생산 과정에 도입하자, 이 개념은 인간사회 전반을 지배하게 되었다.[37]

인간학에 대한 계몽주의자들의 '과학주의적 입장'이 갖는 목표는 우리로 하여금 의문을 제기하게 한다. "어떻게 해야 과학이 도덕적으로 중립적인 지식을 생산하는 도구이면서, 동시에 사회 진보를 위한 수단도 될 수 있을 것인가?" 그들은 과학과 진보를 결합시키는 것이 모순이 아니라고 믿었다. 사회과학은 신의 섭리에 의해서 모든 것이 결정되는 기독교 세계관의 분리로부터 시작되었다. 과학은 기독교 세계관에 대한 도전으로 받아들여졌고 계몽주의자들은 과학과 같이 인위적인 어떤 조작을 통해서 사회를 변화시켜 나갈 수 있다고 믿었다.[38] 사회학이 사회의 변동과 진보를 추구하는 이상 그것은 과학이어야 했고, 이와 같은 신념이 사회학의 성립으로 발전하는 전제가 되어왔다. 하지만 사회이론은 공공의 논쟁과 갈등을 핵심 주제로 삼아야 하고 사회학자는 경험 분석을 바탕으로 공공의 역할을 회복하는 것에도 의미를 두어야 한다.

지식은 궁극적으로 인간성humanity을 표방한다. 인간성의 형성은 교육의 본질로서 지식을 함양하는 데 있다. 지식과 학문, 교육이 인간성의 발양을 추구할 때 인간 공동체는 무너지지 않는다.[39] 교육이 공공성에 미치는 영향은 매우 크다. 교육은 기본적으로 보편적 가치를 지향하고, 배운 사람의 사회적 책임으로서 사적 이익보다 공적 대의에 헌신할 것을 요청한다.[40] 이에 비해 사회적 책임에 대한 무관심은 공공성의 약화를 가져오고 사회의 형성에 대한 지적 관심의 외면을 초래한다.

현대사회가 인간의 "관심을 천박하게 하고 또 좁게 하는 것은" 이 사회가 인간을 "소외시키는 체험으로 가득 차 있기 때문이다." 합리적 사고의 발달과 사회의 관료 조직화, 인간관계의 소원화疎遠化가 그 요인이겠지만 가장 중요한 원인은 삶의 기본적인 문제가 신경을 소모하고 감정 고갈을 요구하는 생존 경쟁으로 변했고, 이것이 삶의 터전으로서 사회와 자연 환경을 지배하는 원리가 되었기 때문이다.[41]

김우창이 지적하듯이, "관심의 천박화 경향"은 넓고 잡다한 세계에서 사람의 감각이나 정서에 지우는 부담이 크고, 감각을 피상적인 지식과 관심으로 대처하고 또 이 관심에서 정서적 요소를 제거해 감정의 부담을 가볍게 하는 데서 나타난다. 현대 생활의 지적인 면 자체가 깊은 체험의 충격을 피하기 위한 방법일 수 있고 인간의 "의식은 체험을 기피하는 하나의 방법이 된다." 사람들이 어떤 체험에 대해 감수성을 닫아버리는 것은 체험 자체의 증대보다도 체험의 성질로 인한 것이다.[42] 대량학살과 고문, 세월호 참사와 같은 사건이 가지는 성격이 바로 이런 경험일 것이다. 학문의 사회적 책임에 대한 자각, 곧 일깨움은 정치권력이 벌려놓은 인간관계의 소원화와 그 간격을 넘어설 수 있는 것이어야 한다.

클라우디아 카드와 아르멘 마르수비안Armen T. Marsoobian은 철학자의 도덕적 책무를 "제노사이드 렌즈를 통해 현대사"를 보고, "제노사이드에 대한 책임을 어떻게 부여하며 제노사이드에서 저질러진 악을 어떻게 회복할 것인가에 대한 이해"라고 밝힌다. 그들은 "제노사이드의 본질에 대한 개념적 이해와 이 이해가 우리에게 어떻게 제노사이드에 대응할 도덕적 요구를 만드는지"에 초점을 둔다.[43] 제노사이드에 대한 학문의 응답은 그것의 본질과 책임성, 도덕적 과제뿐만 아니라 비극적 인간의 존재와 이런 존재가 탄생하게 된 근대 국민국가의 정치권력과 주권을 어떻게 볼 것인가 하는 데 있다.

로버트 벨라Robert Bellah는 과학적 사회학이라는 표준적인 관점의 대안으로서 공공 철학이라는 사회학의 이상을 제안했다. 그는 사회를 공유된 의미와 가치, 사회규범의 영역으로 가정하고 개인의 이익과 물질적 이득, 권력을 넘어서는 사회적 도덕과 도덕적 목표를 결합시키는 질서로 요약한다. 공공 철학으로서 사회학은 사회의 총체적 시각을 회복하고자 하는데 벨라는 이것이 "자아, 사회, 역사 사이의 관계를 보여주는 인간학"이어야 함을 강조한다.[44] 그는 현재의 위기를 전할 수 있는 사회학의 도덕적 시각을 위하여 협의의 과학적 시각을 포기할 것을 제안한다. 그가 전개하는 공공 철학으로서 사회학은 경험적 사회 분석과 도덕적 주장을 혼합하는 공공 중심의 여러 학문 분야로 전환하려는 것이었다.

공공 철학으로서 사회학에 대한 시각의 중심에는 명백히 도덕적 의미가 있다. 사회학자들은 객관적 지식을 만든다는 그들의 주장을 옹호하기 위해 도덕적 가치와 임무를 회피했지만, 벨라는 사회학이 사회의 이해와 비판 그리고 희망의 수단이 되어야 할 것을 주장한다. 그는 사회학을 윤리적 반영의 한 유형이라고 인식했는데, 윤리적 반영의 목표는 사회에 대한 통합적·비판적 견해를 제공하는 것이다. 벨라는 도덕적·정치적 역할을 인식하는 사회학을 구상했다.[45]

오늘날 우리나라 대학에서 도덕과 윤리 교육의 실종은 개인이 공동체 차원의 시민으로서 져야 하는 의무와 자세를 준비시키는 시민 교육의 포기로 이어진다. 윤리와 도덕, 정의와 부정, 선과 악 등 공적 가치를 대학은 중요하게 가르치지 않는다. 윤리와 가치 교육의 부재는 시민 교육의 실종이 인간 교육의 붕괴로 연결되는 중대한 함의를 갖는다. 지식의 사회 기여, 개인의 공적 헌신과 영향력, 개인과 공동체의 관계에 대해서도 마찬가지다. 대학이 가치에 대해 소홀히 함으로써 공동체에서 시민이 되는 것이 무엇인지, 이런 문제가 왜 삶의 가치가 되어야 하는지, 시민 교육은 물론 인간 교육까지 거의 실종 상태에 이른다. 윤리적·도덕적 물음이 없는 교육은 그대로 가치와 윤리가 부재한 공동체로 이어진다.[46]

헤겔이 도달한 결론에 따르면, 국가는 윤리적 공동체ethical communities의 최종적인 발전 형태라고 할 수 있다. 그는 원자적이고 자기 이익만을 추구하는 개인들로 구성된 근대 시민사회의 보편성 결여를 비판하면서, 국가가 없으면 시민사회가 존속할 수 없고 또한 시민사회만으로는 '보편적 자유'를 구현할 수 없음을 일깨웠다.[47] 국가는 시민사회의 성격을 받아들이고 보편적 성격을 옹호함으로써 마침내 이성을 구현할 수 있게 된다. 국가는 윤리적 이념의 현실태이며 '윤리적 이성sittliche Vernunft'의 표현이다. 국가 내의 윤리성은 특수 의지와 보편 의지가 일체를 이룸으로써 성립하는 것인데, 윤리성은 그 자체로 반성적이고 이성적이다.[48]

보편적 이성의 실현이라는 측면에서, 인간의 역사가 거꾸로 갈 수 없는 사실은 사람이 얻은 '지식의 퇴적堆積'에 있다. 지식의 퇴적이 가져온 결과는 미신적·신화적·권위주의적 허구의 소멸과 붕괴다. 비민주적 통치체제를 떠받치는 권위의 상징은 효력을 상실하고 허구에 바탕을 둔 인간의 사회생활에 대한 제도적 지지와 권력 유지는 불가능하게 된다. "이 허구가 감추려는 것은 인간의 근본적 평등이다." 지식의 불가역적 퇴적은 전문적 의미의 학문이나 과학의 발달에만 적용되지 않는다. 사회적 의미에서 학문의 발달이 갖는 의미는 일상생활에서 인지의 발달에 있다.[49] 따라서 이성을 떠받치고 있는 지식 세계의 성찰이 지식의 축적에서 무엇보다 필요하다.

사람들의 일상세계와 공동체의 질서를 규정하는 정치의 영역이 아니면 근대의 역사적 상황에서 인간은 존재할 수 없다. 근대의 인간이 정치적일 수밖에 없는 이유이기도 하다. 레인홀드 니버Reinhold Niebuhr가 적절하게 설명하듯이, 정치의 영역은 윤리적 문제와 기술적 문제들이 맞닿은 점이지대다. 정치적 영역의 정책은 "그것이 도덕적으로 승인된 목적을 성취하는 데 효율적인 도구임"을 입증한다면 "본질적으로 악한 것"이 될 수 없다.[50] 정치가 도덕적 가치를 목적으로 하는 한 그것은 언제나 정치적 올바름으로 볼 수 있다. 인간의 사회적 존재 양식을 규정하고 삶에 질서를 부여하는 것이 정치이며, 이 정치의 올바름을 판단할 수 있는 윤리는 지식의 공공성과 퇴적된 지식을 근원으로 하는 인지의 판단 능력에 있다. 사회학이 또 다른 쓸모가 있다면 적어도 이와 같은 윤리적 판단과 공공성에 기여하는 것이라고 해야 할 것이다.

근대 지식의 공공성은 민주주의 문명의 토대를 구축해왔다. 그렇지만 근대문명의 합리화는 사회를 과학으로 설명하기 시작했고, 이성의 도구적 합리성은 그 자체가 절대 권력을 요구함으로써 스스로 신화가 되었다. 과학의 합리성은 인간을 해방시킨 측면이 있지만 또한 삶의 무의미를 증대시켰고, 합리주의는 삶의 보편타당한 도덕적 기준과 정치적 가치의 존재에 대한 신념을 뒷받침하지 못했다. 완전하고 무한한 존재로서 인간의 인식을 가능하게 했던 이성이 벌여놓은 인류의 비극은 근대 계몽주의자들이 추구한 진리와 모순된다. 이성에 제기된 모든 문제는 신으로부터 인간의 정신을 해방시킨 근대의 사상과 학문처럼 또다시 비판적 입장에서 사유할 것을 요구한다. 비판 이성은 진보에 대한 반성을 추구하고 학문의 공공성에 주의를 기울일 때 가능할 것이다.

민간인 학살사건은 완전하게 진실을 찾지는 못했지만 나름대로 큰 성과를 거두었다. 지난 30여 년간 이것을 의제로 다루어온 시민사회, 학계, 민주 정부의 노력은 이 문제의 역사적 보편성을 확립하려는 시도라고 볼 수 있다. 학문적으로 의미 있는 것은 과거청산과 지식의 축적 그리고 재생산이라고 할 수 있다. 개별 사건과 대량학살 전반에 관한 방대한 자료들은 국가와 시민사회, 개인과 공동체, 권력과 폭력, 가해자와 피해자, 책임과 정의, 비극과 서사에 대한 포괄적인 연구를 남겨두고 있다. 지난날의 아픔을 들춤으로써 우리는 한 발짝 앞으로 나아가는 윤리적 공동체의 신념을 정초해갈 수 있다.

정치권력으로부터 시민을 해방시키는 학문의 공공성은 철학적 해석과 비판 이성의 시험을 거쳐야 한다. 정치권력의 잔혹한 행위를 부인하거나 외면하고 싶은 부분적인 이유는 고통과 죽음에 대한 두려움 때문이다. 망각의 문제로 아파하는 것은 희생자들이지만 이를 부인하거나 외면하는 행위는 가해자뿐만 아니라 또 다른 집단학살과 그 이상의 정치공동체를 주시하는 것까지 종종 억압하게 한다. 이와 같은 난처함을 뒤로하고 제노사이드에서 도덕에 관한 사회이론을 정립하는 것은 계몽과 광기의 차이를 구별하고 이에 휩쓸리지 않는 비판 이성을 회복하는 길이기 때문이다.

학살의 가해 동기와 의도, 과정과 결과가 어떤 성격을 띠는가는 주권의 성립과 함께 18세기 이래 서유럽에서부터 확립되어온 근대성의 논리와 밀접한 연관을 갖는다. 근대의 합리적 이성으로는 도저히 불가능한 것으로 여겼던 일들이 대량학살로 이어졌기 때문이다. 제노사이드와 중대한 인권침해에 관한 연구는 근대 국민국가 일반의 인간이라는 존재의 비극성과 삶에 대한 관조를 피할 수 없다. 학문이 인간의 공동체 생활을 틀 짓는 사회의 형성과 거기에 질서를 부여하는 정치의 세계를 비판적으로 볼 수밖에 없는 이유이기도 하다. 계몽주의 형성에 중요한 역할을 한 대부분의 지성인들이 동의하듯이, 권력의 중앙 집중과 독점은 민주주의와 자유를 제한한다. 권력으로부터 지적 생활과 사상을 분리하는 것이 근대성의 기반이듯이, 제노사이드와 근대성의 탐구는 인간성을 회복하기 위해서뿐만 아니라 인류의 보편 권리를 정치권력으로부터 확립하기 위한 것이다.

　현대 학문이 계몽의 정신을 비판적으로 성찰하는 것은 근대의 인간을 정립하는 데 필요했던 하나의 근원으로 돌아가는 것을 의미한다. 이는 근대의 사유를 구축하는 데 토대가 되어온 계몽 속에 내재하는 퇴행을 비판하고, 계몽이 더 이상 야만의 상태가 되지 않도록 스스로 돌아볼 것을 요청하는 것이다. 대량학살에서 파생한 여러 가지 쟁점을 다루는 것은 근대의 형식으로서 정치권력의 본질을 문제 삼고, 국민국가의 등장과 시민사회의 표준화에 비판적이며 또한 폭력을 분석하는 것에 관심을 두는 것과 같다. 이렇게 결론지을 수 있다. 인간의 존엄성이 보편적이듯이 폭력도 보편적이고, 폭력으로 인한 비극의 보편성을 확립하는 것은 학문과 지식의 공공성에 있다.

미 주

제1부 근대 이성과 제노사이드

제1장 근대 이성과 계몽

1. 임마누엘 칸트, 이한구 편역, 「계몽이란 무엇인가에 대한 답변」, 『칸트의 역사철학』, 서광사, 2009, 13쪽.

2. 테리 이글턴, 조은경 옮김, 『신의 죽음 그리고 문화』, 알마, 2017, 43쪽.

3. 스티븐 사이드먼, 박창호 옮김, 『지식논쟁』, 문예출판사, 1999, 457~460쪽.

4. Weber, Max, *General Economic History*, translated by Frank H. Knight, New York: Collier Books, 1961, Part IV.

5. 스티븐 그린블랫, 이혜원 옮김, 『1417년, 근대의 탄생: 르네상스와 한 책 사냥꾼 이야기』, 까치, 2013, 15~19쪽.

6. Habermas, Jürgen, *The Philosophical Discourse of Modernity: Twelve Lectures*, translated by Frederick Lawrence, Cambridge: Polity Press, c1987, p. 7.

7. 르네이트 홀럽, 정철수 외 옮김, 『그람시의 여백: 맑스주의와 포스트모더니즘을 넘어』, 이후, 2000, 159쪽.

8. 조르조 아감벤, 박진우 옮김, 『호모사케르: 주권 권력과 벌거벗은 생명』, 새물결, 2008, 86쪽.

9. 한성훈, 『가면권력: 한국전쟁과 학살』, 후마니타스, 2014, 36~39쪽, 173~174쪽, 275쪽.

10. Bauman, Zygmunt, *Modernity and the Holocaust*, Ithaca: Cornell University Press, 1995, p. 90; 지그문트 바우만, 정일준 옮김, 『현대성과 홀로

코스트』, 새물결, 2013, 163쪽.

11. Weitz, Eric D., "The Modernity of Genocide: War, Race, and Revolution in the Twentieth Century", edited by Robert Gellately and Ben Kiernan, *The Specter of Genocide: Mass Murder in Historical Perspective*, New York: Cambridge University Press, 2003, p. 54. 독일의 역사적 맥락에서, 근대성의 이상과 제노사이드를 피의 행위로 규정하고 죽음의 세력을 주장하는 사람들이 행하는 특징으로 보는 경우도 있다. 예를 들면 다렌도르프(Ralf Dahrendorf)와 하버마스가 이 문제에 접근하는 방식은 계몽과 진보, 삶을 나타내는 근대성과 제노사이드가 완전히 일치하지 않는 것으로 이해한다. 그들에 따르면 제노사이드는 본질적으로 근대성과 관련이 없지만 오히려 그것은 빠른 역사적 발전과 틀에 박히고, 복잡한 역사 발전의 중간에서 폭발하는 야만적인 것의 유물이다. Fleming, Marie, "Genocide and the Body Politic in the Time of Modernity", edited by Robert Gellately and Ben Kiernan, *The Specter of Genocide: Mass Murder in Historical Perspective*, New York: Cambridge University Press, 2003, pp. 98~99.

12. Th. W. 아도르노·M. 호르크하이머, 김유동 옮김, 『계몽의 변증법』, 문학과지성사, 2012, 41쪽.

13. Th. W. 아도르노·M. 호르크하이머, 2012, 26~27쪽.

14. Th. W. 아도르노·M. 호르크하이머, 2012, 134~135쪽.

15. 테리 이글턴, 2017, 95쪽.

16. 김우창, 『체념의 조형: 김우창 문학선』, 나남, 2013, 362쪽.

17. Th. W. 아도르노·M. 호르크하이머, 2012, 21쪽.

18. 테리 이글턴, 2017, 250쪽.

19. Kaye, James and Bo Strath (eds), *Enlightenment and Genocide, Contradictions of Modernity*, Bruxelles: Peter Lang, 2000, pp. 13~15, p. 19, pp. 26~27; 존 도커, 신예경 옮김, 『고전으로 읽는 폭력의 기원』, 알마, 2012, 279쪽.

20. Lifton, Robert Jay, *The Nazi Doctors: Medical Killing and the Psychology of Genocide*, New York: Basic Books, 2000, pp. 490~491.

21. 존 도커, 2012, 277쪽.

22. 이삼성, 『20세기의 문명과 야만: 전쟁과 평화, 인간의 비극에 관한 정치적 성찰』, 한길사, 1998, 138~141쪽.

23. Adorno, Theodor W., *Negative Dialectics*, Continuum: New York, 1983, p. 362; Fleming, 2003, p. 103 재인용.

24. 임철규, 『죽음』, 한길사, 2012, 142쪽.

25. Th. W. 아도르노 · M. 호르크하이머, 2012, 14~15쪽.

26. Bauman, 1995, pp. 88~89.

27. Wokler, Robert, "The Enlightenment Project on the Eve of the Holocaust", in Kaye and Strath (eds), *Enlightenment and Genocide, Contradictions of Modernity*, Bruxelles: Peter Lang, 2000, pp. 64~69, p. 77; 존 도커, 2012, 279쪽.

28. 존 도커, 2012, 284~285쪽, 288쪽. 스피노자의 이성에 대한 자세한 해석은 다음을 참고한다. 백종현, 『이성의 역사』, 아카넷, 2017, 287~306쪽.

29. 스티븐 내들러, 김호경 옮김, 『스피노자와 근대의 탄생: 지옥에서 꾸며낸 책 「신학정치론」』, 글항아리, 2014, 257쪽.

30. 테리 이글턴, 2017, 135쪽. 이와 유사하게 윌리엄 블레이크(William Blake)에게 "상상력은 인간 존재의 유일하고 진정한 양식"이고, "아(我)와 비아(非我), 주체와 대상, 정신과 물질, 시간과 영원함, 내면과 외연, 자아와 세계 사이를 잇는" 연결고리다. 이글턴은 상상력을 "현실의 것을 인간 욕망의 반투명한 매체로 재구성하는 변화의 원동력"이라고 설명한다(133쪽).

31. 존 도커, 2012, 305쪽.

32. 존 도커, 2012, 305~306쪽.

33. 필립 고레비치, 강미경 옮김, 『내일 우리 가족이 죽게 될 거라는 걸, 제발 전해주세요!』, 갈라파고스, 2011, 121쪽.

34. Melson, Robert, "Modern Genocide in Rwanda: Ideology, Revolution, War, and Mass Murder in an African State", edited by Robert Gellately and Ben Kiernan, *The Specter of Genocide: Mass Murder in Historical Perspective*, New York: Cambridge University Press, 2003, p. 337.

35. 벤자민 발렌티노, 장원석 · 허호준 옮김, 『20세기의 대령학살과 제노사이

드』, 제주대학교출판부, 2006, 78쪽. 프루니에는 살인자 수가 8만 명에서 10만여 명인 것으로 추정한다. Prunier, Gérard, *The Rwanda Crisis, History of a Genocide 1959-1994*, London: Hurst and Co., 1995, p. 342; Levene, Mark, *Genocide in the Age of the Nation-State: Volume I, The Meaning of Genocide*, London and New York: I. B. Tauris, 2005, p. 98 재인용.

36. 집단의 도덕적 공동 책임에 대한 매우 뛰어난 르완다 사례 연구는 다음 글을 참고한다. Miller, Seumas, "Collective Responsibility, Armed Intervention and the Rwandan Genocide", *International Journal of Applied Philosophy*, Vol. 12, No. 2, Fal. 1998, pp. 223~238.

37. 1959년부터 이어져온 르완다 사회혁명의 성과를 포기하게끔 만들고 투치족의 경제 부문 지배력 강화와 정권을 교체하려는 미국의 움직임 그리고 ICTR 재판에서 입증하지 못한 후투족 가해자의 내용은 다음을 참고한다. 노암 촘스키 · 에드워드 S. 허먼 · 데이비드 페터슨, 박종일 옮김, 『학살의 정치학』, 인간사랑, 2011, 105~139쪽.

38. 김남섭, 「스탈린 체제와 러시아의 과거청산」, 안병직 외 10인, 『세계의 과거사 청산』, 푸른역사, 2005, 330~341쪽. 1937~1938년의 'Great Terror' 과정은 다음 글이 아주 유용하다. Werth, Nicolas, "The Mechanism of a Mass Crime: The Great Terror in the Soviet Union", edited by Robert Gellately and Ben Kiernan, *The Specter of Genocide: Mass Murder in Historical Perspective*, New York: Cambridge University Press, 2003, pp. 215~239.

39. 최호근, 『제노사이드: 학살과 은폐의 역사』, 책세상, 2005, 243쪽.

40. 공산주의 사회를 꿈꾼 사회주의 체제의 대량학살에 대한 내용은 다음 글을 참고한다. 벤자민 발렌티노, 2006, 165~251쪽.

41. Schmidt, Volker H., "Multiple Modernities or Varieties of Modernity?", *Current Sociology*, Vol. 54, No. 1, Jan. 2006, pp. 81~82.

42. 찰스 테일러, 이상길 옮김, 『근대의 사회적 상상』, 이음, 2010, 43~44쪽.

43. 존 도커, 2012, 308~309쪽.

44. 에드먼드 닐, 이화여대 통번역연구소 옮김, 『마이클 오크숏』, 아산정책연구원, 2012, 62쪽.

45. 프리모 레비, 이현경 옮김, 『이것이 인간인가』, 돌베개, 2007, 269쪽.

제2장 G-단어의 정치학

1. Hirsch, Herbert, *Genocide and the Politics of Memory: Studying Death to Preserve Life*, Chapel Hill: University of a North Carolina Press, 1995, pp. 75~76; 허버트 허시, 강성현 옮김, 『제노사이드와 기억의 정치』, 책세상, 2009, 131~132쪽.

2. Longerich, Peter, *Holocaust: The Nazi Persecution and Murder of the Jew*, Oxford: Oxford University Press, 2010, p. 5; 임철규, 『죽음』, 한길사, 2012, 121쪽 재인용.

3. 이삼성, 『세계와 미국: 20세기의 반성과 21세기의 전망』, 한길사, 2001, 484~485쪽.

4. 스테판 에셀, 임희근 · 김희진 옮김, 『세기와 춤추다: 행동하는 지성, 스테판 에셀 회고록』, 돌베개, 2013, 159~160쪽.

5. Power, Samantha, *A Problem from Hell: America and the Age of Genocide*, New York: Basic Books, 2002, p. 359; 사만다 파워, 김보영 옮김, 『미국과 대량학살의 시대』, 에코리브르, 2004, 564쪽.

6. 이삼성, 2001, 678~679쪽.

7. 스탠리 코언, 조효제 옮김, 『잔인한 국가 외면하는 대중: 왜 국가와 사회는 인권 침해를 부인하는가』, 창비, 2009, 344쪽.

8. 필립 고레비치, 강미경 옮김, 『내일 우리 가족이 죽게 될 거라는 걸, 제발 전해주세요!』, 갈라파고스, 2011, 190~191쪽.

9. 아주 자세한 내용은 다음 책을 참고한다. 마틴 메러디스, 이순희 옮김 · 김광수 감수, 『아프리카의 운명: 인류의 요람에 새겨진 상처와 오욕의 아프리카 현대사』, 휴머니스트, 2014; Meredith, Martin, *The Fate of Africa: A History of the Continent Since Independence: A History of Fifty Years of Independence*, New York: Public Affairs, 2005.

10. 이 부분에 대한 자세한 내용은 다음을 참고한다. 리처드 로빈스, 김병순 옮김,

『세계문제와 자본주의 문화: 생산·소비·노동·국가의 인류학』, 돌베개, 2014, 552~560쪽.

11. 렘킨이 잔학행위에 관심을 갖고 자신의 국제법 지식을 동원해 이를 연구하는 것과 유엔에서 제노사이드를 협약을 논의할 때 실질적인 내용이 들어가게끔 노력하는 자세한 과정은 다음에서 볼 수 있다. Power, 2002, pp. 20~78; 사만다 파워, 2004, 51~142쪽; Film, *Watchers on the Sky*, 2015.

12. Kuper, Leo, *Genocide: Its Political Use in the Twentieth Century*, New Haven: Yale University Press, 1981, p. 39.

13. Kuper, 1981, p. 161.

14. Heidenrich, John G., *How to Prevent Genocide*, Westport: Praeger, 2001, p. 2.

15. Bartov, Omer, "The Roots of Modern Genocide: On the Macro-and Microhistory of Mass Murder", edited by Robert Gellately and Ben Kiernan, *The Specter of Genocide: Mass Murder in Historical Perspective*, New York: Cambridge University Press, 2003, p. 77.

16. 유엔협약에서 정치 집단의 배제 과정과 제노사이드의 범위 등에 대한 비판적 고찰은 다음에서 알 수 있다. 최호근, 『제노사이드: 학살과 은폐의 역사』, 책세상, 2005, 38~45쪽.

17. Kuper, Leo, *The Prevention of Genocide*, New Haven: Yale University Press, 1985, p. 12.

18. 이 문제에 대한 유엔과 미국, 개별 국가의 논의 그리고 크메르 루주 정권의 대응에 대한 자세한 내용은 다음에서 볼 수 있다. Power, 2002, pp. 121~132; 사만다 파워, 2004, 210~225쪽.

19. 최호근, 『제노사이드: 학살과 은폐의 역사』, 책세상, 2005, 243쪽.

20. 전보의 전문은 다음을 참조한다. http://www.spiegel.de/fotostrecke/eduard-schulte-industrieller-warnte-vor-dem-holocaust-fotostrecke-150263-12.html

21. 『한겨레』, 2017. 4. 19.

22. "강제로 유럽 국가 하나를 도려내고 제노사이드를 자행한 세르비아 관리들에

맞서 행동할 의사를 전혀 보이지 않는 국무부에서 나는 더 이상 근무할 수 없다." 미국 국무부 보스니아 담당 사무관 마셜 해리스(Marshall Harris), 1993. 8. 4; "미국이 구 유고슬라비아의 전쟁과 관련한 결의를 우선 외교정책으로 삼기를 꺼리는 것에 개인적으로 그리고 직업적으로 비통함을 느낀다." 미국 국무부 정보분석가 존 웨스턴(John Western), 1993. 8. 6; "나는 더 이상 공격과 제노사이드를 정당화하는 이런 평화 과정에 대한 미국의 지지를 묵인할 수 없다." 미국 국무부 크로아티아 담당사무관 스티븐 워커(Steven Walker), 1993. 8. 23; Power, 2002; 사만다 파워, 2004.

23. 유엔캄보디아 특별재판부의 구성과 관할 범위, 재판 내용은 다음을 참고한다. 강경모, 『유엔캄보디아 특별재판부 연구』, 전환기정의연구원, 2016, 142~148쪽.

24. 노암 촘스키·에드워드 S. 허먼·데이비드 페터슨, 박종일 옮김, 『학살의 정치학』, 인간사랑, 2011, 220쪽. 강조는 원저자.

25. 노암 촘스키·에드워드 S. 허먼·데이비드 페터슨, 2011, 226쪽. 촘스키와 저자들은 학살 문제에 대한 미국과 서방 국가들의 패권, 미디어와 지식인들의 편향에 대해서 매우 강하게 비판한다.

26. 헌정질서 파괴범죄는 형법 제2편 제1장 내란의 죄, 제2장 외환의 죄와 군형법 제2편 제1장 반란의 죄, 제2장 이적의 죄를 말한다(법률 제5028호, 1995. 12. 21 제정, 시행 1995. 12. 21).

27. 조국, 「'반인권적 국가범죄'의 공소시효 정지·배제와 소급효금지의 원칙」, 『형사법연구』 제17호, 2002.

28. 이 목록을 바탕으로 한 연구서는 다음 책이다. Docker, John, *The Origins of Violence*, London: Pluto Press, 2008; 존 도커, 신예경 옮김, 『고전으로 읽는 폭력의 기원』, 알마, 2012.

29. 유엔과 미국의 관계에 대한 매우 자세한 내용은 다음을 참고한다. 이삼성, 2001, 667~710쪽.

30. 이 법정의 정식 명칭은 다음과 같다. 'International Tribunal for the Prosecution of Persons Responsible for Serious Violations of International Humanitarian Law Committed in the Territory of the Former Yugoslavia since 1991'.

31. 세르비아계의 잔혹한 행위는 다음에서 참고한다. Power, 2002, pp. 247~255; 사만다 파워, 2004, 397~408쪽.

32. Power, 2002, pp. 475~479; 사만다 파워, 2004, 744~749쪽.

33. AP, 2013. 5. 30.

34. 법정의 정식 명칭은 다음과 같다. 'International Criminal Tribunal for the Prosecution of Persons Responsible for Genocide and Other Serious Violations of International Humanitarian Law Committed in the Territory of Rwanda and Rwanda Citizens responsible for genocide and other such violations committed in the territory of neighbouring States, between 1 January 1994 and 31 December 1994'.

35. Power, 2002, pp. 484~486; 사만다 파워, 2004, 756~757쪽, 759쪽.

36. ICTR, The Prosecutor v. Jean-Paul Akayesu (Trial Judgement), ICTR -96-4-T, International Criminal Tribunal for Rwanda (ICTR), 2 September 1998, p. 166.

37. '희생자'와 '피해자'의 개념은 차이가 있다. 다치거나 죽는 것처럼 어떤 사건으로부터 피해를 입은 사람은 '희생자'이고, 해(害)를 입은 당사자는 '피해자'라고 한다. 법률 용어인 '피해자'의 상대어는 '가해자'다. 민간인 학살에서 '희생'이라는 용어는 다음 법률에서 사용하고 있다. 진실 · 화해를 위한 과거사정리 기본법 제2조 ①항 3호 "1945년 8월 15일부터 한국전쟁 전후의 시기에 불법적으로 이루어진 민간인 집단 희생사건"(법률 제12920호, 일부 개정 2014. 12. 30). 책에서는 가능한 대로 두 용어를 구분해서 사용하지만 개념과 의미의 중복을 피할 수는 없다. 피해자 용어와 피해자학에 대한 논의는 다음을 참고한다. 김영구, 『'피해자 중심 인권운동'의 전개과정과 성과에 관한 연구: '노근리 사건대책위원회'를 중심으로』, 경희대학교 NGO대학원 석사학위논문, 2008.

38. 이하 ICTR의 역사적 성과는 다음에서 인용한다. 박선기, 「르완다 제노사이드, 르완다 국제형사재판소, 그리고 르완다와 아프리카로부터의 교훈집」, 진실화해위원회, 『세계 과거사청산의 흐름과 한국의 과거사정리 후속조치방안 모색』, 국제심포지엄, 매경미디어센터 12층, 2009. 10. 27, 101~118쪽.

39. Melson, Robert, "Modern Genocide in Rwanda: Ideology, Revolution,

War, and Mass Murder in an African State", edited by Robert Gellately and Ben Kiernan, *The Specter of Genocide: Mass Murder in Historical Perspective*, New York: Cambridge University Press, 2003, pp. 333~334.

40. Power, 2002, p. 333; 사만다 파워, 2004, 526~527쪽.

41. 인테라함웨는 '함께 공격하는 사람들', 임푸자무감비는 '목적이 단 하나뿐인 사람들'이라는 뜻이다.

42. 리처드 로빈스, 2014, 557~558쪽.

43. 필립 고레비치, 2011, 108~127쪽.

44. Grossman, Dave, *On Killing: The Psychological Cost of Learning to Kill in War and Society*, Boston: Little, Brow, 1995; 데이브 그로스먼, 이동훈 옮김, 『살인의 심리학』, 플래닛, 2011, 464~477쪽.

45. Gourevitch, Philip, *We Wish to Inform You That Tomorrow We Will Be Killed With Our Families: Stories from Rwanda*, New York: Farrar, Straus, and Giroux, Picador, 1998; 필립 고레비치, 2011; Film, *Hotel Rwanda*, 2004.

46. 촘스키(Noam Chomsky)와 허만(Edward S. Herman), 페터슨(David Peterson)은 침략 범죄에 대한 국제형사법정의 한계와 미국을 중심으로 한 강대국의 침략 행위가 면죄부를 받은 과정을 비판한다. 노암 촘스키·에드워드 S. 허먼·데이비드 페터슨, 2011, 35~39쪽.

47. 박선기, 2009, 104쪽.

48. Ryan, Cornelius, *The Last Battle*, New York: Popular Library, 1966.

49. Amnesty International, *Bosnia-Herzegovina: Rape and Sexual Abuse by Armed Forces*, New York: Amnesty International U.S.A., 1993.

50. Hirsch, 1995, p. 6; 허버트 허시, 2009, 26쪽.

51. Niarchos, Catherine N., "Women, War and, Rape: Challenges Facing The International Tribunal for the Former Yugoslavia", *Human Rights Quarterly*, Vol. 17, No. 4, Nov. 1995, p. 677.

52. The ICTY, Prosecutor v. Anto Furundzija, (10 December 1998), para. 168. Furundžija(IT-95-17/1) 사건 진행과 자세한 관련 문서는 다음에서 확인

할 수 있다. http://www.icty.org/case/furundzija/4#tord/

53. 1863년 미국 리버법(Lieber Code) 제44조와 1907년 제4차 헤이그협약 제46
조 및 제2차 세계대전 연합군 전시통제법(Control Council Law No. 10) 제2
조 제1항은 전시 강간을 금지한다. 전시통제법은 전시 강간을 인도에 반하는 죄
(Crimes against Humanity)로 규정한 첫 국제법이다. 1949년 제4차 제네바
협약 제27조 2항은 "여성들은 그들의 명예를 손상시키는 강간, 강제 매춘 또는
모든 형태의 성적 수치심을 불러일으키는 폭력으로부터 특별히 보호받아야 한
다"고 명시했다. 1977년 제네바협약 제1추가의정서 제75조는 "인간의 존엄성을
해치는 행위, 특히 굴욕적이고 참담한 처우, 강제 매춘 그리고 모든 형태의 성적
수치심을 불러일으키는 폭력"을 금지하고 있다. 제76조는 "여성들은 특별히 존
중받아야 하며, 특히 강간, 강제 매춘 그리고 모든 형태의 성적 수치심을 불러일
으키는 폭력으로부터 보호받아야 한다"고 규정한다.

54. 상급자의 책임에 대한 내용은 다음을 참고한다. 한성훈, 『가면권력: 한국전쟁
과 학살』, 후마니타스, 2014, 173쪽.

55. Barber, Laurie, "The Yamashita War Crimes Trial Revisited", Vol.
1, No. 2, Sep. 1998, *The Electronic Journal of Military History*, within
the History Department at the University of Waikato, Hamilton,
New Zealand; U.S. Supreme Court, 4 Feb. 1946, APPLICATION OF
YAMASHITA, 327 U. S. 1, 1946.

56. Landrum, Major Bruce D., "The Yamashita War Crimes Trial:
Command Responsibility Then and Now", *The Military Law Review*,
Vol. 149, Sum. 1995. 이 재판의 중요한 쟁점인 상급자의 책임을 우리나라의
로마규정 이행 법률이 갖고 있는 모순을 지적하고, 야마시타 재판과 로마규정
으로 상급자 책임의 원칙을 일반 원칙으로 확립할 것을 주장하는 연구가 있다.
이윤제, 「야마시타 사건과 상급자 책임」, 『서울국제법연구』, 제20권 1호, 2013,
1~27쪽.

57. 이 내용과 '무토 전설'에 대한 내용은 다음에서 알 수 있다. 야마모토 시치헤
이, 최용우 옮김, 『어느 하급 장교가 바라본 일본제국의 육군』, 글항아리, 2016,
370~372쪽.

58. 진실화해위원회, 「함평 11사단 사건」, 『2007년 상반기 조사보고서』, 2007, 467~546쪽.

59. 이금남 증언(2000. 10. 30), 해보면사무소 면장실, 김영택, 『한국전쟁과 함평 양민학살』, 사회문화원, 2001, 245~246쪽.

60. 정귀례 증언(2006. 6. 28), 진실화해위원회, 「함평 11사단 사건」, 『2007년 상반기 조사보고서』, 2007, 494쪽.

61. 김석주 증언(2006. 6. 29), 진실화해위원회, 「함평 11사단 사건」, 『2007년 상반기 조사보고서』, 2007, 528쪽.

62. 정찬동, 『함평양민학살』, 시와사람, 1999, 75~84쪽, 185~198쪽.

63. 「1951년 국무총리실 인사비밀 관계서류철」, 진실화해위원회, 『2007년 하반기 조사보고서』, 2008, 741~744쪽.

64. Woman and Child Rights Project (Southern Burma) & Human Rights Foundation of Monland, Burma (Bangkok, Thailand), *Catwalk to the barracks: conscription of women for sexual slavery and other practices of sexual violence by troops of the Burmese military regime in Mon areas*, Bangkok: Woman and Child Rights Project (Southern Burma), Human Rights Foundation of Monland (Burma), 2005.

65. http://www.un.org/en/ga/search/view_doc.asp?symbol=S/RES/1820

66. 강간 행위와 고문의 구성 요소에 대한 상세한 내용은 다음에서 볼 수 있다. 강경모, 2016, 243~247쪽.

67. 캄보디아 S-21수용소 학살은 다음에서 참고한다. 한성훈, 2014, 36~37쪽.

68. 임철규, 『고전: 인간의 계보학』, 한길사, 2016, 72~73쪽.

제3장 국가 이성과 학살

1. Melson, Robert, *Revolution and Genocide: On the Origins of the Armenian Genocide and the Holocaust*, Chicago and London: University Of Chicago Press, 1992, pp. xvi~1.

2. Fein, Helen, *Genocide, A Sociological Perspective*, London: SAGE

Publications, 1993, pp. 38~39.

3. Fein, 1993, p. 36.

4. Lemkin, Raphael, *Axis Rule in Occupied Europe*, Washington D. C.: Carnegie Endowment, 1944, pp. 79~82.

5. Robinson, Nehemiah, *The Genocide Convention: a Commentary*, New York: Institute of Jewish Affairs, World Jewish Congress, 1960, p. 59.

6. LeBlanc, Lawrence J., "The Intent to Destroy Groups in the Genocide Convention: The Proposed U.S. Understanding", *American Journal of Int'l Law*, Vol. 78, No. 2, Apr. 1984, p. 686.

7. Kuper, Leo, *Genocide: Its Political Use in the Twentieth Century*, New Haven: Yale University Press, 1981, pp. 11~18.

8. Chalk, Frank and Jonassohn Kurt, *The History and Sociology of Genocide: Analyses and Case Studies*, New Haven and London: Yale University Press, 1990, p. 18.

9. 다음 책에 자세한 내용이 실려 있다. Phạm Thành Công, *The Witness from Pinkville: Memoir by One If the Survivors of the Mỹ Lai-Sơn Mỹ Massacre, March 1968*, trans. by Nhật Đan, Ho Chi Minh: First News-Tri Viet Publishing Co., LTD, 2016.

10. 황점순 증언(2001. 11. 7), 신나영, 경남 마산시 진전면 곡안리 168(자택), 민간인 학살 진상규명 범국민위원회, 『증언으로 듣는 민간인 학살: 끝나지 않은 전쟁』, 2002, 44쪽.

11. 이 사건에 대한 경위는 다음을 참고한다. 진실화해위원회, 「미 지상군 관련 희생 사건」, 『2010년 상반기 조사보고서 07』, 2010, 754~758쪽.

12. 생존자들이 전하는 현장 상황은 다음에서 내용을 요약한다. 진실화해위원회, 「미 지상군 관련 희생 사건」, 『2010년 상반기 조사보고서 07』, 2010, 757~762쪽.

13. 사망자 가운데 이귀득의 출산 내용은 다음 기사에서 알 수 있다. 『경남도민일보』, 1999. 10. 6.

14. 이 사건의 증언자와 그 내용은 다음 자료에 있다. 황점순 증언(2007. 10. 24); 김영상 증언(2008. 6. 25), 진실화해위원회, 「부산·경남지역 형무소 재소자 희생

사건」,『2009년 상반기 조사보고서 03』, 2009, 350~374쪽, 440쪽, 530~532쪽.

15. Browning, Christopher R., *Ordinary Men: Reserve Police Battalion 101 and the Final Solution in Poland*, New York: Harper Perennial, 1998, pp. 160~161; 크리스토프 R. 브라우닝, 이진모 옮김,『아주 평범한 사람들: 101예비경찰대대와 유대인 학살』, 책과함께, 2010, 239~240쪽.

16. 『한겨레21』, 제308호, 2000. 5. 18; 김현아,『전쟁의 기억 기억의 전쟁』, 책갈피, 2002, 264쪽.

17. 가해자의 성격과 학살에 대한 내용은 다음을 참고한다. 한성훈,『가면권력: 한국전쟁과 학살』, 후마니타스, 2014, 214~221쪽.

18. 전라북도의회 6·25양민학살진상실태조사특별위원회,『6·25양민학살진상실태조사보고서』, 1994, 118쪽.

19. 진실화해위원회,「고창 월림 집단희생 사건」,『2007년 하반기 조사보고서』, 2008, 721~747쪽.

20. 이 문구는 다음에서 얻었다. 임철규,『고전: 인간의 계보학』, 한길사, 2016, 125쪽.

21. 진실화해위원회,「강화(강화도, 석모도, 주문도)지역 민간인 희생사건」,『2008년 상반기 조사보고서 02』, 2008, 682~683쪽.

22. 김동환 증언,「강화 특공대원의 고백: 학살배후에 경찰이 있었다」,『월간 말』, 1999, 7월호.

23. 김동춘,『전쟁과 사회: 우리에게 한국전쟁은 무엇이었나?』, 돌베개, 2000; 박명림,『한국 1950: 전쟁과 평화』, 나남출판, 2002; 최호근,『제노사이드: 학살과 은폐의 역사』, 책세상, 2005; 한국전쟁 전후 민간인 학살 범국민위원회 엮음,『한국전쟁전후 민간인 학살 실태보고서』, 한울, 2005; 김영범,『민중의 귀환, 기억의 호출』, 한국학술정보, 2010; 박명림,『역사와 지식과 사회: 한국전쟁 이해와 한국사회』, 나남, 2011; 김동춘,『이것은 기억과의 전쟁이다』, 사계절, 2013a; 한성훈, 2014; 진실화해위원회,『종합보고서 I~IV』, 2010.

24. 조병권의 사연에 대한 간략한 내용이 다음 책에 실려 있다. 황우권,『한미관계와 커뮤니케이션: 미국을 다시 본다』, 이진출판사, 2000, 79쪽.

25. 조병권 증언(2000. 5. 26), 한성훈, 서울시 종로구 신문로1가 한글회관. 민간인

학살의 피해자 모임에서 조병권이 증언한 내용이다.

26. 『한국일보』, 2003. 4. 18.

27. 진실화해위원회, 「광주·목포·순천·전주·군산형무소 재소자 희생사건」, 『2010년 상반기 조사보고서 04』, 2010, 535~537쪽.

28. Kuper, 1981, p. 92, p. 102.

29. 비인간화 테제는 다음을 참고한다. 한성훈, 2014, 31~33쪽, 290쪽.

30. 노암 촘스키·에드워드 S. 허먼·데이비드 페터슨, 2011, 181~186쪽.

31. Dwyer, Leslie and Degung Santikarma, "When the World Turned to Chaos", edited by Robert Gellately and Ben Kiernan, *The Specter of Genocide: Mass Murder in Historical Perspective*, New York: Cambridge University Press, 2003, pp. 290~291. 케네디(John F. Kennedy)가 '진보를 위한 동맹(Alliance for Progress)'을 내세우며 제3세계 국가의 중립 외교노선을 존중했지만, 실제로는 민주주의 확산 정책보다 미국의 국익을 우선으로 민주 국가의 정권을 CIA 작전으로 교체한 경우가 잦았다. 도미니카의 후안 보슈(Juan Bosch)와 인도네시아의 수카르노 정부를 무너뜨린 게 대표적이다. 상세한 내용은 김재천, 『CIA 블랙박스: 모든 사건의 뒤에는 그들이 있다!』, 플래닛미디어, 2011, 3장을 참고한다.

32. Ali, Tariq, *The Clash of Fundamentalisms: Crusades, Jihads and Modernity*, London and New York: Verso, 2002, pp. 379~380; Blumenthal, David A. and Timothy L. H. McCormack, *The Legacy of Nuremberg: Civilising Influence or Institutionalised Vengeance?* (International humanitarian law series), Leiden·Boston: Martinus Nijhoff Publishers, 2008, pp. 80~81.

33. 좀 더 자세한 내용은 다음 책에서 볼 수 있다. 이삼성, 『세계와 미국: 20세기의 반성과 21세기의 전망』, 한길사, 2001, 545~548쪽.

34. Chalk, 1990, pp. 30~35.

35. van den Berghe, Pierre L., "The Modern State: Nation-builder Or Nation-killer?", *International Journal of Group Tensions*, Vol. 22, No. 3, fal. 1992, p. 191; 리처드 로빈스, 김병순 옮김, 『세계문제와 자본주의 문화: 생

산·소비·노동·국가의 인류학』, 돌베개, 2014, 244쪽 재인용.

36. 사만다 파워, 김보영 옮김, 『미국과 대량학살의 시대』, 에코리브르, 2004, 760쪽.

37. 스탠턴이 분류한 단계는 분류(classification)와 상징화(symbolization), 비인간화(dehumanization), 조직화(organization), 양극화(polarization), 식별화(preparation), 멸절(extermination), 부인(denial)이다. Gregory H. Stanton, "The 8 Stages of Genocide". This article was originally written in 1996 and was presented as the first Working Paper (GS 01) of the Yale Program in Genocide Studies in 1998. 스탠턴의 글은 다음에서 참고할 수 있다. 김상기, 『제노사이드 속 폭력』, 선인, 2008, 188쪽.

38. 스탠턴의 논의를 국민보도연맹 사건에 적용한 연구는 다음과 같다. 오병두, 「국민보도연맹과 예비검속: 제노사이드(Genocide)의 관점에서」, 민주주의법학연구회, 『민주법학』 제43호, 2010, 92~93쪽. 국민보도연맹원 학살을 제노사이드 관점에서 분석한 것도 있다. 최호근, 2005, 423~427쪽.

39. Staub, Ervin, *The Roots of Evil: The Origins of Genocide and Other Group Violence*, New York: Cambridge University Press, 1989, pp. 245~255.

40. 콩고 동부지역에서 벌어진 학살의 일자별 내용과 주요 학살 현장, 난민 캠프 위치에 대한 지도와 상세한 사항은 다음에서 참고한다. Reyntjens, Filip and René Lemarchand, "Mass Murder in Eastern Congo, 1996-1997"; edited by Lemarchand, René, *Forgotten Genocides: Oblivion, Denial, and Memory*, Philadelphia: University of Pennsylvania Press, 2011, pp. 20~36.

41. Prunier, Gérard, *Africa's World War: Congo, the Rwandan Genocide, and the Making of a Continental Catastrophe*, New York: Oxford University Press, 2009, p. 333.

42. 김동춘, 2000, 55쪽.

43. 북한 사회주의체제 수립 과정에서 일어난 학살은 다음에서 상세히 알 수 있다. 한성훈, 『전쟁과 인민: 북한 사회주의 체제의 성립과 인민의 탄생』, 돌베개, 2012, 235~295쪽.

44. 제주4·3사건 진상규명 및 희생자 명예회복위원회, 『제주4·3사건 진상조사 보고서』, 2003, 536쪽.

45. 김득중, 『빨갱이의 탄생: 여순사건과 반공 국가의 형성』, 선인, 2009.

46. 진실화해위원회, 『종합보고서 III: 민간인 집단희생 사건』, 2010, 70∼87쪽.

47. 박명림, 『한국 1950: 전쟁과 평화』, 나남출판, 2002, 361쪽.

48. Nagengast, Carole, "Violence, Terror, and the Crisis of the State", *Annual Review of Anthropology*, Vol. 23, Oct. 1994, pp. 121∼122.

49. 최장집, 『한국민주주의의 조건과 전망』, 나남출판, 1996, 147쪽.

50. 박선기 인터뷰는 다음 자료에서 볼 수 있다. 『위클리경향』, 제887호, 2010. 8. 10; 『뉴스한국』, 2013. 4. 25; http://www.newshankuk.com/news/content.asp?articleno=201304251817552884

51. Herz, Michael and Peter Molnar, *The Content and Context of Hate Speech: Rethinking Regulation and Responses*, Cambridge: Cambridge University Press, 2012.

52. 홀로코스트 부정과 증오 표현에 대한 각 나라별 연구는 다음을 참고한다. 이재승, 「기억과 법: 홀로코스트 부정」, 『법철학연구』 11권 1호, 2008, 223∼252쪽.

53. 이소영, 「기억의 규제와 "규제를 통한 기억하기"?: 홀로코스트 부정(Holocaust denial) 규제 법제와 사회적 기억의 구성」, 『법학연구』 21권 4호, 2013, 405∼430쪽.

54. 스탠리 코언, 조효제 옮김, 『잔인한 국가 외면하는 대중: 왜 국가와 사회는 인권침해를 부인하는가』, 창비, 2009, 540∼542쪽. 홀로코스트를 부인하는 행위를 금지하는 법을 제정한 이유는 피해자 배려와 단순한 주장이나 학문적 주장만으로는 수정주의 역사 부인을 막지 못할 것이라는 생각, 그리고 유럽 극우파의 부활을 우려하기 때문이다. 부인 금지법에는 사실의 부인과 해석의 부인, 부인의 정당화라고 하는 세 가지 형태의 부인 사례를 다룬다.

55. 피에르 부르디외, 김현경 옮김, 『언어와 상징권력』, 나남, 2014, 40∼41쪽.

56. Tsai, Robert L., "Introduction: The Politics of Hate", *Journal of Hate Studies*, Vol. 10, No. 1, 2012, p. 9.

57. Staub, 1989, pp. 250∼255.

58. 존 도커, 신예경 옮김, 『고전으로 읽는 폭력의 기원』, 알마, 2012, 148쪽.

59. Arendt, Hannah, *On Violence*, New York: Harcourt, c1970, p. 28; 한나 아렌트, 김정한 옮김, 『폭력의 세기』, 이후, 1999, 56쪽.

60. Stone, Marla, "Italian Fascism's Soviet Enemy and the Propaganda of Hate, 1941-1943", *Journal of Hate Studies*, Vol. 10, No. 1, 2012, p. 75.

61. 북한의 인민 형성 과정과 계급교양은 다음에서 자세히 다룬다. 한성훈, 2012, 369~456쪽.

제2부 전쟁과 학살

제4장 전쟁과 민주주의

1. 임마누엘 칸트, 이한구 옮김, 『하나의 철학적 기획: 영구평화론』, 서광사, 2013, 28~29쪽.

2. Rummel, R. J., *Death by Government*, New Brunswick: Transaction, 1994, p. 9.

3. Johnson, James Turner, "Just War, As It Was and Is", *First Things*, January 2005.

4. Hirsch, Herbert, *Genocide and the Politics of Memory: Studying Death to Preserve Life*, Chapel Hill: University of a North Carolina Press, 1995, p. 128; 허버트 허시, 강성현 옮김, 『제노사이드와 기억의 정치』, 책세상, 2009, 214~215쪽.

5. 이와 같은 논의를 '전쟁정치'라고 한다. 자세한 내용은 다음에서 알 수 있다. 김동춘, 『전쟁정치: 한국정치의 메카니즘과 국가폭력』, 길, 2013b, 170~171쪽.

6. 김학준, 「4·19 이후 5·16까지의 진보주의 운동」, 강만길 외, 『4월 혁명론』, 한길사, 1983, 206쪽.

7. 이재승, 「화해의 문법: 시민정치의 관점에서」, 『민주법학』 제46호, 2011, 150쪽.

8. 임마누엘 칸트, 2013, 17쪽.

9. 이재승, 「군인의 전쟁거부권」, 『민주법학』 제43호, 2010, 215~216쪽. 전쟁민주 주의에 대한 내용을 참고한다.

10. 폴 우드러프, 이윤철 옮김, 『최초의 민주주의: 오래된 이상과 도전』, 돌베개, 2012, 340~341쪽.

11. 폴 우드러프, 2012, 261쪽.

12. 투퀴디데스, 천병희 옮김, 『펠로폰네소스 전쟁사』, 숲, 2011, 287쪽.

13. 이 부분에 대한 상세한 내용은 다음 부분을 참고한다. 폴 우드러프, 2012, 175~182쪽.

14. Jouvenel, Bertrand de, *Power: The Natural History of Its Growth*, London: Batchworth Press, 1952, p. 122; Arendt, Hannah, *On Violence*, New York: Harcourt, c1970, p. 36; 한나 아렌트, 김정한 옮김, 『폭력의 세기』, 이후, 1999, 63쪽.

15. Clausewitz, Carl von, edited by Anatol Rapoport, *On War*, London and New York: Penguin Books, 1982.

16. Show, Martin, *War and Genocide: Organized Killing in Modern Society*, Cambridge: Polity Press, 2003, pp. 44~45.

17. 집단학살의 가해자는 다음을 참고한다. 한성훈, 『가면권력: 한국전쟁과 학살』, 후마니타스, 2014, 214~230쪽.

18. Power, Samantha, *A Problem from Hell: America and the Age of Genocide*, New York: Basic Books, 2002, p. 350; 사만다 파워, 김보영 옮김, 『미국과 대량학살의 시대』, 에코리브르, 2004, 551쪽.

19. Grossman, Dave, *On Killing: The Psychological Cost of Learning to Kill in War and Society*, Boston: Little, Brow, 1995; 데이브 그로스먼, 이동훈 옮김, 『살인의 심리학』, 플래닛, 2011. 그로스먼은 인간의 살해 행위와 심리 과정에 대해 탐구하는 '살해학(killology)' 또는 '살인의 심리학'이라는 새로운 학문 분야를 개척했다. 군사심리학의 새로운 전기로 평가받는 이 연구는 웨스트포인트 미 육군사관학교 심리학과 교수였던 저자가 사례 연구를 바탕으로 썼다. 1995 년 출간과 동시에 미국 사회에 커다란 반향을 불러일으킨 그로스먼의 책은 미 육군사관학교와 해병대에서 교범으로 채택되어 군사훈련 프로그램 제작의 기

초가 되었다.

20. Marshall, S. L. A., *Men Against Fire: The Problem of Battle Command in Future War*, Alexandria: Byrrd Enterprises, 1947; 데이브 그로스먼, 2011, 36~37쪽.

21. 데이브 그로스먼, 2011, 367~381쪽. 그로스먼에게 살인을 '왜 연구하느냐?'고 묻는 것은 '왜 성을 연구하는가?'라고 묻는 것과 동일하다. 그는 살인이 혐오감과 불쾌감을 불러일으킬 수 있는 불편한 주제라는 측면에서 한 세기 전 '성'을 예로 든다. 사람들은 성적인 이미지를 떠올리는 것을 터부시했지만 프로이트 이후 모든 것이 달라졌듯이, 살해에 대한 연구 역시 마찬가지라는 것이다.

22. 데이브 그로스먼, 2011, 193~194쪽.

23. Browning, Christopher R., *Ordinary Men: Reserve Police Battalion 101 and the Final Solution in Poland*, New York: Harper Perennial, 1998, pp. 55~70; 크리스토프 R. 브라우닝, 이진모 옮김, 『아주 평범한 사람들: 101예비 경찰대대와 유대인 학살』, 책과함께, 2010, 93~112쪽.

24. Hirsch, 1995, pp. 87~88, p. 92, p. 170; 허버트 허시, 2009, 148~149쪽, 155~156쪽, 272쪽.

25. 그로스먼의 책이 발간된 후 군대와 경찰에서 그의 주장이 논쟁이 되었다. 이들 기관에서 퇴역한 사람들 중에는 자신들의 현장 경험에 비추어 그로스먼의 연구가 정확한지에 대해 의문을 제기했다. 2001년 8월 미국 경찰정책연구회(the police policy studies council) 의장이던 톰 아베니(Tom Aveni)는 저자와 여러 차례에 걸쳐 토론을 벌였다. 물론 여기에는 그로스먼이 인용한 마셜의 통계와 이론 요지도 포함되었다.

26. Chirot, Daniel and Clark McCauley, *Why Not Kill Them All? The Logic and Prevention of Mass Political Murder*, Princeton: Princeton University Press, 2006, p. 56.

27. Chirot, 2006, pp. 56~57쪽.

28. Show, 2003, p. 5.

29. 데이브 그로스먼, 2011, 80쪽.

30. 데이브 그로스먼, 2011, 341~354쪽.

31. 박기환 증언(2007. 8. 2), 진실화해위원회, 「산청 시천·삼장 민간인희생 사건」, 『2007년 하반기 조사보고서』, 2008, 673쪽, 703쪽.

32. 신동주 증언(2007. 8. 2), 진실화해위원회, 「산청 시천·삼장 민간인희생 사건」, 『2007년 하반기 조사보고서』, 2008, 673쪽, 703쪽. 그는 3연대 2대대 5중대원이다.

33. 설동귀 증언(2007. 4. 11), 진실화해위원회, 「산청 시천·삼장 민간인희생 사건」, 『2007년 하반기 조사보고서』, 2008, 673쪽, 705쪽. 그는 2대대 6중대 2소대원이다.

34. 하용웅, 『양천강아 말해다오』, 학이사, 2014, 200쪽.

35. 한성훈, 2014, 228쪽.

36. Fein, Helen, *Accounting for Genocide: National Responses and Jewish Victimization During the Holocaust*, Chicago: University of Chicago Press, 1984, pp. 4~5.

37. 제주4·3사건 진상규명 및 희생자 명예회복위원회, 『제주4·3사건 진상조사보고서』, 2003; 김득중, 『빨갱이의 탄생: 여순사건과 반공 국가의 형성』, 선인, 2009; 진실화해위원회, 「구례지역 여순사건」, 『2008년 상반기 조사보고서 02』, 2008, 839~989쪽; 진실화해위원회, 「순천지역 여순사건」, 『2008년 하반기 조사보고서 03』, 2009, 473~771쪽; 진실화해위원회, 「여수지역 여순사건」, 『2010년 상반기 조사보고서 06』, 2010, 413~652쪽; 진실화해위원회, 『'호남지역 군 작전 중 발생한 민간인 희생사건': 11사단 20연대 작전지역을 중심으로』, 2009.

38. 보도연맹원이 학살 당한 시기와 과정은 다음에서 확인한다. 한성훈, 2014, 44~53쪽.

39. 진실화해위원회, 『종합보고서 III: 민간인 집단희생 사건』, 2010, 137~138쪽, 148~158쪽.

40. 벤자민 발렌티노, 장원석·허호준 옮김, 『20세기의 대량학살과 제노사이드』, 제주대학교출판부, 2006, 26~27쪽.

41. 법무부장관, 「지리산토벌작전에 수반한 즉결 사건 발생의 건」, 국무총리 보고, 1951. 3. 10.

42. 정맹근, 「시천면·삼장면 양민학살사건 진상조사 청원서」, 『청원서』, 1999. 8. 10, 산청군의회, 『산청(시천·삼장) 양민학살사건진상조사실태보고서』, 2000, 39~41쪽. 이 사건의 진실규명은 다음을 참고한다. 진실화해위원회, 「산청 시천·삼장 민간인희생 사건」, 『2007년 하반기 조사보고서』, 2008, 647~719쪽.

43. 폴 우드러프, 2012, 194쪽.

44. 신영술 증언(2005. 8. 18), 한성훈, 전북 순창군 쌍치면 방산리 209-1(자택).

45. 신영술이 증언한 사건의 자세한 내용은 다음에 실려 있다. 진실화해위원회, 「순창지역 민간인 희생사건」, 『2008년 하반기 조사보고서 03』, 2009, 157~241쪽.

46. Chalk, Frank, and Jonassohn Kurt, *The History and Sociology of Genocide: Analyses and Case Studies*, New Haven and London: Yale University Press, 1990, pp. 23~24; 김동춘, 『전쟁과 사회: 우리에게 한국전쟁은 무엇이었나?』, 돌베개, 2000, 204쪽.

47. 진실화해위원회, 「고양 금정굴 사건」, 『2007년 상반기 조사보고서』, 2007, 295~359쪽.

48. 진실화해위원회, 『종합보고서 III: 민간인 집단희생 사건』, 2010, 제4장·5장의 적대세력에 의한 피해사건을 참조한다.

제5장 전쟁의 언어

1. 진실화해위원회, 「함평 11사단 사건」, 『2007년 상반기 조사보고서』, 2007, 502~518쪽.

2. 진실화해위원회, 「문경 석달 사건」, 『2007년 상반기 조사보고서』, 2007, 411~413쪽.

3. 류춘도, 『당신이 나입니다』, 푸른숲, 2002, 109쪽.

4. 임철규, 『죽음』, 한길사, 2012, 264쪽. 강조는 필자.

5. 한성훈, 『가면권력: 한국전쟁과 학살』, 후마니타스, 2014, 219쪽.

6. 조봉안 증언(2007. 12. 12), 진실화해위원회, 남원지역 민간인 희생사건, 『2008년 하반기 조사보고서 02』, 2009, 88쪽.

7. 김수영 증언(2000. 2. 16), 한성훈, 전북 남원시 대강면 강석마을회관; 전라북도 의회 6·25양민학살진상실태조사특별위원회, 『6·25양민학살진상실태조사보고서』, 1994, 52~53쪽. 김수영은 김점동의 아들이다.

8. 데이브 그로스먼, 이동춘 옮김, 『살인의 심리학』, 플래닛, 2011, 197쪽.

9. 박명림, 『한국 1950: 전쟁과 평화』, 나남출판, 2002, 356쪽. 강조는 필자.

10. 임철규, 『고전: 인간의 계보학』, 한길사, 2016, 132쪽. 강조는 필자.

11. 임철규, 2016, 191쪽. 강조는 필자.

12. 김영환 증언(2005. 8. 27), 한성훈, 전북 고창군 공음면 선동리 선산마을 298(자택).

13. 증언에 따르면 군인의 명령을 받은 학도병이 떡메를 들고 다니며 사람을 쳐서 죽였다. 현장에서 살은 사람은 김영환과 김대호, 최송부, 황대우였다. 황긍선 증언(2005. 8. 27), 한성훈, 전북 고창군 공음면 선동리 선산마을 914(자택); 전라북도의회 6·25양민학살진상실태조사특별위원회, 1994, 72~75쪽.

14. 쩐 지엡 증언(2016. 7. 25), 의정부 청소년 베트남평화봉사기행, 베트남 꽝남성 디엔반현 디엔안 자택. 그가 겪은 상황은 다음 글을 참고한다. 고경태, 『1968년 2월 12일: 베트남 퐁니퐁넛 학살 그리고 세계』, 한겨레출판, 2015, 78~80쪽.

15. 퐁니퐁넛 사건은 다음에서 볼 수 있다. 『한겨레21』, 제306호, 2000. 5. 4; 김현아, 『전쟁의 기억 기억의 전쟁』, 책갈피, 2002, 114~130쪽; 고경태, 2015, 74~121쪽.

16. 임철규, 2012, 207~209쪽.

17. 데이브 그로스먼, 2011, 30쪽. 강조는 필자.

18. 데이브 그로스먼, 2011, 213쪽. 강조는 필자.

19. Cumings, Bruce, *The Origins of The Korean War: Liberation and the Emergency of Separate Regimes 1945-1947*, Vol.I, Princeton: Princeton University Press, 1981, p. 151; 김자동, 『한국전쟁의 기원』, 일월서각, 1986, 206쪽.

20. 등원창, 엄수현 옮김, 『일본군사사』, 시사일본어사, 1994, 141~147쪽.

21. 육군본부, 『창군전사』, 1980, 444쪽.

22. 육군본부, 1980, 441쪽.

23. 국방군사연구소, 『국방정책변천사(1945~1994)』, 국방군사연구소, 1995, 33~34쪽; 한성훈, 『전쟁과 인민: 북한 사회주의 체제의 성립과 인민의 탄생』, 돌베개, 2012, 161쪽.

24. 한용원, 『창군』, 박영사, 1984, 104~105쪽; 안진, 「미군정기 국가기구의 형성과 성격」, 박현채 · 김남식 외, 『해방전후사의 인식 3』, 한길사, 1987, 197쪽.

25. 대한민국 국방부정훈국전사편찬회 편, 『한국전란 2년지』, 국방부정훈국, 1953, A33쪽.

26. 국방부 전사편찬위원회, 『대비정규전사(1950~1960)』, 국방부전사편찬위원회, 1988, 175쪽. "그릇된 작전명령으로 2차 대전 후 민주진영국가로서 일대오점을 남긴 거창군 신원면의 부락민 187명을 살해한 거창사건은 내외의 물의를 총집중하고 9월 18일에 관계자 조사가 완료되어 2명을 처벌함으로써 일반 종결을 보았다."

27. 국방부 전사편찬위원회, 1988, 170쪽. 기록에 따르면 9연대는 1950년 12월 15일부터 2월 7일까지 계속된 작전에서 와룡리, 입석리, 덕산리, 시천면, 휴천면, 내곡리, 관풍령 등에서 10회에 걸쳐 연 1,750여 명의 공비들과 조우하여 공비 263명을 사살하고, 생포 49명, 소화기 53정, 중화기 6정(문)의 전과를 거두었고 2월 19일 작전을 종결지었다.

28. 보병 제11사단, 『화랑약사(1950. 8. 27~1975. 5. 31)』, 1975, 81~82쪽.

29. 육군본부 편찬, 『공비토벌사』, 육군본부 전사감실, 1954, 45쪽.

30. 헌병사편찬위원 편저, 『한국헌병사: 창설 발전편』, 헌병사령부, 1952, 28쪽. "4284년 2월 1일 거창에 주둔 중인 제11사단 제9연대에서 거창군 신원면 일대 6개 부락민 400명을 집합시켜 부역자라는 이유로 기중 187명을 연대장 오익경 대령 명에 의하여 3대대 10중대장 박종영(朴鍾榮) 중위 및 정보장교 이종대 소위가 약 1개 대대를 지휘 총살 행한 바, 이는 군의 불신임, 공문 위조 등 피의사실로 판명되어 중앙고등군법회의에 송치했던 바 사건 확대되어 목하 심리 중에 있다."

31. 그는 1929년 경남 진양 출생으로 육군보병학교 수료 후 3대대에 근무했다. 황기철, 「향로봉 루트를 따라 침투한 적 추적, 북한군 특공부대를 수색작전에서 섬멸」, 50동우회 엮음, 『국군의 뿌리/창군 · 참전용사들』, 삼우사, 1998, 306쪽.

32. 국회거창사건특별조사위원회, 『거창사건조사보고서』, 제2대 국회 제10회, 대한민국국회, 1951, 250~251쪽.

33. 국방부 군사편찬연구소, 『조사업무지침서』, 군사편찬연구소, 2000, 7쪽. 강조는 필자.

34. 진실화해위원회, 「국방부 이의신청」, 집단희생조사국, 『사건조사기록』. 강조는 필자.

35. 노근리 사건조사반, 『노근리 사건 조사결과보고서』, 2001, 214쪽. 강조는 필자.

36. 간접 인용한 문구는 다음에서 차용한다. 스탠리 코언, 조효제 옮김, 『잔인한 국가 외면하는 대중: 왜 국가와 사회는 인권침해를 부인하는가』, 창비, 2009, 209쪽.

37. Straub, David, *Anti-Americanism in Democratizing South Korea*, Stanford: Walter H. Shorenstein Asia Pacific Research Center, Stanford University, 2015, p. 62; 데이비드 스트라우브, 김수빈 옮김, 『반미주의로 보는 한국현대사』, 산처럼, 2017, 101~102쪽.

38. Straub, 2015, pp. 65~67; 데이비드 스트라우브, 2017, 107~108쪽.

39. BBC, Kill'em All, 2002. 2. 1 방송; Hanley, Charles J., Sang-Hun Choe and Martha Mendoza, *The bridge at No Gun Ri, A Hidden Nightmare from The Korean War*, New York: Henry Holt and Company, LLC, 2001; 정구도 편저, 『노근리 사건의 진상과 교훈』, 두남, 2002.

40. 진실화해위원회, 「의령 미군폭격사건」, 『2008년 하반기 조사보고서 03』, 2009, 357~415쪽.

41. 박명림, 2002, 358~359쪽.

42. 제주4·3학살의 여러 가지 쟁점을 제노사이드로 분석한 내용은 다음을 참고한다. 최호근, 2005, 375~406쪽.

43. 제주4·3 진상규명 및 희생자 명예회복위원회, 『제주4·3사건 진상조사보고서』, 2003, 539쪽.

44. 2016년 10월 22일 제주4·3평화포럼에 참가한 존 메릴(John Merill) 전 미 국무부 정보조사국(INR) 동북아실장은 미국의 전·현직 관리로는 처음으로 4·3평화공원을 찾아 미국의 책임과 사과를 언급하며 위폐 봉안실 제단에 헌화와

분향했다.『연합뉴스』, 2016. 10. 22.

45. 한국전쟁 당시 미군의 이리 폭격에 의한 희생자 위령비 건립추진위원회,『한국 전쟁 당시 미군의 이리 폭격에 의한 양민학살사건의 진상』, 2000, 160쪽.

46. 문서의 일부 내용과 국방부의 한국전쟁 50주년 기념사업의 일부로 이루어진 지역 전사 연구보고 사항은 다음 기사를 참고한다.『문화일보』, 2000. 7. 24, 7. 25.

47. 이 보고 문건은 1999년 5월 17일(관련 근거: 정국 33060-221) 6·25 관련 연구 과제 부여가 있었고, 5월 25일 (관련 근거: 정국 33060-230) ʻ6·25 전후 양민 희생 주장'에 대한 연구 지시와 6월 22일 연구계획 보고의 정책보좌관 지침을 근거로 하고 있다.

48. 국방부의 반론은 다음에서 참고한다. 진실화해위원회,「국방부 이의신청」, 집 단희생조사국,『사건조사기록』. 강조는 필자.

49. 진실화해위원회,「함평 11사단 사건」,『2007년 상반기 조사보고서』, 2007, 524쪽.

50. 보병 제11사단,『화랑약사 (1950. 8. 27~1975. 5. 31)』, 1975, 85쪽.

51.『한국일보』, 1960. 5. 21.

52. 진실화해위원회,「영암군 민간인 희생사건 (1)」,『2008년 하반기 조사보고서 03』, 2009, 243~355쪽.

53. 진실화해위원회,「남원지역 민간인 희생사건」,『2008년 하반기 조사보고서 02』, 2009, 69~107쪽.

54. 살해 명령을 거부한 사람들은 다음에서 알 수 있다. 한성훈, 2014, 269~277쪽.

55. 정근욱,『함평양민 524명 집단학살 희생자 명예회복은?』, 함평양민학살희생자 유족회, 2000, 25~26쪽; 김일호 증언(2007. 2. 15), 진실화해위원회,『2007년 상반기 조사보고서』, 2007, 485쪽.

56. 함평사건에 대한 내용은 1960년 제4대 국회 양민학살진상조사특별위원회조 사 활동으로 밝혀진 524명 외에도 상당수의 피해자가 증언한다. 자세한 내용은 다음 자료를 참고한다. 함평군의회 양민학살진상조사특별위원회,『함평양민학 살피해 진상조사실태 보고서』, 함평군의회, 1998; 정근욱, 2000; 정찬동,『함평 양민학살』, 시와사람, 1999; 한국전쟁전후 민간인 학살 진상규명을 위한 모임, 『전쟁과 인권』, 한국전쟁전후 민간인 학살 심포지움 자료집, 프레스센터, 2000.

6. 21. 이와 같은 노력을 바탕으로 진실화해위원회는 이 사건의 전모를 밝혔다.

57. 김동춘, 『전쟁과 사회: 우리에게 한국전쟁은 무엇이었나?』, 돌베개, 2000,
210쪽.

58. 스탠리 코언, 2009, 459쪽.

제6장 기념과 표상

1. 신영복, 『담론: 신영복의 마지막 강의』, 돌베개, 2015, 343쪽.

2. 에밀 뒤르케임, 노치준·민혜숙 옮김, 『종교생활의 원초적 형태』, 민영사, 1992,
32쪽.

3. Durkheim, Emile, translated by W. D. Halls, *The Division of Labor in Society*, New York: The Free Press, 1984, p. 64.

4. 정근식, 「기억의 문화, 기념물과 역사교육」, 『역사교육』 제97집, 2006, 280~
281쪽.

5. 정호기, 『한국의 역사기념시설』, 민주화운동기념사업회, 2007.

6. 김형곤, 「한국전쟁의 공식기억과 전쟁기념관」, 『한국언론정보학보』 통권 40호,
2007, 192~219쪽.

7. Jager, Sheila Miyoshi and Jiyul Kim, "The Korean War after the Cold War: Commemorating the Armistice Agreement in South Korea", edited by Sheila Miyoshi Jager and Rana Mitter, *Ruptured Histories: War, Memory, and the Post-Cold War in Asia*, Cambridge: Harvard University Press, 2007, pp. 233~249.

8. 신영복, 『강의: 나의 동양고전 독법』, 돌베개, 2004, 386~387쪽.

9. 필자는 2007년 9월 23일 베를린의 유대인 박물관(Jewish Museum Berlin)과
살해당한 유대인을 위한 추모공원(Holocaust Memorial)을 방문해 관련 자료
를 찾고 설치된 작품들을 관람했다.

10. 최호근, 민주화운동기념사업회 엮음, 「홀로코스트 기억의 중심 야드 바셈」, 『세
계의 역사기념시설』, 민주화운동기념사업회, 2006, 43~66쪽.

11. 미국 워싱턴의 한국전쟁참전 기념메모리얼 건립 과정을 참고로 할 수 있다. 김

영나, 「워싱턴디시내셔널몰의 한국전참전용사기념물과 전쟁의 기억」, 『서양미술사학회 논문집』 제18집, 2002.

12. Schwartz, Barry, "The Social Context of Commemoration: A Study in Collective Memory", *Social Forces*, Vol. 61, No. 2, Dec. 1982, p. 374; 박명규, 「역사적 경험의 재해석과 상징화: 동학농민전쟁의 기념물」, 『사회와역사』 제51집, 1997, 41~42쪽 재인용.

13. 동학농민전쟁에 관한 기념물 연구에서 눈에 띄는 것은 사건에 대한 기념물의 전국 분포를 시대적으로 정리하고 그 변화를 추적해 사회 전체 수준에서 집합적 역사 인식의 변화상을 확인하려는 것이다. 동학농민전쟁은 그 의미가 전혀 다른 각종 기념물들이 사건 직후부터 최근까지 전국에 건립되어왔으며, 기념물의 사회사적인 분석은 좁게는 동학농민전쟁에 대한 집합적인 해석의 변모를, 넓게는 한국 사회의 집합정체성의 변화를 보여주고 있다(박명규, 1997).

14. 베네딕트 앤더슨, 윤형숙 옮김, 『민족주의의 기원과 전파』, 나남출판사, 1991, 25~26쪽.

15. 임철규, 『고전: 인간의 계보학』, 한길사, 2016, 102쪽. 호메로스의 세계에서 영웅의 명성은 무덤과 같은 기념물에 의해서 간직되었다.

16. 이들의 활동에 대한 의미는 다음에서 볼 수 있다. 한성훈, 『가면권력: 한국전쟁과 학살』, 후마니타스, 2014, 319~321쪽.

17. 에밀 뒤르케임, 1992, 538쪽.

18. 거창사건을 예를 들면, 이를 극복하는 길은 유족들이 일관되게 요구하고 있는 것처럼 '국가가 파괴한 위령비를 국가가 복원하라'는 것이었다. 거창양민학살사건위령추진위원회, 「청원서」, 1988. 7; 차석규, 『남부군과 거창사건』, 창작예술사, 1988, 209쪽. "행정부의 사죄로 받아들이고 세운 위령비는 다시 행정부 당국자들의 탄압으로 인하여 땅속에 처박혀졌으니 위령비를 세운 자도 행정부요 파괴한 자도 행정부 당국자들이니 언제 어떤 식으로든지 행정부 당국자가 세워야 할 것이 아닌가?" 거창사건 추모와 위령제의 재현은 다음 글을 참고한다. 김기곤, 「국가폭력, 하나의 사건과 두 가지 재현: 거창사건의 기억과 문화적 재현 과정」, 『민주주의와 인권』 제9권 1호, 2009, 27~63쪽.

19. 한성훈, 2014, 208~211쪽. 1951년 2월 거창사건 발생 이후부터 유족들에 의

해 건립이 추진되어 1960년에 세워진 이 위령비는 사건 그 자체의 기념이자 피해자들의 표상이다. 이와 다르게 거창사건 추모공원에 있는 위령탑과 군상, 부조벽 등의 상징조형물은 1999년부터 시작해 2004년에 준공되었다. 거창사건추모공원에 대한 분석은 다음을 참고한다. 김백영·김민환, 「학살과 내전, 공간적 재현과 담론적 재현의 간극: 거창사건추모공원의 공간 분석」, 『사회와역사』 제78집, 2008, 5~33쪽.

20. 정근식, 2006, 302쪽.

21. 이 부분에 대한 사례 연구는 다음을 참고한다. 김영범, 「기억에서 대항기억으로, 혹은 역사적 진실의 회복: 기억투쟁으로서의 4·3 문화운동 서설」, 『민주주의와 인권』 제3권 2호, 2003.

22. (사)함평사건희생자유족회, 『함평집단학살희생자명예회복사료집 8』, 2016, 18쪽.

23. (사)함평사건희생자유족회, 『함평집단학살희생자명예회복사료집 1』, 2010, 61~63쪽.

24. 귄터 뎀니히·캇챠 발터, 「상징, 기억, 책임: 상징으로 기억을 되살려 앞날의 책임을 밝히다」, 서강대 사회과학연구소(CGSI) 세미나, 서강대학교 정하상관 J610호, 2016. 4. 7.

25. 독일 쾰른에서 있은 걸림돌 프로젝트의 자세한 내용은 다음 책에 있다. 키르스텐 세룹-빌펠트, 문봉애 옮김, 『걸림돌: 나치의 학살로 희생된 사람들을 잊지 않기 위하여』, 살림터, 2016.

26. 『한겨레21』, 제726호, 2008. 9. 4.

27. 서영선, 『하얀 눈 위의 첫 발자국: 서영선 제1시집』, 영하, 1998, 37쪽. 그는 필자에게 아버지가 자신을 위해 만들어준 책상을 보존할 수 있도록 방도를 찾아달라고 여러 번 부탁하고 있다.

28. 서정구의 행적은 다음에서 참고한다. 서영선, 『한과 슬픔은 세월의 두께만큼: 강화 민간인 학살의 진실과 과거사법 투쟁사』, 작가들, 2007, 25~41쪽.

제3부 사상의 지배와 사찰

제7장 사상의 지배

1. 자크 데리다, 진태원 옮김, 『법의 힘』, 문학과지성사, 2012, 88~90쪽.

2. 이종수, 『막스 베버의 학문과 사상』, 한길사, 1981, 164~169쪽.

3. 자크 데리다, 2012, 15~16쪽.

4. Arendt, Hannah, *On Violence*, New York: Harcourt, c1970, pp. 43~45.

5. 자크 데리다, 2012, 31쪽. 데리다는 법과 정의의 복합적인 관계를 보충하면서 이 경우 법이 힘을 위해 봉사한다는 의미, 다시 말해 지배 권력의 외재적인 도구라는 의미가 아니라 이것이 힘 또는 권력이나 폭력이라고 부르는 것과 좀 더 내재적이고 복합적인 관계를 맺고 있는 것으로 본다. 이는 법적 정의가 유용성에 따라 순응하거나 일치해야 하는 힘과 사회적 권력, 경제적·정치적·이데올로기 권력에 단순히 봉사하는 것이 아니라는 의미다.

6. Gramsci, Antonio, *Selections from the Prison Notebooks*. ed. and trans. Q. Hoare and G. Nowell Smith: London. Lawrence & Wishart, 1971, p. 258.

7. 조희연, 『한국의 국가·민주주의·정치변동』, 당대, 1998, 106~107쪽.

8. 조희연, 1998, 104쪽.

9. 오제도는 이 법의 입법정신을 다음과 같이 설명한다. "국가보안법은 우리 국가를 불법히 전복파괴하려고 기획하는 여하한 주의사상운동을 불문하고 그 단속의 대상이 된다. 예지하면 공산주의, 무정부주의, 자본가독재주의 등 운동은 물론이고 더구나 이북괴뢰집단인 인민공화국 지지추진운동 같은 것은 당연히 우리 국헌에 저촉되어 그 적용을 불면할 것이다." 오제도, 『국가보안법실무제요』, 남광문화사, 1949, 26쪽.

10. 전상숙, 「사상통제정책의 역사성」, 『한국정치외교사논총』 제27권 1호, 2005, 75~109쪽.

11. 박원순, 『국가보안법연구 1: 국가보안법변천사』, 역사비평사, 1997a, 32~37; 47쪽.

12. 박원순, 『아직도 심판은 끝나지 않았다』, 한겨레신문사, 1996, 106쪽.

13. 박원순, 『국가보안법연구 2: 국가보안법적용사』, 역사비평사, 1997b.

14. 박원순, 1997a, 95쪽.

15. '폭력적 법'과 '폭력의 법제화 성격'에 대한 연구는 다음 참고. 김동춘, 「냉전, 반
    공주의 질서와 한국의 전쟁정치: 국가폭력의 행사와 법치의 한계」, 『경제와사
    회』 제89호, 2011, 344~356쪽.

16. 아리스토텔레스, 천병희 옮김, 『정치학』, 숲, 2012, 166쪽.

17. 최장집, 『한국민주주의의 조건과 전망』, 나남출판, 1996, 147쪽. 해방 직후의 정
    치적 혼란과 한국전쟁이 남한의 강력한 국가를 형성하는 변수였다.

18. 김재현, 「모순·이데올로기·과학」, 『80년대 한국인문사회과학의 현단계와 전
    망』, 역사비평사, 1988. 358쪽.

19. 진실화해위원회, 『국민보도연맹 사건 진실규명결정서』, 2009, 30~42쪽.

20. 김남식 증언, MBC, 「이제는 말할 수 있다: 보도연맹 1·2부」, 2001. 4. 27, 5. 5,
    방송 프리뷰.

21. 김미자 증언(2009. 7. 14; 7. 24), 진실화해위원회, 『2009년 하반기 조사보고서
    05』, 2010, 677~678쪽.

22. 이일재 증언, MBC, 「이제는 말할 수 있다: 보도연맹 1·2부」, 2001. 4. 27, 5. 5,
    방송 프리뷰.

23. 『여수수산신문』, 1948. 11. 5; 이승만, 「불순배를 철저히 제거: 반역사상 방지
    법령 준비」, 공보처, 『대통령이승만박사담화집』, 공보처, 1953, 8쪽.

24. 고정훈 외, 『명인옥중기』, 희망출판사, 1966, 305쪽. 군경 또한 이런 포상을 실
    시했는데, 남부지구경비사령부(남경사)는 빨치산 한 사람을 생포하거나 사살
    하면 훈장을 주고, 경찰관으로 구성된 서남지구 전투경찰대사령부에서는 현금
    10만 환을 주었다. 서중석, 『조봉암과 1950년대 (하)』, 역사비평사, 1999, 639쪽.

25. 선우종원 증언, MBC, 「이제는 말할 수 있다: 보도연맹 1·2부」, 2001. 4. 27, 5.
    5, 방송 프리뷰. 강조는 필자.

26. 스티븐 내들러, 김호경 옮김, 『스피노자와 근대의 탄생: 지옥에서 꾸며낸 책
    「신학정치론」』, 글항아리, 2014, 353~354쪽.

27. Ponchaud, Francois, *Cambodia Year Zero*, London and New York:
    Penguin Books Ltd., 1978, p. 50; Power, Samantha, *A Problem from Hell:*

America and the Age of Genocide, New York: Basic Books, 2002, p. 110: 사만다 파워, 김보영 옮김, 『미국과 대량학살의 시대』, 에코리브르, 2004, 193쪽 재인용.

28. 리영희, 『역정: 나의 청년시대』, 창작과비평사, 1988, 191쪽.

29. 고양 금정굴 양민학살사건 진상규명 명예회복을 위한 범국민추진위원회, 『고양 금정굴 양민학살사건 진상보고서』, 1999.

30. 이도영 편역, 『죽음의 예비검속: 양민학살진상조사보고서』, 월간 말, 2000, 50~53쪽.

31. 이 사건 전반에 대한 자세한 내용은 다음을 참고한다. 진실화해위원회, 「제주 예비검속 사건(섯알오름)」, 『2007년 하반기 조사보고서』, 2008, 395~529쪽.

32. 「모략과 중상을 버리자」, 『조선일보』, 1950. 4. 1. 사설; 서중석, 1999, 681쪽.

33. Ricoeur, Paul, The Symbolism of Evil, trans. Emerson Buchanan, New York: Harper & Row, 1967; Pres, Terrence Des, The Survivor: An Anatomy of Life in the Death Camps, New York: Oxford University Press, 1976, pp. 68~69; 테렌스 데 프레, 차미례 옮김, 『생존자』, 인간, 1981, 75~76쪽.

34. 에티엔 발리바르, 최원·서관모 옮김, 『대중들의 공포: 맑스 전과 후의 정치와 철학』, 도서출판b, 2007, 495쪽.

제8장 신원조사

1. 정정화, 『장강일기』, 학민사, 2011, 315쪽.

2. 일제 강점기의 사상탄압은 다음 책을 참고한다. 임종국, 『일제하의 사상탄압』, 평화, 1985, 197~198쪽.

3. 장신, 「일제하의 요시찰과 『왜정시대인물사료』」, 『역사문제연구』, 제11호, 2003, 145~153쪽.

4. 국사편찬위원회, 『북한관계사료집 16』, 1993, 244~255쪽. 장내 제23호, 각면 분서 분주소 파출소장 앞, 「요감시사업 재강화 보강에 대하야」, 장연군 내무서 장 남상호(1951. 4. 10), 장연면; NARA, SA2010 Box832 Item31, 안탄산보,

「지시문급 보고서철」, 1951년도. 「요시찰인 이동에 대하야」, 『평남안탄산보』 제
70호, 1950. 9. 1; 「요시찰인인계인수서」, 인계자 정치보위부원 박리근, 1950. 9.
15; 한성훈, 『전쟁과 인민: 북한 사회주의 체제의 성립과 인민의 탄생』, 돌베개,
2012, 125~128쪽.

5. 유사원, 『사찰경찰제요』, 경찰도서출판협회, 1955, 263쪽.

6. 경찰청, 『경찰청 과거사진상규명위원회 백서』, 범신사, 2007, 282쪽.

7. 예산경찰서, 「관내상황」, 1953. 사찰계 정원은 15명인데 정원이 2명 부족한 상태
에서 경위 1명, 경사 2명, 순경 10명으로 편성되었다. 이들의 업무 분장은 경사 1
명과 순경 2명이 내근 사무처리 담당자, 경사1명 순경 10명은 외근 사복근무로
배치했다. 각 지서주임에게는 국민반 책임제를 실시하도록 하여 지인과 친척을
막론하고 외부인이 관내에 투숙할 경우는 반장이 책임을 지고 신고하게끔 했다.

8. 1950년대 요시찰은 다음을 참고한다. 서중석, 『조봉암과 1950년대 (하)』, 역사
비평사, 1999, 784~785쪽.

9. 한옥신, 『사상범죄론』, 최신출판사, 1975, 245~248쪽.

10. 한옥신, 1975, 7~9쪽.

11. 『한겨레21』, 제816호, 2010. 6. 25.

12. 치안본부, 『대공신원기록편람』, 1984. 송철순과 송경화에 대한 상세한 내용은
다음에 있다. 한성훈, 『가면권력: 한국전쟁과 학살』, 후마니타스, 2014, 82쪽,
338~340쪽.

13. 경찰의 민간인 사찰에 대한 전반적인 내용은 다음을 참고한다. 경찰청, 『경찰
청 과거사진상규명위원회 백서』, 범신사, 2007, 51~86쪽.

14. 안쏘니 기든스, 진덕규 옮김, 『민족국가와 폭력』, 삼지원, 1993, 365쪽.

15. 국가정보원, 『과거와 대화 미래의 성찰: 정치·사법편(IV), 언론·노동편(V),
학원·간첩편(VI)』, 국가정보원, 2007.

16. 진실화해위원회, 『2009년 하반기 조사보고서 07』, 2010, 391~392쪽. 강조는
필자.

17. 「계엄법(戒嚴法)」(법률 제69호, 제정 1949. 11. 24).

18. 『부산일보』, 1950. 7. 18; 『민주신보』, 1950. 7. 18.

19. 제주4·3사건 진상규명 및 희생자 명예회복위원회, 『제주4·3사건 진상조사

보고서』, 2003, 425쪽.

20. 「조선사상범예방구금령」(조선총독부령 제8호, 1941년 2월 12일 제정).

21. 경향신문 특별취재반, 「비화 한 세대: 군정경찰」, 『경향신문』, 1977. 2. 11; 임대식, 「친일·친미 경찰의 형성과 분단활동」, 『분단 50년과 통일시대의 과제』, 역사비평사, 1995, 46쪽. 이와 유사한 증언으로 1945년 4월 조선총독부 경무국은 요시찰 조선인에 대한 처리 방침을 각 경찰서에 통보한 것으로 알려졌다. 그 내용은 첫째, 소련군의 침입 시 공산계 요시찰인을 예비검속하고 둘째, 미·영군 상륙 시 민족주의자를 예비검속, 셋째 전선이 가까워지면 후방으로 이동, 넷째 여유가 없을 경우 적당한 방법으로 처치하는 것이었다. 「尹宇景 황해도 松禾경찰서장 증언」, 조갑제, 『고문과 조작의 기술자들』, 한길사, 1987, 15쪽; 정병준, 「한국전쟁 초기 국민보도연맹원 예비검속·학살사건의 배경과 구조」, 『역사와현실』 제54호, 2004, 101쪽 재인용.

22. 재조선 미국육군사령부 군정청 엮음, 재조선 미국육군사령부 군정청 법령, 법령 제11호, 1945. 10. 9. "ORDINANCE NUMBER 11. SECTION Ⅰ SPECIFIC LAWS REPEALED(9 October 1945)" b. The Preliminary Imprisonment Act. 번역은 '豫備檢束法'으로 표시되어 있다. 폐지된 법은 (가) 정치범처벌법, (나) 예비검속법, (다) 치안유지법, (라) 출판법, (마) 정치범보호관찰령, (바) 신사법, (사) 경찰의 사법권과 일반법령이었다. "북위 38도 이남의 점령지역에서 조선 인민과 그 통치에 적용하는 법률로부터 조선 인민에게 차별 및 압박을 가하는 모든 정책과 주의를 소멸하고 조선 인민에게 정의의 정치와 법률상 균등을 회복케 하기 위하여 정치범처벌법·예비검속법·치안유지법·출판법·정치범보호관찰령·신사법·경찰의 사법권 등의 법률과 법률의 효력을 가지는 조령 및 명령을 폐지한다."

23. 『조선일보』, 1947. 8. 14; 『동아일보』, 1947. 8. 14.

24. 『독립신문』, 1948. 11. 14.

25. 『국회속기록』 제1회 90호, 1948년 10월 28일, 676쪽; 박원순, 1997a, 92쪽.

26. 제주4·3사건 진상규명 및 희생자 명예회복위원회, 2003, 455쪽.

27. 조르조 아감벤, 박진우 옮김, 『호모사케르: 주권 권력과 벌거벗은 생명』, 새물결, 2008, 316~317쪽.

28. 이 외에 세르비아군이 관리한 수용소에 대한 분석은 다음을 참고. Power, Samantha, *A Problem from Hell: America and the Age of Genocide*, New York: Basic Books, 2002, pp. 269~274; 사만다 파워, 김보영 옮김, 『미국과 대량학살의 시대』, 에코리브르, 2004, 430~437쪽.

29. Applebaum, Anne, *Gulag: A History*, New York: Anchor Books, 2004.

30. Barkan, Elazar, *The Guilt of Nations: Restitution and Negotiating Historical Injustices*, New York: W. W. Norton & Company, 2000, pp. 30~45.

31. 국군보안사령부, 『대공30년사』, 고려서적주식회사, 1978, 309~313쪽; 수신 계엄사령관, 「위험인물 예비검속계획」, 분류기호 383.5(117), 기안월일 4294. 5. 17.

32. 내치안예규 제144호, 1963. 7. 15; 한옥신, 1975, 244~245쪽.

33. 박원순, 『국가보안법연구 2: 국가보안법적용사』, 역사비평사, 1997b, 525쪽.

34. 1980년 이후 보안사의 민간인 사찰 입안 계획과 각종 검거 계획(청명, 비둘기 공작 등)에 대한 내용은 다음을 참고한다. 국방부 과거사진상규명위원회, 『보안사 민간인 사찰사건 조사결과보고서』, 2007, 25~109쪽; 국방부 과거사진상 규명위원회, 『과거사진상규명위원회 종합보고서 제3권』, 2007, 463~614쪽.

35. 과 업무보고서에는 사찰대상자가 1,323명으로 나타나 있다. 윤석양, 「나에겐 아직도 갚아야 할 빚이 있다: 윤석양의 서빙고 80일 체험기」, 『월간 말』 1990년 11월, 78~93쪽.

36. 대법원 판결 1998. 7. 24. 선고 96다42789.

37. 진실화해위원회·전남대학교 산학협력단 심리건강연구소, 『심리적 피해현황 조사보고서』, 2007, 66~87쪽. 이 내용은 진실화해위원회에서 의뢰한 「조사의 신뢰성 제고와 치료 및 재활 측면의 화해 방안 모색을 위한 심리적 피해 현황」 연구 용역사업 결과다.

38. 경찰청 과거사진상규명위원회, 「보도연맹학살 의혹사건 중간 조사결과」, 2006.

39. 경찰청 과거사진상규명위원회, 「보도연맹학살의혹사건중간조사결과」, 2006; 진실화해위원회, 『2008년 상반기 조사보고서 02』, 2008, 686쪽, 각주 285.

40. 안재, 『실록 보도연맹: 안재의 한의 노래』, 삼화, 1990, 196~199쪽. 안재는 박

희춘의 필명이다. 부산산업대학에 출강 중이던 그는 이 책의 출판을 전후해 국가안전기획부 부산지부에 끌려가 조사를 받았다. 박희춘 증언(2001. 1. 17), 한성훈, 경북 청도군 매전면 덕산리 곰티재 현장. 증언을 청취한 2001년 1월 17일, 학살 이후 처음으로 곰티재에서 위령제가 열렸다. 2016년 11월 24일 청도군청(이승율 군수)은 곰티재 정상에서 '한국전쟁전후 민간인 희생자 위령탑' 제막식을 거행한다.

41. 이 사건 내용은 다음을 참고한다. 진실화해위원회, 「청도 민간인 희생 사건」, 『2008년 상반기 조사보고서 02』, 2008, 748~759쪽.

42. 안재, 1990, 206~216쪽. 이 책에서 박희춘은 요시찰대상으로서 겪은 교사 생활을 자세히 기록한다.

43. 박석규 증언(2008. 7. 8), 진실화해위원회, 『2009년 상반기 조사보고서 03』, 2009, 77쪽.

44. 조회중 증언(2009. 3. 6), 진실화해위원회, 『2009년 하반기 조사보고서 07』, 2010, 629쪽.

45. 유철상 증언(2008. 4. 30), 진실화해위원회, 『2009년 하반기 조사보고서 07』, 2010, 629쪽.

46. 경산경찰서, 『신원조사』. 국가기록원 관리번호 DA0792981. 이 문건은 작성 시기로 보면 1973년, 1975년, 1976년, 1984년이다.

47. 고령경찰서, 『신원기록편람』, 1981. 국가기록원 관리번호 DA080857. '신원기록'류(2).

48. 김성구 증언(2007. 5. 30), 진실화해위원회, 『2008년 하반기 조사보고서 02』, 2009, 270쪽.

49. 분터골 학살 현장과 충북 청원 사건은 다음을 참조한다. 진실화해위원회, 『2008년 하반기 조사보고서 02』, 2009, 281~333쪽.

50. 출입국관리법(시행 2017. 3. 14). 법률 제14585호, 2017. 3. 14, 일부 개정. 동법 제4조(출국의 금지)에 자세한 항목이 나와 있다.

51. 충남 홍성지역 학살은 다음을 참고한다. 진실화해위원회, 『2009년 상반기 조사보고서 03』, 2009, 285~290쪽.

52. 최홍이, 『고추잠자리: 최홍이 수필집』, 계간문예, 2008, 28~41쪽.

53. 인천중부경찰서, 「인적위해자기록존안부」, 『요시찰인명부』, 1960.

54. 「보안업무규정」(대통령령 제26140호, 2015. 3. 11, 전부 개정, 시행 2015. 3. 11).

55. 「보안업무규정 시행규칙」(대통령훈령 제366호, 2017. 2. 22, 일부 개정, 시행 2017. 2. 22).

56. 국가정보원, 「신원조사의 법적 근거 및 실시현황」, 국가인권위원회, 『신원조사 제도 개선 방안 마련을 위한 청문회』, 국가인권위원회 배움터, 2005. 1. 18.

57. 경찰청은 중앙관서에 근무하는 4·5급 공무원과 해외여행자(출입국 교포, 이민취업자 포함)이고, 지방경찰청은 관할구역 내 중앙관서에 근무하는 6급 이하 공무원과 중앙관서, 광역자치단체에 근무하는 기능직, 고용직 무기계약 근로자, 기간제 근로자, 기타 시·도 단위 기관단체장이 의뢰하는 주요 보직 임용 또는 비밀취급인가 예정자를 조사한다. 각 경찰서는 정부 및 국영관리기업체의 장 이외 중역 이하의 인원에 대한 신원조사를 한다. 여권발급 신청자 중 신원 특이사항이 있는 경우는 그 신원조사 회보서를 국가정보원에 통보하게끔 되어 있다.

58. 신원조사를 생략하는 예외 규정이 있다. 경찰청에서 실시하는 조사대상자 중에서 단순 업무에 해당하는 자는 「신원조사업무처리규칙」(경찰청 예규 제358호) 제6조에 따라 이 조사대상에서 제외할 수 있다. 규칙에 따르면 임시직이나 단순 고용직으로 임용되는 자 중에서 중요시설이나 지역의 통제, 출입과 중요 문서, 자재의 취급자로서 당해 기관의 장이 보안상 필요로 하는 자 외에는 신원조사를 생략한다.

59. 「보안업무규정 시행규칙」 제59조는 ① 신원조사의 요청을 받은 기관의 장은 특별한 사유가 없는 한 요청을 받은 날부터 30일 내에 별지 제23호 서식 또는 별지 제24호 서식의 신원조사회보서의 양식에 따라 조사 결과를 작성하여 요청기관에 통보하여야 한다.

60. 대통령훈령 제366호, 2017. 2. 22 일부 개정, 시행 2017. 2. 22.

61. 이에 대한 구체적인 경찰 자료는 다음을 참고한다. 삼척경찰서, 『신원조사처리부』(1975~1976, 1980~1981); 대전 중부경찰서, 『신원기록편람』, 1981; 청도경찰서, 『신원기록편람』, 1980.

62. 권건보, 「신원조사제도의 문제점과 개선 방안」, 『법과사회』 28권, 2005, 87~127쪽.

63. 차정원, 「신원조사로 인한 피해 사례」, 국가인권위원회, 『신원조사제도 개선방안 마련을 위한 청문회』, 국가인권위원회 배움터, 2005. 1. 18, 51~63쪽.

64. 국가인권위원회, 「신원조사제도 개선 권고」, 2005. 2. 14.

65. 개선 사항은 신원조사 대상자의 열람권과 정정청구권을 보장하는 등 신원조사를 통해 수집된 개인정보의 이용·관리 등이 「공공기관의 개인정보보호에 관한 법률」의 적용을 받을 수 있도록 위의 법 제3조 제2항 일부 "국가안전보장과 관련된 정보 분석을 목적으로 수집 또는 제공 요청되는 개인정보의 보호에 관하여는 이 법을 적용하지 아니한다"를 개정하는 것이다. 「공공기관의 개인정보보호에 관한 법률」(법률 제10465호, 2011. 3. 29)은 「개인정보 보호법」(타법개정 2017. 7. 26. 법률 제14839호, 시행 2017. 7. 26)으로 바뀌었다.

66. 국가인권위원회법 제30조 제1항 제1호 및 인권침해 및 차별행위 조사구제규칙(국가인권위원회 규칙 제98호, 2017. 5. 29. 발령·시행) 제2조 제1호. 국회의 입법, 법원·헌법재판소의 재판은 위에서 열거한 업무수행에서 제외하고 있다.

67. 국가인권위원회법 제2조 제3호. 차별은 합리적인 이유 없이 성별, 종교, 장애, 나이, 사회적 신분, 출신 지역(출생지, 등록기준지, 성년이 되기 전의 주된 거주지역 등을 말함), 출신 국가, 출신 민족, 용모 등 신체 조건, 기혼·미혼·별거·이혼·사별·재혼·사실혼 등 혼인 여부, 임신 또는 출산, 가족 형태 또는 가족 상황, 인종, 피부색, 사상 또는 정치적 의견, 형의 효력이 실효된 전과, 성적(性的) 지향, 학력, 병력(病歷) 등을 이유로 한 다음 어느 하나에 해당하는 행위를 말한다.

68. 구례경찰서 보안계, 『긴급신원조사처리부』, 2001. 국가기록원 관리번호 DA0792867. 이 문건의 생산 시기는 1994년부터 2001년까지이며 국가기록원에서 발행연도로 표기한 2000년은 오기다. 신원조사 의뢰와 회보 내용이 2001년까지 포함되어 있다.

69. 직접 인용한 문구는 다음 문건에서 작성한 항목 중 '서장의견'과 '폐기유무', '이유' 등에 기재한 내용이다. 고령경찰서, 『신원기록편람』, 1981; 경주경찰서, 『신원기록편람』, 1980. 국가기록원 관리번호 DA080857. 신원기록류(2).

70. 「신원조회 업무처리지침」(행정안전부예규 제173호, 제정 2008. 7. 3).

71. 「신원조회 업무처리지침」(행정안전부 예규 제242호, 제정 2009. 7. 1)은 위 처리지침의 부칙 제3조(유효기간)에 따라 2012년 7월 1일 「신원조회 업무처리지침 폐지」(행정안전부 제2012-282호, 2012. 8. 31)로 그 효력을 상실했다.

72. 「결격사유 업무처리요령」(2014. 4. 17. 안전행정부 시행).

73. 신원조회의 신원기록에서 수형 사실은 "금고 이상의 형의 집행유예선고를 받고 그 유예기간 중에 있는 사실, 금고 이상의 형의 선고를 받고 그 집행이 종료되거나 그 집행을 받지 아니하기로 확정한 후 10년(3년 이하의 징역·금고의 경우 5년)이 경과되지 않은 사실, 법률 또는 판결에 의하여 자격정지 또는 자격상실 중에 있는 사실"을 의미한다.

제9장 사찰의 일반화

1. 영동경찰서 보안계, 『보호관찰 대상자 관리부』, 1970.

2. 청도경찰서, 『대공바인다』, 1972. 이하 경찰 자료는 다음에서 인용한다. 진실화해위원회, 『국민보도연맹 사건 진실규명결정서』, 2009, 붙임 1. 국민보도연맹 사건 관련 경찰 자료, 252~274쪽.

3. 인천중부경찰서, 『요시찰인명부』, 1960.

4. 치안본부, 『대공신원기록편람』, 1984.

5. 진천경찰서, 『시찰업무전산화작업』, 1979.

6. 임실경찰서 정보보안과 보안계, 『대공인적전산화자료보고』, 1979. 관리번호 No. 7.

7. 1980년 연좌제 폐지 직후 논란과 이후 경과에 대한 논의는 다음을 참고한다. 박원순, 「전쟁 부역자 5만여 명 어떻게 처리되었나」, 『역사비평』, 제9호, 1990, 193~194쪽.

8. 서산경찰서, 「신원심사기록」, 1980; 내무부 치안국, 「신원기록일제정비계획」, 1980; 진실화해위원회, 『2008년 상반기 조사보고서 02』, 2008, 798~799쪽, 각주 267. 10개항은 다음과 같다. 1) 사망자 및 사망 추정자, 2) 6·25 이후 군에 입대하여 장교 또는 장기하사관으로 근무 불명예제대를 하지 않은 자, 3) 6·25 이

후 공안직 공무원으로 재직한 사실이 있거나 일반직 3급 이상 공무원으로 재직된 사실이 있는 자로서 상기 부역 사실이 원인이 되어 면직되지 아니한 자, 4) 6·25사변 이후 민의회 의원 이상 피선·취임한 사실이 있는 자, 5) 각급 반공단체에 가입 다년간 적극 활동 사실이 있는 자, 6) 국가시책에 적극 호응, 생업 충실한 자, 7) 국영기업체에 다년간 봉사한 자로 부역사실로 인한 퇴직자가 아닌 자, 8) 공동체나 개인기업체에 다년간 근속자로 비취급인가를 받은 사실이 있었던 자, 9) 리·동 새마을지도자, 통·분리장직에 있거나 있었던 자로서 경찰서장 이상의 표창을 받은 사실이 있는 자, 10) 전시 1–9항에 해당되는 직계 존비속이 있을 때.

9. 대통령훈령 제45호(제정 1981. 2. 21, 시행 1981. 6. 1). 이 령이 제정될 무렵 공안사범은 국방경비법과 반공법, 비상사태하의 범죄처벌에 관한 특별조치령, 해안경비법 위반자가 포함되어 있다.

10. 공안사범 자료관리에 대한 구체적인 내용은 다음을 참고한다. 한성훈, 「'사찰' 국가의 인권침해와 생활세계의 식민화」, 『역사비평』, 제100호, 2012 가을, 433~436쪽.

11. 범죄경력자료와 수사경력자료는 「형의 실효 등에 관한 법률」(제13457호, 일부 개정 2015. 8. 11)에 따라 생산·관리되고 있다.

12. 『한겨레』, 2009. 10. 12.

13. 국가인권위원회가 법무부에 제출한 「공안사범자료관리규정 개정안에 대한 의견서」, 2009. 12. 9.

14. 2010년 6월 11일에 개정한 규정에 따르면 공안사범으로 규정되는 법률과 조항은 형법 제87조(내란), 제88조(내란목적살인), 제89조(미수범), 제90조(예비·음모·선동·선전), 제92조(외환유치), 제93조(여적), 제94조(모병이적), 제95조(시설제공이적), 제96조(시설파괴이적), 제97조(물건제공이적), 제98조(간첩), 제99조(일반이적), 제100조(미수범), 제101조(예비·음모·선동·선전), 제115조(소요)와 군형법 제5조(반란), 제6조(반란목적 군용물탈취), 제7조(미수범), 제8조(예비·음모·선동·선전), 제9조제2항(이적목적반란불보고), 제11조(군대 및 군용시설제공), 제12조(군용시설 등 파괴), 제13조(간첩), 제14조(일반이적), 제15조(미수범), 제16조(예비·음모·선동·선전), 제80조(군사기밀누

설), 제81조(암호부정사용), 국가보안법 제3조(반국가단체구성 등), 제4조(목적수행), 제5조(자진지원·금품수수), 제6조(잠입·탈출), 제7조(찬양·고무 등), 제8조(회합·통신 등), 제9조(편의제공), 제10조(불고지), 군사기밀보호법 제11조(탐지·수집), 제12조(누설), 제13조(업무상누설), 제15조(외국을 위한 죄에 관한 가중처벌), 제17조(군사보호구역침입 등), 제18조(미수범), 집회 및 시위에 관한 법률 제22조(제5조·제8조 위반), 밀항단속법 제3조(밀항·이선 등) 그리고 기타 협의회에서 정하는 법령이다.

15. Giddens, Anthony, *Modernity and Self-Identity: Self and Society in the Late Modern Age*, Cambridge: Polity Press, 1991, p. 149.

16. 「공공기록물 관리에 관한 법률」(제11391호, 2012. 3. 21 일부 개정). 공공기관의 정보공개에 관한 법률(법률 제8871호, 2008. 2. 29 타법 개정). "제4조 적용범위 ③국가안전보장에 관련되는 정보 및 보안업무를 관장하는 기관에서 국가안전보장과 관련된 정보 분석을 목적으로 수집되거나 작성된 정보에 대하여는 이 법을 적용하지 아니한다. 다만, 제8조 제1항의 규정에 의한 정보 목록의 작성·비치 및 공개에 대하여는 그러하지 아니한다." 정보공개에서 문제가 되는 제9조(비공개대상정보)를 최소한으로 줄이거나 개인의 사생활과 관련된 기록은 삭제하면 된다.

17. MacPhersonp, Myra, *All Governments Lie: The Life and Times of Rebel Journalist I. F. Stone*, New York: Scribner, 2006, p. 453.

18. 『한겨레』, 2010. 10. 29.

19. 『한겨레』, 2012. 7. 19.

20. *New York Times*, 2012. 4. 9; *Los Angeles Times*, 2010. 7. 24.

21. 공직윤리지원관실의 사찰에 대한 직원들의 증언과 검찰의 수사기록, 사찰 문건에 대한 자세한 내용은 다음을 참조한다. 한국일보 법조팀·김영화 외, 『민간인 사찰과 그의 주인』, 북콤마, 2013.

22. 국무총리실과 그 소속기관 직제(제정 2008. 7. 21). 총리실은 대통령령인 '국무총리실과 소속기관 직제 일부 개정령'을 공포하고 "공직사회의 사기진작과 공직기강 확립을 위해 공직윤리지원관을 신설한다"고 밝혔다. '국무총리실과 그 소속기관 직제' 제13조의 2(공직윤리지원관)에 따르면 공직윤리지원관 활동을 첫

째, 공직자 사기진작과 고충처리 지원 둘째, 공직사회 기강 확립 셋째, 부조리 취약분야 점검 및 제도개선 등으로 규정했다.

23. 공직윤리업무규정(제정 2008. 12. 13, 국무총리 훈령 제00531호). 제9조 공직윤리점검반 업무는 정부업무 추진과 관련해 국무총리가 명한 사항의 확인·점검, 중앙행정기관 등의 공직윤리 확립 업무, 부조리 실태 진단, 공무원 관련 진정 및 비위사항 점검 복무기강 점검 등 공직윤리 확립에 대한 활동 등이다.

24. 『대한민국 관보』, 2008. 12. 18.

25. 「국무총리실과 그 소속기관 직제」(제정 2010. 7. 26).

26. 『뉴시스』, 2010. 10. 21; 『경향신문』, 2010. 10. 21.

27. 『조선일보』, 2010. 10. 16.

28. 『경향신문』, 2012. 6. 14.

29. 『한겨레』, 2012. 4. 6. 피해자 김○○은 총리실 사찰이 시작되자마자 타인에게 피해가 갈 것을 우려했고 사회적 관계는 단절되기 시작했다. 그의 주변 사람들은 자기들도 피해를 입을까봐 멀리하고 그는 사회로부터 고립되어갔다.

30. 사건 유형은 다르지만 국가권력으로부터 받은 피해자의 의미 있는 사례는 '수지 김' 사건 유족들의 경험이다. 양현아, 한인섭 엮음, 「'수지 김' 사건 유족들의 피해 성격과 그 함의」, 『재심·시효·인권』, 경인문화사, 2007, 101~158쪽.

31. 김○○ 증언(2012. 5. 2), 한성훈, 연세대학교 위당관 317호 사회발전연구소.

32. 「고위공무원에 대한 사찰보고서」, 『한국일보』, 2012. 3. 30.

33. 김동춘, 「민간인 김종익 사찰 건으로 본 이명박 정부」, 『역사비평』 제94호, 2011, 24쪽.

34. Tocqueville, Alexis de, *Democracy in America*, New York: Freedom Watch, 1981: A. 토크빌, 박지동 옮김, 『미국의 민주주의』, 한길사, 1983, 510쪽.

35. 『한겨레』, 2016. 12. 2.

36. 안쏘니 기든스, 진덕규 옮김, 『민족국가와 폭력』, 삼지원, 1993, 241~242쪽.

37. Giddens, 1991, p. 149.

38. 안쏘니 기든스, 1993, 26쪽.

39. 안쏘니 기든스, 1993, 21~22쪽.

40. 워터게이트 사건은 1972년 미국에서 닉슨 행정부가 베트남전쟁에 대한 반

대 의사를 표명한 민주당을 저지하려는 과정에서 권력 남용으로 일어난 정치 스캔들이다. 사건명은 민주당 선거운동지휘부(Democratic National Committee Headquaters)가 있었던 워싱턴 D. C. 워터게이트호텔에서 유래한다. 문제가 불거졌을 때 닉슨과 백악관 측은 '침입 사건과 정권과는 관계가 없다'는 입장을 고수했으나, 1974년 8월 '스모킹 건'이라 불리는 테이프가 공개됨에 따라 하원 사법위원회에서 대통령에 대한 탄핵안이 가결되었고, 닉슨은 4일 후인 8월 9일 대통령직을 사임한다. 퇴임 후 닉슨은 자신의 범법 행위를 데이비드 프로스트(David Frost)와 가진 대담에서 시인했는데, 이는 다큐 영화로 제작되어 2008년 「프로스트 vs 닉슨」으로 개봉했다.

41. 하워드 진, 이아정 옮김, 『오만한 제국』, 당대, 2001, 36쪽.

42. MacPhersonp, 2006, p. 421.

43. 하워드 진, 2001, 36쪽.

44. 도널드 P. 그레그, 차미례 옮김, 『역사의 파편들: 도널드 그레그 회고록』, 창비, 2015, 232쪽.

45. 『한겨레』, 2012. 3. 28.

46. 국가인권위원회법 제2조(법률 제11690호, 일부 개정 2013. 3. 23).

47. 이 정의는 삼청교육대 사건에 대한 대법원 전원합의체 판결(1996. 12. 19)에서 반대의견으로 제출된 개념에서 따온 것이다(대법원 1996. 12. 19. 94다22927 전원합의체 판결[손해배상(기)]).

48. 이재승, 『국가범죄』, 앨피, 2010, 17~24쪽.

49. Habermas, Jürgen, *Theorie des Kommunikativen Handelns*, Bd. 2, Frankfurt: Suhrkamp, 1981, p. 293.

50. Giddens, 1991, p. 151.

51. 김호기, 유팔무·김호기 엮음, 「그람시적 시민사회론과 비판이론의 시민사회론」, 『시민사회와 시민운동』, 한울, 1995, 129쪽.

제4부 피해자의 귀환

제10장 인권정치와 증언

1. Held, David, "The Development of the Modern State", edited by Stuart Hall and Bram Gieben, *Formations of Modernity*, Cambridge: Polity Press, 1992, pp. 105~112.

2. Marshall, T. H., *Class, Citizenship, and Social Development*, Chicago · London: The University of Chicago Press, 1977, p. 79; 안쏘니 기든스, 진덕규 옮김, 『민족국가와 폭력』, 삼지원, 1993, 236~237쪽. 기든스는 사회권을 경제권이라고 부르고 있다. 마셜의 진화론적인 시민권에 대한 비판과 마르크스의 권리 이론에 관한 소개는 다음을 참고한다. 최형익, 『마르크스의 정치이론』, 푸른숲, 1999, 269~278쪽.

3. T. H. 마셜 · T. 보토모어, 조성은 옮김, 『시민권』, 나눔의집, 2014.

4. Mouffe, Chanta, "What is citizenship?", M. Lipset ed. *Encyclopedia of Democracy*, Washington, D. C.: CQ Press, 1998, p. 379.

5. Bendix, Reinhard, *Nation-Building and Citizenship: Studies of Our Changing Social Order*, Berkeley: University of California Press, 1977.

6. O'Donell, G and P. C. Schmitter, *Transition from Authoritarian Rule: Tentative Conclusion about Uncertain Democracies*, Baltimore and London: The Johns Hopkins University Press, 1986.

7. Arendt, Hannah, *The Origins of Totalitarianism*, New York: Harcourt, 1973, pp. 290~299; 한나 아렌트, 이진우 · 박미애 옮김, 『전체주의의 기원 1』, 한길사, 2006, 524~525쪽.

8. 조르조 아감벤, 박진우 옮김, 『호모사케르: 주권 권력과 벌거벗은 생명』, 새물결, 2008, 248쪽.

9. Braudel, Fernand, *Civilization and Capitalism, 15th-18th Century. v. 2, the Wheels of Commerce*, translation from the French revised by Siân Reynolds, 1st U.S. ed., New York: Harper & Row, c1982, pp. 515~516.

10. 조르조 아감벤, 2008, 250~251쪽.

11. T. H. 마셜·T. 보토모어, 2014, 181쪽.

12. 북한이나 중국처럼 '인민'을 정치공동체 구성원의 주체로 하는 경우도 있다. '인민'이라는 용어의 역사적·정치적 변천 과정과 그 의미에 대한 것은 곧 출간할 다른 책에서 자세히 다룰 것이다.

13. 박혁, 「인권의 역설과 '권리를 가질 권리'의 의미: 한나 아렌트의 인권 개념에 대한 고찰」, 『시민사회와 NGO』 13권 2호, 2015, 149~192쪽.

14. 윤소영, 『마르크스주의의 전화와 '인권의 정치'』, 문화과학사, 1995, 179쪽. 이 테제에 대해 발리바르는 '정치의 자율성: 해방'이라는 측면에서 추가로 설명하고 있다. 에티엔 발리바르, 최원·서관모 옮김, 『대중들의 공포: 맑스 전과 후의 정치와 철학』, 도서출판b, 2007, 30~39쪽.

15. 진태원, 「랑시에르와 발리바르: 어떤 민주주의?」, 『실천문학』 제110호, 2013, 57쪽.

16. 서관모, 「시민성 개념의 새로운 구축을 위하여: 에티엔 발리바르의 '인권의 정치'의 문제설정」, 『경제와사회』 제31집, 1996, 144쪽.

17. 한나 아렌트, 이진우·태정호 옮김, 『인간의 조건』, 한길사, 1996, 74~76쪽. 이때 정치적 동물은 가정생활에서 이뤄지는 자연적 결사체와는 무관할 뿐만 아니라 오히려 대립하기도 한다. 이 정의는 인간이 "'이성과 언어를 가진 동물(zōon logon ekhon)'이라는" 내용과 동시에 생각해야 한다(79쪽).

18. Franklin, Ruth, *A Thousand Darkness: Lies and Truth in Holocaust Fiction*. Oxford: Oxford University Press, 2011, p. 67; 임철규, 『죽음』, 한길사, 2012, 143쪽 재인용.

19. Hirsch, Herbert, *Genocide and the Politics of Memory: Studying Death to Preserve Life*, Chapel Hill: University of a North Carolina Press, 1995, p. 53.

20. 빅터 프랭클, 김충선 옮김, 『죽음의 수용소에서』, 청솔출판사, 1989, 88~89쪽.

21. 빅토르 프랑클, 이희재 옮김, 『그래도 나는 삶이 의미 있는 것이라고 생각한다』, 열린사회, 1998, 120쪽.

22. 조효제, 『인권의 문법』, 후마니타스, 2007, 40~42쪽.

23. Th. W. 아도르노·M. 호르크하이머, 김유동 옮김, 『계몽의 변증법』, 문학과지

성사, 2012, 290쪽.

24. 경산경찰서장, 「진정서에 대한 답변」, 2000. 4. 27.

25. 평등한 자유의 원칙은 롤즈(John Rawls)가 정의론에서 다루는데 이는 자유주의적 평등주의의 기반이 되는 주요 개념이다. 존 롤즈, 황경식 옮김, 『정의론』, 이학사, 2003.

26. 에티엔 발리바르, 윤소영 옮김, 『마르크스의 철학, 마르크스의 정치』, 문화과학사, 1995, 184~185쪽. 강조는 필자.

27. 서관모, 「시민성 개념의 새로운 구축을 위하여: 에티엔 발리바르의 '인권의 정치'의 문제설정」, 『경제와사회』 제31집, 1996, 141쪽.

28. 박호성, 『평등론』, 창작과비평사, 1999, 73~76쪽. 강조는 원저자.

29. 지그문트 바우만, 문성원 옮김, 『자유』, 이후, 2011, 25쪽.

30. 지그문트 바우만, 2011, 13쪽.

31. 박호성, 1999, 78~79쪽.

32. 스티븐 그린블랫, 이혜원 옮김, 『1417년, 근대의 탄생: 르네상스와 한 책 사냥꾼 이야기』, 까치, 2013, 193쪽.

33. 다카하시 데츠야, 이규수 옮김, 『일본의 전후 책임을 묻는다: 기억의 정치, 망각의 윤리』, 역사비평사, 2000, 151쪽.

34. 김진호 증언(2000. 2. 16), 한성훈, 전북 남원시 대강면 강석마을회관. 증언 당시 마을회관에는 농한기라 아홉 분의 노인이 모여 있었는데 대부분이 유족이거나 학살 현장에서 기적으로 살아남은 사람들이었다. 김진호가 말하는 기자의 언론사는 『항도일보』다.

35. 위 표현은 다음에서 인용한다. 김우창, 『체념의 조형: 김우창 문학선』, 나남, 2013, 114쪽.

36. 장 프랑수아 리오타르, 「타자의 권리」, 스티븐 슈터·수잔 할리 엮음, 민주주의 법학연구회 옮김, 『현대사상과 인권』, 사람생각, 2000, 163쪽.

37. 스티븐 내들러, 김호경 옮김, 『스피노자와 근대의 탄생: 지옥에서 꾸며낸 책 「신학정치론」』, 글항아리, 2014, 72쪽.

38. 스티븐 내들러, 2014, 336~337쪽.

39. 폴 우드러프, 이윤철 옮김, 『최초의 민주주의: 오래된 이상과 도전』, 돌베개,

2012, 122~124쪽.

40. 장 프랑수아 리오타르, 2000, 182쪽.

41. Agamben, Giorgio, *Remnants of Auschwitz: The Witness and the Archive*, trans. by Daniel Heller-Roazen, New York: Zone Books, 1999, p. 16; 임철규, 2012, 122쪽 재인용.

42. Browning, Christopher R., *Ordinary Men: Reserve Police Battalion 101 and the Final Solution in Poland*, New York: Harper Perennial, 1998, p. 210; 크리스토프 R. 브라우닝, 이진모 옮김, 『아주 평범한 사람들: 101예비경찰대대와 유대인 학살』, 책과함께, 2010, 314쪽.

43. 한성훈, 『가면권력: 한국전쟁과 학살』, 후마니타스, 2014, 100~102쪽, 214~230쪽.

44. Bauer, Yehuda, *Rethinking the Holocaust*, London: Yale University Press, 2002, xiv; Eaglestone, Robert, "Reading Perpetrator Testimony", edited by Crownshaw, Richard, Jane Kilby and Antony Rowland, *The Future of Memory*, New York · Oxford: Berghahn Books, 2010, 124쪽 재인용.

45. 이 내용은 2000년 3월 문경 석달과 제주 백조일손, 함평 11사단 5중대 사건 유족이 헌법재판소에 국회가 이들 사건에 대한 진상 조사나 보상 없이 사건을 은폐해오면서 명예회복과 피해보상, 진실규명을 위한 특별 입법을 하지 않고 있는 것은 유족들에게 인간으로서의 존엄과 행복추구권 등 기본권을 침해하는 것이라고 「입법부작위 위헌확인」(2000헌마192, 508(병합))을 구하는 헌법소원에 제출한 채의진의 증언 내용 중 일부다. 헌법소원의 자세한 내용은 다음에서 볼 수 있다. 백승헌, 「한국전쟁 전후 민간인 학살사건의 해결을 위한 국내법적 모색」, 민간인 학살 진상규명 범국민위원회, 『민간인 학살 통합입법 자료집』, 2001, 21~26쪽; 한성훈, 2014, 336~337쪽. 채의진의 요구 사항은 다음 글에 자세히 나와 있다. 채의진, 「통합 특별법 발의에 부쳐」, 국회의원 연구단체 나라와 문화를 생각하는 모임 외, 『한국전쟁 전후 민간인 학살 진상규명을 위한 통합특별법 공청회』, 국회의원회관 소회의실, 2001. 5. 22, 7~8쪽. 문경석달사건은 다음을 참고한다. 채의진 편저, 『아, 통한45년: 문경양민학살백서』, 문경양민학살피학살자유족회, 1994; 진실화해위원회, 「문경석달사건」, 『2007년 상반기

조사보고서』, 2007, 361~465쪽. 2000년 2월 15일 필자는 문경시 이안면 이안 리 채의진 자택에서 사건과 그의 인생 전반에 대해 증언을 들은 후 2016년 6월 16일 그가 사망할 때까지 관계를 지속했다.

46. 천병희, 『그리스 비극의 이해』, 문예출판사, 2002, 124쪽. 저자가 그리스 비극 에서 보여주고자 하는 한 인간의 고통과 슬픔과 자기주장은 소포클레스의 '엘 렉트라'다. 엘렉트라의 상황은 어머니에게 살해당한 아버지에 대해 잊을 수 없 는 기억과 사나운 복수심, 오빠에 대한 희망, 끝없는 불행에 있다.

47. 김우창, 2013, 293쪽.

48. 홍윤기, 「정치언어학의 철학: 정치언어 연구의 문제 층위와 정치언어의 작동 양상」, 『철학연구』 제95호, 2011, 199쪽. 이 연구에서 사례로 분석하는 대표적 인 정치 언어는 독립, 통일, 민족, 자주, 민생, 민주화, 백성/인민, 동포, 국민, 시 민, 경제, 감세, 평등, 분배, 개방, 개혁, 세계화, 포퓰리즘/국제화/글로벌, 반미/ 극미/친미, 반일/친일/극일, 친북/종북, 햇볕, 퍼주기/포용, 다문화다.

49. 한나 아렌트, 1996, 249~250쪽.

50. 마가렛 캐노번, 김만권 옮김, 『인민』, 그린비, 2015, 102~103쪽.

51. 한나 아렌트, 1996, 79쪽.

52. Miller, Donald E. & Lorna Touryan Miller, *Survivors: An Oral History of the Armenian Genocide*, Berkeley · Los Angeles · London: University of California Press, 1993. 아르메니아인 학살에 대한 최초의 포괄적인 구술 증언을 연구한 것으로 학살 이후 20세기에 걸친 피해자들의 정신적 충격과 이 에 대처하는 그들의 삶을 매우 자세하게 다룬다. 생존자의 증언에 기초한 이 책 의 많은 부분은 그 내용으로 볼 때 고통스럽게 느껴진다. 하지만 그것은 또한 잔혹한 일을 겪은 인간이 가진 어떤 정신의 힘에 대한 이야기이기도 하다. 저자 들은 증언을 채록하기 위해 200개에 가까운 주제별 세부 항목의 질문을 준비 한 후 증언자들로부터 구술을 받았다. 이렇게 이루어진 이 책의 연구 방법은 아르메니아인 학살의 역사 기록들을 함께 이용한 구술생애사의 전형에 해당 한다.

53. 프리모 레비, 이현경 옮김, 『이것이 인간인가』, 돌베개, 2007, 269~270쪽.

54. 역사와 증언에 대한 연구 방법은 다음을 참고한다. 제임스 홉스, 유병용 엮음,

『증언사입문』, 한울아카데미, 1995. 여기서 증언은 구술과 거의 같은 의미를 가진다.

55. 채의진 증언(2000. 2. 15), 한성훈, 경북 상주시 이안면 이안리(자택).

56. 이현수, 「작가의 말」, 『나흘』, 문학동네, 2013, 339~340쪽.

57. 스베틀라나 알렉시예비치, 박은정 옮김, 『전쟁은 여자의 얼굴을 하지 않았다』, 문학동네, 2015.

58. 정재원, 「서평: 스베틀라나 알렉시예비치, 『체르노빌의 목소리: 미래의 연대기』, 김은혜 옮김, 새잎, 2015」, 『러시아연구』 25권 2호, 2015, 385~385쪽.

59. 『동아일보』, 2015. 10. 9.

60. 『한겨레』, 2015. 10. 9.

제11장 기억과 정체성

1. 김영범, 「알박스(Maurice Halbwachs)의 기억사회학 연구」, 『사회과학연구』 제6집 제3호, 1999, 587~590쪽.

2. 정근식, 「기억의 문화, 기념물과 역사교육」, 『역사교육』 제97집, 2006, 287~288쪽.

3. 집합 기억의 개념과 역사 그리고 정체성에 대한 논의는 다음을 참고한다. 김영범, 『민중의 귀환, 기억의 호출』, 한국학술정보, 2010, 239~251쪽, 265~271쪽.

4. 다카하시 데츠야, 이규수 옮김, 『일본의 전후 책임을 묻는다: 기억의 정치, 망각의 윤리』, 역사비평사, 2000, 97쪽. 조문상의 유서와 조선인 B · C급 전범재판은 다음에서 알 수 있다. "나는 아직 인간이다. 죽기까지는 인간이다. 절망의 심연에는 고통이 없다. 인간은 속세의 모든 것에 절망할 때, 비로소 안심한다." 싱가포르에서 조선인 전범으로 사형당한 조문상 유서. NHK스페셜, 「조문상의 유서: 싱가포르 전범재판」, 1991; 우쓰미 아이코, 이호경 옮김, 『조선인 BC급 전범, 해방되지 못한 영혼』, 동아시아, 2007; 문창재, 『나는 전범이 아니다: 일본제국주의에 희생된 한국인 전범들』, 일진사, 2005.

5. 신경심리학에서 이런 중증을 '코르사코프증후군'이라고 부른다. 이 질환에 관한 뛰어난 묘사와 설명은 다음에서 볼 수 있다. 올리버 색스, 조석현 옮김, 이정호

그림, 「길 잃은 뱃사람」, 『아내를 모자로 착각한 남자』, 알마, 2016, 50~83쪽.

6. 임철규, 『고전: 인간의 계보학』, 한길사, 2016, 70쪽. 강조는 원저자.

7. 1960년 전국 피학살자 유족의 활동은 다음을 참고한다. 한성훈, 『가면권력: 한국전쟁과 학살』, 후마니타스, 2014, 294~307; 이강수, 「1960년 '양민학살사건진상조사위원회'의 조직과 활동, 『조사보고서』 분석을 중심으로」, 『한국근현대사연구』 제45집, 2008, 169~200쪽.

8. 이도영 편역, 『죽음의 예비검속: 양민학살진상조사보고서』, 월간 말, 2000, 76~78쪽.

9. Hirsch, Herbert, *Genocide and the Politics of Memory: Studying Death to Preserve Life*, Chapel Hill: University of a North Carolina Press, 1995, pp. 24~26; 허버트 허시, 강성현 옮김, 『제노사이드와 기억의 정치』, 책세상, 2009, 55~57쪽.

10. 김영범, 1999, 587~590쪽.

11. 기억의 정치는 다음에서 참고한다. Hirsch, 1995, p. 10; 허시, 2009, 31쪽. 이삼성, 『20세기의 문명과 야만: 전쟁과 평화, 인간의 비극에 관한 정치적 성찰』, 한길사, 1998, 51쪽; 김영범, 2010, 263쪽; 한성훈, 2014, 203~204쪽.

12. 이 연구에 관한 글은 다음을 참고한다. 김영범, 2010; 권귀숙, 「제주4·3의 사회적 기억」, 『한국사회학』 제35집 제5호, 2001.

13. Halbwachs, Maurice, *On Collective Memory*, ed. and trans. by Lewis A. Coser, Chicago: University of Chicago Press, 1992, p. 40; 김영범, 1999, 575쪽 재인용.

14. Hirsch, 1995, pp. 10~11; 허버트 허시, 2009, 31~32쪽.

15. Isenberg, Michael T., *Puzzles to the Past: An Introduction to Thinking about History*, College Station: Texas A & M University Press, 1985, p. 3.

16. 박명규, 「역사적 경험의 재해석과 상징화: 동학농민전쟁의 기념물」, 『사회와역사』 제51집, 1997, 41쪽.

17. 권귀숙, 『기억의 정치: 대량학살의 사회적 기억과 역사적 진실』, 문학과지성사, 2006, 38~63쪽.

18. 안종필 증언(2007. 3. 16), 진실화해위원회, 『2007년 상반기 조사보고서』,

2007, 490쪽 각주 12.

19. 안종필의 몸에 관한 내용은 다음 자료에서 볼 수 있다. 사료집에 사진이 실려 있다. (사)함평사건희생자유족회, 『함평집단학살희생자명예회복 사료집 3』, 2010, 99쪽.

20. 안종필 증언(2014. 7. 1), 한성훈, 전남 함평군 월야면 장교마을 어귀 정자. 강영주는 2011년 사망한다.

21. 정남숙 증언(2006. 5. 17), 진실화해위원회, 「함평 11사단 사건」, 『2007년 상반기 조사보고서』, 2007, 493~494쪽.

22. (사)함평사건희생자유족회, 『함평집단학살희생자명예회복 사료집 3』, 2010, 97~100쪽.

23. 장종석 증언(2014. 7. 1), 한성훈, 전남 함평군 월야면 장교마을 어귀 정자; (사)함평사건희생자유족회, 『함평집단학살희생자명예회복 사료집 3』, 2010, 98~101쪽. 사료집에 장종석의 사진이 실려 있다.

24. (사)함평사건희생자유족회, 『함평집단학살희생자명예회복 사료집 3』, 2010, 98쪽.

25. 기억의 터는 집단 기억이 응축되는 물리적 장소와 기능적인 장소, 상징적 장소 등이다. 피에르 노라가 창안한 기억의 터에 대한 내용은 다음을 참고한다. 피에르 노라, 김인중·유희수 옮김, 『기억의 장소 1~5』, 나남출판, 2010.

26. 채홍련 증언(2001. 8. 25), 민간인 학살 진상규명 범국민위원회, 문경시 산북면 매화리 607번지, 『한국전쟁전후 민간인 학살 실태보고서』, 2001, 162~163쪽. 인용한 책의 채홍련은 채홍연의 오기다.

27. 진실화해위원회 조사결과에 채홍연의 추가 진술이 기록되어 있다. 진실화해위원회, 「문경 석달 사건」, 『2007년 상반기 조사보고서』, 2007, 371~432쪽.

28. 진실화해위원회, 「순창지역 민간인 희생사건」, 『2008년 하반기 조사보고서 03』, 2009, 206~207쪽, 237쪽. 조연남의 잘린 귀 사진이 실려 있다.

29. 설동용 증언(2005. 8. 19), 한성훈, 순창군 쌍치면 운암리 469-1(자택); 진실화해위원회, 「순창지역 민간인 희생사건」, 『2008년 하반기 조사보고서 03』, 2009, 206쪽.

30. 진실화해위원회, 「순창지역 민간인 희생사건」, 『2008년 하반기 조사보고서 03』, 2009, 180쪽, 205~206쪽.

31. 전라북도의회 6·25양민학살진상실태조사특별위원회, 『6·25양민학살진상실태 조사보고서』, 1994, 107~108쪽; 진실화해위원회, 「고창 11사단 사건」, 『2008 년 상반기 조사보고서 02』, 2008, 181~182쪽.

32. 최문규, 『죽음의 얼굴: 문학 속에서 인간은 어떻게 죽어가는가』, 21세기북스, 2014, 40쪽.

33. 대통령소속 의문사진상규명위원회, 『의문사진상규명위원회 보고서 1차 I』, 2003, 296쪽.

34. Melucci, Alberto, *Nomads of the Present: Social Movements and Individual Needs in Contemporary Society*, Philadelphia: Temple University Press, 1989.

35. 김동춘, 「한국의 분단국가 형성과 시민권」, 비판사회학회, 『경제와사회』 제70 호, 2006.

36. 광주지방법원 목포지원, 사건번호 「2009호파1297」, 가족관계등록부정정, 2009. 10. 21; (사)함평사건희생자유족회, 『함평집단학살희생자명예회복 사료 집 3』, 2010, 639~666쪽; 김동춘, 『이것은 기억과의 전쟁이다』, 사계절, 2013a, 408쪽.

37. 대법원 법원행정처장, 「가족관계등록과: 2977 질의응답」, 2010. 10. 28; (사)함 평사건희생자유족회, 『함평집단학살희생자명예회복 사료집 3』, 2010, 667~668 쪽. 희생자 제적부에서 사망 사실을 정정한 148명은 2010년 자료집 발간 기준 이다.

38. 서영선 증언(2002. 4. 13), 이령경, 강화도 옥계갯벌 학살 현장, 민간인 학살 진 상규명 범국민위원회, 『증언으로 듣는 민간인 학살: 끝나지 않은 전쟁』, 2002, 129~132쪽; 진실화해위원회, 「강화(강화도, 석모도, 주문도)지역 민간인 희생 사건」, 『2008년 상반기 조사보고서 02』, 2008, 629쪽.

39. 서영선, 『산은 막히고 강은 흐른다』, 들꽃, 2016, 70쪽.

40. Honneth, Axel, *The Struggle for Recognition: the Moral Grammar of Social Conflicts*, translated by Joel Anderson, Cambridge: MIT Press, 1995.

41. Haldemann, Frank, "Another Kind of Justice: Transitional Justice as

Recognition", *Cornell International Law Journal*, Vol. 41, No. 2, Fal. 2008, pp. 698~699.

42. 한성훈, 「기념물을 둘러싼 기억의 정치와 집단정체성」, 『사회와역사』 제78호, 2008.

43. Haldemann, 2008, pp. 724~728.

44. 이계백 증언(2006. 5. 18); 이계준 증언(2006. 5. 17), 진실화해위원회, 「함평 11 사단 사건」, 『2007년 상반기 조사보고서』, 2007, 498~499쪽.

45. 이계준 증언(2001. 8. 31), 신나영, 민간인 학살 진상규명 범국민위원회, 함평 군 나산면 우치리(자택), 『한국전쟁전후 민간인 학살 실태보고서』, 2001, 138~ 139쪽.

46. 진실화해위원회, 「함평 11사단 사건」, 『2007년 상반기 조사보고서』, 2007, 540쪽.

47. 이계준 증언(2001. 8. 31), 신나영, 민간인 학살 진상규명 범국민위원회, 함평군 나산면 우치리(자택), 『한국전쟁전후 민간인 학살 실태보고서』, 2001, 141~143쪽.

48. (사)함평사건희생자유족회, 『함평집단학살희생자명예회복 사료집 4(상권)』, 2011, 61~73쪽.

49. 최문규, 2014, 117쪽.

제12장 공동체의 복원

1. 김성례, 「근대성과 폭력: 제주 4·3의 담론정치」, 『제주4·3연구』, 역사비평사, 1999, 257쪽.

2. 소외의 유형은 다음에서 인용한다. 오세철, 『한국인의 사회심리』, 박영사, 1982, 129쪽.

3. 서중석, 『조봉암과 1950년대 (하)』, 역사비평사, 1999, 705쪽.

4. 황상익, 「의학사적 측면에서 본 4·3」, 『제주4·3연구』, 역사비평사, 1999, 330쪽.

5. 이에 대한 자세한 내용은 다음을 참고한다. 한성훈, 『가면권력: 한국전쟁과 학 살』, 후마니타스, 2014, 209~211쪽.

6. 서중석, 1999, 707쪽.

7. 김을성 증언(2011. 8. 5), 한성훈, 전남 함평군 월야면 용암리(자택). 김화성은

2010년 사망한다.

8. 진실화해위원회는 미신청 건으로 김갑성의 관련 내용을 조사하고 참고인 진술을 바탕으로 희생자를 확정했다. 진실화해위원회, 「전남 국민보도연맹 사건」, 『2009년 하반기 조사보고서 04』, 2010, 349쪽, 362쪽.

9. Card, Claudia, "Genocide and Social Death", *Hypatia*, Vol. 18, No. 1, Win. 2003, p. 73.

10. 고양 금정굴 양민학살 희생자 유족회, 「성명서: 고양시장은 금정굴 문제 해결에 적극 나서라」, 2000. 2. 23.

11. 경기도의회 고양시일산금정굴사건진상조사특별위원회, 『활동결과보고서』, 2000.

12. 진실화해위원회, 「고양 금정굴 사건」, 『2007년 상반기 조사보고서』, 2007, 295~359쪽.

13. 진실의힘 재단 참가자 일동, 「축문」, 2010. 6. 25. "나는 간첩이 아니다. 이 한마디를 얻기 위해 우리가 걸어온 길은 참으로 길고 힘겨웠습니다. … 억울합니다, 억울합니다, 수도 없이 외쳤지만 아무도 그 말을 들어주지 않았습니다. 사람과 이 국가에 몸부림치는 분노와 배신감을 느껴야 했습니다."

14. Klandermans, Bert, "Mobilization and Participation: Social-Psychological Expansion of Resource Mobilization Theory", *American Sociological Review*, Vol. 49, No. 5, Oct. 1984, pp. 583~600.

15. Arendt, Hannah, *The Origins of Totalitarianism*, New York: Harcourt, 1973, pp. 295~296; 한나 아렌트, 이진우·박미애 옮김, 『전체주의의 기원 1』, 한길사, 2006, 531쪽. 강조는 필자.

16. T. H. 마셜·T. 보토모어, 조성은 옮김, 『시민권』, 나눔의집, 2014, 64쪽.

17. Grodsky, Brian, "Re-Ordering Justice: Towards A New Methodological Approach to Studying Transitional Justice", *Journal of Peace Research*, Vol. 46, No. 6, Nov. 2009, p. 826.

18. 헌법재판소는 국가유공자 예우 등에 관한 법률 제9조 본문 위헌제청 사건에서 "헌법 제10조의 행복추구권은 국민이 행복을 추구하기 위하여 필요한 급부를 국가에게 적극적으로 요구할 수 있는 것을 내용으로 하는 것이 아니라, 국민이

행복을 추구하기 위한 활동을 국가권력의 간섭 없이 자유롭게 할 수 있다는 포괄적인 의미의 자유권으로서의 성격을 가진다"라고 판결했다. 헌재 1995. 7. 21. 93헌가14, 공보 제11호, 491 [합헌](1995. 7. 21. 93헌가14 전원재판부).

19. 유엔인권위원회에 제출한 보고서, 테오 반 보벤, 「중대 인권침해 및 기본적 자유침해피해자들을 위한 복권, 배상 및 명예회복에 관한 연구」, 1993. 7. 2.

20. 칠레와 페루의 배·보상 정책은 다음 보고서에서 인용하면서 요약하고 보충한다. 진실화해위원회, 『피해·명예회복 및 화해·위령사업, 재단 해외사례 조사연구용역 최종보고서』, 공주대학교 산학협력단, 2009. 1. 26.

21. 이런 다양한 형태의 배·보상 정책은 여러 기관에서 해당 업무를 나누어 관리한다. 구체적인 형태에 따라 다양한 기관이 행정 업무를 담당하는데 배상연금과 일시금 지급은 상호연금기관에서 맡았고, 교육은 교육부 산하 고등교육지원장학재단과 내무부산하 대통령장학사업 부서, 의료지원은 통합의료보장 프로그램에 따라 보건부를 중심으로 시행한다.

22. Segovia, Alexander, "Financing Reparations Programs: Reflections from International Experience", edited by Pablo de Greiff, *The Handbook of Reparations*, New York: Oxford University Press, 2006, pp. 661~664.

23. 김동춘, 『이것은 기억과의 전쟁이다』, 사계절, 2013a, 416쪽.

24. 이문구, 「『관촌수필』과 나의 문학 여정」, 박경리 외, 『나의 문학이야기』, 문학동네, 2001, 139~141쪽.

25. 김성동, 『외로워야 한다: 김성동 산문집』, 내앞에서다, 2014.

26. 홍성식, 『한국문학을 인터뷰하다: 황석영에서 김연수까지—27명의 작가, 그들의 시와 소설에 취하다』, 당그래출판사, 2007, 53쪽.

27. 홍성식, 2007, 55쪽.

28. 다음의 자전소설은 충분히 읽을 가치가 있다. 김원일, 『아들의 아버지』, 문학과지성사, 2013.

29. 한수영, 「분단과 전쟁이 낳은 비극적 역사의 아들들」, 『역사비평』, 통권 46호, 1999, 16~40쪽.

30. 강만길, 『역사가의 시간』, 창비, 2010, 107쪽.

31. 치안본부, 『대공신원기록편람』, 1984.

32. Arendt, 1973, pp. 454~455; 한나 아렌트, 2006, 245~246쪽.

33. 알랭 핀킬크라우트, 이자경 옮김, 『잃어버린 인간성』, 당대, 1998, 71~72쪽.

34. 엠마누엘 레비나스, 강영안 옮김, 『시간과 타자』, 문예출판사, 1996, 140~ 142쪽.

35. Bauman, Zygmunt, *Modernity and the Holocaust*, Ithaca: Cornell University Press, 1995, p. 182; 지그문트 바우만, 정일준 옮김, 『현대성과 홀로코스트』, 새물결, 2013, 304쪽.

36. 문성원, 『해체와 윤리: 변화와 책임의 사회철학』, 그린비, 2012, 51~52쪽, 68쪽.

37. 신영복, 『담론: 신영복의 마지막 강의』, 돌베개, 2015, 284쪽. 강조는 필자.

38. 신영복, 『강의: 나의 동양고전 독법』, 돌베개, 2004, 145쪽.

39. 김우창, 『체념의 조형: 김우창 문학선』, 나남, 2013, 160쪽.

40. 조순임 증언(2013. 12. 6), 한성훈, 전남 함평군 월야면 밀재로 1543, (사)함평 사건희생자유족회 사무실. 다리에 총을 맞은 사람은 정신이상이 되어서 몇 해를 살고 죽었다. 그때 상황은 대체로 이랬다. 토벌작전 중에 빨치산과 국군이 학다리에서 며칠 동안 교전한다. 낮에는 국군이 대등마을에 오고 밤에는 '밤 놈'(빨치산)이 와서 점령하던 때였다. '밤 놈'들은 대등마을을 반동부락이라고 했고, 마을 청년들은 밤이면 집에 있지 못하고 거적을 갖고 나가 콩밭이나 대밭에서 잠을 잤다.

41. 서영선, 『한과 슬픔은 세월의 두께만큼: 강화 민간인 학살의 진실과 과거사법 투쟁사』, 작가들, 2007, 48~50쪽.

42. Phạm Thành Công, *The Witness from Pinkville: Memoir by One If the Survivors of the Mỹ Lai-Sơn Mỹ Massacre, March 1968*, trans. by Nhật Đan, Ho Chi Minh: First News-Tri Viet Publishing Co., LTD, 2016, 153~155쪽. 이 인터뷰는 알자지라(Al Jazeera) 방송에서 40분짜리 다큐멘터리 *On War*로 만들어졌다.

43. Phạm Thành Công, 2016, 156쪽.

44. 스티븐 사이드먼, 박창호 옮김, 『지식논쟁』, 문예출판사, 1999, 25~26쪽.

45. Miller, Donald E. & Lorna Touryan Miller, *SURVIVORS: An Oral History of the Armenian Genocide*, Berkeley · Los Angeles · London:

University of California Press, 1993, 182~192쪽.

제5부 학살, 그 이후의 삶과 정치

제13장 이행기 정의

1. Chalk, Frank, and Jonassohn Kurt, *The History and Sociology of Genocide: Analyses and Case Studies*, New Haven and London: Yale University Press, 1990, pp. 5~8.

2. Cho Hee-yeon, "Political Sociology of Kwagŏchŏngsan in South Korea", *The Review of Korean Studies*, Vol. 6, No. 1, 2003, pp. 20~21.

3. Elster, Jon, "Coming to Terms with the Past: A Framework for the Study of Justice in the Transition to Democracy", *European Journal of Sociology*, Vol. 39, No. 1, May 1998, pp. 9~12.

4. Arenhövel, Mark, "Democratization and Transitional Justice", *Democratization*, Vol. 15, No. 3, Feb. 2008, p. 577.

5. 정근식, 「과거청산의 역사사회학을 위하여: 한국의 민주화와 관련하여」, 『사회와역사』 제61집, 2002; Cho Hee-yeon, 2003; 김동춘, 「해방 60년, 지연된 정의와 한국의 과거청산」, 『시민과세계』 제8호, 2006.

6. Lundy, Patricia and Mark McGovern, "Whose Justice? Rethinking Transitional Justice from the Bottom Up", *Journal of Law and Society*, Vol. 35, No. 2, Jun. 2008, pp. 267~268.

7. OHCHR, *Rule-of-Law Tools For Post-Conflict States*, New York and Geneva, 2006.

8. 개별 국가의 진실(화해)위원회 형태의 이행기 정의에 대한 요약은 다음을 참고한다. Landman, Todd, *Studying Human Rights*, New York: Routledge, 2006, p. 107~108. 이 책에서 한국은 과거 권위주의 정권을 대상으로 위원회 활동 기간(2000~2003)을 제시한 것으로 볼 때 대통령소속 의문사진상규명위원

회를 가리키는 것 같다.

9. Hayner, Priscilla B., "Commissioning the Truth: Further Research Questions", *Third World Quarterly*, Vol. 17, No. 1, Mar. 1996, pp. 19~29.

10. Lundy, 2008 p. 270.

11. Elster, Jon, *Closing the Books: Transitional Justice in Historical Perspective*, Cambridge: Cambridge University Press, 2004, pp. 4~24.

12. Arenhövel, 2008, pp. 576~577.

13. Eisikovits, Nir, "Rethinking the Legitimacy of Truth Commissions: 'I Am the Enemy You Killed, My Friend'," Card, Claudia and Armen T. Marsoobian (eds.), *Genocide's Aftermath: Responsibility and Repair*, London: Blackwell, 2007, p. 206.

14. Lundy, 2008, pp. 273~274.

15. Lundy, 2008, p. 274.

16. Grodsky, Brian, "Re-Ordering Justice: Towards A New Methodological Approach to Studying Transitional Justice", *Journal of Peace Research*, Vol. 46, No. 6, Nov. 2009, p. 824.

17. 리처드 로빈스, 김병순 옮김, 『세계문제와 자본주의 문화: 생산·소비·노동·국가의 인류학』, 돌베개, 2014, 547~552쪽.

18. Mani, Rama, *Beyond Retribution: Seeking Justice in the Shadow of War*, Cambridge: Polity Press, 2002, pp. 5~6.

19. '탈민족적 정황'이라는 표현은 다음에서 차용했다. Habermas, Jürgen, *The Postnational Constellation: Political Essays*, trans., edited, and with an introduction by Max Pensky, Cambridge: MIT Press, 2001.

20. Arenhövel, 2008, p. 578.

21. 조용환, 「조약의 국내법 수용에 관한 비판적 검토」, 『법과사회』 제34집, 2008, 89~139쪽.

22. 박명림, 『역사와 지식과 사회: 한국전쟁 이해와 한국사회』, 나남, 2011, 302~306쪽. 진실화해위원회의 역사적 의미에 대한 구체적인 내용은 위의 글을 참고한다.

23. 국민과함께하는국회의원모임 외, 『한국전쟁기 민간인희생사건 해결의 현 단계와 과제』, 한국전쟁발발 60주년기념토론회, 국회도서관소회의실, 2010. 7. 17.

24. 이이화, 『역사를 쓰다』, 한겨레출판, 2011, 423쪽.

25. 올바른 과거청산을 위한 범국민위원회, 『진실과 정의의 회복을 위하여』, 한국학술정보, 2005, 347쪽.

26. 올바른 과거청산을 위한 범국민위원회, 「과거청산 범국민위 출범선언문」, 『진실과 정의의 회복을 위하여』, 한국학술정보, 2005, 349쪽.

27. 한국혁명재판사 편찬위원회, 『한국혁명재판사』 제4집, 1962, 193~194쪽. "4·19 이후 … 반공체제의 이완 방종(放縱)적 자유 등에 편승하여 … (중략) 군관민을 이간시켜 반공체제의 약화에 더욱 박차를 가하는 등 간접침략을 획책하고 … 이와 같은 때에 6·25동란 시 사망한 좌익분자를 애국자로 가장시키고 우리 국군과 경찰이 선량한 국민을 무차별 살해한 것처럼 허위선전한다면 일반 국민들이 군경을 원망하게 되어 민심이 더욱 소란해지고 반공체제에 균열이 생길 것이며 … 북한공산괴뢰집단의 이익이 된다."

28. Kriesi, Hanspeter, "The Political Opportunity Structure of New Social Movements: Its Impact on Their Mobilization", Jenkins, J. Craig and Bert Klandermans, *The Politics of Social Protest: Comparative Perspectives on States and Social Movements*, London: UCL Press, 1995, pp. 176~178.

29. Tarrow, Sidney, *Power in Movement: Social Movements, Collective Action, and Politics*, Cambridge: Cambridge University Press, 1994.

30. Kriesi, 1995, pp. 170~172.

31. 이 개념은 다음에서 차용한다. Giugni, Marco G., "Introduction: Social Movements and Change: Incorporation, Transformation, and Democratization", Marco G Giugni, Doug McAdam and Charles Tilly (eds.), *From Contention to Democracy*, Lanham: Rowman & Littlefield Publishers, 1998. Giugni는 사회운동이 민주주의에 미치는 영향을 범주화하면서 노동운동은 분배 민주화(distributive democratization), 학생운동은 이데올로기 민주화(ideological democratization), 신사회운동은 참여민주주의

(participatory democratization)에 기여하는 것으로 분석한다.

32. Barber, Benjamin R., *Strong Democracy: Participatory Politics for a New Age*, Berkeley: University of California Press, 1984.

33. Walzer, Michael, "The Civil Society Argument", in Ronald Beiner (eds.), *Theorizing Citizenship*, New York: Albany State University Press, 1995, pp. 169~170.

34. Arenhövel, 2008, p. 581.

제14장 정부기관의 개혁과 유해 발굴

1. Lifton, Robert Jay and Eric Markusen, *The Genocidal Mentality: Nazi Holocaust and Nuclear Threat*, New York: Basic Books, 1990, p. 1.

2. 김영수, 『화해는 용서보다 기억을 요구한다』, 동인, 2001, 208~213쪽.

3. OHCHR, *Rule-of-Law Tools For Post-Conflict States*, New York and Geneva, 2006, p. 3.

4. OHCHR, 2006, pp. 13~14.

5. 김무용, 「한국 과거청산의 제도화와 국민통합 노선의 전망」, 『한국민족운동사연구』 제53집, 2007, 313~316쪽.

6. 이재승, 「과거청산과 인권」, 『민주법학』 제24호, 2003, 21~22쪽.

7. Levene, Mark, *Genocide in the Age of the Nation-State: Volume I, The Meaning of Genocide*, London and New York: I.B. Tauris, 2005, pp. 101~125.

8. 유엔인권위원회 차별방지 및 소수자보호 소위원회에서 결의한 제1995/35호에 따라 L. 주아네(Louis Joinet)가 준비한 최종보고서 '인권침해자에 대한 불처벌의 문제'는 인권침해에 따른 광범위하고 다양한 형태의 구제조치를 규정하고 있다.

9. 법 규범의 효력은 사실적인 측면의 실효성과 이상적인 측면의 타당성을 포함한다. 김학태, 「법을 통한 과거청산: 법효력에 관한 법철학적 근거」, 『외법논집』 제18집, 2005, 27~30쪽.

10. 김동춘, 『이것은 기억과의 전쟁이다』, 사계절, 2013a, 424쪽.

11. 진실화해위원회 권고 사항은 「과거사관련 권고 사항 처리 등에 관한 규정」(대통령령 제22055호) 제6조 제6항에 의해 이행하도록 되어있다. 이 령에서 관련 권고 사항은 「진실·화해를 위한 과거사정리 기본법」 제32조 제4항과 「민주화운동 관련자 명예회복 및 보상 등에 관한 법률」 제5조의 3 제1항, 제2항에 따른 건의 또는 요청과 같은 법 제5조 4 또는 5에 따른 권고, 「삼청교육피해자의 명예회복 및 보상에 관한 법률 시행령」 제12조 제1항 제1호·제2호와 같은 항 제3호에 따른 사항, 그리고 그 밖에 과거사 관련 위원회 권고 등으로서 제3조 제1항에 따른 심의위원회가 이행 상황의 점검·관리가 필요한 것을 의결한다.

12. 진실화해위원회, 『종합보고서 I: 위원회의 연혁과 활동 종합권고』, 2010, 205~227쪽.

13. 진실화해위원회, 『국민보도연맹 사건 진실규명결정서』, 2009, 246~247쪽; 진실화해위원회, 『호남지역 군 작전 중 발생한 민간인 희생사건: 11사단 20연대 작전지역을 중심으로』, 2009, 149~155쪽.

14. 진실화해위원회 사건 처리 결과.

(단위: 건)

결정유형 사건유형	진실 규명	불능	각하	취하	조사 중지	타기관 이송	계
민간인 집단희생	6,761	445	721	242	0	4	8,173
인권침해	246	34	272	70	14	25	647 (661)*
적대세력	1,436	8	290	22	4	1	1,757 (1,761)*
항일독립	20	23	220	11	0	0	274
해외동포	5	0	8	1	2	0	14 (16)*
기타**	0	0	214	6	0	67	287

＊ 2010년 11월 25일 기준으로 신청 건 외에도 사건 분리(274건), 직권조사(38건)가 포함되었으며 ＊＊ 기타는 진실화해위원회 비해당 사건이다.
＊ 출처: 진실화해위원회, 『종합보고서 I』, 2010, 76쪽.

15. 울산 국민보도연맹 희생자 유족회, 「울산 국민보도연맹사건 희생자 추모식」,

울산 상공회의소 대회의실, 2008. 1. 24. 2008년 10월 27일 대전 동구 낭월동 산내학살사건 현장에서 열린 '충남 국민보도연맹 사건 희생자 추모제 및 진실규명 고유제'에서 조현오 경찰청장(정기룡 대전 동부경찰서장 대독)은 추도사를 통해 "비록 전시였다고는 하지만 국민의 생명과 재산을 보호해야 할 의무가 있는 공권력에 의해 고귀한 생명이 희생되었던 불행했던 역사에 대하여 깊은 성찰과 함께 유감의 뜻을 표한다"라고 밝혔다. 『아산투데이』, 2010. 10. 28.

16. Haldemann, Frank, "Another Kind of Justice: Transitional Justice as Recognition", *Cornell International Law Journal*, Vol. 41, No. 2, Fal. 2008, p. 700.

17. Haldemann, 2008, p. 731.

18. 전쟁 이후의 역사적 기억과 제노사이드, 평화의 문화를 위한 시민 교육은 과테말라에서 찾을 수 있다. 관련 내용은 다음 글을 참고한다. Oglesby, Elizabeth, "Educating Citizens in Postwar Guatemala: Historical Memory, Genocide, and the Culture of Peace", *Radical History Review*, Issue 97, Win. 2007, pp. 77~98.

19. 진실화해위원회, 『국민보도연맹 사건 진실규명결정서』, 2009.

20. 진실화해위원회 설립의 기본법 제정 때부터 이와 같은 지적은 관련 전문가들의 일치한 견해였다. 김동춘, 2013a, 193쪽.

21. 『한겨레』, 2004. 3. 24.

22. 대법원 판결, 2013. 5. 16. 사건 2012다202819 손해배상(기).

23. 박명림, 『역사와 지식과 사회: 한국전쟁 이해와 한국사회』, 나남, 2011, 328쪽.

24. (사)한국현대사회연구소, 『한국전쟁전후 민간인 집단희생 관련 유해 매장 추정지 조사용역 최종보고서』, 2007.

25. 유해 발굴의 전체 내용은 다음을 참고한다. 진실화해위원회·충북대학교박물관, 『한국전쟁 전후 민간인 집단희생관련 2007년 유해발굴보고서』, 2008; 『한국전쟁 전후 민간인 집단희생관련 2008년 유해발굴보고서』, 2009; 『한국전쟁 전후 민간인 집단희생관련 2009년 유해발굴보고서』, 2010.

26. 경산 폐코발트 광산 학살을 최초로 보도한 경산신문사와 유해가 있는 수직굴과 수평굴 1, 수평굴 2, 폐광산 주변 현장과 유족들의 활동, 유해 발

굴 사진은 다음 책에서 자세히 알 수 있다. 최승호, 『경산코발트광산의 진실 1950~2008』, ㈜경산신문사, 2008; 이재갑 · 경산코발트광산유족회, 『잃어버린 기억: 1950년 경산 코발트광산 사건, 그 후의 진실』, 이른아침, 2008.

27. Bartov, Omer, "Eastern Europe as the Site of Genocide", *The Journal of Modern History*, Vol. 80, No. 3, Sep. 2008, p. 557.

28. 이 표현은 다음에서 참고한다. 앙리 르페브르, 양영란 옮김, 『공간의 생산』, 에코리브르, 2011.

29. Bartov, 2008, p. 558.

30. 이태준, 「문화재 등록신청서」, 2006. 3. 24.

31. 지방자치단체와 중앙정부 각 기관에 민원 형태로 제기한 자료는 「탄원서」, 「진정서」, 「청원서」 등이다. 자료를 제공해준 이태준 회장에게 감사한다. 그는 2011년 3월 1일 사망한다.

32. 문화재청장, 「근대문화유산 등록에 대한 검토회신」, 2006. 2. 7; 경상북도지사, 「평산동 민간인 학살지 유적지 지정 요청에 대한 중간 회신」, 2006. 2. 3; 경산시장, 「평산동 민간인 학살지 유적지 지정 요청에 관한 답변」, 2006. 1. 25.

33. 이태준의 활동에 대한 소개와 그의 사건은 다음을 참고한다. 최승호, 2008, 105쪽; 진실화해위원회, 「경산 코발트광산 등지에서 발생한 민간인 희생 사건」, 『2009년 하반기 조사보고서 06』, 2010, 806쪽.

34. UY BAN NHÂN DÂN HUYỆN ĐIỆN BÀN PHÒNG VĂN HÓA VÀ THÔNG TIN, "HỒ SƠ DI TÍCH: VỤ THẢM SÁT Ở XÓM TÂY(Thôn Hà My Trung, Xã Điện Dương, huyện Điện Bàn, tỉnh Quảng Nam)", 2010. 8.

35. 박성하 증언(2015. 2. 25), 한성훈, 대전시 동구 낭월동 산 13-1 유해 발굴 현장.

36. Guyer, Sara, "Rwanda's Bones", *Boundary*, Vol. 2, No. 36, Jun. 2009, pp. 155~175.

제15장 학살, 그 이후

1. 주디스 버틀러 지음, 양효실 옮김, 『불확실한 삶: 애도와 폭력의 권력들』, 경성대

학교출판부, 2012, 63~64쪽.

2. 이 표현은 다음에서 인용한다. 임철규, 『고전: 인간의 계보학』, 한길사, 2016, 299쪽.

3. 채홍련 증언(2001. 8. 25), 민간인 학살 진상규명 범국민위원회, 문경시 산북면 매화리 607번지, 『한국전쟁전후 민간인 학살 실태보고서』, 2001, 163쪽.

4. 장 프랑수아 리오타르, 「타자의 권리」, 스티븐 슈터, 수잔 할리 엮음, 민주주의법 학연구회 옮김, 『현대사상과 인권』, 사람생각, 2000, 177쪽.

5. 임철규, 2016, 190쪽. 강조는 원저자.

6. 천병희, 『그리스 비극의 이해』, 문예출판사, 2002, 99쪽.

7. Steiner, George, *Antigones*, New Haven: Yale University Press, 1996, p. 35; 임철규, 2016, 190쪽 재인용.

8. '이성의 함양'이라는 표현은 다음에서 가져왔다. 스티븐 내들러, 김호경 옮김, 『스 피노자와 근대의 탄생: 지옥에서 꾸며낸 책 「신학정치론」』, 글항아리, 2014, 338쪽. 강조는 필자.

9. 스티븐 내들러, 2014, 356~357쪽.

10. 스티븐 내들러, 2014, 362~363쪽.

11. 신영복, 『담론: 신영복의 마지막 강의』, 돌베개, 2015, 298쪽.

12. 리처드 로빈스, 김병순 옮김, 『세계문제와 자본주의 문화: 생산·소비·노동·국 가의 인류학』, 돌베개, 2014, 241쪽.

13. Power, Samantha, *A Problem from Hell: America and the Age of Genocide*, New York: Basic Books, 2002, pp. 57~58; 사만다 파워, 김보영 옮김, 『미국과 대량학살의 시대』, 에코리브르, 2004, 111쪽.

14. 알랭 핀킬크라우트, 이자경 옮김, 『잃어버린 인간성』, 당대, 1998, 59~60쪽.

15. 찰스 테일러, 이상길 옮김, 『근대의 사회적 상상』, 이음, 2010, 43쪽.

16. Winter, Jay, "Under Cover of War: The Armenian Genocide in the Context of Total War", edited by Robert Gellately and Ben Kiernan, *The Specter of Genocide: Mass Murder in Historical Perspective*, New York: Cambridge University Press, 2003, pp. 189~192.

17. 브루노 스넬, 김재홍 옮김, 『정신의 발견: 서구적 사유의 그리스적 기원』, 까치, 1994, 258쪽.

18. 『오마이뉴스』, 2016. 6. 28;『한겨레』, 2016. 3. 2; 7. 26.

19. 『한겨레』, 2013. 3. 5.

20. 『중앙일보』, 2014. 5. 25.

21. 『중앙일보』, 2015. 10. 21; 한승원, 『물에 잠긴 아버지』, 문학동네, 2015, 283~284쪽.

22. 전남 장흥지역의 민간인 피해에 대한 내용은 다음을 참고한다. 진실화해위원회, 「장흥지역 적대세력에 의한 희생사건」, 『2009년 상반기 조사보고서 02』, 2009, 677~735쪽; 진실화해위원회, 「전남 서남부지역 민간인 희생사건 (장흥·강진·해남·완도·진도군)」, 『2009년 상반기 조사보고서 04』, 2009, 459~564쪽.

23. N. 프라이, 임철규 옮김, 『비평의 해부』, 한길사, 1987, 58~59쪽.

24. 아리스토텔레스 외, 천병희 옮김, 『시학』, 문예출판사, 2014, 78쪽.

25. 아리스토텔레스 외, 2014, 64쪽.

26. N. 프라이, 1987, 62~63쪽.

27. 최홍이, 『고추잠자리: 최홍이 수필집』, 계간문예, 2008, 41쪽;『프레시안』, 2016. 3. 11.

28. 임철규, 2016, 226~227쪽.

29. 문경 석달 사건의 일부 유족들은 2007년 진실화해위원회에서 이 사건을 밝히고, 2010년 채의진이 자신의 친족들을 대표해 정부를 상대로 손해배상 소송을 제기해 승소한 후, 위령제를 별도로 지내고 학살 현장에 위령비를 따로 세웠다. 이뿐만 아니라 학살 현장이었던 밭은 과수원으로 변했고 중석굴의 유해는 방치되어 있다.

30. 테리 이글턴, 조은경 옮김, 『신의 죽음 그리고 문화』, 알마, 2017, 235쪽.

31. 신영복, 2015, 263쪽.

32. 테리 이글턴, 2017, 119쪽. 강조는 필자.

33. 신영복, 『강의: 나의 동양고전 독법』, 돌베개, 2004, 161~162쪽.

34. 테리 이글턴, 2017, 225~226쪽. 테리 이글턴은 이런 비극의 세계에서 이성에 대한 불신이 허무주의로 빠지지 않는 것은 비극적 예술이 인간으로 하여금 우주의 질서라는 감각을 가질 수 있게 하기 때문이라고 한다. 그는 비극이 세속화

된 형태의 신정론이기 때문에 (이로부터 발생하는) 문제의 고통이 무의미한 것이 아니라고 말한다.

35. Levene, Mark, *Genocide in the Age of the Nation-State: Volume I, The Meaning of Genocide*, London and New York: I. B. Tauris, 2005.

36. 스티븐 사이드먼, 박창호 옮김, 『지식논쟁』, 문예출판사, 1999, 25~26쪽.

37. 백종현, 『이성의 역사』, 아카넷, 2017, 708~709쪽. 같은 방식으로 논리학은 모든 것을 '공리'로 환원하고 역사학은 '사건'으로 자연과학은 '원소'로 환원하려 하고 경제학은 노동과정을 '합리화'하고 '기계화'하려고 한다. 강조는 필자.

38. 스티븐 사이드먼, 1999, 53~58쪽.

39. 박명림, 「지식의 인간성, 학문의 사회성, 교육의 공공성: 지식과 학문과 교육의 통합체계로서의 사회인문학」, 『동방학지』 제156집, 2011, 61쪽.

40. 박영도, 「한국 사회의 공공성과 공적 지식인: 그 구조적 특징과 변화–김동춘 교수와의 대화」, 『동방학지』 제159집, 2012, 332쪽.

41. 김우창, 『체념의 조형: 김우창 문학선』, 나남, 2013, 145쪽.

42. 김우창, 2013, 145쪽.

43. Card, Claudia and Armen T. Marsoobian (eds.), *Genocide's Aftermath: Responsibility and Repair*, London: Blackwell, 2007, p. 1.

44. 스티븐 사이드먼, 1999, 444~447쪽.

45. 스티븐 사이드먼, 1999, 448쪽, 456쪽.

46. 박명림, 2011, 55~56쪽.

47. 안쏘니 기든스, 진덕규 옮김, 『민족국가와 폭력』, 삼지원, 1993, 30~31쪽.

48. 백종현, 2017, 603~604쪽.

49. 김우창, 2013, 201쪽.

50. 라인홀드 니버, 이한우 옮김, 『도덕적 인간과 비도덕적 사회』, 문예출판사, 2015, 235쪽.

참고문헌

단행본

- 강경모, 『유엔캄보디아 특별재판부 연구』, 전환기정의연구원, 2016.
- 강만길, 『역사가의 시간』, 창비, 2010.
- 경기도의회 고양시일산금정굴사건진상조사특별위원회, 『활동결과보고서』, 2000.
- 고경태, 『1968년 2월 12일: 베트남 퐁니퐁녓 학살 그리고 세계』, 한겨레출판, 2015.
- 고정훈 외, 『명인옥중기』, 희망출판사, 1966.
- 공보처 통계국, 『6·25사변 피살자 명부』, 1952.
- 국가정보원, 『과거와 대화 미래의 성찰: 정치·사법편(IV), 언론·노동편(V), 학원·간첩편(VI)』, 국가정보원, 2007.
- 국군보안사령부, 『대공30년사』, 고려서적주식회사, 1978.
- 국민과함께하는국회의원모임 외, 『한국전쟁기 민간인희생사건 해결의 현단계와 과제』, 한국전쟁발발60주년기념토론회, 국회도서관 소회의실, 2010. 7. 17.
- 국방군사연구소, 『국방정책변천사(1945-1994)』, 국방군사연구소, 1995.
- 국방부 군사편찬연구소, 『조사업무지침서』, 군사편찬연구소, 2000.
- 국방부 전사편찬위원회, 『대비정규전사(1950-1960)』, 국방부전사편찬위원회, 1988.
- 국사편찬위원회, 『북한관계사료집 16』, 1993.
- 권귀숙, 『기억의 정치: 대량학살의 사회적 기억과 역사적 진실』, 문학과지성사, 2006.

• 권헌익, 유강은 옮김, 『학살, 그 이후』, 아카이브, 2012.

• 김동춘, 『전쟁과 사회: 우리에게 한국전쟁은 무엇이었나?』, 돌베개, 2000.

• 김동춘, 『이것은 기억과의 전쟁이다』, 사계절, 2013a.

• 김동춘, 『전쟁정치: 한국정치의 메커니즘과 국가폭력』, 길, 2013b.

• 김득중, 『빨갱이의 탄생: 여순사건과 반공 국가의 형성』, 선인, 2009.

• 김상기, 『제노사이드 속 폭력』, 선인, 2008.

• 김성동, 『외로워야 한다: 김성동 산문집』, 내앞에서다, 2014.

• 김영범, 『민중의 귀환, 기억의 호출』, 한국학술정보, 2010.

• 김영수, 『화해는 용서보다 기억을 요구한다』, 동인, 2001.

• 김우창, 『체념의 조형: 김우창 문학선』, 나남, 2013.

• 김원일, 『아들의 아버지』, 문학과지성사, 2013.

• 김재천, 『CIA 블랙박스: 모든 사건의 뒤에는 그들이 있다!』, 플래닛미디어, 2011.

• 김현아, 『전쟁의 기억 기억의 전쟁』, 책갈피, 2002.

• 노근리 사건조사반, 『노근리 사건 조사 결과 보고서』, 2001.

• 노암 촘스키 · 에드워드 S. 허먼 · 데이비드 페터슨, 박종일 옮김, 『학살의 정치학』, 인간사랑, 2011.

• 다카하시 데츠야, 이규수 옮김, 『일본의 전후 책임을 묻는다: 기억의 정치, 망각의 윤리』, 역사비평사, 2000.

• 대한민국 국방부정훈국전사편찬회 편, 『한국전란 2년지』, 국방부정훈국, 1953.

• 도널드 P. 그레그, 차미례 옮김, 『역사의 파편들: 도널드 그레그 회고록』, 창비, 2015.

• 등원창, 엄수현 옮김, 『일본군사사』, 시사일본어사, 1994.

• 라인홀드 니버, 이한우 옮김, 『도덕적 인간과 비도덕적 사회』, 문예출판사, 2015.

• 류춘도, 『당신이 나입니다』, 푸른숲, 2002.

• 르네이트 홀럽, 정철수 외 옮김, 『그람시의 여백: 맑스주의와 포스트모더니즘을 넘어』, 이후, 2000.

• 리영희, 『역정: 나의 청년시대』, 창작과비평사, 1988.

• 리처드 로빈스, 김병순 옮김, 『세계문제와 자본주의 문화: 생산 · 소비 · 노동 · 국가의 인류학』, 돌베개, 2014.

• 마가렛 캐노번, 김만권 옮김, 『인민』, 그린비, 2015.

• 마틴 메러디스, 이순희 옮김 · 김광수 감수, 『아프리카의 운명: 인류의 요람에 새 겨진 상처와 오욕의 아프리카 현대사』, 휴머니스트, 2014.

• 문성원, 『해체와 윤리: 변화와 책임의 사회철학』, 그린비, 2012.

• 문창재, 『나는 전범이 아니다: 일본제국주의에 희생된 한국인 전범들』, 일진사, 2005.

• 박명림, 『역사와 지식과 사회: 한국전쟁 이해와 한국사회』, 나남, 2011.

• 박명림, 『한국 1950: 전쟁과 평화』, 나남출판, 2002.

• 박원순, 『국가보안법연구 1: 국가보안법변천사』, 역사비평사, 1997a.

• 박원순, 『국가보안법연구 2: 국가보안법적용사』, 역사비평사, 1997b.

• 박원순, 『아직도 심판은 끝나지 않았다』, 한겨레신문사, 1996.

• 박호성, 『평등론』, 창작과비평사, 1999.

• 백종현, 『이성의 역사』, 아카넷, 2017.

• 베네딕트 데 스피노자, 추영현 옮김, 『에티카/정치론』, 동서문화동판, 2016.

• 베네딕트 앤더슨, 윤형숙 옮김, 『민족주의의 기원과 전파』, 나남출판사, 1991.

• 벤자민 발렌티노, 장원석 · 허호준 옮김, 『20세기의 대령학살과 제노사이드』, 제 주대학교출판부, 2006.

• 보병 제11사단, 『화랑약사(1950. 8. 27~1975. 5. 31)』, 1975.

• 브루노 스넬, 김재홍 옮김, 『정신의 발견: 서구적 사유의 그리스적 기원』, 까치, 1994.

• 빅터 프랭클, 김충선 옮김, 『죽음의 수용소에서』, 청솔출판사, 1989.

• 빅토르 프랑클, 이희재 옮김, 『그래도 나는 삶이 의미 있는 것이라고 생각한다』, 열린사회, 1998.

• (사)한국현대사회연구소, 『한국전쟁전후 민간인 집단희생 관련 유해 매장 추정 지 조사용역 최종보고서』, 2007.

• 서영선, 『하얀 눈 위의 첫 발자국: 서영선 제1시집』, 영하, 1998.

• 서영선, 『한과 슬픔은 세월의 두께 만큼: 강화 민간인 학살의 진실과 과거사법 투쟁사』, 작가들, 2007.

• 서영선, 『산은 막히고 강은 흐른다』, 들꽃, 2016.

• 서중석, 『조봉암과 1950년대 (하)』, 역사비평사, 1999.

• 스베틀라나 알렉시예비치, 박은정 옮김, 『전쟁은 여자의 얼굴을 하지 않았다』, 문학동네, 2015.

• 스탠리 코언, 조효제 옮김, 『잔인한 국가 외면하는 대중: 왜 국가와 사회는 인권 침해를 부인하는가』, 창비, 2009.

• 스티븐 그린블랫, 이혜원 옮김, 『1417년, 근대의 탄생: 르네상스와 한 책 사냥꾼 이야기』, 까치, 2013.

• 스티븐 내들러, 김호경 옮김, 『스피노자와 근대의 탄생: 지옥에서 꾸며낸 책「신학정치론」』, 글항아리, 2014.

• 스티븐 사이드먼, 박창호 옮김, 『지식논쟁: 포스트모던 시대의 사회이론』, 문예출판사, 1999.

• 신영복, 『강의: 나의 동양고전 독법』, 돌베개, 2004.

• 신영복, 『담론: 신영복의 마지막 강의』, 돌베개, 2015.

• 아리스토텔레스, 천병희 옮김, 『정치학』, 숲, 2012.

• 아리스토텔레스 외, 천병희 옮김, 『시학』, 문예출판사, 2014.

• 앙리 르페브르, 양영란 옮김, 『공간의 생산』, 에코리브르, 2011.

• 안 재, 『실록 보도연맹: 안재의 한의 노래』, 삼화, 1990.

• 안쏘니 기든스, 진덕규 옮김, 『민족국가와 폭력』, 삼지원, 1993.

• 알랭 핀킬크라우트, 이자경 옮김, 『잃어버린 인간성』, 당대, 1998.

• 야마모토 시치헤이, 최용우 옮김, 『어느 하급 장교가 바라본 일본제국의 육군』, 글항아리, 2016.

• 에드먼드 닐, 이화여대 통번역연구소 옮김, 『마이클 오크숏』, 아산정책연구원, 2012.

• 에밀 뒤르켐, 노치준·민혜숙 옮김, 『종교생활의 원초적 형태』, 민영사, 1992.

• 에티엔 발리바르, 윤소영 옮김, 『마르크스의 철학, 마르크스의 정치』, 문화과학사, 1995.

• 에티엔 발리바르, 최원·서관모 옮김, 『대중들의 공포: 맑스 전과 후의 정치와 철학』, 도서출판b, 2007.

• 엠마누엘 레비나스, 강영안 옮김, 『시간과 타자』, 문예출판사, 1996,

- 오세철, 『한국인의 사회심리』, 박영사, 1982.
- 오제도, 『국가보안법실무제요』, 남광문화사, 1949.
- 올리버 색스, 조석현 옮김, 이정호 그림, 「길 잃은 뱃사람」, 『아내를 모자로 착각한 남자』, 알마, 2016.
- 올바른 과거청산을 위한 범국민위원회, 『진실과 정의의 회복을 위하여』, 한국학술정보, 2005.
- 우쓰미 아이코, 이호경 옮김, 『조선인 BC급 전범, 해방되지 못한 영혼』, 동아시아, 2007.
- 유사원, 『사찰경찰제요』, 경찰도서출판협회, 1955.
- 육군본부, 『창군전사』, 1980.
- 육군본부 편찬, 『공비토벌사』, 육군본부 전사감실, 1954.
- 윤소영, 『마르크스주의의 전화와 '인권의 정치'』, 문화과학사, 1995.
- 이도영 편역, 『죽음의 예비검속: 양민학살진상조사보고서』, 월간 말, 2000.
- 이삼성, 『20세기의 문명과 야만: 전쟁과 평화, 인간의 비극에 관한 정치적 성찰』, 한길사, 1998.
- 이삼성, 『세계와 미국: 20세기의 반성과 21세기의 전망』, 한길사, 2001.
- 스테판 에셀, 임희근 · 김희진 옮김, 『세기와 춤추다: 행동하는 지성, 스테판 에셀 회고록』, 돌베개, 2013.
- 이이화, 『역사를 쓰다』, 한겨레출판, 2011.
- 이재갑 · 경산코발트광산유족회, 『잃어버린 기억: 1950년 경산 코발트광산 사건, 그 후의 진실』, 이른아침, 2008.
- 이재승, 『국가범죄』, 앨피, 2010.
- 이종수, 『막스 베버의 학문과 사상』, 한길사, 1981.
- 이현수, 『나흘』, 문학동네, 2013.
- 임마누엘 칸트, 이한구 옮김, 『하나의 철학적 기획: 영구평화론』, 서광사, 2013.
- 임마누엘 칸트, 이한구 편역, 「계몽이란 무엇인가에 대한 답변」, 『칸트의 역사철학』, 서광사, 2009.
- 임종국, 『일제하의 사상탄압』, 평화, 1985.
- 임철규, 『고전: 인간의 계보학』, 한길사, 2016.

- 임철규, 『죽음』, 한길사, 2012.
- 자크 데리다, 진태원 옮김, 『법의 힘』, 문학과지성사, 2012.
- 전라북도의회 6·25양민학살진상실태조사특별위원회, 『6·25양민학살진상실태조사보고서』, 1994.
- 정구도 편저, 『노근리 사건의 진상과 교훈』, 두남, 2002.
- 정정화, 『장강일기』, 학민사, 2011.
- 정찬동, 『함평양민학살』, 시와사람, 1999.
- 정호기, 『한국의 역사기념시설』, 민주화운동기념사업회, 2007.
- 제임스 홉스, 유병용 엮음, 『증언사입문』, 한울아카데미, 1995.
- 조르조 아감벤, 박진우 옮김, 『호모사케르: 주권 권력과 벌거벗은 생명』, 새물결, 2008.
- 조효제, 『인권의 문법』, 후마니타스, 2007.
- 조희연, 『한국의 국가·민주주의·정치변동』, 당대, 1998.
- 존 도커, 신예경 옮김, 『고전으로 읽는 폭력의 기원』, 알마, 2012.
- 존 롤즈, 황경식 옮김, 『정의론』, 이학사, 2003.
- 주디스 버틀러, 양효실 옮김, 『불확실한 삶: 애도와 폭력의 권력들』, 경성대학교 출판부, 2012.
- 지그문트 바우만, 문성원 옮김, 『자유』, 이후, 2011.
- 차석규, 『남부군과 거창사건』, 창작예술사, 1988.
- 찰스 테일러, 이상길 옮김, 『근대의 사회적 상상』, 이음, 2010.
- 천병희, 『그리스 비극의 이해』, 문예출판사, 2002.
- 최문규, 『죽음의 얼굴: 문학 속에서 인간은 어떻게 죽어가는가』, 21세기북스, 2014.
- 최승호, 『경산코발트광산의 진실 1950~2008』, ㈜경산신문사, 2008.
- 최장집, 『한국 민주주의의 조건과 전망』, 나남출판, 1996.
- 최형익, 『마르크스의 정치이론』, 푸른숲, 1999.
- 최호근, 『제노사이드: 학살과 은폐의 역사』, 책세상, 2005.
- 최홍이, 『고추잠자리: 최홍이 수필집』, 계간문예, 2008.
- 키르스텐 세룹-빌펠트, 문봉애 옮김, 『걸림돌: 나치의 학살로 희생된 사람들을

잊지 않기 위하여』, 살림터, 2016.

- 테리 이글턴, 조은경 옮김, 『신의 죽음 그리고 문화』, 알마, 2017.
- 투퀴디데스, 천병희 옮김, 『펠로폰네소스 전쟁사』, 숲, 2011.
- 폴 우드러프, 이윤철 옮김, 『최초의 민주주의: 오래된 이상과 도전』, 돌베개, 2012.
- 프리모 레비, 이현경 옮김, 『이것이 인간인가』, 돌베개, 2007.
- 피에르 노라, 김인중 · 유희수 옮김, 『기억의 장소 1-5』, 나남출판, 2010.
- 피에르 부르디외, 김현경 옮김, 『언어와 상징권력』, 나남, 2014.
- 필립 고레비치, 강미경 옮김, 『내일 우리 가족이 죽게 될 거라는 걸, 제발 전해주세요!』, 갈라파고스, 2011.
- 하워드 진, 이아정 옮김, 『오만한 제국』, 당대, 2001.
- 하용웅, 『양천강아 말해다오』, 학이사, 2014.
- 한국일보 법조팀 · 김영화 외, 『민간인 사찰과 그의 주인』, 북콤마, 2013.
- 한국전쟁전후 민간인 학살 범국민위원회 엮음, 『한국전쟁전후 민간인 학살 실태 보고서』, 한울, 2005.
- 한국전쟁전후 민간인 학살 진상규명을 위한 모임, 『전쟁과 인권』, 한국전쟁전후 민간인 학살 심포지엄 자료집, 프레스센터, 2000. 6. 21.
- 한국혁명재판사 편찬위원회, 『한국혁명재판사』 제4집, 1962.
- 한나 아렌트, 김정한 옮김, 『폭력의 세기』, 이후, 1999.
- 한나 아렌트, 이진우 · 태정호 옮김, 『인간의 조건』, 한길사, 1996.
- 한성훈, 『전쟁과 인민: 북한 사회주의 체제의 성립과 인민의 탄생』, 돌베개, 2012.
- 한성훈, 『가면권력: 한국전쟁과 학살』, 후마니타스, 2014.
- 한승원, 『물에 잠긴 아버지』, 문학동네, 2015.
- 한옥신, 『사상범죄론』, 최신출판사, 1975.
- 한용원, 『창군』, 박영사, 1984.
- 헌병사편찬위원 편저, 『한국헌병사: 창설 발전편』, 헌병사령부, 1952.
- 홍성식, 『한국문학을 인터뷰하다: 황석영에서 김연수까지—27명의 작가, 그들의 시와 소설에 취하다』, 당그래출판사, 2007.
- 황우권, 『한미관계와 커뮤니케이션: 미국을 다시 본다』, 이진출판사, 2000.

• N. 프라이, 임철규 옮김, 『비평의 해부』, 한길사, 1987.
• T. H. 마셜 · T. 보토모어, 조성은 옮김, 『시민권』, 나눔의집, 2014.
• Th. W. 아도르노 · M. 호르크하이머, 김유동 옮김, 『계몽의 변증법』, 문학과지성사, 2012.

논문 및 글

• 국가인권위원회, 「신원조사제도 개선 권고」, 2005. 2. 14.
• 국가정보원, 「신원조사의 법적 근거 및 실시 현황」, 국가인권위원회, 『신원조사제도 개선방안 마련을 위한 청문회』, 국가인권위원회 배움터, 2005. 1. 18.
• 군터 뎀니히 · 캇챠 발터, 「상징, 기억, 책임: 상징으로 기억을 되살려 앞날의 책임을 밝히다」, 서강대 사회과학연구소(CGSI) 세미나, 서강대학교 정하상관 J610호, 2016. 4. 7.
• 권건보, 「신원조사제도의 문제점과 개선 방안」, 『법과사회』 28권, 2005.
• 권귀숙, 「사회적 기억」, 『한국사회학』 제35집 제5호, 2001.
• 김기곤, 「하나의 사건과 두 가지 재현: 거창사건의 기억과 문화적 재현 과정」, 『민주주의와 인권』 제9권 1호, 2009.
• 김남섭, 「스탈린 체제와 러시아의 과거청산」, 안병직 외 10인, 『세계의 과거사 청산』, 푸른역사, 2005.
• 김동춘, 「냉전, 반공주의 질서와 한국의 전쟁정치: 국가폭력의 행사와 법치의 한계」, 『경제와사회』 제89호, 2011.
• 김동춘, 「민간인 김종익 사찰 건으로 본 이명박 정부」, 『역사비평』 제94호, 2011.
• 김동춘, 「한국의 분단국가 형성과 시민권」, 『경제와사회』 제70호, 2006.
• 김동춘, 「해방 60년, 지연된 정의와 한국의 과거청산」, 『시민과세계』 제8호, 2006.
• 김무용, 「과거청산의 제도화와 국민통합 노선의 전망」, 『한국민족운동사연구』 제53집, 2007.
• 김백영 · 김민환, 「내전, 공간적 재현과 담론적 재현의 간극: 거창사건추모공원의

공간 분석」, 『사회와역사』 제78집, 2008.

• 김성례, 「근대성과 폭력: 제주 4·3의 담론정치」, 『제주4·3연구』, 역사비평사, 1999.

• 김영나, 「워싱턴디시내셔널몰의 한국전참전용사기념물과 전쟁의 기억」, 서양미술사학회, 『서양미술사학회 논문집』, 제18집, 2002.

• 김영범, 「알박스(Maurice Halbwachs)의 기억사회학 연구」, 『사회과학연구』 제6집 제3호, 1999.

• 김영범, 「기억에서 대항기억으로, 혹은 역사적 진실의 회복: 기억투쟁으로서의 4·3 문화운동 서설」, 『민주주의와 인권』 제3권 2호, 2003.

• 김재현, 「모순·이데올로기·과학」, 『80년대 한국인문사회과학의 현단계와 전망』, 역사비평사, 1988.

• 김학준, 「4·19 이후 5·16까지의 진보주의운동」, 강만길 외, 『4월혁명론』, 한길사, 1983.

• 김학태, 「법을 통한 과거청산: 법 효력에 관한 법철학적 근거」, 『외법논집』 제18집, 2005.

• 김형곤, 「한국전쟁의 공식기억과 전쟁기념관」, 『한국언론정보학보』 통권 40호, 2007.

• 김호기, 「그람시적 시민사회론과 비판이론의 시민사회론」, 유팔무·김호기 엮음, 『시민사회와 시민운동』, 한울, 1995.

• 박명규, 「역사적 경험의 재해석과 상징화: 동학농민전쟁의 기념물」, 『사회와역사』 제51집, 1997.

• 박명림, 「지식의 인간성, 학문의 사회성, 교육의 공공성: 지식과 학문과 교육의 통합체계로서의 사회인문학」, 『동방학지』 제156집, 2011.

• 박선기, 「르완다 제노사이드, 르완다 국제형사재판소 그리고 르완다와 아프리카로부터의 교훈집」, 진실화해위원회, 『세계 과거사청산의 흐름과 한국의 과거사정리 후속조치방안 모색』, 국제심포지움, 매경미디어센터 12층, 2009. 10. 27.

• 박영도, 「한국 사회의 공공성과 공적 지식인: 그 구조적 특징과 변화—김동춘 교수와의 대화」, 『동방학지』 제159집, 2012.

• 박원순, 「전쟁 부역자 5만여 명 어떻게 처리되었나」, 『역사비평』 제9호, 1990.

- 박 혁, 「인권의 역설과 '권리를 가질 권리'의 의미: 한나 아렌트의 인권개념에 대한 고찰」, 『시민사회와 NGO』 13권 2호, 2015.
- 백승헌, 「한국전쟁전후 민간인 학살사건의 해결을 위한 국내법적 모색」, 민간인 학살 진상규명 범국민위원회, 『민간인 학살 통합입법 자료집』, 2001.
- 서관모, 「시민성 개념의 새로운 구축을 위하여: 에티엔 발리바르의 '인권의 정치'의 문제설정」, 『경제와사회』 제31집, 1996.
- 안 진, 「미군정기 국가기구의 형성과 성격」, 박현채·김남식 외, 『해방전후사의 인식 3』, 한길사, 1987.
- 양현아, 「'수지 김' 사건 유족들의 피해 성격과 그 함의」, 한인섭 엮음, 『재심·시효·인권』, 경인문화사, 2007.
- 오병두, 「국민보도연맹과 예비검속: 제노사이드(Genocide)의 관점에서」, 민주주의법학연구회, 『민주법학』 제43호, 2010.
- 윤석양, 「나에겐 아직도 갚아야 할 빚이 있다: 윤석양의 서빙고 80일 체험기」, 『월간 말』, 1990년 11월.
- 「尹宇景 황해도 松禾경찰서장 증언」, 조갑제, 『고문과 조작의 기술자들』, 한길사, 1987.
- 이강수, 「1960년 '양민학살사건진상조사위원회'의 조직과 활동, 「조사보고서」 분석을 중심으로」, 『한국근현대사연구』 제45집, 2008.
- 이문구, 「『관촌수필』과 나의 문학 여정」, 박경리 외, 『나의 문학이야기』, 문학동네, 2001.
- 이소영, 「기억의 규제와 "규제를 통한 기억하기"?: 홀로코스트 부정(Holocaust denial) 규제 법제와 사회적 기억의 구성」, 『법학연구』 21권 4호, 2013.
- 이승만, 「불순배를 철저히 제거: 반역사상 방지 법령 준비」, 공보처, 『대통령이승만박사담화집』, 공보처, 1953.
- 이윤제, 「야마시타 사건과 상급자 책임」, 『서울국제법연구』 제20권 1호, 2013.
- 이재승, 「과거청산과 인권」, 『민주법학』 제24호, 2003.
- 이재승, 「기억과 법: 홀로코스트 부정」, 『법철학연구』 11권 1호, 2008.
- 이재승, 「군인의 전쟁거부권」, 『민주법학』 제43호, 2010.
- 이재승, 「화해의 문법: 시민정치의 관점에서」, 『민주법학』 제46호, 2011.

• 임대식, 「친일 · 친미 경찰의 형성과 분단활동」, 『분단 50년과 통일시대의 과제』, 역사비평사, 1995.

• 장 신, 「일제하의 요시찰과 『왜정시대인물사료』」, 『역사문제연구』 제11호, 2003.

• 장-프랑수아 리오타르, 「타자의 권리」, 스티븐 슈터, 수잔 할리 엮음, 민주주의법학연구회 옮김, 『현대사상과 인권』, 사람생각, 2000.

• 전상숙, 「사상통제정책의 역사성」, 『한국정치외교사논총』 제27권 1호, 2005.

• 정근식, 「과거청산의 역사사회학을 위하여: 한국의 민주화와 관련하여」, 『사회와 역사』 제61집, 2002.

• 정근식, 「기억의 문화, 기념물과 역사교육」, 『역사교육』 제97집, 2006.

• 정병준, 「한국전쟁 초기 국민보도연맹원 예비검속 · 학살사건의 배경과 구조」, 『역사와현실』 제54호, 2004

• 정재원, 「서평: 스베틀라나 알렉시예비치, 『체르노빌의 목소리: 미래의 연대기』, 김은혜 옮김, 새잎, 2015」, 『러시아연구』 25권 2호, 2015.

• 조 국, 「반인권적 국가범죄'의 공소시효 정지 · 배제와 소급효금지의 원칙」, 『형사법연구』 제17호, 2002.

• 조용환, 「조약의 국내법 수용에 관한 비판적 검토」, 『법과사회』 제34집, 2008.

• 진실의힘 재단 참가자 일동, 「축문」, 2010. 6. 25.

• 진태원, 「랑시에르와 발리바르: 어떤 민주주의?」, 『실천문학』 제110호, 2013.

• 차정원, 「신원조사로 인한 피해 사례」, 국가인권위원회, 『신원조사제도 개선방안 마련을 위한 청문회』, 국가인권위원회 배움터, 2005. 1. 18.

• 최호근, 「홀로코스트 기억의 중심 야드 바셈」, 민주화운동기념사업회 엮음, 『세계의 역사기념시설』, 민주화운동기념사업회, 2006.

• 한성훈, 「기념물을 둘러싼 기억의 정치와 집단정체성」, 『사회와역사』 제78호, 2008.

• 테오 반 보벤, 「중대 인권침해 및 기본적 자유침해피해자들을 위한 복권, 배상 및 명예회복에 관한 연구」, 1993. 7. 2.

• 한성훈, 「'사찰' 국가의 인권침해와 생활세계의 식민화」, 『역사비평』 제100호, 2012.

• 한수영, 「분단과 전쟁이 낳은 비극적 역사의 아들들」, 『역사비평』 제46호, 1999.

- 홍윤기, 「정치언어학의 철학: 정치언어 연구의 문제 층위와 정치언어의 작동 양상」, 『철학연구』 제95호, 2011.
- 황기철, 「향로봉 루트를 따라 침투한 적 추적, 북한군 특공부대를 수색작전에서 섬멸」, 50동우회 엮음, 『국군의 뿌리/창군·참전용사들』, 삼우사, 1998.
- 황상익, 「의학사적 측면에서 본 4·3」, 『제주4·3연구』, 역사비평사, 1999.

유족(회) 자료

- (사)함평사건희생자유족회, 『함평집단학살희생자명예회복 사료집 1』, 2010.
- (사)함평사건희생자유족회, 『함평집단학살희생자명예회복 사료집 3』, 2010.
- (사)함평사건희생자유족회, 『함평집단학살희생자명예회복 사료집 4(상권)』, 2011.
- (사)함평사건희생자유족회, 『함평집단학살희생자명예회복 사료집 8』, 2016.
- 거창양민학살사건위령추진위원회, 「청원서」, 1988. 7.
- 고양 금정굴 양민학살사건 진상규명 명예회복을 위한 범국민추진위원회, 『고양 금정굴 양민학살사건 진상보고서』, 1999.
- 고양 금정굴 양민학살 희생자 유족회, 「성명서: 고양시장은 금정굴 문제 해결에 적극 나서라」, 2000. 2. 23.
- 내무부 치안국, 「신원기록일제정비계획」, 1980.
- 울산 국민보도연맹 희생자 유족회, 「울산 국민보도연맹사건 희생자 추모식」, 울산 상공회의소 대회의실, 2008. 1. 24.
- 정근욱, 『함평양민 524명 집단학살 희생자 명예회복은?』, 함평양민학살희생자유족회, 2000.
- 정맹근, 「시천면·삼장면 양민학살사건 진상조사 청원서」, 『청원서』, 1999. 8. 10.
- 채의진 편저, 『아, 통한45년: 문경양민학살백서』, 문경양민학살피학살자유족회, 1994.
- 채의진, 「통합 특별법 발의에 부쳐」, 국회의원 연구단체 나라와 문화를 생각하는 모임 외, 『한국전쟁전후 민간인 학살 진상규명을 위한 통합특별법 공청회』, 국회

의원회관 소회의실, 2001. 5. 22.

정부 자료

• 경산경찰서, 『신원조사』, 국가기록원 관리번호 DA0792981.

• 경산경찰서장, 「진정서에 대한 답변」, 2000. 4. 27.

• 경산시장, 「평산동 민간인 학살지 유적지 지정 요청에 관한 답변」, 2006. 1. 25.

• 경상북도지사, 「평산동 민간인 학살지 유적지 지정요청에 대한 중간 회신」, 2006. 2. 3.

• 경주경찰서, 『신원기록편람』, 1980. 국가기록원 관리번호 DA080857. 신원기록류(2).

• 경찰청 과거사진상규명위원회, 「보도연맹학살 의혹사건 중간 조사 결과」, 2006. 9.

• 경찰청, 『경찰청 과거사진상규명위원회 백서』, 범신사, 2007.

• 고령경찰서, 『신원기록편람』, 1981. 국가기록원 관리번호 DA080857. 신원기록류 (2).

• 광주지방법원 목포지원, 사건번호 2009호파1297, 가족관계등록부정정, 2009. 10. 21.

• 구례경찰서 보안계, 『긴급신원조사처리부』, 2001. 국가기록원 관리번호 DA0792867.

• 국방부 과거사진상규명위원회, 『과거사진상규명위원회 종합보고서 제3권』, 2007.

• 국방부 과거사진상규명위원회, 『보안사 민간인 사찰사건 조사 결과보고서』, 2007.

• 『국회속기록』 제1회 90호, 1948년 10월 28일.

• 국회거창사건특별조사위원회, 「거창사건조사보고서」, 제2대국회 제10회, 대한민국국회, 1951.

• 대법원 법원행정처장, 「가족관계등록과: 2977 질의응답」, 2010. 10. 28.

• 대전중부경찰서, 『신원기록편람』, 1981. 국가기록원 관리번호 DA0808048.

- 대통령소속 의문사진상규명위원회, 『의문사진상규명위원회 보고서 1차 I』, 2003.
- 문화재청장, 「근대문화유산 등록에 대한 검토회신」, 2006. 2. 7.
- 법무부장관, 「지리산토벌작전에 수반한 즉결사건 발생의 건」, 국무총리 보고, 1951. 3. 10.
- 산청군의회, 『산청(시천·삼장) 양민학살사건진상조사실태보고서』, 2000. 6.
- 삼척경찰서, 『신원조사처리부』, 1975~1976, 1980~1981. 국가기록원 관리번호 DA0793222; DA0793221
- 서산경찰서, 「신원심사기록」, 1980.
- 영동경찰서 보안계, 『보호관찰 대상자 관리부』, 1970. 8~10.
- 예산경찰서, 「관내상황」, 1953.
- 이태준, 「문화재 등록신청서」, 2006. 3. 24.
- 인천중부경찰서, 『요시찰인명부』, 1960.
- 인천중부경찰서, 「인적위해자기록존안부」, 『요시찰인명부』, 1960.
- 임실경찰서 정보보안과 보안계, 『대공인적전산화자료보고』, 1979. 관리번호 No. 7.
- 재조선 미국육군사령부 군정청 편, 재조선 미국육군사령부 군정청 법령, 법령 제11호, 1945. 10. 9. "ORDINANCE NUMBER 11. SECTION I SPECIFIC LAWS REPEALED(9 October 1945)" b. The Preliminary Imprisonment Act.
- 제주4·3사건 진상규명 및 희생자 명예회복위원회, 『제주4·3사건 진상조사보고서』, 2003.
- 진실화해위원회, 「국방부 이의신청」, 집단희생조사국, 『사건조사기록』.
- 진실화해위원회, 「고양 금정굴 사건」, 『2007년 상반기 조사보고서』, 2007.
- 진실화해위원회, 「문경 석달 사건」, 『2007년 상반기 조사보고서』, 2007.
- 진실화해위원회, 「제주 예비검속 사건(섯알오름)」, 『2007년 하반기 조사보고서』, 2008.
- 진실화해위원회, 「함평 11사단 사건」, 『2007년 상반기 조사보고서』, 2007.
- 진실화해위원회, 「고창 월림 집단희생 사건」, 『2007년 하반기 조사보고서』, 2008.
- 진실화해위원회, 「산청 시천·삼장 민간인희생 사건」, 『2007년 하반기 조사보고

서』, 2008.

• 진실화해위원회, 「1951년 국무총리실 인사비밀 관계서류철」, 『2007년 하반기 조사보고서』, 2008.

• 진실화해위원회, 「고창 11사단 사건」, 『2008년 상반기 조사보고서 02』, 2008.

• 진실화해위원회, 「청도 민간인 희생 사건」, 『2008년 상반기 조사보고서 02』, 2008.

• 진실화해위원회, 「강화(강화도, 석모도, 주문도)지역 민간인 희생사건」, 『2008년 상반기 조사보고서 02』, 2008.

• 진실화해위원회, 「구례지역 여순사건」, 『2008년 상반기 조사보고서 02』, 2008.

• 진실화해위원회, 「남원지역 민간인 희생사건」, 『2008년 하반기 조사보고서 02』, 2009.

• 진실화해위원회, 「순창지역 민간인 희생사건」, 『2008년 하반기 조사보고서 03』, 2009.

• 진실화해위원회, 「순천지역 여순사건」, 『2008년 하반기 조사보고서 03』, 2009.

• 진실화해위원회, 「영암군 민간인 희생사건(1)」, 『2008년 하반기 조사보고서 03』, 2009.

• 진실화해위원회, 「의령 미군폭격사건」, 『2008년 하반기 조사보고서 03』, 2009.

• 진실화해위원회, 「장흥지역 적대 세력에 의한 희생사건」, 『2009년 상반기 조사보고서 02』, 2009.

• 진실화해위원회, 「전남 서남부지역 민간인 희생사건(장흥·강진·해남·완도·진도군)」, 『2009년 상반기 조사보고서 04』, 2009.

• 진실화해위원회, 「경산 코발트광산 등지에서 발생한 민간인 희생 사건」, 『2009년 하반기 조사보고서 06』, 2010.

• 진실화해위원회, 「광주·목포·순천·전주·군산형무소 재소자 희생사건」, 『2010년 상반기 조사보고서 04』, 2010.

• 진실화해위원회, 「전남 국민보도연맹 사건」, 『2009년 하반기 조사보고서 04』, 2010.

• 진실화해위원회, 「여수지역 여순사건」, 『2010년 상반기 조사보고서 06』, 2010.

• 진실화해위원회, 「미 지상군 관련 희생 사건」, 『2010년 상반기 조사보고서 07』,

2010.

- 진실화해위원회, 『호남지역 군 작전 중 발생한 민간인 희생사건: 11사단 20연대 작전지역을 중심으로』, 2009.
- 진실화해위원회, 『2008년 상반기 조사보고서 02』, 2008.
- 진실화해위원회, 『2008년 하반기 조사보고서 02』, 2009.
- 진실화해위원회, 『2009년 하반기 조사보고서 07』, 2010.
- 진실화해위원회, 『국민보도연맹 사건 진실규명결정서』, 2009.
- 진실화해위원회, 『종합보고서 I~IV』, 2010.
- 진실화해위원회, 『피해·명예회복 및 화해·위령사업, 재단 해외사례 조사연구용역 최종보고서』, 공주대학교 산학협력단, 2009. 1. 26.
- 진실화해위원회·전남대학교 산학협력단 심리건강연구소, 『심리적 피해현황 조사보고서』, 2007.
- 진실화해위원회·충북대학교박물관, 『한국전쟁전후 민간인 집단희생관련 2007년 유해발굴보고서』, 2008; 『한국전쟁전후 민간인 집단희생관련 2008년 유해발굴보고서』, 2009; 『한국전쟁전후 민간인 집단희생관련 2009년 유해발굴보고서』, 2010.
- 진천경찰서, 『시찰업무전산화작업』, 1979.
- 청도경찰서, 『대공바인다』, 1972. 국가기록원 관리번호 DA0792902.
- 청도경찰서, 『신원기록편람』, 1980.
- 치안본부, 『대공신원기록편람』, 1984.
- 함평군의회 양민학살진상조사특별위원회, 『함평양민학살피해 진상조사 실태보고서』, 함평군의회, 1998.
- 한국전쟁 당시 미군의 이리 폭격에 의한 희생자 위령비 건립추진위원회, 『한국전쟁 당시 미군의 이리 폭격에 의한 양민학살사건의 진상』, 2000.

증언

- 김○○ 증언(2012. 5. 2), 한성훈, 연세대학교 위당관 317호 사회발전연구소.
- 김남식 증언, MBC, 「이제는 말할 수 있다: 보도연맹 1·2부」, 2001. 4. 27, 5. 5, 방송 프리뷰.
- 김동환 증언, 「강화 특공대원의 고백: 학살 배후에 경찰이 있었다」, 『월간 말』, 1999. 7월호.
- 김미자 증언(2009. 7. 14; 7. 24), 진실화해위원회, 『2009년 하반기 조사보고서 05』, 2010.
- 김병국 증언(2008. 2. 26), 진실화해위원회, 『2009년 하반기 조사보고서 06』, 2010.
- 김석주 증언(2006. 6. 29), 진실화해위원회, 「함평 11사단 사건」, 『2007년 상반기 조사보고서』, 2007.
- 김성구 증언(2007. 5. 30), 진실화해위원회, 『2008년 하반기 조사보고서 02』, 2009.
- 김영상 증언(2008. 6. 25), 진실화해위원회, 「부산·경남지역 형무소 재소자 희생사건」, 『2009년 상반기 조사보고서 03』, 2009.
- 김영환 증언(2005. 8. 27), 한성훈, 전북 고창군 공음면 선동리 선산마을 298(자택).
- 김을성 증언(2011. 8. 5), 한성훈, 전남 함평군 월야면 용암리(자택).
- 김일호 증언(2007. 2. 15), 진실화해위원회, 『2007년 상반기 조사보고서』, 2007.
- 김수영 증언(2000. 2. 16), 한성훈, 전북 남원시 대강면 강석마을회관.
- 김진호 증언(2000. 2. 16), 한성훈, 전북 남원시 대강면 강석마을회관.
- 박서욱 증언(2008. 6. 19), 진실화해위원회, 『2009년 하반기 조사보고서 07』, 2010.
- 박석규 증언(2008. 7. 8), 진실화해위원회, 『2009년 상반기 조사보고서 03』, 2009.
- 박성하 증언(2015. 2. 25), 한성훈, 대전시 동구 낭월동 산 13-1 유해발굴 현장.
- 박희춘 증언(2001. 1. 17), 한성훈, 경북 청도군 매전면 덕산리 곰티재 현장.

- 서영선 증언(2002. 4. 13), 이령경, 강화도 옥계갯벌 학살 현장, 민간인 학살 진상 규명 범국민위원회,『증언으로 듣는 민간인 학살: 끝나지 않은 전쟁』, 2002.
- 선우종원 증언, MBC,「이제는 말할 수 있다: 보도연맹 1·2부」, 2001. 4. 27, 5. 5, 방송 프리뷰.
- 설동용 증언(2005. 8. 19), 한성훈, 순창군 쌍치면 운암리 469-1(자택).
- 신영술 증언(2005. 8. 18), 한성훈, 전북 순창군 쌍치면 방산리 209-1(자택).
- 안종필 증언(2007. 3. 16), 진실화해위원회,『2007년 상반기 조사보고서』, 2007.
- 안종필 증언(2014. 7. 1), 한성훈, 전남 함평군 월야면 장교마을 어귀 정자.
- 유철상 증언(2008. 4. 30), 진실화해위원회,『2009년 하반기 조사보고서 07』, 2010.
- 이계백 증언(2006. 5. 18), 진실화해위원회,「함평 11사단 사건」,『2007년 상반기 조사보고서』, 2007.
- 이계준 증언(2001. 8. 31), 신나영, 민간인 학살 진상규명 범국민위원회, 함평군 나산면 우치리(자택),『한국전쟁전후 민간인 학살 실태보고서』, 2001.
- 이계준 증언(2006. 5. 17), 진실화해위원회,「함평 11사단 사건」,『2007년 상반기 조사보고서』, 2007.
- 이금남 증언(2000. 10. 30), 해보면사무소 면장실, 김영택,『한국전쟁과 함평 양민학살』, 사회문화원, 2001, 245~246쪽.
- 이일재 증언, MBC,「이제는 말할 수 있다: 보도연맹 1·2부」, 2001. 4. 27, 5. 5, 방송 프리뷰.
- 장종석 증언(2014. 7. 1), 한성훈, 전남 함평군 월야면 장교마을 어귀 정자.
- 정귀례 증언(2006. 6. 28), 진실화해위원회,「함평 11사단 사건」,『2007년 상반기 조사보고서』, 2007.
- 정남숙 증언(2006. 5. 17), 진실화해위원회,「함평 11사단 사건」,『2007년 상반기 조사보고서』, 2007.
- 조병권 증언(2000. 5. 26), 한성훈, 서울시 종로구 신문로1가 한글회관.
- 조봉안 증언(2007. 12. 12), 진실화해위원회,「남원지역 민간인 희생사건」,『2008년 하반기 조사보고서 02』, 2009.
- 조순임 증언(2013. 12. 6), 한성훈, 전남 함평군 월야면 (사)함평사건희생자유족

회 사무실.

- 조회중 증언(2009. 3. 6), 진실화해위원회, 『2009년 하반기 조사보고서 07』, 2010.

- 쩐 지엡 증언(2016. 7. 25), 의정부 청소년 베트남평화봉사기행.

- 채의진 증언(2000. 2. 15), 한성훈, 경북 상주시 이안면 이안리(자택).

- 채홍련 증언(2001. 8. 25), 민간인 학살 진상규명 범국민위원회, 문경시 산북면 매화리 607번지, 『한국전쟁 전후 민간인 학살 실태보고서』, 2001.

- 황긍선 증언(2005. 8. 27), 한성훈, 전북 고창군 공음면 선동리 선산마을 914(자택).

- 황점순 증언(2001. 11. 7), 신나영, 경남 마산시 진전면 곡안리 168(자택), 민간인 학살 진상규명 범국민위원회, 『증언으로 듣는 민간인 학살-끝나지 않은 전쟁』, 2002.

- 황점순 증언(2007. 10. 24), 진실화해위원회, 「부산·경남지역 형무소 재소자 희생사건」, 『2009년 상반기 조사보고서 03』, 2009.

언론보도 및 그 외

- 경향신문 특별취재반, 「비화 한 세대: 군정경찰」, 『경향신문』, 1977. 2. 11.
- 『경남도민일보』, 1999. 10. 6.
- 『경향신문』, 2010. 10. 21; 2012. 6. 14.
- 『뉴스한국』, 2013. 4. 25.
- 『뉴시스』, 2010. 10. 21.
- 『대한민국 관보』, 2008. 12. 18.
- 『독립신문』, 1948. 11. 14.
- 『동아일보』, 1947. 8. 14; 2015. 10. 9.
- 『문화일보』, 2000. 7. 24; 7. 25.
- 『민주신보』, 1950. 7. 18.
- 『부산일보』, 1950. 7. 18.

- 『아산투데이』, 2010. 10. 28.
- 『여수수산신문』, 1948. 11. 5.
- 『연합뉴스』, 2016. 10. 22.
- 『오마이뉴스』, 2016. 6. 28.
- 『위클리경향』, 제887호, 2010. 8. 10.
- 『조선일보』, 1947. 8. 14; 1950. 4. 1. 사설; 2010. 10. 16.
- 『중앙일보』, 2014. 5. 25; 2015. 10. 21.
- 『프레시안』, 2016. 3. 11.
- 『한겨레21』, 제306호, 2000. 5. 4; 제308호, 2000. 5. 18; 제726호, 2008. 9. 4; 제816호, 2010. 6. 25.
- 『한겨레』, 2004. 3. 24; 2009. 10. 12; 2010. 10. 29; 2012. 3. 28; 2012. 4. 6; 2012. 7. 19; 2013. 3. 5; 2015. 10. 9; 2016. 3. 2; 7. 26; 12. 2; 2017. 4. 19.
- 『한국일보』, 1960. 5. 21; 2003. 4. 18; 2012. 3. 30.
- AP, 2013. 5. 30.
- BBC, Kill'em All, 2002. 2. 1.
- *Los Angeles Times*, 2010. 7. 24.
- *New York Times*, 2012. 4. 9
- http://www.icty.org/case/furundzija/4#tord/
- http://www.theppsc.org/
- http://www.un.org/en/ga/search/view_doc.asp?symbol=S/RES/1820
- http://www.spiegel.de/fotostrecke/eduard-schulte-industrieller-warnte-vor-dem-holocaust-fotostrecke-150263-12.html
- Film, *Hotel Rwanda* (2004).
- Film, *Watchers on the Sky* (2015).
- Film, 「프로스트 vs 닉슨」 (2008).
- NARA, SA2010 Box832 Item31, 안탄산보, 「지시문급 보고서철」, 1951.
- NHK스페셜, 「조문상의 유서: 싱가포르 전범재판」, 1991.

국외 문헌

• Adorno, Theodor W., *Negative Dialectics*, New York: Continuum, 1983.

• Agamben, Giorgio, *Remnants of Auschwitz: The Witness and the Archive*, trans. by Daniel Heller-Roazen, New York: Zone Books, 1999.

• Ali, Tariq, *The Clash of Fundamentalisms: Crusades, Jihads and Modernity*, London and New York: Verso, 2002.

• Amnesty International, *Bosnia-Herzegovina: Rape and Sexual Abuse by Armed Forces*, New York: Amnesty International U.S.A., 1993.

• Applebaum, Anne, *Gulag: A History*, New York: Anchor Books, 2004.

• Arendt, Hannah, *On Violence*, New York: Harcourt, c1970.

• Arendt, Hannah, *The Origins of Totalitarianism*, New York: Harcourt, 1973; 한나 아렌트, 이진우 · 박미애 옮김, 『전체주의의 기원 1』, 한길사, 2006.

• Arenhövel, Mark, "Democratization and Transitional Justice", *Democratization*, Vol. 15, No. 3, Feb. 2008.

• Barber, Benjamin R., *Strong Democracy: Participatory Politics for a New Age*, Berkeley: University of California Press, 1984.

• Barber, Laurie, "The Yamashita War Crimes Trial Revisited", Vol. 1, Issue 2, Sep. 1998, *The Electronic Journal of Military History*, within the History Department at the University of Waikato, Hamilton, New Zealand; U.S. Supreme Court, 4 Feb. 1946, APPLICATION OF YAMASHITA, 327 U.S. 1 (1946).

• Barkan, Elazar, *The Guilt of Nations: Restitution and Negotiating Historical Injustices*, New York: W. W. Norton & Company, 2000.

• Bartov, Omer, "The Roots of Modern Genocide: On the Macro-and Microhistory of Mass Murder", edited by Robert Gellately and Ben Kiernan, *The Specter of Genocide: Mass Murder in Historical Perspective*, New York: Cambridge University Press, 2003, p. 77.

• Bartov, Omer, "Eastern Europe as the Site of Genocide", *The Journal of*

Modern History, Vol. 80, No. 3, Sep. 2008.

• Bauer, Yehuda, *Rethinking the Holocaust*, London: Yale University Press, 2002.

• Bauman, Zygmunt, *Modernity and the Holocaust*, Ithaca: Cornell University Press, 1995; 지그문트 바우만, 정일준 옮김, 『현대성과 홀로코스트』, 새물결, 2013.

• Bendix, Reinhard, *Nation-Building and Citizenship: Studies of Our Changing Social Order*, Berkeley: University of California Press, 1977.

• Blumenthal, David A. and Timothy L. H. McCormack, *The Legacy of Nuremberg: Civilising Influence or Institutionalised Vengeance?* (International humanitarian law series), Leiden and Boston: Martinus Nijhoff Publishers, 2008.

• Braudel, Fernand, *Civilization and capitalism, 15th–18th century. v. 2, the Wheels of Commerce*, translation from the French revised by Siân Reynolds, 1st U.S. ed., New York: Harper & Row, c1982.

• Browning, Christopher R., *Ordinary Men: Reserve Police Battalion 101 and the Final Solution in Poland*, New York: Harper Perennial, 1998; 크리스토프 R. 브라우닝, 이진모 옮김, 『아주 평범한 사람들: 101예비경찰대대와 유대인 학살』, 책과함께, 2010.

• Card, Claudia, "Genocide and Social Death", *Hypatia*, Vol. 18, No. 1, Win. 2003.

• Card, Claudia and Armen T. Marsoobian (eds.), *Genocide's Aftermath: Responsibility and Repair*, London: Blackwell, 2007.

• Chalk, Frank & Jonassohn Kurt, *The History and Sociology of Genocide: Analyses and Case Studies*, New Haven and London: Yale University Press, 1990.

• Chirot, Daniel and Clark McCauley, *Why Not Kill Them All? The Logic and Prevention of Mass Political Murder*, Princeton: Princeton University Press, 2006.

- Cho Hee-yeon, "Political Sociology of Kwagŏchŏngsan in South Korea", *The Review of Korean Studies*, Vol. 6, No. 1, 2003.

- Clausewitz, Carl von, edited by Anatol Rapoport, *On War*, London and New York: Penguin Books, 1982.

- Cumings, Bruce, *The Origins of The Korean War, Liberation and the Emergency of Separate Regimes 1945-1947*, Vol. I, Princeton: Princeton University Press, 1981; 김자동, 『한국전쟁의 기원』, 일월서각, 1986.

- Docker, John, *The Origins of Violence*, London: Pluto Press, 2008.

- Durkheim, Emile, translated by W. D. Halls, *The Division of Labor in Society*, New York: The Free Press, 1984.

- Dwyer, Leslie and Degung Santikarma, "When the World Turned to Chaos", edited by Robert Gellately and Ben Kiernan, *The Specter of Genocide: Mass Murder in Historical Perspective*, New York: Cambridge University Press, 2003.

- Eaglestone, Robert, "Reading Perpetrator Testimony", *The Future of Memory*, edited by Crownshaw, Richard, Jane Kilby and Antony Rowland, New York · Oxford: Berghahn Books, 2010.

- Eisikovits, Nir, "Rethinking the Legitimacy of Truth Commissions: 'I Am the Enemy You Killed, My Friend'", Card, Claudia and Armen T. Marsoobian (eds.), *Genocide's Aftermath: Responsibility and Repair*, London: Blackwell, 2007.

- Elster, Jon, "Coming to Terms with the Past: A Framework for the Study of Justice in the Transition to Democracy", *European Journal of Sociology*, Vol. 39, No. 1, May 1998.

- Elster, Jon, *Closing the Books: Transitional Justice in Historical Perspective*, Cambridge: Cambridge University Press, 2004.

- Fein, Helen, *Accounting for Genocide: National Responses and Jewish Victimization During the Holocaust*, Chicago: University of Chicago Press, 1984.

- Fein, Helen, *Genocide, A Sociological Perspective*, London: SAGE Publications, 1993.
- Fleming, Marie, "Genocide and the Body Politic in the Time of Modernity", edited by Robert Gellately and Ben Kiernan, *The Specter of Genocide: Mass Murder in Historical Perspective*, New York: Cambridge University Press, 2003.
- Franklin, Ruth, *A Thousand Darkness: Lies and Truth in Holocaust Fiction*, Oxford: Oxford University Press, 2011.
- Gellately, Robert and Ben Kiernan, *The Specter of Genocide: Mass Murder in Historical Perspective*, Cambridge: Cambridge University Press, 2003.
- Giddens, Anthony, *Modernity and Self-Identity: Self and Society in the Late Modern Age*, Cambridge: Polity Press, 1991.
- Giugni, Marco G., "Introduction: Social Movements and Change: Incorporation, Transformation, and Democratization", Marco G Giugni, Doug McAdam and Charles Tilly (eds.), *From Contention to Democracy*, Lanham: Rowman & Littlefield Publishers, 1998.
- Gourevitch, Philip, *We Wish to Inform You That Tomorrow We Will Be Killed With Our Families: Stories from Rwanda*, New York: Farrar, Straus, and Giroux, Picador, 1998); 필립 고레비치, 강미경 옮김, 『내일 우리 가족이 죽게 될 거라는 걸, 제발 전해주세요!』, 갈라파고스, 2011.
- Gramsci, Antonio, *Selections from the Prison Notebooks*, eds. and trans. Q. Hoare and G. Nowell Smith, New York: International Publishers, 1971.
- Grodsky, Brian, "Re-Ordering Justice: Towards A New Methodological Approach to Studying Transitional Justice", *Journal of Peace Research*, Vol. 46, No. 6, Nov. 2009.
- Grossman, Dave, *On Killing: The Psychological Cost of Learning to Kill in War and Society*, Boston: Little, Brow, 1995; 데이브 그로스먼, 이동훈 옮김, 『살인의 심리학』, 플래닛, 2011.
- Guyer, Sara, "Rwanda's Bones", *Boundary*, Vol. 2, No. 36, Jun. 2009.

•Habermas, Jürgen, *The Philosophical Discourse of Modernity: Twelve Lectures*, translated by Frederick Lawrence, Cambridge: Polity Press, c1987.

•Habermas, Jürgen, *The Postnational Constellation: Political Essays*, translated, edited, and with an introduction by Max Pensky, Cambridge: MIT Press, 2001.

•Habermas, Jürgen, *Theorie des kommunikativen Handelns*, Bd. 2, Frankfurt: Suhrkamp, 1981.

•Halbwachs, Maurice, *On Collective Memory*, ed. and trans. by Lewis A. Coser, Chicago: University of Chicago Press, 1992.

•Haldemann, Frank, "Another Kind of Justice: Transitional Justice as Recognition", *Cornell International Law Journal*, Vol. 41, No. 2, Fal. 2008.

•Hanley, Charles J., Sang-Hun Choe and Martha Mendoza, *The bridge at No Gun Ri: A Hidden Nightmare from The Korean War*, New York: Henry Holt and Co. 2001.

•Hayner, Priscilla B., "Commissioning the Truth: Further Research Questions", *Third World Quarterly*, Vol. 17, No. 1, Mar. 1996,

•Heidenrich, John G., *How to Prevent Genocide*, Westport: Praeger, 2001.

•Held, David, "The Development of the Modern State", edited by Stuart Hall and Bram Gieben, *Formations of modernity*, Cambridge: Polity Press, 1992.

•Herman Edward S. and David Peterson, Noam Chomsky (Foreword), *The Politics of Genocide*, New York: Monthly Review Press, 2010.

•Herz, Michael and Peter Molnar, *The Content and Context of Hate Speech: Rethinking Regulation and Responses*, Cambridge: Cambridge University Press, 2012.

•Hirsch, Herbert, *Genocide and the Politics of Memory: Studying Death to Preserve Life*, Chapel Hill: University of a North Carolina Press, 1995; 허버트 허시, 강성현 옮김, 『제노사이드와 기억의 정치』, 책세상, 2009.

- Honneth, Axel, *The Struggle for Recognition: the Moral Grammar of Social Conflicts*, translated by Joel Anderson, Cambridge: MIT Press, 1995.
- ICTR, The Prosecutor v. Jean-Paul Akayesu (Trial Judgement), ICTR-96-4-T, International Criminal Tribunal for Rwanda (ICTR), 2 September 1998.
- ICTY, The ICTY, Prosecutor v. Anto Furundzija, (10 December 1998), para. 168. Furundžija(IT-95-17/1).
- Isenberg, Michael T., *Puzzles to the Past: An Introduction to Thinking about History*, College Station: Texas A & M University Press, 1985.
- Jager, Sheila Miyoshi and Jiyul Kim, "The Korean War after the Cold War: Commemorating the Armistice Agreement in South Korea", edited by Sheila Miyoshi Jager and Rana Mitter, *Ruptured Histories: War, Memory, and the Post-Cold War in Asia*, Cambridge: Harvard University Press, 2007.
- Johnson, James Turner, "Just War, As It Was and Is", *First Things*, January 2005.
- Jouvenel, Bertrand de, *Power: The Natural History of Its Growth*, London: Batchworth Press, 1952.
- Kaye, James and Bo Strath (eds), *Enlightenment and Genocide, Contradictions of Modernity*, Bruxelles: Peter Lang, 2000.
- Klandermans, Bert, "Mobilization and Participation: Social-Psychological Expansion of Resource Mobilization Theory", *American Sociological Review*, Vol. 49, No. 5, Oct. 1984.
- Kriesi, Hanspeter, "The Political Opportunity Structure of New Social Movements: Its Impact on Their Mobilization", Jenkins, J. Craig and Bert Klandermans, *The Politics of Social Protest: Comparative Perspectives on States and Social Movements*, London: UCL Press, 1995.
- Kuper, Leo, *Genocide: Its Political Use in the Twentieth Century*, New Haven: Yale University Press, 1981.

- Kuper, Leo, *The Prevention of Genocide*, New Haven: Yale University Press, 1985.

- Landman, Todd, *Studying Human Rights*, New York: Routledge, 2006.

- Landrum, Major Bruce D., "The Yamashita War Crimes Trial: Command Responsibility Then and Now", *The Military Law Review*, Vol. 149, Sum. 1995.

- LeBlanc, Lawrence J., "The Intent to Destroy Groups in the Genocide Convention: The Proposed U.S. Understanding", *American Journal of Int'l Law*, Vol. 78, No. 2, Apr. 1984.

- Lemkin, Raphael, *Axis Rule in Occupied Europe*, Washington D. C.: Carnegie Endowment, 1944.

- Levene, Mark, *Genocide in the Age of the Nation-State: Volume I, The Meaning of Genocide*, London and New York: I. B. Tauris, 2005.

- Lifton, Robert Jay and Eric Markusen, *The Genocidal Mentality: Nazi Holocaust and Nuclear Threat*, New York: Basic Books, 1990.

- Lifton, Robert Jay, *The Nazi Doctors: Medical Killing and the Psychology of Genocide*, New York: Basic Books, 2000.

- Longerich, Peter, *Holocaust: The Nazi Persecution and Murder of the Jew*, Oxford: Oxford University Press, 2010.

- Lundy, Patricia and Mark McGovern, "Whose Justice? Rethinking Transitional Justice from the Bottom Up", *Journal of Law and Society*, Vol. 35, No. 2, Jun. 2008.

- MacPhersonp, Myra, *All Governments Lie: The Life and Times of Rebel Journalist I. F. Stone*, New York: Scribner, 2006.

- Mani, Rama, *Beyond Retribution: Seeking Justice in the Shadow of War*, Cambridge: Polity Press, 2002.

- Marshall, S. L. A., *Men Against Fire: The Problem of Battle Command in Future War*, Alexandria: Byrrd Enterprises, 1947.

- Marshall, T. H., *Class, Citizenship, and Social Development*, Chicago ·

London: The University of Chicago Press, 1977.

• Melson, Robert, *Revolution and Genocide: On the Origins of the Armenian Genocide and the Holocaust*, Chicago and London: University Of Chicago Press, 1992.

• Melson, Robert, "Modern Genocide in Rwanda: Ideology, Revolution, War, and Mass Murder in an African State", edited by Robert Gellately and Ben Kiernan, *The Specter of Genocide: Mass Murder in Historical Perspective*, New York: Cambridge University Press, 2003.

• Melucci, Alberto, *Nomads of the Present: Social Movements and Individual Needs in Contemporary Society*, Philadelphia: Temple University Press, 1989.

• Meredith, Martin, *The Fate of Africa: A History of the Continent Since Independence: A History of Fifty Years of Independence*, New York: Public Affairs, 2005.

• Miller Donald E. & Lorna Touryan Miller, *Survivors: An Oral History of the Armenian Genocide*, Berkeley · Los Angeles · London: University of California Press, 1993.

• Miller, Seumas, "Collective Responsibility, Armed Intervention and the Rwandan Genocide", *International Journal of Applied Philosophy*, Vol. 12, No. 2, Fal. 1998.

• Mouffe, Chanta, "What is Citizenship?", M. Lipset ed. *Encyclopedia of Democracy*, Washington, D. C.: CQ Press, 1998.

• Nagengast, Carole, "Violence, Terror, and the Crisis of the State", *Annual Review of Anthropology*, Vol. 23, Oct. 1994.

• Nadler, Steven M., *A book Forged in Hell: Spinoza's Scandalous Treatise and the Birth of the Secular Age*, Princeton: Princeton University Press, 2011.

• Niarchos, Catherine N., "Women, War and, Rape: Challenges Facing The International Tribunal for the Former Yugoslavia", *Human Rights*

Quarterly, Vol. 17, No. 4, Nov. 1995.

• O'Donell, G. & P. C. Schmitter, *Transition from Authoritarian Rule: Tentative Conclusion about Uncertain Democracies*, Baltimore and London: The Johns Hopkins University Press, 1986.

• Oglesby, Elizabeth, "Educating Citizens in Postwar Guatemala: Historical Memory, Genocide, and the Culture of Peace", *Radical History Review*, Issue 97, Win. 2007.

• OHCHR, *Rule-of-Law Tools For Post-Conflict States*, New York and Geneva, 2006.

• Phạm Thành Công, *The Witness from Pinkville: Memoir by One If the Survivors of the Mỹ Lai-Sờn Mỹ Massacre, March 1968*, trans. by Nhật Đan, Ho Chi Minh: First News-Tri Viet Publishing Co., LTD., 2016.

• Ponchaud, Francois, *Cambodia Year Zero*, London and New York: Penguin Books Ltd, 1978.

• Pres, Terrence Des, *The Survivor: An Anatomy of Life in the Death Camps*, New York: Oxford University Press, 1976; 테렌스 데 프레, 차미례 옮김, 『생존자』, 인간, 1981.

• Prunier, Gérard, *The Rwanda Crisis, History of a Genocide 1959-1994*, London: Hurst and Co., 1995.

• Prunier, Gérard, *Africa's World War: Congo, the Rwandan Genocide, and the Making of a Continental Catastrophe*, New York: Oxford University Press, 2009.

• Reyntjens, Filip and René Lemarchand, "Mass Murder in Eastern Congo, 1996-1997", eds Lemarchand, René, *Forgotten Genocides: Oblivion, Denial, and Memory*, Philadelphia: University of Pennsylvania Press, 2011.

• Richard, Crownshaw, Jane Kilby and Antony Rowland, *The Future of Memory*, New York · Oxford: Berghahn Books, 2010.

• Ricoeur, Paul, *The Symbolism of Evil*, trans. Emerson Buchanan, New

York: Harper & Row, 1967.

- Robinson, Nehemiah, *The Genocide Convention: a Commentary*, New York: Institute of Jewish Affairs, World Jewish Congress, 1960.

- Robbins, Richard H., *Global Problems and the Culture of Capitalism*(6th ed.), Boston: Pearson, c2014.

- Rummel, R. J., *Death by Government*, New Brunswick: Transaction, 1994.

- Ryan, Cornelius, *The Last Battle*, New York: Popular Library, 1966.

- Power, Samantha, *A Problem from Hell: America and the Age of Genocide*, New York: Basic Books, 2002; 사만다 파워, 김보영 옮김, 『미국과 대량학살의 시대』, 에코리브르, 2004.

- Schmidt, Volker H., "Multiple Modernities or Varieties of Modernity?", *Current Sociology*, Vol. 54, No. 1, Jan. 2006.

- Schwartz, Barry, "The Social Context of Commemoration: A Study in Collective Memory", *Social Forces*, Vol. 61, No. 2, Dec. 1982.

- Segovia, Alexander, "Financing Reparations Programs: Reflections from International Experience", edited by Pablo de Greiff, *The Handbook of Reparations*, New York: Oxford Universuty Press, 2006, pp. 661~664.

- Show, Martin, *War and Genocide: Organized Killing in Modern Society*, Cambridge: Polity Press, 2003.

- Stanton, Gregory H., "The 8 Stages of Genocide". This article was originally written in 1996 and was presented as the first Working Paper (GS 01) of the Yale Program in Genocide Studies in 1998.

- Staub, Ervin, *The Roots of Evil: The Origins of Genocide and Other Group Violence*, New York: Cambridge University Press, 1989.

- Steiner, George, *Antigones*, New Haven: Yale University Press, 1996.

- Stone, Marla, "Italian Fascism's Soviet Enemy and the Propaganda of Hate, 1941–1943", *Journal of Hate Studies*, Vol. 10, No. 1, 2012.

- Straub, David, *Anti-Americanism in Democratizing South Korea*, Stanford: Walter H. Shorenstein Asia Pacific Research Center, Stanford

University, 2015; 데이비드 스트라우브, 김수빈 옮김, 『반미주의로 보는 한국현
대사』, 산처럼, 2017.

- Tarrow, Sidney, *Power in Movement: Social Movements, Collective Action,
  and Politics*, Cambridge(England): Cambridge University Press, 1994.
- Tocqueville, Alexis de, *Democracy in America*, New York: Freedom
  Watch, 1981; A. 토크빌, 박지동 옮김, 『미국의 민주주의』, 한길사, 1983.
- Tsai, Robert L., "Introduction: The Politics of Hate", *Journal of Hate
  Studies*, Vol. 10 No. 1, 2012.
- ỦY BAN NHÂN DÂN HUYỆN ĐIỆN BÀN PHÒNG VĂN HÓA VÀ
  THÔNG TIN, "HỒ SƠ DI TÍCH: VỤ THẢM SÁT Ở XÓM TÂY(Thôn
  Hà My Trung, Xã Điện Dương, huyện Điện Bàn, tinh Quảng Nam)",
  2010. 8.
- van den Berghe, Pierre L., "The Modern State: Nation-Builder Or Nation-
  Killer?", *International Journal of Group Tensions*, Vol. 22, No. 3, fal. 1992.
- Walzer, Michael, "The Civil Society Argument", in Ronald Beiner (eds.),
  Theorizing Citizenship, New York: Albany State University Press, 1995.
- Weber, Max, *General Economic History*, trans. by Frank H. Knight, New
  York: Collier Books, 1961, Part IV.
- Weitz, Eric D., "The Modernity of Genocide: War, Race, and Revolution
  in the Twentieth Century", edited by Robert Gellately and Ben Kiernan,
  The Specter of Genocide: Mass Murder in Historical Perspective, New
  York: Cambridge University Press, 2003.
- Werth, Nicolas, "The Mechanism of a Mass Crime: The Great Terror
  in the Soviet Union", edited by Robert Gellately and Ben Kiernan, *The
  Specter of Genocide: Mass Murder in Historical Perspective*, New York:
  Cambridge University Press, 2003.
- Winter, Jay, "Under Cover of War: The Armenian Genocide in the Context
  of Total War", edited by Robert Gellately and Ben Kiernan, *The Specter of
  Genocide: Mass Murder in Historical Perspective*, New York: Cambridge

University Press, 2003, pp. 189~192.

- Wokler, Robert, "The Enlightenment Project on the Eve of the Holocaust", in Kaye, James and Bo Strath (eds), *Enlightenment and Genocide, Contradictions of Modernity*, Bruxelles: Peter Lang, 2000.

- Woman and Child Rights Project (Southern Burma) & Human Rights Foundation of Monland, *Burma (Bangkok, Thailand), Catwalk to the Barracks: Conscription of Women for Sexual Slavery and Other Practices of Sexual Violence by Troops of the Burmese Military Regime in Mon areas*, Bangkok: Woman and Child Rights Project (Southern Burma), Human Rights Foundation of Monland (Burma), 2005.

후 기

    사람들의 사연을 밝히는 글은 언제나 조심스럽습니다. 그것이 죽음이라고 하는, 인간의 존재를 설명하는 하나의 양식일 때는 더 말할 필요가 없을 겁니다. 우리나라 정부가 많은 시민을 죽인 대량학살은 오랜 어둠 속에서 해제를 기다려왔습니다. 해방 이후 남북한이 서로 다른 체제를 수립하는 과정 속에서 또 무력으로 한반도를 통일하려는 전쟁 중에 벌어진 일이었습니다. 국가의 잘못이라는 단순한 사실을 밝히고 진실을 찾기까지는 오랜 시간이 걸렸습니다. 민주주의 이행 이후 인권 사회로 나아가면서 비로소 우리 사회는 피해자들을 정면으로 응시하게 됩니다. 사회 문제에 조금 관심이 있는 시민들은 이제 '민간인 학살'을 제법 알게 되었지요.

    학문, 지식, 연구, 이와 같은 말로 학살과 피해자 가족을 설명하는 것은 매우 협소한 인식일 겁니다. 죽음과 관련한 연구라고 하지만 실제로는 살아 있는 사람들을 위한 것이겠지요. 그것은 사람들이 자신의 생각을 표현하고, 또 그 주장대로 살기 위해 노력하는 일상을 보장해주는 정치 제도를 문제 삼는 것이라고 봅니다. 전쟁 전후에 죽은 사람들이나 그 일로부터 정부의 사찰을 받고 감시를 당한 사람들은 대부분 특별한 사람들이 아니었습니다. 피해자의 모습에서 볼 때, 자신의 존재 형식을 결정하는 정치공동체에 맞서는 것은 엄청난 용기와 의지를 필요로 합니다.

2007년 9월 베를린을 방문한 적이 있습니다. 기념물을 둘러보면서 가장 부러운 것은 예술의 힘이었습니다. 한 사회의 총체적인 문화라고 해야 할까요. 유대인 박물관과 홀로코스트 메모리얼Holocaust Memorial에서 느낀 것은 비극으로부터 인간의 이성을 성찰하는 예술작품이었습니다. 학문의 세계가 참 넓지만 민간인 학살만큼 다양한 영역에서 동시에 다루어야 하는 주제도 드물 겁니다. 이미 자세하게 밝혀진 자료라도 제대로 찾아본다면 해내지 못할 어려움은 없을 것입니다. 인식의 틀을 새롭게 만드는 형상화의 노력이 갈수록 절실합니다. 구체와 추상은 인간의 비극을 이해하는 데 필연이라는 생각이 듭니다.

피해자와 그 가족 얘기를 빼놓을 수 없습니다. 때로는 절절하고 또 때로는 원망이 가득한 그들의 증언은 긴 한숨과 동시에 흘러나옵니다. 증언, 이야기라고 하는 것이 훨씬 더 잘 어울리는 그들의 서사는 생전 처음 듣는 내용일 때가 많습니다. '피해'라고 하는 추상적인 단어 속에는 그들이 국가로부터 당한 고통과 사회에 대한 불신, 이웃으로부터 받은 냉대, 지식 세계로부터 갖는 소외, 자신들의 힘으로 어찌할 수 없는 무력감이 배어나옵니다. 그나마 위로가 되는 것은 진실화해위원회 활동의 성과로서 국가로부터 사과를 받고, 2010년 이후 이어진 소송에서 배상을 받은 희생자 가족들이 공동체를 조금씩 긍정하게 된 것이 아닐까 싶습니다.

살아남은 사람의 증언을 들을 때면 마치 죽은 사람과 대화를 하는 것 같기도 합니다. 피해자의 목소리에 빠져들어 있으면 온갖 상상이 현실이 되기 때문일까요. 산기슭 아래로 흩어진 시체를 찾아 나선 지어미의 일그러진 아우성과 흔들거리는 눈동자를 가진 아이들의 이미지가 현현합니다. 이런 인식이 정확히 무엇 때문인지 알지 못합니다. 그들의 죽음과 삶을 어떻게든 이해해야 하는 강박일 거라고 막연히 짐작할 뿐입니다. 정치권력이 은폐하려고 했지만 결국 용기 있는 이들의 눈길을 피하지는 못했지요.

유가족 중에는 여태까지 오랫동안 알고 지내는 분이 있고 연락이 끊어진 분도 꽤 있습니다. 사망한 분들까지 다 말할 수는 없습니다. 불현듯 생각이 들어 전화번호를 뒤져보니, 옛 번호에 머물러 있는 유족도 상당합니다. 예전처럼 참석하지는 못해도 연중 위령제를 지내는 여느 때가 되면 자연스럽게 떠오르는 것이 세상의 이치인가 봅니다. 다시금 새롭게 보고 싶은 피해자와 그 가족들에게 이 책으로 인사드립니다. 그들의 마음과 생각, 삶을 이해하는 데 작은 보탬이라도 된다면 좋을 것입니다.

우여곡절이 많은 이번 책을 펴내는 데 여러 분의 도움이 있었습니다. 학교에서 연구 환경을 만들어 전폭적인 성원을 보내주는 김성보 교수는 언제나 든든한 지지자입니다. 늦은 밤 퇴근길, 불이 켜진 연구실을 보고 갑자기 들를 때마다 항상 반겨주는 박명림 교수는 이 연구 주제의 버팀목 역할을 합니다. 서남규 박사는 초고를 읽고 학술도서라도 읽기 좋은 책, 독자들에게 이야기하듯이 쓰라고 조언해주었습니다. 도움이 되게 일러주는 좋은 말을 얼마나 성심성의껏 반영했는지는 독자의 몫으로 남겨놓겠습니다. 경복궁 서쪽, 서촌에서 매번 만나는 김희우 선배는 물심양면으로 도와주는 후원자입니다. 대학로의 책방이음 조진석 대표는 책의 출간을 위해 적잖은 애를 써주었습니다. 이분들에게 진심으로 고마움을 전합니다.

수월하지 않은 원고를 책으로 펴내는 데 훌륭한 편집 방향을 제시해준 도서출판 산처럼의 윤양미 대표에게 감사합니다. 아무리 좋은 원고라도 또 그렇지 않고 조금 모자란 원고라도 편집자의 역할이 얼마나 중요한지, 교정을 하면서 새삼 느낍니다. 민간인 학살의 체계적인 내용과 증언자, 가해자 그리고 홀로코스트 연구에서 파생한 제노사이드의 쟁점을 좀 더 알고 싶은 독자를 위해 덧붙이면, 이 책의 전작은 『가면권력: 한국전쟁과 학살』입니다. 함께 읽으면 더할 나위 없이 좋겠습니다.

거침없는 중학시절을 보내고 있는 수(지윤)를 위해 이 책을 출간합니다. 중2, 소용돌이치는 물결이 만만치 않은 때입니다. 원고를 한창 쓰고 있던 2016년 가을, 박근혜 정부의 불가사의한 행태 때문에 광화문에서 같이 시간을 보내고 대화를 나누었습니다. 수는 친구와 어울리며 집회와 시위, 집과 학교, 학원을 바쁘게 오가는 청소년입니다. 학년을 마쳐가는 예사로운 요즘 10대의 질풍노도를 즐겁게 넘어서길 바랍니다.

어릴 적 띄엄띄엄 귀에 들은 말이 있습니다. "하나라도 더 배운 사람이 잘해야 한다." 이 말은 어머니 앞에 선 자식을 항상 돌아보게 합니다. '무슨 일을 해라, 어떤 사람이 되어라'는 말씀은 없었던 것 같습니다. 어머니에게는 배우는 것이 중요하고 또 그렇게 사는 것이 삶의 도리이고 세상의 이치라고 여긴 것이겠지요. 돌이켜보면 어머니는 앎과 올바른 행위에 대한 믿음을 잃지 않으려고 애쓴 것이 아닌가 싶습니다.

　소소한 일상이라고 함부로 할 수 없듯이 평범해서 부질없는 사람은 없나봅니다. 누구든지 그가 인간으로 태어난 것에 감사할 수 있다면 그보다 더한 행복이 있겠습니까. 앞으로 더 많은 사람들이 자신의 운명을 스스로 결정할 수 있는 시대, 그런 사회가 다가오기를 바랍니다. 민간인 학살에 관심을 갖는 사람들이 이 주제를 여러 분야에서 활발하게 논의하기를 기대해봅니다. 세밑에 사람들 사이의 관계와 공동체를 다시 생각하면서, 이 책의 출간 소식을 여러분과 함께 나눕니다. 고맙습니다.

2017년 12월 31일
한성훈

찾아보기

학살, 그 이후의 삶과 정치

지은이 한성훈
펴낸이 윤양미
펴낸곳 도서출판 산처럼

등 록 2002년 1월 10일 제1-2979
주 소 서울시 종로구 사직로8길 34 경희궁의 아침 3단지 오피스텔 412호
전 화 02-725-7414
팩 스 02-725-7404
E-mail sanbooks@hanmail.net
홈페이지 www.sanbooks.com

제1판 제1쇄 2018년 3월 5일

값 25,000원